Estudo de Caso

Y51e   Yin, Robert K.
           Estudo de caso : planejamento e métodos / Robert K. Yin ; tradução: Cristhian Matheus Herrera. – 5. ed. Porto Alegre : Bookman, 2015.
           xxx, 290 p. : il. ; 23 cm.

           ISBN 978-85-8260-231-7

           1. Pesquisa científica. 2. Método científico. 3. Estudo de caso. I. Título.

           CDU 001.87

Catalogação na publicação: Poliana Sanchez de Araujo – CRB 10/2094

ROBERT K. YIN

Estudo de Caso

Planejamento e Métodos

5ª edição

2015

Obra originalmente publicada sob o título
Case Study Research, 5th Edition

ISBN 9781452242569

copyright © 2014 by SAGE Publications, Inc.

Gerente editorial: *Arysinha Jacques Affonso*

Colaboraram nesta edição:

Editora: *Denise Weber Nowaczyk*

Capa: *Márcio Monticelli (arte sobre capa original)*

Imagem da capa: ©*thinkstockphotos.com/Brian Jackson: Magnifying glass*

Preparação de originais: *Aline Moretto Costa*

Editoração: *Techbooks*

Tradução da 4ª edição: *Ana Maria Vasconcellos Thorell*

Tradução da 5ª edição: *Cristhian Matheus Herrera*

Reservados todos os direitos de publicação, em língua portuguesa, à
BOOKMAN EDITORA LTDA., uma empresa do GRUPO A EDUCAÇÃO S.A.
Av. Jerônimo de Ornelas, 670 – Santana
90040-340 – Porto Alegre – RS
Fone: (51) 3027-7000   Fax: (51) 3027-7070

É proibida a duplicação ou reprodução deste volume, no todo ou em parte, sob quaisquer formas ou por quaisquer meios (eletrônico, mecânico, gravação, fotocópia, distribuição na Web e outros), sem permissão expressa da Editora.

Unidade São Paulo
Av. Embaixador Macedo Soares, 10.735 – Pavilhão 5 – Cond. Espace Center
Vila Anastácio – 05095-035 – São Paulo – SP
Fone: (11) 3665-1100   Fax: (11) 3667-1333

SAC 0800 703-3444 – www.grupoa.com.br

IMPRESSO NO BRASIL
PRINTED IN BRAZIL

O autor

Robert K. Yin é presidente da COSMOS Corporation, uma empresa de pesquisa aplicada e ciências sociais. Ao longo dos anos, a COSMOS concluiu com êxito centenas de projetos para agências federais, agências estatais e locais e fundações privadas, e a maioria das aplicações deste livro vem desses projetos.

Além da COSMOS, o Dr. Yin assistiu muitos outros grupos de pesquisa, ajudando a treinar suas equipes de campo e a planejar estudos de pesquisa. Suas atuações mais recentes foram a avaliação de equipes no The World Bank e no United Nations Development Programme. Também teve como tarefa a orientação de doutorandos na University of Copenhagen. Atualmente, o Dr. Yin ocupa um cargo especial de professor residente na American University's School of International Service (Washington, D.C.). Anteriormente, atuou como acadêmico visitante na divisão de metodologia de pesquisa do U.S. Government Accountability Office.

O Dr. Yin é autor de mais de 100 artigos de revistas científicas, relatórios e livros. Seu primeiro livro sobre métodos de estudo de caso, *Estudo de Caso: Planejamento e Métodos* (2014), está em sua quinta edição. *Applications of Case Study Research* (2012), um livro complementar a este, encontra-se em sua terceira edição. Ele editou duas antologias de estudo de caso (Yin, 2004, 2005) e, mais recentemente, publicou um livro novo sobre métodos de pesquisa qualitativa (Yin, 2011). O Dr. Yin possui graduação em História pela Harvard College (*magna cum laude*) e doutorado em Ciências Cerebrais e Cognitivas pelo Massachusetts Institute of Technology.

*Este livro é dedicado a Hans-Lukas Teuber,
que transformou a pesquisa em um objetivo de vida
para todos aqueles que com ele estudaram.*

Apresentação

É uma honra escrever a Apresentação deste belo livro. Ele apresenta, de forma resumida, um método de pesquisa para a investigação de inferências válidas a partir de eventos que se encontram fora dos limites do laboratório, ao mesmo tempo em que mantém os objetivos do conhecimento compartilhado com a ciência laboratorial.

Estou cada vez mais convicto de que a essência do método científico não é a experimentação *per se*, e sim a estratégia conotada pela expressão *hipóteses rivais plausíveis*. Tal estratégia pode começar a procurar suas soluções com evidências ou pode começar com hipóteses. Em vez de apresentar essa hipótese ou evidência da maneira da confirmação positivista, independente do contexto (ou mesmo da corroboração pós-positivista), ela é apresentada em redes ampliadas de implicações que (embora nunca completas) são cruciais à sua avaliação científica.

Essa estratégia compreende a explicitação de outras implicações da hipótese para outros dados disponíveis e a exposição de como eles se correspondem. Também inclui a procura por explicações rivais das evidências em foco e a análise de sua plausibilidade. A plausibilidade dessas explicações é geralmente reduzida por uma extinção de ramificações, ou seja, através da observação de suas outras implicações em conjuntos diferentes de dados e de quão bem elas se ajustam umas às outras. Até onde essas duas tarefas potencialmente intermináveis serão conduzidas vai depender da comunidade científica existente na época da pesquisa e de quais implicações e hipóteses rivais plausíveis foram explicitadas. É com essa base de trabalho que as comunidades científicas bem-sucedidas alcançaram um consenso efetivo e progressos cumulativos, mesmo sem terem obtido evidências concretas. Essas características das ciências bem-sucedidas, no entanto, foram grosseiramente negligenciadas pelos positivistas lógicos e são pouco utilizadas pelas ciências sociais, tanto quantitativa quanto qualitativamente.

Essa verificação através de outras implicações e a extinção de ramificações em hipóteses rivais também caracterizam aquelas pesquisas que buscam validade nas ciências humanas, incluindo a hermenêutica de Schleiermacher, Dilthey, Hirst, Habermas e os estudos atuais sobre a interpretação dos textos antigos. Da mesma forma, a estratégia é tão útil para as conjecturas de um historiador sobre um acontecimento específico quanto o é para a elaboração de uma lei natural por um cientista. É trágico que os principais movimentos nas ciências sociais estejam utilizando o termo *hermenêutica* para representar a desistência do objetivo de validade e o abandono da disputa sobre aqueles que, afinal de contas, estão com a razão. Assim, juntamente com a abordagem de estudo de caso quantitativa e quase-experimental que Yin nos ensina, nosso arsenal metodológico das ciências sociais também necessita de uma metodologia humanística de estudo de caso que busque a validade e que, apesar de não fazer uso da quantificação ou de testes de significância, ainda trabalhe sobre as mesmas questões e compartilhe os mesmos objetivos de conhecimento.

Como versões dessa estratégia de hipóteses rivais plausíveis, existem dois paradigmas do método experimental que os cientistas sociais talvez queiram seguir. Por hábito, estamos aptos a pensar primeiro no modelo da atribuição aleatória a tratamentos, oriundo das estações agrícolas de experimentação, dos laboratórios de psicologia, de testes aleatórios de pesquisa médica e farmacêutica e de alguns modelos matemáticos criados pelos estatísticos. A aleatoriedade tem por objetivo controlar um número infinito de hipóteses rivais *sem especificar em que consistem*. A atribuição aleatória nunca controla completamente essas hipóteses rivais, mas as torna implausíveis em um determinado grau estimado pelo modelo estatístico.

O outro paradigma, mais antigo do que o primeiro, advém dos laboratórios da física e pode ser resumido pelo isolamento experimental e pelo controle laboratorial. Aqui se encontram as paredes isoladas com chumbo, os controles de pressão, temperatura e umidade, a obtenção de vácuos, e assim por diante. Essa tradição mais antiga é responsável por um número relativamente baixo mas explicitamente especificado de hipóteses concorrentes. Estas jamais são perfeitamente controladas, mas são controladas de uma maneira adequada o suficiente para torná-las implausíveis. Quais hipóteses rivais são controladas serão resultado das controvérsias em curso na comunidade científica neste momento. Mais tarde, em retrospecto, poder-se-á perceber que outros controles eram necessários.

A técnica de estudo de caso como apresentada aqui, e a quase-experimentação de forma mais genérica, são mais parecidas com o paradigma do isolamento experimental do que com o modelo da atribuição aleatória a tratamentos, no qual cada hipótese rival deve ser especificada e especificamente controlada. O grau de certeza ou consenso que a comunidade científica é capaz de alcançar geralmente será menor nas ciências sociais aplicadas, devido ao grau inferior de redução da plausibilidade de hipóteses rivais que provavelmente seria alcançado. A incapacidade de se reproduzir à vontade (e com variações designadas para excluir hipóteses rivais específicas) faz parte do problema. Deveríamos utilizar ao máximo aqueles estudos de caso único (que jamais podem ser reproduzidos), mas deveríamos ficar atentos às oportunidades de realizar estudos de caso intencionalmente reproduzidos.

Dada a experiência de Robert Yin (Ph.D. em psicologia experimental, com várias publicações na área), sua insistência de que o método de estudo de caso seja feito em consonância com os objetivos e os métodos das ciências talvez não seja uma surpresa. Mas esse treinamento e essa escolha de carreira são geralmente acompanhados pela intolerância às ambiguidades provenientes de ambientes fora do laboratório. Gosto de acreditar que essa mudança foi facilitada pela sua pesquisa de laboratório sobre aquele estímulo difícil de se especificar, o rosto do ser humano, e que essa experiência forneceu-lhe uma consciência do importantíssimo papel do padrão e do contexto na obtenção de conhecimento.

Essa experiência valiosa não o impediu de mergulhar por inteiro nos clássicos estudos de caso da ciência social e de se transformar, durante o processo, em um líder da metodologia da ciência social não laboratorial. Não conheço nenhum texto que se compare a este. Ele atende a uma necessidade de longa data. Estou confiante de que se tornará o texto-padrão nos cursos que ensinam os métodos de pesquisa da ciência social.

Donald T. Campbell
Bethlehem, Pensilvânia

Prefácio

Desde a primeira edição deste livro (1984), você e muitas outras pessoas têm reconhecido cada vez mais a pesquisa de estudo de caso como um valioso método de pesquisa. De modo geral, o crescente reconhecimento tomou ao menos três formas facilmente observáveis.

O crescente reconhecimento da pesquisa de estudo de caso

Um sinal foi a frequência com a qual o termo *pesquisa de estudo de caso* aparecem em publicações. Apesar de estar longe de fornecer uma estimativa definitiva, o *Ngram Viewer* da Google conta essas frequências em livros publicados (Michel *et al.*, 2010)[1]. A figura a seguir mostra os resultados do *Ngram Viewer* para o período de 1980 a 2008, comparando as ocorrências de "pesquisa de estudo de caso" às de três termos concorrentes: "pesquisa de levantamento de dados", "projetos experimentais" e "atribuição aleatória". Durante esses anos – que coincidem mais ou menos com os 30 anos entre a publicação da primeira e da quinta edições deste livro –, a frequência de "pesquisa de estudo de caso" mostra uma tendência ascendente distinta em contraste com os outros termos, apesar de o nível absoluto ainda ser mais baixo do que o dos outros termos. Essa tendência pode surpreendê-lo (da mesma forma como me surpreendeu) quando se pensa no grande barulho que durou uma década inteira quanto aos planejamentos de atribuição aleatória como o "padrão-ouro" para realizar qualquer pesquisa de ciências sociais.[2] Claramente, como evidenciado pelas tendências de frequência, a pesquisa de estudo de caso pode estar ocupando um lugar cada vez mais proeminente no portfólio de todos.

Uma segundo forma de reconhecimento ocorre quando trabalhos de referência abrangentes documentando um método de pesquisa de modo formal emergem. Para a pesquisa de estudo de caso, já surgiram dois trabalhos robustos desse tipo desde 2006: uma compilação de 1580 páginas, divididas em quatro volumes, de artigos influentes sobre a pesquisa de estudo de caso, reeditados a partir de revistas acadêmicas (David, 2006a), e uma enciclopédia em dois volumes sobre pesquisa de estudo de caso (Mills, Durepos & Wiebe, 2010a).

A compilação de trabalhos influentes abrange "os artigos mais importantes sobre a pesquisa de estudo de caso" publicados durante "todo o século XX" (David, 2006b, p. xxiii). Os volumes contêm 86 artigos reeditados a partir das revistas originais a abrangendo uma "ampla gama de disciplinas e campos" (David, 2006b, p. xxiii). Dado que boa parte desses artigos foi inicialmente publicada nas décadas de

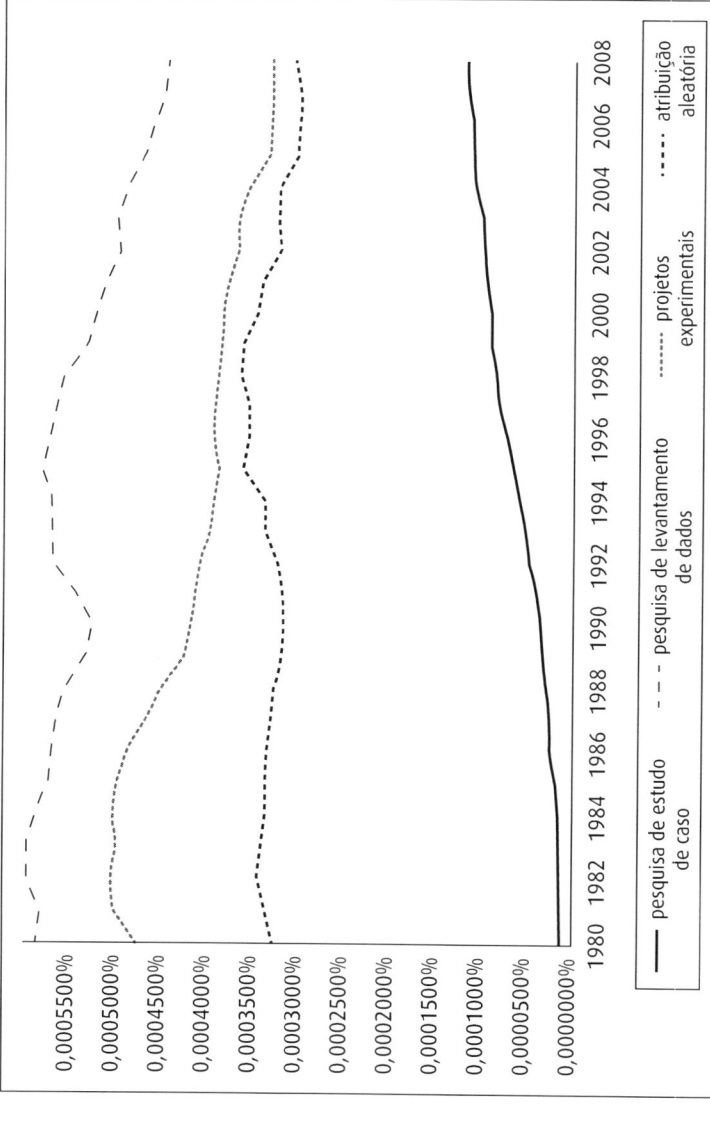

Figura Frequência de quatro termos metodológicos ocorrendo em livros publicados, 1980-2008.
FONTE: *Google Ngram Viewer* (http://books.google.com/ngrams), março de 2012.

20 e 30, o trabalho em quatro volumes agora torna o legado da pesquisa de estudo de caso facilmente acessível para você e outros leitores contemporâneos.

A enciclopédia de pesquisa de estudo de caso contém 357 entradas e mais de 1100 páginas somando seus dois volumes de 215,9 mm × 279,4 mm (Mills, Durepos & Wieber, 2010b, p. xxxiii). As entradas refletem as características da pesquisa de estudo de caso, bem como seu lugar "dentro e alo longo de outras estratégias de pesquisa" (Mills *et al.*, 2010b, p. xxxiii). Ao produzir a enciclopédia, a meta estabelecida pelos editores foi que ela servisse como um valiosos recurso para "encorajar o interesse novo e renovado na pesquisa de estudo de caso" (Mills *et al.*, 2010b, p. xxxiii). Assim, a enciclopédia fornece outra fonte rica para se aprender sobre a pesquisa de estudo de caso.

A terceira forma (e a mais geral) de reconhecimento surge como resultado de publicações que focam métodos de pesquisa de estudo de caso em um campo específico. A Figura 1.1 neste livro (ver Capítulo 1) contém um modelo de publicações ilustrativas em 12 campos diferentes. Os trabalhos refletem a presença de pesquisa de estudo de caso e suas contribuições a muitos tópicos de pesquisa ao longo de uma ampla gama de campos das ciências sociais (disciplinas e profissões). A quantidade e a diversidade desses trabalhos parecem ter aumentado e fornecem aos estudiosos ainda mais acesso à pesquisa de estudo de caso.

As diferentes edições deste livro possivelmente contribuíram para o crescente reconhecimento da pesquisa de estudo de caso. Mais importante, e como afirmado no prefácio das edições anteriores, o objetivo permanente do livro é orientar você, os outros investigadores e estudantes na realização rigorosa da pesquisa de estudo de caso.

Diferenças deste livro

O livro é diferenciado sob vários aspectos. Primeiramente, apresenta de modo amplo a pesquisa de estudo de caso e sua herança acadêmica, mas também em um nível detalhado e prático. Outros trabalhos não oferecem uma combinação tão abrangente quanto esta. Assim, as versões prévias deste livro foram usadas como um portal completo para o mundo da pesquisa do estudo de caso. Entre suas características mais distintivas o livro proporciona

- uma definição técnica funcional do estudo de caso como um método de pesquisa e sua diferenciação dos outros métodos de pesquisa das ciências sociais (Capítulo 1);
- uma discussão extensa do projeto do estudo de casos (Capítulo 2), e
- uma apresentação em expansão constante das técnicas analíticas do estudo de caso (Capítulo 5).

Essas características são importantes porque o projeto e a análise do estudo de caso tendem a criar os maiores desafios para as pessoas que realizam pesquisa de estudo de casos. Entre os capítulos sobre projeto e análise, o livro traz dois capítulos abrangentes e importantes referentes ao preparo (Capítulo 3) e à coleta (Capítulo 4) das evidências para o estudo de caso. O Capítulo 6, então, conclui o texto principal com uma minuciosa discussão sobre a composição de relatórios de estudo de caso, tanto na forma escrita como na forma oral.

Em segundo lugar, o livro descreve numerosos estudos de caso, deliberadamente utilizando-se de diferentes campos acadêmicos e profissionais. Essas descrições são encontradas em quadros espalhados entre o texto. Cada quadro contém um ou mais exemplos concretos dos estudos de caso publicados para ilustrar as opiniões manifestadas no texto. As citações aumentarão seu acesso aos estudos de caso existentes e (frequentemente) exemplares. A maioria das citações é contemporânea, tornando os trabalhos fáceis de recuperar. No entanto, para evitar a perda da conexão com as "raízes", as citações também incluem trabalhos mais antigos que podem estar esgotados, mas ainda merecem reconhecimento. O conteúdo desses quadros foi alterado ao longo das diferentes edições deste livro, tendo alguns trabalhos sido subsstituídos e outros trabalhos sido adicionados. O texto principal desta quinta edição agora apresenta 50 Quadros, abrangendo mais de 50 estudos de caso publicados separadamente. Os Apêndices A e B contêm estudos de caso apresentados em outros 8 Quadros e o Apêndice C traz um índice dos estudos de caso em todos os Quadros.

Em terceiro lugar, o livro tem muitas características técnicas distintas. Essas estiveram presentes desde a primeira edição, em 1984, e aparecem como temas ao longo dos capítulos. Um tema enfatiza a importância de se definir questões de pesquisa apropriadas quando se escolhe fazer uma pesquisa de estudo de caso. O enquadramento das questões pode influencias diretamente a escolha dos métodos de pesquisa, sendo um objetivo essencial evitar que haja incompatibilidades entre o tipo de questão e o tipo de método selecionado. Igualmente importante, o enquadramento das questões pode afetar tanto o projeto de um estudo de caso quanto sua capacidade de generalizar a partir de suas descobertas. Um excelente artigo escrito por Mario Small (2009) discute esse último assunto – vale a pena lê-lo.

Outro tema é derivado de um aparente paradoxo: um paralelo entre estudos de caso e experimentos. Uma parte do paralelo envolve a busca de uma estratégia de replicação quando se conduzem múltiplos experimentos – uma estratégia que também se aplica a múltiplos estudos de caso. A outro parte envolve a busca de generalizações analíticas enquanto se tenta generalizar a partir de experimentos – mas isso também se aplica à pesquisa de estudo de caso. Desde sua primeira edição, este livro tem indicado esse paralelo e sua utilidade no projeto de pesquisa de estudo de caso, apesar de outros trabalhos dificilmente mencionarem o tópico (sendo uma exceção o artigo de Small, 2009, citado há pouco).

Ainda, outro tema é a importância de identificar e considerar as explicações rivais ao longo dos processos de pesquisa de estudo de caso, seja durante o projeto, a coleta de dados, a análise de dados ou as fases de interpretação da pesquisa. A atenção às concorrentes – e sobretudo saber identificar as concorrentes substanciais que vão além daquelas comumente associadas a artefatos metodológicos (ver Yin,

2000b) – é central para o processo de pesquisa. Donald Campbell aponta para a centralidade na Apresentação deste livro, e outros trabalhos-chave, como o de Paul Rosenbaum (2002) sobre projetos de pesquisa *não* experimentais, também dão destaque às concorrentes. Contudo, a maioria dos trabalhos metodológicos está apenas lentamente começando a prestar atenção a esse aspecto da pesquisa em ciências sociais.

Utilizando este livro

Além de seus aspectos técnicos, este livro apresenta muitas características que visam a torná-lo mais prático e acessível. Em primeiro lugar, uma abrangente estrutura visual composta de *seis círculos* aparece logo após a página com a dedicatória e ao início de cada um dos seis capítulos. Cada círculo representa um dos seis capítulos do texto principal. Essa estrutura, que mostra o processo de pesquisa como um "processo linear, mas iterativo", serve como um guia básico para o processo completo da pesquisa de estudo de caso, ajudando-o a manter o rumo enquanto você trabalha com cada capítulo. O início de cada capítulo também traz uma *visão geral*, bem como uma *sugestão*. A sugestão formula questões e respostas-chave para o conteúdo essencial em todo o capítulo. As sugestões possibilitam, portanto, que os leitores saibam imediatamente com que empenho eles desejarão focar qualquer capítulo determinado. Uma sugestão facilmente compreendida pode sugerir que o capítulo necessita apenas de uma breve leitura. Por outro lado, uma sugestão aparentemente confusa ou obscura pode sugerir a necessidade de uma leitura cuidadosa.

Em segundo lugar, o livro possui um grande número de *exercícios práticos*. Cada exercício aparece próximo à seção do capítulo mais pertinente à sua proposta. Os exercícios trazem uma situação metodológica ou apresentam uma questão metodológica que vale a pena ser abordada. O fato de o exercício ser utilizado ou não em sala de aula ou como uma avaliação formal é menos importante do que o nível de conforto que você idealmente deveria ter com a situação ou questão.

Em terceiro lugar, o Apêndice C consiste de um índice de estudos de caso específicos citados ao longo do texto. Esses incluem os estudos de caso nos 50 Quadros, bem como estudos de casos adicionais citados no texto – e os quais têm versões integrais ou resumidas incluídas em dois livros relacionados a este (Yin, 2004, 2012). O índice ordena os estudos de caso de acordo com 15 tópicos, de modo que você possa identificar rapidamente os estudos de caso sobre um determinado tópico que possa ser de seu interesse.

Por fim – e, em parte, refletindo as úteis sugestões das revisões à quarta edição deste livro – os títulos e subtítulos em cada capítulo foram melhorados e impressos de forma a serem mais amigáveis, para ajudá-lo a seguir o fluxo e a estrutura do capítulo. Da mesma forma, para melhor visualizar o fluxo do livro como um todo e para localizar os tópicos mais facilmente, o Sumário lista os títulos em mais detalhes do que nas edições anteriores.

Características desta nova edição

O desafio na composição desta quinta edição foi redobrado: devíamos manter as características-chave e a organização das edições anteriores, dada a calorosa recepção recebida pelas mesmas, mas também expandir e melhorar a apresentação, considerando os avanços na pesquisa de estudo de caso desde a quarta edição. Como consequência, os resultados também são redobrados: aqueles familiarizados com a quarta edição podem ter a impressão de que a quinta edição não traz grandes mudanças, mas o novo material e a abordagem mais detalhada a certos tópicos devem ser bastante evidentes.

Amplitude e profundidade adicionadas. Grande parte do novo material agora se encontra separado do texto principal – para evitar romper com a organização original das edições anteriores, mas também para torná-lo facilmente localizável. O material nos Apêndices A e B amplia o conteúdo ao adicionar breves notas sobre o papel da pesquisa de estudo de caso em dois campos: psicologia e avaliação. Apesar de o texto principal, assim como nas edições anteriores, ainda apresentar referências esparsas a esses dois tópicos, o uso crescente da pesquisa de estudo de caso na psicologia e na avaliação sugeriu a necessidade de ressaltar os dois tópicos em lugares separados ao final do livro.

A profundidade adicionada fica por conta de sete *tutoriais*, localizados ao final dos capítulos pertinentes. Cada tutorial fornece uma discussão mais detalhada, senão ligeiramente mais avançada, sobre um tópico central já abordado no texto principal. Os tutoriais são uma resposta aos revisores técnicos que pediram que o texto fornecesse mais informações sobre tópicos selecionados, de forma a ajudar os pesquisadores de estudo de caso mais ambiciosos. Os tutoriais exploram a complexidade desse tópicos centrais – mas ainda aproximadamente com a extensão de uma vinheta – e também fornecem algumas referências-chave para mais investigação. Ao mesmo tempo, a razão principal para a separação dos tutoriais do texto principal é porque o texto principal já transmite as ideias essenciais sobre o tópico central. Como resultado, os tutoriais ser deixados de lado se o pesquisador já tiver domínio sobre o tópico ou quiser evitar uma complexidade maior. Assim, esse uso dos tutoriais também respeita a compacidade do livro original – a qual os revisores técnicos consideraram uma das qualidades principais do livro.

Mudanças adicionais na quinta edição. Além do novo material recém-mencionado, a quinta edição beneficiou-se de uma extensa edição e reescrita. Todas as mudanças visaram a manter os livro o mais fluido possível – apesar da presença dos novos materiais – para ajudar novos cientistas sociais a se sentirem mais confortáveis ao passo em que se familiarizam pesquisa de estudo de caso. Além da edição e da revisão completas, os esclarecimentos mais substanciais são os seguintes:

- Maior atenção para fazer os estudos de caso sob epistemologias *relativistas* (ou *interpretativistas*), bem como *realistas*:
  - Uma discussão introdutória (Capítulo 1)
  - Esclarecimento de que as entrevistas de campo podem ser estimuladas por qualquer epistemologia (Capítulo 3)
  - Mudança do termo *fatos* para *descobertas*, a fim de acomodar a opção de ter as múltiplas realidades dos participantes do campo como as descobertas relevantes (Capítulo 4 e outras partes)
  - Opção de apresentar as perspectivas dos participantes nos relatórios de estudos de caso (Capítulo 6)
- Uma definição mais condensada de pesquisa de estudo de caso (Capítulo 1) e uma definição mais clara *do caso* (Capítulo 2)
- Uma discussão mais pontual do uso de generalização analítica como a estratégia preferencial para a generalização de resultados de estudo de caso (Capítulo 2)
- A adição de outros novos termos:
  - Para os estudos de caso único, uma mudança de termos de *único* e *típico* para *incomum* e *comum*, reforçando a posição do livro de que os casos não sejam considerados uma amostra de um universo ou uma população maiores (Capítulo 2)
  - No protocolo de estudo de caso, uma mudança de *questões de estudo de caso* (a referência original, porém imprópria, às questões utilizadas durante a coleta de dados) para *questões de coleta de dados*, a fim de reduzir a confusão, uma vez que o termo anterior é devidamente utilizado para se referir a questões do estudo de caso completo, não apenas as da coleta de dados (Capítulo 3)
- Uma discussão expandida sobre os valores e a ética dos pesquisadores, bem como sobre os procedimentos para a proteção dos sujeitos humanos (Capítulo 3)
- Para procedimentos de coleta de dados (Capítulo 4):
  - Uma discussão ampliada sobre a coleta de dados de entrevista
  - Uma nova referência à *escrita de notas* como um complemento aos procedimentos de coleta de dados
  - Um novo material sobre o cuidado necessário durante a coleta de evidências de fontes eletrônicas e *sites* de mídias sociais
- Mais ênfase a uma estratégia indutiva para a análise de dados, com uma nova discussão sob o título *Tratando seus dados a partir do zero* (Capítulo 5)
- Uma discussão ampliada sobre os usos de modelos lógicos, com figuras novas (Figs. 5.5 e 5.6)
- Melhorias na composição de relatórios de estudo de caso, observando que ter *talento* para compor não traz mal algum (Capítulo 6):

- Uma nova discussão, como recomendado pelos revisores técnicos, sobre outras partes do relatório de estudo de caso anteriormente tratadas superficialmente: a seção de metodologia e a seção de revisão de literatura
- Uma nova referência ao paralelo entre o relatório de estudo de caso e a escrita de *não* ficção
- Uma sequência reorganizada das seções do Capítulo 6, tornando o fluxo mais lógico
- Uma abordagem e referências ampliadas a uma conjunto mais amplo de estudos de caso:
  - Trabalhos metodológicos de estudo de caso em disciplinas e profissões específicas (modelo encontrado na Fig. 1.1, Capítulo 1)
  - Nove novos estudos de caso nos Quadros, cinco estudos de caso abordando um tópico anteriormente tratado superficialmente – assuntos internacionais (ver Quadros 1.4, 2.3D, 5.1, 5.12 e 6.11 e um sexto caso semelhante que aparece no Tutorial 6-1)
- Um breve glossário de termos diretamente relacionados à pesquisa de estudo de caso (mas não à pesquisa de ciências sociais mais genericamente)
- Citações atualizadas e ampliadas ao longo do texto, com um grande aumento no número de referências listadas ao final do livro

Dadas todas essas características da quinta edição, vale mencionar uma parte que não sofreu qualquer alteração: a perspicaz apresentação de Donald Campbell. Seu texto sucinto, redigido aproximadamente há 30 anos, ainda permanece uma obra-prima sobre os métodos das ciências sociais. No contexto atual dos debates da pesquisa, o trabalho de Campbell continua com frescor notável e relevância direta. Sua apresentação também posiciona bem o papel da pesquisa de estudo de caso como retratado neste livro. Estou profundamente honrado pela inclusão desta apresentação e tentei retribuí-la de forma modesta em uma publicação subsequente (Yin, 2000).

De modo geral, os avanços contínuos na pesquisa de estudo de caso influenciaram profundamente as revisões nesta quinta edição. Por exemplo, os novos materiais definitivamente adicionam mais conceitos complexos ao procedimento da pesquisa de estudo de caso. Como resultado, os leitores devem ser previamente advertidos de que esta edição pode ser "mais difícil" do que as anteriores. Contudo, a adoção bem-sucedida das técnicas e da orientação desta edição também significa que a pesquisa de estudo de caso será melhor do que no passado. O objetivo final, como sempre, é melhorar nossos métodos e práticas de ciências sociais em relação aos das gerações anteriores de estudiosos. Somente dessa forma cada geração pode deixar sua própria marca, além de estabelecer seu próprio nicho competitivo.

AGRADECIMENTOS

Ao longo dos anos, o início e a continuação da evolução deste livro têm se beneficiado do conselho e do apoio de muitas pessoas. Evitarei criar uma lista cumulativa de agradecimentos a todas elas, em alguns casos, de muitos anos atrás. No entanto, o Professor Leonard Bickman e a Dra. Debra Rog convidaram-me a submeter o primeiro manuscrito deste livro como parte de sua (então) nova série sobre Métodos de Pesquisa Social Aplicada. Sob sua editoria, a série tornou-se líder de vendas entre todas as publicações da Sage. Serei sempre grato a eles por proporcionarem a oportunidade, assim como o *feedback* inicial e o incentivo para completar as versões anteriores deste livro. Da mesma forma, em relação às edições iniciais do livro, colegas como os Professores Larry Susskind, do Department of Urban Studies and Planning (Massachusetts Institute of Technology), Nanette Levinson do Department of Computer Sciences (The American University) e Eric Maaloe (Aarhus School of Business, Dinamarca) proporcionaram oportunidades para ensinar e aprender sobre a pesquisa de estudo de caso em diferentes ambientes.

De forma complementar, muitos colegas pesquisadores de diversas universidades e organizações de pesquisa participaram de oficinas de estudo de caso como parte dos projetos conduzidos na COSMOS Corporation. Tenham sido abordadas nessas oficinas ou em e-mails relacionados, as questões contínuas sobre como utilizar a pesquisa de estudo de caso para tratar tópicos específicos têm frequentemente levado, quase como por acidente, a novos *insights*. Da mesma forma, funcionários e consultores da COSMOS enfrentaram uma variedade de projetos de estudo de caso, criando um emocionante ambiente de aprendizagem que parece evoluir infinitamente e alcançar continuamente perspectivas ainda inexploradas, apesar das mais de três décadas já decorridas. Dentre os funcionários da COSMOS, a Dra. Darnella Davis e a (agora) Professora Angela Ware foram as mais ativas nos últimos anos, e eu agradeço a ambas por suas questões e contribuições estimulantes aos processos de pesquisa aplicada.

O ambiente de aprendizagem também incluiu colaborações de fora da COSMOS. Dentre as colaborações dos anos mais recentes, encontram-se trabalhos com a Dra. Sukai Prom-Jackson, o Dr. Fabrizio Felloni e seus colegas em avaliações para o Programa das Nações Unidas para o Desenvolvimento, bem como interações com a Professora Iben Nathan e seus muitos grupos de doutorandos na University of Copenhagen. Agradeço a todos vocês por continuarem conduzindo pesquisas de estudo de caso em uma grande variedade de cenários atuais.

Avançando para esta quinta edição, e como parte de sua preparação, a Sage Publications (editora original) convidou revisores técnicos para compartilharem suas experiências no uso da quarta edição. Eu os agradeço por suas inestimáveis observações e espero que eles percebam que seus comentários contribuíram para o aperfeiçoamento e a atualização da nova edição, embora não tenha sido possível atender a todas as sugestões: Lee Robbins, Ph.D., Golden Gate University; Dr. Jon Patterson, Chicago State University; Joy C. Phillips, East Carolina University; e Michael F. Ruff, Bentley University.

Os editores dos métodos de pesquisa na Sage também têm sido extremamente úteis ao longo dos anos na identificação de maneiras de tornar o livro mais bem utilizado pelos leitores. Para esta edição mais recente, tive o prazer de trabalhar com Vicki Knight e Catherine Chilton. Vicki estabeleceu o rumo para a revisão, fornecendo uma visão e um contexto baseados em seus extensos conhecimentos adquiridos como editora de aquisição para toda a série de livros sobre método de pesquisa da Sage. Catherine, por sua vez, garantiu que o manuscrito final se transformasse em um livro diferenciado. Como pode ser concluído, todos nós trabalhamos muito para que a quinta edição tivesse sua própria identidade, e não fosse uma mera releitura do trabalho anterior. Apesar disso, como nas versões anteriores, apenas eu assumo a responsabilidade por esta quinta edição.

Concluo este prefácio repetindo uma parte do prefácio da quarta edição. Nele, sugeri que as ideias de qualquer pessoa sobre os estudos de caso – e sobre os métodos das ciências sociais em geral – devem ter raízes mais profundas. As minhas retornam a duas disciplinas nas quais fui treinado: história, como aluno de graduação e ciências neurológicas, e cognitivas, como aluno de pós-graduação. A história e a historiografia despertaram primeiramente minha conscientização relacionada com a importância (e o desafio) da metodologia nas ciências sociais. A marca genuína da pesquisa básica na ciência neurológica e cognitiva que aprendi no MIT ensinou-me que os avanços na pesquisa empírica prosperam apenas quando acompanhados pela teoria e pela investigação lógica, não quando tratados como coleta mecânica de dados. Esta lição revela-se um tema básico do método de pesquisa de estudo de caso. Dedico este livro, portanto, à pessoa que melhor me ensinou no MIT e sob quem completei uma dissertação sobre o reconhecimento da face, embora ele talvez mal pudesse reconhecer as semelhanças entre o passado e o presente, se estivesse vivo hoje.

NOTAS

1. As contas são baseadas nas ocorrências de uma determinada palavra ou um determinado termo em livros publicados. Infelizmente, o *Ngram Viewer* não indica o número de livros considerados dentro de um período de tempo específico, de modo que o *site* não fornece o número de livros acessados de 1980 a 2008. No geral, o *Ngram Viewer* afirma ter reunido cerca de 4% de todos os livros já publicados (Michel *et al.*, 2010).
2. Entusiastas do padrão-ouro publicaram um artigo de pesquisa utilizando "estudo de caso" em seu título (Cook & Foray, 2007). Os leitores não devem tomá-lo, no entanto, como um exemplo de como realizar pesquisas de estudo de caso. O artigo contém principalmente a interpretação dos autores quanto a um conjunto de eventos do início da década em questão (o que, aparentemente, não poderia ser expresso com métodos quantitativos), mas não apresenta muitas evidências reais para embasar a interpretação. (A interpretação pode ser importante, mas permanece em aberto a questão de se ela deveria ou não ser aceita como um exemplo de pesquisa de estudo de caso.)

Sumário

1. Introdução: Quando usar os estudos de caso como método de pesquisa ... 3
   - O estudo de caso como método de pesquisa ... 3
     - A pesquisa de estudo de caso ... 3
     - Importância da pesquisa de estudo de caso em diferentes campos ... 4
   - Comparação do estudo de caso com outros métodos de pesquisa nas ciências sociais ... 6
     - Relações entre os métodos: Não hierárquicas ... 7
     - Quando utilizar cada método ... 9
       - *Tipos de questões de pesquisa.* ... 9
       - *Extensão do controle sobre os eventos comportamentais e grau de enfoque sobre os eventos contemporâneos em oposição aos eventos históricos* ... 12
       - *Uma situação especial na pesquisa de avaliação* ... 13
       - *Resumo* ... 15
   - Variações em estudos de caso, mas uma definição comum ... 15
     - Definição do estudo de caso como método de pesquisa ... 16
       - *Definição em duas partes de estudo de caso* ... 17
       - *Aplicabilidade de diferentes orientações epistemológicas* ... 18
     - Variações nos estudos de caso como um método de pesquisa ... 18
   - Discussão de preocupações tradicionais sobre a pesquisa de estudo de caso ... 20
     - *Suficientemente rigorosa?* ... 21
     - *Confusão com casos de ensino?* ... 21
     - *Generalização a partir de estudos de caso?* ... 21
     - *Nível de esforço intratável?* ... 22
     - *Vantagem comparativa?* ... 22
     - *Resumo* ... 23
   - Resumo ... 24
   - Notas ... 24
   - **Tutorial 1.1: Mais sobre a definição de "estudo de caso"** ... 27

2. Projeto dos estudos de caso: Identificação e estabelecimento
    da lógica do seu estudo de caso ... 29
    Abordagem geral ao projeto de estudos de caso ... 29
        Definição dos projetos de pesquisa ... 30
        Componentes dos projetos de pesquisa ... 31
            Questões de estudo ... 31
            Proposições de estudo ... 32
            Unidade de análise – o "caso" ... 33
            Vinculação dos dados às proposições ... 37
            Critérios para a interpretação dos achados de um estudo de caso ... 38
            Resumo ... 39
    O papel da teoria ou das proposições teóricas no
    planejamento de pesquisa ... 39
        Desenvolvimento da teoria ... 40
        Tópicos ilustrativos para teorias ... 42
        Uso da teoria para a generalização a partir de estudos de caso ... 43
        Resumo ... 47
    Critérios para o julgamento da qualidade dos projetos de pesquisa ... 47
        Validade do constructo ... 49
        Validade interna ... 50
        Validade externa ... 51
        Confiabilidade ... 51
        Resumo ... 52
    Projetos de estudo de caso ... 52
        Quais são os potenciais projetos de caso único (tipos 1 e 2)? ... 54
            Cinco justificativas para projetos de caso único ... 54
            Estudos de caso holísticos versus integrados ... 58
            Resumo ... 59
        Quais são os potenciais projetos de casos múltiplos (tipos 3 e 4)? ... 59
            Projetos de casos múltiplos versus caso único ... 59
            Lógica da replicação, não da amostragem, para os estudos de
                casos múltiplos ... 60
            Justificativa para os projetos de casos múltiplos ... 65
            Estudos de casos múltiplos: Holísticos e integrados ... 66
            Resumo ... 66
    Conselho modesto na seleção dos projetos de estudo de caso ... 67
        Projetos de casos únicos ou múltiplos? ... 67
        Projetos fechados ou adaptáveis? ... 69
        Projetos de métodos mistos: Misturando estudos de caso
            com outros métodos? ... 69
    Notas ... 70
    Tutorial 2.1: Mais sobre a definição de "generalização analítica" ... 72

3. Preparação para a coleta da evidência do estudo de caso: O que é
   necessário antes de dar início à coleta dos dados do estudo de caso   75
      O pesquisador do estudo de caso: Habilidades e valores desejados   76
         Formular boas questões   77
         Ser um bom "ouvinte"   78
         Manter a adaptabilidade   78
         Ter uma noção clara dos assuntos em estudo   79
         Evitar o viés e conduzir a pesquisa de forma ética   80
      Preparação e treinamento para um caso de estudo específico   81
         Proteção dos sujeitos humanos   81
         Treinamento para fazer um estudo de caso   83
            Desenvolvimento e revisão do protocolo   86
            Problemas a serem abordados durante o treinamento   86
      O protocolo para o estudo de caso   87
         Visão geral do estudo de caso (Seção A do protocolo)   90
         Procedimentos de coleta de dados (Seção B do protocolo)   92
         Questões da coleta de dados (Seção C do protocolo)   93
            Orientação geral das questões   94
            Cinco níveis de questões   94
            Confusão indesejada entre a unidade de coleta de dados e
            a unidade de análise   96
            Outros dispositivos de coleta de dados   96
         Guia para o relatório do estudo de caso (Seção D do protocolo)   97
      Triagem dos casos candidatos para seu estudo de caso   99
         Uma abordagem de uma fase   99
         Uma abordagem de duas fases   99
      O estudo de caso-piloto   100
         Seleção dos casos-piloto   101
         Escopo da investigação-piloto   101
         Relatórios dos casos-piloto   102
      Resumo   103
      Notas   103
      Tutorial 3.1: Mais sobre a revisão pelos conselhos de
      revisão institucionais (CRIs)   **104**

4. Coleta da evidência do estudo de caso: Princípios que devem ser
   seguidos no trabalho com seis fontes de evidência   107
         Livros-texto de apoio   107
         Princípios de apoio   108
      Seis fontes de evidência   109
         Documentação   109
         Registros em arquivo   113

Entrevistas	114
Entrevistas prolongadas de estudo de caso	115
Entrevistas curtas de estudo de caso	115
Entrevistas de levantamento de estudo de caso	116
Resumo	117
Observações diretas	118
Observação participante	119
Artefatos físicos	122
Resumo	122
Quatro princípios da coleta de dados	122
Princípio 1: Usar múltiplas fontes de evidência	123
Triangulação: Justificativa para o uso de múltiplas fontes de evidência	123
Pré-requisitos para o uso de múltiplas fontes de evidência	126
Princípio 2: Criar uma base de dados do estudo de caso	127
Notas de campo	128
Documentos para o estudo de caso	129
Tabelas	130
Novas compilações narrativas	130
Princípio 3: Manter o encadeamento de evidências	131
Princípio 4: Ter cuidado no uso de dados de fontes eletrônicas	133
Uma ampla gama de fontes eletrônicas	133
Cuidados	133
Resumo	134
Notas	134
5. Análise da evidência do estudo de caso: Como iniciar sua análise, suas escolhas analíticas e como elas funcionam	**137**
Estratégia analítica: mais do que familiaridade com as ferramentas analíticas	137
Necessidade de uma estratégia analítica	137
Outro desafio	137
Ferramentas auxiliadas pelo computador	138
Começando uma estratégia analítica	139
Quatro estratégias gerais	140
Contando com proposições teóricas	140
Tratando seus dados "a partir do zero"	141
Desenvolvimento da descrição do caso	143
Examinando explicações rivais plausíveis	144
Resumo	146

Cinco técnicas analíticas	147
1. Combinação de padrão	147
Variáveis dependentes não equivalentes como padrão	147
Variáveis rivais independentes como padrão	150
Precisão da combinação de padrão	151
2. Construção da explicação	151
Elementos da explicação	152
Natureza iterativa da construção de explicações	153
Problemas potenciais na construção de expicação	154
3. Análise de séries temporais	155
Séries temporais simples	155
Séries temporais complexas	156
Sequências cronológicas	158
Condições resumidas para a análise de séries temporais	159
4. Modelos lógicos	160
Modelo lógico do nível individual	162
Modelo lógico do nível organizacional ou empresarial	162
Modelo lógico de nível de programa	165
Aprimorando o uso de modelos lógicos	165
Resumo	168
5. Síntese cruzada dos casos	168
Exigindo uma análise de alta qualidade	172
Resumo	174
Nota	174
Tutorial 5.1: Mais sobre o uso de *software* CAQDAS para a análise de dados de estudo de caso	175
Tutorial 5.2: Retratando um modelo lógico não linear	176
Tutorial 5.3: Quando um estudo de caso tem muitos casos	178
6. Relatório dos estudos de caso: Como e o que compor	181
Tendo talento	181
O que a "composição" abrange	181
Público-alvo dos relatórios de estudo de caso	183
Públicos potenciais	183
Orientação do relatório de um estudo de caso às necessidades do público	185
Comunicação com estudos de caso	186
Variedades de composições de estudo de caso	187
Formatos de relatório	187
Estudo de caso único	187
Estudo de casos múltiplos	188

Opção de estudo de caso único ou de casos múltiplos	188
Opção apenas de estudo de casos múltiplos	189
Estruturas ilustrativas gerais para a composição dos estudos de caso	191
Estruturas analíticas lineares	191
Estruturas comparativas	192
Estruturas cronológicas	192
Estruturas de construção da teoria	193
Estruturas de suspense	193
Estruturas não sequenciais	193
Métodos e pesquisa na literatura para o relatório de um estudo de caso	194
Descrição dos métodos	195
Cobertura da literatura pesquisada	195
Estudos de caso como parte de estudos maiores e de métodos mistos	197
Procedimentos na realização do relatório do estudo de caso	198
Quando e como iniciar a composição	198
Identidades nos casos: reais ou anônimas?	200
Revisão da minuta do estudo de caso: Um procedimento de validação	202
O que torna exemplar um estudo de caso?	204
O estudo de caso deve ser significativo	205
O estudo de caso deve ser "completo"	206
O estudo de caso deve considerar as perspectivas alternativas	207
O estudo de caso deve apresentar evidências suficientes	208
O estudo de caso deve ser elaborado de maneira envolvente	209
Notas	210
Tutorial 6.1: Relato da metodologia do seu estudo de caso como um artigo de pesquisa independente	**211**
Apêndice A: O uso do estudo de caso na psicologia	213
Esclarecimento do nicho para uma pesquisa de estudo de caso: Três comparações	213
1. Pesquisa de estudo de caso comparada com outros usos dos estudos de caso	213
2. Pesquisa de estudo de caso comparada com outros métodos das ciências sociais	213
3. Pesquisa de estudo de caso comparada com três outros métodos de pesquisa na psicologia	214

Estudos de caso: Condições que levam a ter mais variáveis do
 que pontos de dados 216
  Investigação em profundidade 216
  Condições ao longo do tempo 218
  Condições contextuais 218
  Resumo de três condições 219
 Motivos para utilizar a pesquisa de estudo de caso na psicologia 219
  Exploração 219
  Descrição e explicação 220
  Avaliação 221
 Advertências e preocupações na pesquisa de estudo de caso 222
Nota 223

Apêndice B: O uso do estudo de caso em avaliações 225
 Pesquisa de estudo de caso como um método de avaliação 226
 Pesquisa de estudo de caso como parte de uma avaliação maior 227
 Pesquisa de estudo de caso como o principal método de avaliação 228
  1. Foco na iniciativa 229
  2. Foco em resultados 230
  3. Foco na iniciativa e nos resultados 231
 Pesquisa de estudo de caso como parte das disposições de
  uma avaliação de dois níveis 232
  Resumo 234
 Notas 234

**Apêndice C: Índice dos estudos de caso individuais (citados nos Quadros
ou de materiais ampliados de estudos de caso)** 235
 Índice de estudos de caso 235
 Lista de Quadros 236
 Referências a materiais ampliados de estudos de caso 240

**Breve glossário de termos diretamente relacionados à pesquisa de
 estudo de caso** 243

Referências 249

Índice de autores 265

Índice 271

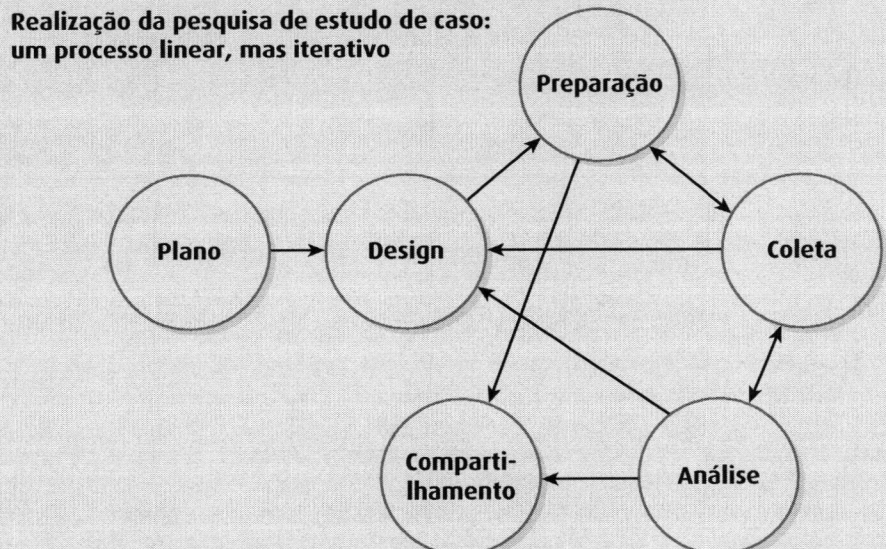

Realização da pesquisa de estudo de caso: um processo linear, mas iterativo

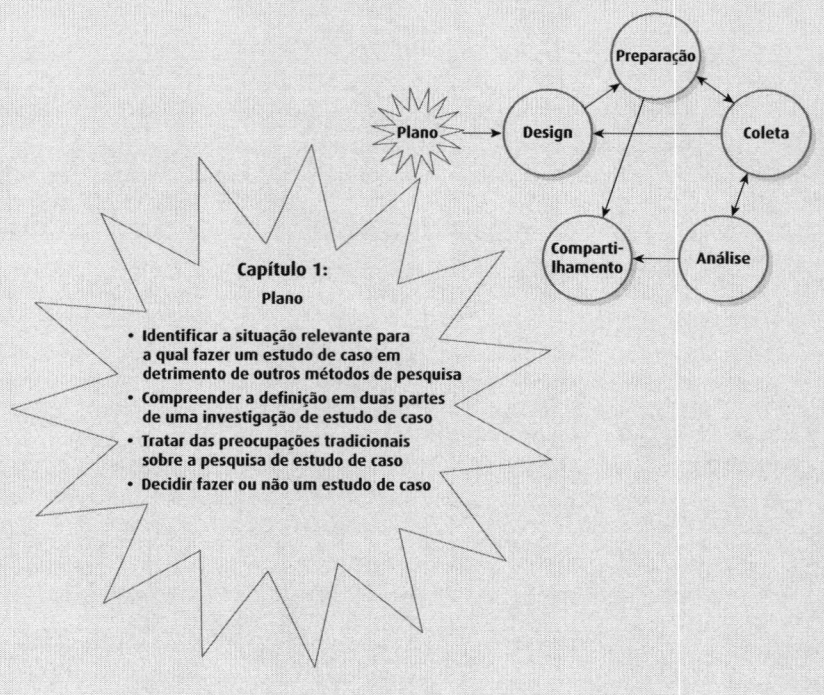

Capítulo 1:
Plano

- Identificar a situação relevante para a qual fazer um estudo de caso em detrimento de outros métodos de pesquisa
- Compreender a definição em duas partes de uma investigação de estudo de caso
- Tratar das preocupações tradicionais sobre a pesquisa de estudo de caso
- Decidir fazer ou não um estudo de caso

VISÃO GERAL

A pesquisa de estudo de caso é uma das várias maneiras de realizar uma pesquisa nas ciências sociais. Outras maneiras incluem experimentos, levantamentos, histórias e análise de arquivos, como modelagens econômica ou estatística. A pesquisa de estudo de caso seria o método preferencial em comparação aos outros em situações nas quais (1) as principais questões da pesquisa são "como?" ou "por quê?"; um pesquisador tem pouco ou nenhum controle sobre eventos comportamentais; e (3) o foco de estudo é um fenômeno contemporâneo (em vez de um fenômeno completamente histórico).

Como a primeira parte de uma definição em duas partes, um estudo de caso investiga um fenômeno contemporâneo (o "caso") em seu contexto no mundo real, especialmente quando as fronteiras entre o fenômeno e o contexto puderem não estar claramente evidentes. A segunda parte da definição aponta para o projeto e a coleta de dados – por exemplo, como a triangulação de dados ajuda a tratar a condição técnica distintiva, por meio da qual um estudo de caso terá mais variáveis de interesse do que pontos de dados. Dentre as variações em estudos de caso, um estudo de caso pode incluir casos únicos ou múltiplos, pode ser limitado a evidências quantitativas e pode ser um método útil para fazer uma avaliação.

Fazer um estudo de caso de forma apropriada significa ter em vista cinco preocupações tradicionais sobre estudos de caso – conduzir a pesquisa de forma rigorosa, evitar confusões com casos de ensino, saber como chegar a conclusões generalizadas quando desejado, gerir cuidadosamente o nível de esforço e compreender a vantagem comparativa da pesquisa de estudo de caso. O desafio geral torna a pesquisa de estudo de caso "difícil", apesar de ela ser classicamente considerada uma forma de pesquisa "leve".

1

Introdução

Quando usar os estudos de caso como método de pesquisa

O ESTUDO DE CASO COMO MÉTODO DE PESQUISA

A pesquisa de estudo de caso

A realização da pesquisa de estudo de caso permanece um dos empreendimentos mais desafiadores das ciências sociais. Este livro irá ajudá-lo – seja você um cientista social experiente ou em formação – a lidar com o desafio. Sua meta é projetar bons estudos de caso e coletar, apresentar e analisar os dados corretamente. Outra meta é realizar o encerramento do seu estudo de caso com a redação de um artigo, relatório ou livro, ou, ainda, com uma apresentação oral.

Não subestime a extensão do desafio. Embora você possa estar pronto para concentrar-se no projeto e na realização da pesquisa do estudo de caso, outros podem adotar e defender diferentes métodos de pesquisa. Do mesmo modo, fundos de pesquisa federais ou de outras fontes podem preferir outros métodos, mas não a pesquisa de estudo de caso. Em consequência, você deve ter respostas prontas para algumas questões inevitáveis.

Primeira e primordialmente, você deve explicar como está se dedicando à observação de um caminho metodológico rigoroso. O caminho começa com uma revisão minuciosa da literatura e com a proposição cuidadosa e atenta das questões ou objetivos da pesquisa. Igualmente importante será a dedicação aos procedimentos formais e explícitos ao realizar a pesquisa. Nessas linhas, este livro oferece muita orientação. Mostra como a pesquisa do estudo de caso inclui procedimentos importantes para todos os tipos de métodos de pesquisa, como a proteção contra "explicações rivais". A experiência bem-sucedida de estudiosos e estudantes na utilização deste livro por mais de 30 anos pode atestar as suas potenciais vantagens.

Em segundo lugar, você deve entender e reconhecer abertamente os pontos fortes e as limitações da pesquisa de estudo de caso. Essa pesquisa, como qualquer

> **Sugestão:** *Como saber se devo usar o método de estudo de caso?*
>
> Não existe fórmula, mas a escolha depende, em grande parte, de sua(s) questão(ões) de pesquisa. Quanto mais suas questões procurarem explicar alguma circunstância presente (por exemplo, "como" ou "por que" algum fenômeno social funciona), mais o método do estudo de caso será relevante. O método também é relevante quando suas questões exigirem uma descrição ampla e "profunda" de algum fenômeno social.
>
> Que outras razões podem ser citadas para usar ou não o método do estudo de caso?

outra, complementa os pontos fortes e as limitações dos outros tipos de pesquisa. Frente aos que talvez vejam a necessidade de apenas um único método de pesquisa, este livro acredita que, assim como diferentes métodos científicos prevalecem nas ciências naturais, diferentes métodos de pesquisa nas ciências sociais preenchem diferentes necessidades e situações para a investigação de tópicos da ciência social. Por exemplo, nas ciências naturais, a astronomia é uma ciência, mas não conta com o método experimental. Da mesma forma, grande parte da pesquisa neurofisiológica e neuroanatômica não utiliza métodos estatísticos. Para a ciência social, trechos posteriores deste capítulo apresentam mais sobre os potenciais "nichos" dos diferentes métodos de pesquisa.

Importância da pesquisa de estudo de caso em diferentes campos

Como método de pesquisa, o estudo de caso é usado em muitas situações, para contribuir ao nosso conhecimento dos fenômenos individuais, grupais, organizacionais, sociais, políticos e relacionados. Naturalmente, o estudo de caso é um método de pesquisa comum na psicologia, sociologia, ciência política, antropologia, assistência social, administração, educação, enfermagem e planejamento comunitário. Por exemplo, o Apêndice A descreve a longa, porém peculiar, história do estudo de caso no campo da psicologia. Os estudos de caso são encontrados até mesmo na economia, em investigações sobre a estrutura de um determinado setor industrial ou a economia de uma cidade ou região.

Seja qual for o campo de interesse, a necessidade diferenciada da pesquisa de estudo de caso surge do desejo de entender fenômenos sociais complexos. Em resumo, um estudo de caso permite que os investigadores foquem um "caso" e retenham uma perspectiva holística e do mundo real – como no estudo dos ciclos individuais da vida, o comportamento dos pequenos grupos, os processos organizacionais e administrativos, a mudança de vizinhança, o desempenho escolar, as relações internacionais e a maturação das indústrias.

Este livro cobre as características diferenciadas do estudo de caso como método de pesquisa. O livro o ajudará a lidar com algumas das questões mais difíceis ainda negligenciadas frequentemente pelos textos de pesquisa disponíveis. Com frequência, por exemplo, o autor é confrontado por um estudante ou colega que pergunta:

(a) como definir o "caso" que está sendo estudado?
(b) como determinar os dados relevantes a serem coletados?
(c) o que fazer com os dados, uma vez coletados?

Este livro responde a essas questões e a outras, cobrindo todas as fases do projeto, a coleta de dados, a análise e os relatos.

Ao mesmo tempo, o livro não cobre todos os usos dos estudos de caso. Por exemplo, ele não pretende ajudar os que talvez usem os estudos de caso como ferramenta de ensino, popularizada nos campos do direito, da administração, da medicina ou da política pública (ver Garvin, 2003; Llewellyn, 1948; Stein, 1952; Towl, 1969; Windsor & Greanias, 1983), mas agora prevalente em virtualmente todos os campos acadêmicos, incluindo as ciências naturais. Com a finalidade de ensino, o estudo de caso não necessita conter uma interpretação completa ou exata dos eventos atuais. Ao contrário, a finalidade do "caso de ensino" é estabelecer uma estrutura para discussão e debate entre os estudantes. Os critérios para o desenvolvimento de casos bons para o ensino – geralmente da variedade única, não de casos múltiplos – são diferentes dos critérios para realizar a pesquisa (por exemplo, Caulley & Dowdy, 1987). Os estudos de caso de ensino não precisam se preocupar com a apresentação rigorosa e justa dos dados empíricos; já os estudos de caso de pesquisa precisam fazer exatamente isso.

Da mesma forma, este livro não pretende cobrir as situações em que os casos são usados como forma de manutenção de registro. Os registros médicos, os arquivos de assistência social e os outros registros de casos são usados para facilitar a prática de algumas atividades, como a medicina, o direito ou a assistência social – ou um procedimento baseado em caso, como uma avaliação de custódia de criança (por exemplo, Vertue, 2011). Embora a criação de um registro de caso ou a avaliação de um caso possa seguir um procedimento similar ao de um estudo de caso para propósitos de pesquisa, na verdade, os critérios para o desenvolvimento dos casos bons para a prática diferem dos para a realização da pesquisa do estudo de caso (Bromley, 1986).

Em contraste, a justificativa para este livro é que a pesquisa de estudo de caso é comumente encontrada tanto nas disciplinas de ciências sociais como no exercício de suas respectivas profissões. Por exemplo, a Figura 1.1 lista 12 desses campos, juntamente com trabalhos ilustrativos que focam o uso da pesquisa de estudo de caso em cada campo específico. (Os não citados são de um destes dois tipos de trabalhos: textos metodológicos gerais que discutem vários tipos de pesquisa, mesmo que incluam a pesquisa de estudo de caso, e textos gerais sobre a pesquisa de estudo de caso que não são direcionados a nenhum campo específico.)

Você, como cientista social, gostaria de saber como projetar e conduzir um estudo de caso único ou de casos múltiplos para investigar um objeto de pesquisa. Você pode estar apenas realizando um estudo de caso ou pode estar usando-o como parte de um estudo multimétodos maior (ver Capítulo 2). Em qualquer caso, este livro cobre toda a gama de assuntos para o projeto e a realização da pesquisa de

CAMPO	Trabalho(s) ilustrativo(s)
DISCIPLINAS:	
Antropologia e Etnografia	Burawoy, 1991
Ciências Políticas	George & Bennett, 2004; Gerring, 2004
Psicologia	Bromley, 1986; Campbell, 1975
Sociologia	Feagin, Orum, & Sjoberg, 1991; Hamel, 1992; Mitchell, 1983; Platt, 1992
PROFISSÕES:	
Contabilidade	Bruns, 1989
Negócios e Negócios Internacionais	Dul & Hak, 2008; Gibbert, Ruigrok, & Wicki, 2008; Johnston, Leach, & Liu, 2000; Meyer, 2001; Piekkari, Welch, & Paavilainen, 2009; Vissak, 2010
Educação	Yin, 2006a
Avaliação	U.S. Government Accountability Office, 1990
Marketing	Beverland & Lindgreen, 2010
Enfermagem e Saúde Pública	Baxter & Jack, 2008
Administração Pública	Agranoff & Radin, 1991
Trabalho Social	Gilgun, 1994; Lee, Mishna, & Brennenstuhl, 2010

Figura 1.1 Modelo de trabalhos dedicados a métodos do estudo de caso em campos específicos.

estudo de caso, incluindo como iniciar e projetar um estudo de caso, coletar evidência, analisar os dados e elaborar um relatório.

COMPARAÇÃO DO ESTUDO DE CASO COM OUTROS MÉTODOS DE PESQUISA NAS CIÊNCIAS SOCIAIS

Quando e por que você desejaria realizar uma pesquisa de estudo de caso para examinar um tópico das ciências sociais? Deveria, em vez disso, considerar a realização de um experimento? Um levantamento? Uma história? Uma análise de registros de arquivos, como a modelagem estatística das tendências econômicas ou do desempenho dos estudantes nas escolas?[1]

Essas e outras opções representam diferentes métodos de pesquisa. Cada uma é uma maneira diferente de coletar e analisar a evidência empírica, seguindo sua própria lógica e seus procedimentos. E cada uma tem suas próprias vantagens e desvantagens. Para obter o máximo da pesquisa de estudo de caso, você deve reconhecer essas diferenças.

Relações entre os métodos: Não hierárquicas

Uma concepção errônea comum é que os vários métodos de pesquisa devem ser dispostos hierarquicamente. Muitos cientistas sociais ainda acreditam implicitamente que a pesquisa de estudo de caso é apropriada apenas para a fase exploratória de uma investigação, que os levantamentos e as histórias são apropriados para a fase descritiva e que os experimentos são a única maneira de fazer investigações explicativas ou causais. A visão hierárquica reforça a ideia de que a pesquisa de estudo de caso é somente uma ferramenta de pesquisa preliminar e não pode ser usada para descrever ou testar proposições.

Essa visão hierárquica, no entanto, pode ser questionada. Os experimentos com um motivo exploratório certamente sempre existiram. Além disso, o desenvolvimento de explicações causais têm sido há muito tempo uma séria preocupação dos historiadores, refletida pelo subcampo conhecido como historiografia. Igualmente, a pesquisa de estudo de caso está longe de ser apenas uma estratégia explicativa. Alguns dos melhores e mais famosos estudos de caso têm sido estudos de caso explanatórios (por exemplo, ver o Quadro 1.1 para uma vinheta sobre a *Essence of Decision: Explaining the Cuban Missile Crisis*, 1999, de Allison e Zelikow). Da mesma forma, estudos de caso descritivos famosos são encontrados nas principais disciplinas, como sociologia e ciência política (por exemplo, ver o Quadro 1.2 para duas vinhetas). Exemplos adicionais de estudos de caso explanatórios, incluindo

---

QUADRO 1.1
Estudo de caso único, explicativo, um *best-seller*

Por mais de 30 anos, o estudo original é de Graham Allison (1971) de um único caso, a crise dos mísseis cubanos de 1962, tem sido um dos mais vendidos da ciência política. nesta crise, o confronto Estados Unidos – União Soviética poderia ter produzido um holocausto nuclear e destruído todo o mundo. O livro apresenta três teorias rivais, mas também complementares, para explicar a crise que os Estados Unidos e a União Soviética desempenharam como

(a) atores racionais;
(b) burocracias complexas;
(c) grupos de pessoas motivadas politicamente.

Allison compara a capacidade de cada teoria de explicar o curso atual de eventos na crise: por que a União Soviética colocou mísseis ofensivos (não apenas defensivos) em Cuba, por que os Estados Unidos responderam ao emprego dos mísseis com um bloqueio (e não com um ataque aéreo ou uma invasão – os mísseis já estavam em Cuba!), e por que a União Soviética acabou retirando os mísseis.

O estudo de caso mostra as funções explicativas e não apenas as descritivas ou exploratórias dos estudos de caso únicos. Além disso, os autores contrastam as lições do estudo de caso com explicações alternativas prevalecentes em estudos pós-Guerra Fria de política estrangeira e política internacional. Dessa forma, o livro, apresentado ainda mais cuidadosamente em sua segunda edição (Allison & Zelikow, 1999), demonstra claramente como um único estudo de caso pode ser a base para generalizações significativas.

> **QUADRO 1.2**
> **Dois famosos estudos de caso descritivos**
>
> **1.2A Cena da vizinhança**
> *Street Corner Society* (1943/1993), de William F. Whyte, foi durante décadas uma leitura recomendada na sociologia comunitária. o livro é um exemplo clássico de um estudo de caso descritivo. Ele percorre a sequência de eventos interpessoais ao longo do tempo, descreve uma subcultura que raramente tinha sido o tópico de estudos anteriores e descobre fenômenos-chave – como o avanço na carreira dos jovens de baixa renda e sua capacidade (ou incapacidade) de romper os laços com a vizinhança.
> O estudo tem sido altamente considerado, apesar de ter ocorrido em um pequeno bairro urbano (sob o pseudônimo de "Cornerville") e cerca de 100 anos atrás. O valor do livro é, paradoxalmente, sua generalizabilidade mesmo para os assuntos contemporâneos de desempenho individual, estrutura grupal e estrutura social dos bairros. investigadores posteriores encontraram repetidamente remanescentes de Cornerville em seu trabalho, mesmo tendo estudado bairros diferentes e diferentes períodos de tempo (ver também o Quadro 4.5, capítulo 4, p.140).
>
> **1.2B Crise nacional**
> A excelente análise de Neustadt e Fineberg de uma campanha de vacinação em massa foi lançada originalmente como um relatório governamental em 1978, *The Swine Flu Affair: Decision-Making on a Slippery Disease*, posteriormente publicado de forma independente como *The Epidemic That Never Was* (1983). O estudo de caso descreve a imunização de 40 milhões de americanos que ocorreu sob a administração do presidente Gerald Ford, quando os Estados Unidos enfrentaram uma ameaça de proporções epidêmicas de uma cepa nova e potencialmente letal de gripe.
> Visto que o estudo de caso se tornou conhecido como um estudo de caso excepcionalmente bem pesquisado, decisores políticos contemporâneos continuaram a consultá-lo quanto a lições generalizáveis para compreender os dilemas da crise da saúde e ações públicas sob a luz de novos perigos de epidemias de gripe, como a grande tensão causada pelo H1N1 em 2008-2010.

Exercício 1.1 Definição de diferentes tipos de estudo de caso usados para propósitos de pesquisa

A visão mais apropriada pode ser uma inclusiva e pluralista: Cada método de pesquisa pode ser usada para os três propósitos – estudos exploratório, descritivo e explicativo. Assim, podem existir estudos de caso exploratórios, estudos de caso descritivos e estudos de caso explicativos. Da mesma forma, podem existir experimentos exploratórios, experimentos descritivos e experimentos explicativos. O que distingue os diferentes métodos não é uma hierarquia, mas três importantes condições discutidas a seguir. Como um alerta importante, contudo, tenha em mente que o esclarecimento não implica que as fronteiras entre os métodos – ou as ocasiões nas quais cada um deve ser usado – são bem definidas. Apesar de cada método ter características distintas, existem grandes sobreposições entre eles. O objetivo é

(Continua)

(Continuação)
evitar incompatibilidades crassas – isto é, quando você planeja usar um tipo de método, mas na verdade outro tipo é mais vantajoso.
Defina os três tipos de estudos de caso usados para propósitos de pesquisa (mas não de ensino):

  (a) estudos de caso explicativos ou causais;
  (b) estudos de caso descritivos; e
  (c) estudos de caso exploratórios.

Compare as situações nas quais esses diferentes tipos de estudo de caso seriam mais aplicáveis. Cite um estudo de caso que você gostaria de conduzir. Ele seria explicativo, descritivo ou exploratório? Por quê?

---

a inovação de uma universidade, uma organização comunitária de prevenção às drogas e pequenos negócios, são apresentados em sua totalidade em um livro associado citado ao longo deste texto (Yin, 2012, Capítulos 7 a 9). Exemplos de estudos de caso descritivos, incluindo liderança em educação, prevenção de crimes em residências e o desenvolvimento de uma organização comunitária, são igualmente encontrados nele (Yin, 2012, Capítulos 4 a 6). Dessa forma, distinguir os vários métodos de pesquisa e suas vantagens e desvantagens pode exigir que se vá além do estereótipo de hierarquia.

Quando utilizar cada método

As três condições consistem em:

  (a) o tipo de questão de pesquisa proposto;
  (b) a extensão do controle que um pesquisador tem sobre os eventos comportamentais reais;
  (c) o grau de enfoque sobre eventos contemporâneos em oposição aos eventos totalmente históricos.

A Figura 1.2 apresenta estas três condições e mostra como cada uma está relacionada com os cinco principais métodos de pesquisa: experimentos, levantamentos, análises de arquivos (por exemplo, modelagem econômica, ou uma análise estatística em um estudo epidemiológico), pesquisas históricas e estudos de caso. A importância de cada condição para a distinção entre os cinco métodos pode ser vista na figura.

(a) Tipos de questões de pesquisa (ver Figura 1.2, coluna 1). A primeira condição cobre questões de pesquisa (Hedrick, Bickman & Rog, 1993). Um esquema básico de categorização para os tipos de questões é a série conhecida das perguntas: "quem", "o que", "onde", "como" e "por que".

Se as questões de pesquisa concentram-se principalmente nas perguntas "o que", surgem duas possibilidades. Primeiramente, alguns tipos de questões "o que"

MÉTODO	(1) Forma de questão de pesquisa	(2) Exige controle dos eventos comportamentais?	(3) Enfoca eventos contemporâneos?
Experimento	como, por quê?	Sim	Sim
Levantamento (survey)	quem, o quê, onde, quantos, quanto?	Não	Sim
Análise de arquivos	quem, o quê, onde, quantos, quanto?	Não	Sim/Não
Pesquisa histórica	como, por quê?	Não	Não
Estudo de caso	como, por quê?	Não	Sim

Figura 1.2 Situações relevantes para diferentes métodos de pesquisa.

são exploratórias, como "o que pode ser aprendido de um estudo sobre uma empresa iniciante?" Este tipo de questão é uma justificativa para a condução de um estudo exploratório, cuja meta seria desenvolver hipóteses e proposições pertinentes para investigação posterior. No entanto, como um estudo exploratório, qualquer um dos cinco métodos de pesquisa pode ser usado – por exemplo, um levantamento exploratório (testando, por exemplo, a capacidade de pesquisar o início de empreendimentos inovadores), um experimento exploratório (testando, por exemplo, os benefícios potenciais de diferentes tipos de incentivos de negócios) ou um estudo de caso exploratório (testando, por exemplo, a importância de diferenciar empreendimentos de "novatos" de empreendimentos criados por empresários que tinham previamente iniciado outras empresas).

O segundo tipo de questão "o que" é realmente uma forma de linha de investigação de "quantos" ou "quanto" – por exemplo, "Quais foram as maneiras pelas quais as comunidades assimilaram os novos imigrantes?". A identificação dessas maneiras tem mais possibilidade de favorecer os métodos de levantamento ou de arquivo do que outros. Por exemplo, um levantamento pode ser facilmente destinado a enumerar o "que", enquanto o estudo de caso não seria um método vantajoso nessa situação.

Da mesma forma, como esse segundo tipo de questão "o que", as questões "quem" e "onde" (ou seus derivados – "quantos" e "quanto") possivelmente favorecem os métodos de levantamento ou a análise dos dados, como nos estudos econômicos. Esses métodos são vantajosos quando a meta da pesquisa é descrever a incidência ou a prevalência de um fenômeno ou quando é para *prever* determinados resultados. A investigação de atitudes políticas prevalentes (na qual um levantamento ou enquete pode ser o método favorecido) ou da disseminação de uma doença como a AIDS (na qual uma análise epidemiológica de estatísticas de saúde pode ser favorecida) seriam os exemplos típicos.

Em contraste, as questões "como" e "por que" são mais *explicativas* e provavelmente levam ao uso de um estudo de caso, uma pesquisa histórica ou um experimento como método de pesquisa preferido. Isso ocorre porque essas questões lidam com os vínculos operacionais que necessitam ser traçados ao longo do tempo, mais do que as meras frequências ou incidências. Assim, se você desejasse saber como uma comunidade superou com sucesso o impacto negativo do fechamento de seu maior empregador – uma base militar (ver Bradshaw, 1999, também apresentado no Quadro 5.10, Capítulo 5, p. 169) – você teria menos probabilidade de contar com um levantamento de dado ou exame de arquivos e teria mais vantagem com o uso de uma pesquisa histórica ou de um estudo de caso. Da mesma forma, se desejasse saber como os investigadores de pesquisa podem possivelmente (mas sem saber) ser parciais em sua pesquisa, poderia projetar e conduzir uma série de experimentos (ver Rosenthal, 1966).

Vamos considerar mais dois exemplos. Se estivesse estudando "quem" sofreu em consequência de um ato terrorista e "quanto" dano foi causado, você poderia fazer um levantamento dos residentes, examinar os registros governamentais (análise de arquivos) ou conduzir um "levantamento de campo" na área afetada. Em comparação, se desejasse saber "por que" o ato ocorreu, teria que se basear em uma série mais ampla de informações documentárias, além da condução de entrevistas; se focasse a questão "por que" em mais de um ato terrorista, você provavelmente estaria fazendo um estudo de casos múltiplos.

Igualmente, se desejasse saber "quais" tinham sido os resultados associados a um novo programa governamental, poderia responder a essa questão fazendo um levantamento ou examinando os dados econômicos, dependendo do tipo de programa envolvido. As questões – como "quantos clientes foram servidos pelo programa?", "que tipos de benefícios foram recebidos?", "com que frequência foram produzidos os diferentes benefícios?" – poderiam ser respondidas sem fazer um estudo de caso. Mas, se necessitasse saber "como" ou "por que" o programa tinha funcionado (ou não), você se inclinaria para o estudo de caso ou para o experimento de campo.

Para resumir, a primeira e mais importante condição para a diferenciação entre vários métodos de pesquisa é classificar o tipo de questão de pesquisa sendo feito. Em geral, as questões "o que" podem ser tanto exploratórias (quando qualquer dos métodos poderia ser usado) ou sobre a prevalência (quando seriam favorecidos os levantamentos ou as análises de arquivo). As questões "como" e "por que" provavelmente favorecem o uso de um estudo de caso, um experimento ou uma pesquisa histórica.

Exercício 1.2 Definindo uma questão de estudo de caso

Desenvolva uma questão "como" ou "por que" que seria a justificativa para um estudo de caso a ser conduzido. Em vez de fazer um estudo de caso, imagine agora que poderia fazer apenas uma pesquisa histórica, um levantamento ou um experimento (mas não um estudo de caso) para responder a esta questão. Qual seria a vantagem diferenciada de realizar um estudo de caso, comparada com esses outros métodos, para responder a essa questão?

12 Estudo de caso

A definição da(s) sua(s) questão(ões) de pesquisa é provavelmente o passo mais importante a ser dado no processo de pesquisa. Portanto, você deve ser paciente e dedicar tempo suficiente para esta tarefa. O segredo é entender que suas questões de pesquisa possuem tanto *substância* – por exemplo, sobre o que é o meu estudo? – quanto *forma* – por exemplo, estou fazendo uma pergunta "quem", "o que", "onde", "por que" ou "como?". Outros se concentraram em alguns dos assuntos substancialmente importantes (ver Campbell, Daft & Hulin, 1982); o ponto da discussão precedente é que a forma da questão pode proporcionar uma indicação importante relacionada com o método apropriado de pesquisa a ser usado. Lembre, também, de que pode haver sobreposição entre os métodos. Dessa forma, para algumas questões, uma opção entre os métodos pode realmente existir. Tenha cuidado, finalmente, pois você (ou seu departamento acadêmico) pode estar predisposto a favorecer um método determinado independente da questão de estudo. Nesse caso, garanta a criação da forma da questão de estudo mais adequada ao método que você estava predisposto a favorecer em primeiro lugar.

> **Exercício 1.3** Identificando questões de pesquisa consideradas quando outros métodos de pesquisa são usados
>
> Localize um estudo de pesquisa baseado unicamente no uso de métodos de levantamento, histórico ou experimental (mas não um estudo de caso). Identifique a questão de pesquisa abordada pelo estudo. O tipo de questão difere das que podem ter aparecido como parte de um estudo de caso sobre o mesmo tópico, e nesse caso, como?

(b) Extensão do controle sobre os eventos comportamentais (ver Figura 1.2, coluna 2) e (c) grau de enfoque sobre os eventos contemporâneos em oposição aos eventos históricos (ver Figura 1.2, coluna 3). Partindo-se do princípio de que as questões "como" e "por que" sejam o enfoque do estudo, as duas demais condições ajudam a fazer uma maior distinção entre pesquisa histórica, estudo de caso e experimento.

Uma pesquisa histórica é o método preferido quando praticamente não existem acesso ou controle. A contribuição diferenciada do método histórico está no tratamento do passado "morto" – ou seja, quando observações diretas do(s) evento(s) estudado(s) não são possíveis ou não existem pessoas relevantes vivas para relatar, mesmo retrospectivamente, o que ocorreu. O historiador deve, então, contar com os documentos primários, documentos secundários e artefatos culturais e físicos como principais fontes de evidência. Uma pesquisa histórica pode ser feita, naturalmente, sobre eventos bastante recentes, como na condução de uma pesquisa histórica oral (por exemplo, Janesick, 2010); nessa situação, o método começa a se sobrepor ao estudo de caso.

O estudo de caso é preferido durante o exame dos eventos contemporâneos, mas quando os comportamentos relevantes não podem ser manipulados. O estudo de caso conta com muitas das mesmas técnicas que a pesquisa histórica, mas adiciona duas fontes de evidência geralmente não disponíveis como parte do repertório do historiador: observação direta dos eventos sendo estudados e entrevistas das pessoas envolvidas nos eventos. Novamente, embora os estudos de caso e as pesquisas históricas possam se sobrepor, a força exclusiva do estudo de caso é sua capacidade de lidar com uma ampla variedade de evidências – documentos, artefatos, entrevistas e observações – além do que pode estar disponível em um estudo histórico convencional. Além disso, em algumas situações, como a observação participante (ver Capítulo 4), pode ocorrer a manipulação informal.

Finalmente, os experimentos são realizados quando o pesquisador pode manipular o comportamento direta, precisa e sistematicamente. Isso pode ocorrer em um ambiente de laboratório, no qual o experimento pode enfocar uma ou duas variáveis isoladas (e presume-se que o ambiente laboratorial possa "controlar" todas as variáveis remanescentes além do escopo de interesse), ou pode ser feito em campo, onde o termo *campo* ou *experimento* (*social*) emergiu para cobrir a pesquisa onde os pesquisadores "tratam" grupos inteiros de pessoas de maneiras diferentes, como lhes fornecendo tipos diferentes de documentação comprobatória (Boruch & Foley, 2000).

Novamente, os métodos se sobrepõem. A variedade de ciências experimentais também inclui as situações em que o pesquisador não pode manipular o comportamento, mas a lógica do projeto experimental ainda pode ser aplicada. Essas situações foram comumente denominadas *quase-experimentais* (por exemplo, T. Campbell & Stanley, 1966; Cook & Campbell, 1979) ou estudos *observacionais* (por exemplo, Rosenbaum, 2002). A abordagem quase-experimental pode ser usada até mesmo no ambiente histórico, onde, por exemplo, o pesquisador pode estar interessado no estudo dos conflitos raciais e linchamentos (ver Spilerman, 1971) usando um projeto quase-experimental porque não é possível ter controle sobre o evento comportamental. Nesse caso, o método experimental começa a se sobrepor às pesquisas históricas.

Uma situação especial na pesquisa de avaliação. No campo da pesquisa de avaliação, Boruch e Foley (2000) apresentaram um argumento convincente sobre a vantagem de um tipo de experimento de campo – testes de campo aleatórios –, pois podem ser usados em praticamente todas as avaliações. Por exemplo, os autores defendem que o projeto de teste de campo, emulando o planejamento dos experimentos laboratoriais, pode ser e tem sido usado mesmo na avaliação das iniciativas comunitárias complexas. No entanto, você deve estar atento sobre as possíveis limitações deste projeto.

Particularmente, o projeto pode funcionar bem quando, em uma comunidade, os consumidores ou usuários individuais dos serviços são a unidade da análise. Essa situação existiria se a intervenção comunitária consistisse, digamos, em uma campanha de promoção de saúde e o resultado de interesse fosse a incidência de determinadas doenças entre os residentes da comunidade. Uma atribuição aleatória pode destinar algumas comunidades à campanha, comparadas com algumas não destinadas e os resultados comparariam a condição dos residentes nos dois conjuntos de comunidades.

Em muitos estudos comunitários, no entanto, os reais resultados de interesse e, portanto, a unidade de análise apropriada podem estar no nível comunitário ou coletivo, não no nível individual. Por exemplo, os esforços para a melhoria dos bairros podem preocupar-se com a melhoria da base econômica (por exemplo, o número de empregos por população de residentes). Atualmente, embora as comunidades candidatas ainda possam ser atribuídas aleatoriamente, os graus de liberdade em qualquer análise estatística posterior são limitados pelo número de comunidades, bem como pelo número de residentes (a ferramenta técnica seria um modelo linear hierárquico de dois níveis). A maioria dos experimentos de campo não será capaz de apoiar a participação de um número suficientemente grande de comunidades para superar a severidade das restrições estatísticas subsequentes.

As limitações, quando as comunidades ou entidades coletivas são as unidades de análise, são extremamente importantes porque muitos objetivos da política pública concentram-se no nível coletivo, não no individual. Por exemplo, o propósito da política educacional federal no início de 2000 concentrou-se no desempenho *escolar*. As escolas foram responsabilizadas pelo desempenho de ano para ano mesmo que a composição de estudantes inscritos mudasse todos os anos. Criar e implementar um teste de campo baseado em um grande número de escolas, em oposição a um grande número de estudantes, representaria um desafio imponente e a necessidade de recursos extensos de pesquisa. Na realidade, Boruch (2007) descobriu que um bom número dos testes aleatorizados de campo usaram inadvertidamente a unidade incorreta de análise (individual em lugar de coletiva), tornando, dessa forma, os resultados menos úteis.

Os experimentos de campo com um grande número de entidades coletivas (por exemplo, vizinhanças, escolas ou organizações) também provocam inúmeros desafios práticos:

- Qualquer local de "controle" selecionado aleatoriamente pode adotar componentes importantes da intervenção de interesse antes do final do experimento de campo e não se qualificar mais como local de "não tratamento".
- A intervenção financiada pode requerer que as comunidades experimentais reorganizem toda sua maneira de fornecer determinados serviços – ou seja, uma mudança de "sistemas" criando, com isso, uma variabilidade de local para local na unidade de designação (o projeto experimental presume que a unidade de designação é a mesma em cada local, tanto na intervenção quanto no controle).
- O mesmo aspecto de mudança de sistemas da intervenção também pode significar que as organizações ou entidades que administram a intervenção podem não necessariamente permanecer estáveis ao longo do tempo (o projeto exige essa estabilidade até que os testes aleatorizados de campo tenham sido completados).

- Os locais experimentais e de controle podem ser incapazes de continuar usando os mesmos instrumentos e medidas (o projeto, que irá finalmente agrupar os dados para comparar os locais da intervenção como grupo com os locais de comparação como um segundo grupo, exige instrumentos e medidas comuns entre os locais).

A existência de quaisquer dessas condições provavelmente levará à necessidade de encontrar alternativas para os testes aleatorizados de campo.

Resumo. Você deve ser capaz de identificar algumas situações nas quais todos os métodos de pesquisa podem ser relevantes (como a pesquisa exploratória) e outras situações em que dois métodos podem ser considerados igualmente atraentes. Você também pode usar métodos múltiplos em qualquer estudo determinado (por exemplo, um levantamento em um estudo de caso ou um estudo de caso em um levantamento). Quanto a isso, os vários métodos não são mutuamente exclusivos. Entretanto, você também deve ser capaz de identificar algumas situações em que um método específico tem uma vantagem diferenciada. Para a pesquisa de estudo de caso, isso ocorre quando

- Uma questão "como" ou "por que" está sendo feita sobre
  - um conjunto de eventos contemporâneos,
  - algo que o pesquisador tem pouco ou nenhum controle.

Para determinar as questões que são mais significativas para um tópico, assim como para obter alguma precisão na formulação dessas questões, exige muita preparação. Uma maneira é revisando a literatura sobre o tópico (Cooper, 1984). Observe que essa revisão da literatura é, por essa razão, um meio para um fim, e não – como muitos foram ensinados a pensar – um fim em si mesmo. Os pesquisadores iniciantes podem pensar que a finalidade de uma revisão de literatura seja determinar as *respostas* sobre o que é conhecido sobre um tópico; em contraste, os pesquisadores experientes revisam a pesquisa prévia para desenvolver *questões* mais perspicazes e reveladoras sobre o mesmo tópico.

VARIAÇÕES EM ESTUDOS DE CASO, MAS UMA DEFINIÇÃO COMUM

Nossa discussão evoluiu sem uma definição formal de estudo de caso. Além disso, as questões comumente feitas sobre a pesquisa de estudo de caso ainda permanecem sem resposta. Por exemplo:

(1) Ainda é um estudo de caso quando mais de um caso é incluído no mesmo estudo?
(2) Um estudo de caso impossibilita o uso de evidência quantitativa?
(3) Um estudo de caso pode ser usado para fazer avaliações?

Vamos tentar agora definir o estudo de caso como um método de pesquisa e responder a essas três questões.

Definição do estudo de caso como método de pesquisa

Algumas definições de estudos de caso têm repetido meramente os tipos de tópicos aos quais os estudos de caso têm sido aplicados. Por exemplo, nas palavras de um observador:

> A essência de um estudo de caso, a tendência central entre todos os tipos de estudo de caso, é que ele tenta iluminar uma *decisão* ou um conjunto de decisões: por que elas são tomadas, como elas são implementadas e com que resultado. (Schramm, 1971, ênfase adicionada).

Essa definição, assim, cita casos de "decisões" como o principal enfoque de estudos de caso. Outros casos comuns incluem "indivíduos", "organizações", "processos", "programas", "vizinhanças", "instituições" e mesmo "eventos". Entretanto, insistir em uma definição de estudo de caso "por interesse em um caso específico, não pelos métodos de investigação utilizados" (por exemplo, Stake, 2005, p. 443), pareceria insuficiente para estabelecer a base completa para estudos de caso como *método* de pesquisa.

Alternativamente, muitos dos livros-texto antigos de ciências sociais falhavam em considerar a pesquisa de estudo de caso um método formal. Como discutido, uma falha comum era considerar o estudo de caso como o estágio exploratório de algum outro tipo de método de pesquisa.

Outra falha de definição era confundir a pesquisa de estudo de caso com trabalho de campo, como na etnografia ou na observação participante. Assim, os primeiros livros-texto sobre estudos de caso limitavam sua discussão de estudos de caso à descrição da observação participante ou do trabalho de campo como um processo de coleta de dados, sem mais elaboração em uma definição da pesquisa de estudo de caso (por exemplo, ver L. Kidder & Judd, 1986; Nachmias & Nachmias, 1992).

Na visão histórica do estudo de caso no pensamento metodológico norte-americano, Jennifer Platt (1992) explica as razões para esses tratamentos. Ela investiga a prática de realização de estudos de caso na condução de histórias de vida, no trabalho da escola de sociologia de Chicago e o estudo de caso* na assistência social. Ela mostra então como a observação participante emergiu como uma técnica de coleta de dados, eliminando de forma eficaz qualquer reconhecimento à pesquisa de estudo de caso. Dessa forma, ela encontrou amplas referências à pesquisa de estudo de caso em livros-textos metodológicos até 1950, mas raramente se deparou com referências a estudos de caso ou à pesquisa de estudo de caso em livros-textos de 1950 a 1980 (Platt, 1992, p. 18). Por fim, ela explica como a primeira edição deste livro (1984) dissociou definitivamente a estratégia do estudo de caso da perspectiva limitada de fazer somente algum tipo de trabalho de campo. Platt também encontrou uma discussão renovada sobre a pesquisa de estudo

---

* N. de R.T.: Conhecido tecnicamente como *casework*.

de caso em livros-textos, ocorrendo amplamente de 1980 a 1989 e prosseguindo desde então (ver também o Prefácio deste livro para uma análise com o Google Ngram das tendências de 1980 a 2008). Em suas palavras, vem-se reconhecendo que a pesquisa de estudo de caso tem sua própria "[...]lógica de projeto... uma estratégia preferencial quando as circunstâncias e os problemas de pesquisa são apropriados, em vez de um compromisso ideológico a ser seguido independentemente das circunstâncias" (Platt, 1992, p.46).

Definição em duas partes de estudo de caso. E, afinal, qual é esse método de planejamento? As características tecnicamente importantes foram estabelecidas pela primeira vez antes da primeira edição deste livro (Yin, 1981a, 1981b). A definição resultante da evolução ao longo das quatro edições anteriores deste livro reflete uma visão em duas partes dos estudos de caso. A primeira parte começa com o *escopo do estudo de caso*:

1. O estudo de caso é uma investigação empírica que
   - investiga um fenômeno contemporâneo (o "caso") em profundidade e em seu contexto de mundo real, especialmente quando
   - os limites entre o fenômeno e o contexto puderem não ser claramente evidentes.

Em outras palavras, você poderia querer usar a pesquisa de estudo de caso por desejar entender um fenômeno do mundo real e assumir que esse entendimento provavelmente englobe importantes condições contextuais pertinentes ao seu caso (por exemplo, Yin & Davis, 2007).

Dessa forma, esta primeira parte da definição ajuda a continuar a distinguir a pesquisa de estudo de caso de outros métodos discutidos. Um experimento, por exemplo, separa o fenômeno de seu contexto, preocupando-se apenas com o fenômeno de interesse e somente conforme representado por poucas variáveis (tipicamente, o contexto é ignorado, porque é "controlado" pelo ambiente de laboratório). A pesquisa histórica, em comparação, trata da situação interligada entre o fenômeno e o contexto, mas geralmente no estudo de eventos *não* contemporâneos. Por fim, os levantamentos podem até tentar dar conta do fenômeno e do contexto, mas a capacidade de um levantamento de investigar o contexto é extremamente limitada. O elaborador do levantamento, por exemplo, luta constantemente para limitar o número de itens em um questionário (e assim o número de questões que podem ser analisadas) para permanecer com segurança nos graus atribuídos de liberdade (normalmente restritos pelo número de respondentes que devem ser levantados).

A segunda parte da definição dos estudos de caso surge porque o fenômeno e o contexto não são sempre claramente distinguíveis nas situações do mundo real. Portanto, outras características metodológicas tornam-se relevantes como as *características de um estudo de caso*:

2. A investigação do estudo de caso
   - enfrenta a situação tecnicamente diferenciada em que existirão muito mais variáveis de interesse do que pontos de dados,[1] e, como resultado
   - conta com múltiplas fontes de evidência, com os dados precisando convergir de maneira triangular, e como outro resultado
   - beneficia-se do desenvolvimento anterior das proposições teóricas para orientar a coleta e a análise de dados.

Essencialmente, a definição em duas partes apresentada anteriormente – cobrindo o escopo e as características de um estudo de caso – mostra como a pesquisa de estudo de caso compreende um método abrangente – cobrindo a lógica do projeto, as técnicas de coleta de dados e as abordagens específicas à análise de dados. (Para uma definição mais elaborada, veja o Tutorial 1-1 ao final deste capítulo.) Nesse sentido, a pesquisa de estudo de caso não é apenas limitado a uma tática de coleta de dados isolada ou mesmo uma característica de projeto isolada (Stoecker, 1991). A forma como o método é praticado é o assunto de todo este livro.

Aplicabilidade de diferentes orientações epistemológicas. Este método abrangente também pode abarcar diferentes orientações epistemológicas – por exemplo, uma orientação *relativista* ou *interpretativista* comparada a uma orientação *realista*.[2] Grande parte da pesquisa de estudo de caso, conforme é descrita neste livro, parece ser orientada a uma perspectiva *realista*, a qual assume a existência de uma realidade individual independente de qualquer observador. Contudo, a pesquisa de estudo de caso também pode se sobressair ao acomodar uma perspectiva *relativista* – reconhecendo múltiplas realidades com múltiplos significados, com constatações que dependem do observador. Por exemplo, o Capítulo 2 discutirá a importância da "teoria" no planejamento de estudos de caso. Se você desejar assumir uma perspectiva relativista, sua teoria, no planejamento de um estudo de caso, pode ter como interesse a forma como você aprende as perspectivas de diferentes participantes e como e por que seus diferentes significados iluminarão seu tópico de estudo.

> **Exercício 1.4** Descoberta e análise de um estudo de caso existente na literatura
>
> Encontre um exemplo de pesquisa de estudo de caso da literatura. O estudo de caso pode ser sobre qualquer tópico, mas deve ter usado algum método empírico e apresentado algum dado empírico (qualitativo ou quantitativo). Por que isto é um estudo de caso? O que, se houver algo, é diferencial em relação aos achados que não poderiam ser aprendidos com o uso de algum outro método das ciências sociais concentrado no mesmo tópico?

Variações nos estudos de caso como um método de pesquisa

Outras características da pesquisa de estudo de caso não são cruciais para a definição do método. Elas podem ser consideradas variações nos estudos, o que agora nos dá a oportunidade de responder às três questões feitas no início desta subseção.

Sim, a pesquisa do estudo de caso inclui tanto estudos de caso único quanto de casos múltiplos. Embora algumas áreas, como a ciência política e a administração pública, tenham tentado distinguir entre duas abordagens (e usaram esses termos como *método de caso comparativo* como forma diferenciada dos estudos de casos múltiplos; ver Agranoff & Radin, 1991; Dion, 1998; Lijphart, 1975), os estudos de caso único e de casos múltiplos são na realidade apenas duas variantes dos projetos de estudos de caso (ver o Capítulo 2 para mais detalhes). O Quadro 1.3 contém dois exemplos de estudos de casos múltiplos.

QUADRO 1.3
Estudos de casos múltiplos:
estudos de caso contendo "casos" múltiplos

Os estudos de caso podem cobrir casos múltiplos e, então, tirar um conjunto único de conclusões de *"cross-case"**. Os dois exemplos a seguir concentram-se em um assunto de interesse público continuado: a identificação de programas bem-sucedidos para melhorar as condições sociais dos Estados unidos.

1.3A Análise de casos cruzados acompanhando a apresentação de casos únicos separados

Jonathan Crane (1998) editou um livro que tem nove programas sociais como casos separados. Cada caso tem um autor diferente e é apresentado em seu próprio capítulo. os programas tinham em comum a forte evidência de sua eficácia, mas variavam amplamente em seu enfoque – da educação à nutrição, da prevenção às drogas aos programas pré-escolares e aos tratamentos de jovens delinquentes usuários de drogas. o editor apresenta então uma análise *cross-program*** cruzados no capítulo final, tentando tirar conclusões generalizáveis que poderiam se aplicar a muitos outros programas.

1.3B Um livro cujo texto é inteiramente dedicado à análise de casos múltiplos ("casos cruzados")

O livro de Lisbeth Schorr (1997) é sobre as principais estratégias para a melhoria das condições sociais, ilustrado por quatro tópicos políticos: reforma da previdência, fortalecimento do sistema de proteção infantil, reforma educacional e transformação dos bairros. O livro refere-se continuamente aos casos específicos de programas bem-sucedidos, mas esses programas não aparecem como capítulos separados, individuais. Também citando dados da literatura, a autora desenvolve inúmeras generalizações baseadas nos estudos de caso, incluindo a necessidade de programas bem-sucedidos para serem "orientados para resultados". Da mesma maneira, ela identifica seis outros atributos de programas altamente eficazes (ver também Quadro 6.6A e 6.6B, Capítulo 6, p.190).

---

* N. de R.T.: Cruzamento de casos.
** N. de R.T.: Cruzamento de programas.

E, sim, os estudos de caso podem incluir detalhes e até mesmo ser limitados à evidência quantitativa. De fato, qualquer contraste entre a evidência quantitativa e qualitativa não distingue os vários métodos de pesquisa. Observe que, como os exemplos análogos, alguns experimentos (como os estudos de percepções psicológicas) e algumas questões de levantamento (como as que buscam respostas categóricas e não numéricas) levam em conta a evidência qualitativa, não a quantitativa. Da mesma forma, a pesquisa histórica pode incluir enormes quantidades de evidência quantitativa.

Uma observação importante é que a pesquisa de estudo de caso não é apenas uma forma de pesquisa qualitativa, mesmo que possa ser reconhecida entre a variedade de opções da pesquisa qualitativa (por exemplo, Creswell, 2012). O uso de uma mistura de evidências quantitativas e qualitativas, juntamente com a necessidade de definir um "caso", são apenas duas das formas nas quais a pesquisa de estudo de caso vai além de um tipo de pesquisa qualitativa. Como exemplo adicional, a pesquisa de estudo de caso necessita não apenas se empenhar na *descrição densa* (Geertz, 1973) ou na evidência observacional detalhada que distingue a maioria das formas de pesquisas qualitativas.

E, sim (e como discutido em mais detalhes no Apêndice B deste livro), a pesquisa de estudo de caso tem um lugar diferenciado na pesquisa de avaliação (ver Cronbach & Associates, 1980; Patton, 2002; U.S. Government Accountability Office, 1990; Stufflebeam & Shinfield, 2007, pp. 309-324). Existem ao menos quatro aplicações diferentes (U.S. Government Accountability Office, 1990). A mais importante é *explicar* os presumidos vínculos causais nas intervenções da vida real que são demasiado complexos para as estratégias de levantamento ou experimentais. Uma segunda aplicação é *descrever* uma intervenção e o contexto da vida real no qual ela ocorreu. Em terceiro lugar, os estudos de caso podem *ilustrar* determinados tópicos em uma avaliação, novamente em um modo descritivo. Em quarto lugar, a estratégia de estudo de caso pode ser usada para *explorar* as situações em que a intervenção sendo avaliada não possui um único e claro conjunto de resultados. Qualquer que seja a aplicação, um tema constante é que os patrocinadores do programa – não apenas os pesquisadores – podem ter um papel proeminente na definição das questões da avaliação e categorias de dados relevantes.

DISCUSSÃO DE PREOCUPAÇÕES TRADICIONAIS SOBRE A PESQUISA DE ESTUDO DE CASO

Embora o estudo de caso seja uma forma diferenciada de investigação empírica, muitos pesquisadores desprezam a estratégia. Em outras palavras, como empreendimento de pesquisa, os estudos de caso têm sido considerados como uma forma menos desejável de investigação do que os experimentos ou os levantamentos. Por que isso acontece?

Suficientemente rigorosa? Talvez a maior preocupação tenha surgido quanto à presumida necessidade de um maior rigor na pesquisa de estudo de caso. Demasiadas vezes, o pesquisador do estudo de caso foi negligente, não seguiu procedimentos sistemáticos ou permitiu que a aceitação de evidências equivocadas influenciasse a direção dos achados e conclusões. Essa falta de rigor é menos provável com o uso de outros métodos – possivelmente devido à existência de inúmeros textos metodológicos que fornecem aos pesquisadores os procedimentos específicos a serem seguidos. Em contraste, apenas um pequeno (embora crescente) número de textos além deste cobrem o método de estudo de caso de modo similar.

Confusão com casos de ensino? Também existe a possibilidade de que as pessoas confundam a pesquisa de estudo de caso com os estudos de caso usados no ensino. No ensino, os materiais do estudo de caso podem ser deliberadamente alterados para demonstrar um determinado ponto mais efetivamente (por exemplo, Garvin, 2003). Na pesquisa, qualquer passo desses seria estritamente proibido. Assim, se o principal contato anterior de uma pessoa com estudos de caso foi com um ou mais casos de ensino, esse contato pode fazer com que a pessoa tenha uma visão ruim do estudo de caso como um método de pesquisa.

Ao fazer uma pesquisa de estudo de caso, você deve trabalhar muito para relatar toda a evidência corretamente, e este livro o ajudará a fazer isso. O que é frequentemente esquecido é que a parcialidade também pode entrar na condução dos experimentos (ver Rosenthal, 1966) e o uso de outros métodos de pesquisa, como o planejamento de questionários de pesquisas (Sudman & Bradburn, 1982) ou a condução de pesquisa histórica (Gottschalk, 1968). Os problemas não são diferentes, mas na pesquisa de estudo de caso eles podem ocorrer com mais frequência e exigir mais atenção.

Exercício 1.5 Exame dos estudos de caso usados com a finalidade de ensino

Obtenha uma cópia de um estudo de caso destinado à finalidade de ensino (por exemplo, um caso em um livro-texto usado em um curso da escola de administração). Identifique as maneiras específicas em que este tipo de caso de "ensino" é diferente dos estudos de caso de pesquisa. O caso de ensino cita os documentos primários, contém evidência ou apresenta dados? O caso de ensino tem uma conclusão? Qual parece ser o principal objetivo do caso de ensino?

Generalização a partir de estudos de caso? Uma terceira preocupação comum sobre a pesquisa de estudo de caso é uma aparente incapacidade para a generalização a partir de descobertas de estudos de caso. "Como você pode generalizar a partir de um único caso?" é uma questão frequentemente ouvida. A resposta não é simples (Kennedy, 1976). No entanto, considere por um momento que a mesma questão tivesse sido feita sobre um experimento: "Como você pode generalizar a partir de um único experimento?". Na realidade, as generalizações nas ciências são raramente baseadas em experimentos únicos; elas são geralmente baseadas em um conjunto múltiplo de experimentos que replicaram os mesmos fenômenos sob condições diferentes.

A mesma abordagem pode ser usada em estudos de caso, mas exige um conceito diferente dos projetos de pesquisa apropriados, discutidos em detalhes no Capítulo 2. A resposta curta é que os estudos de caso, como os experimentos, são generalizáveis às proposições teóricas e não às populações ou aos universos. Nesse sentido, o estudo de caso, como o experimento, não representa uma "amostragem" e ao realizar o estudo de caso, sua meta será expandir e generalizar teorias (generalização analítica) e não inferir probabilidades (generalização estatística). Ou, como três notáveis cientistas sociais descrevem em seu estudo de caso *único* feito há anos, a meta é fazer uma análise "generalizante" e não uma "particularizante" (Lipset, Trow & Coleman, 1956, p. 419-420).[3]

Nível de esforço intratável? Uma quarta preocupação frequente quanto aos estudos de caso é que eles levam tempo demais e resultam em documentos volumosos, ilegíveis. A preocupação pode ser apropriada, devido à maneira que os estudos de caso eram feitos no passado (por exemplo, Feagin, Orum & Sjoberg, 1991), mas essa não é necessariamente a maneira como os estudos de caso devem ser feitos no futuro. O Capítulo 6 discute as maneiras alternativas de redigir o estudo de caso – incluindo os em que a narrativa tradicional e fluida (e potencialmente longa) pode ser totalmente evitada.

Nem os estudos de caso precisam levar um longo tempo. Isto confunde a pesquisa de estudo de caso com um método específico de coleta de dados, como a etnografia (por exemplo, O'Reilly, 2005) ou a observação participante (por exemplo, DeWalt & DeWalt, 2011). A etnografia geralmente exige longos períodos de tempo no "campo" e enfatiza evidências observacionais e de entrevista detalhadas. A observação participante pode, da mesma forma, assumir um grande investimento em esforços de campo. Em comparação, um estudo de caso é uma forma de investigação que *não* depende unicamente dos dados etnográficos ou de observação participante. Você poderia até mesmo fazer um estudo de caso válido e de alta qualidade sem deixar o telefone ou a Internet, dependendo do tópico sendo estudado.

Vantagem comparativa? Uma quinta preocupação possível quanto à pesquisa de estudo de caso tem a ver com sua vantagem comparativa pouco clara em relação a outros métodos de pesquisa. Essa questão emergiu durante a primeira década do século XXI, a qual favoreceu estudos aleatórios controlados (EACs) ou "verdadeiros experimentos", especialmente na educação e em tópicos relacionados. Esses tipos de experimentos eram apreciados porque visavam a estabelecer a eficácia da vários tratamentos ou intervenções (por exemplo, Jadad, 1998). Aos olhos de muitos, a ênfase levou à desvalorização da pesquisa de estudo de caso, porque os estudos de caso (e outros tipos de métodos não experimentais) não podem abordar diretamente este assunto.

Tem sido negligenciada a possibilidade de que os estudos de caso possam oferecer importantes *insights* não fornecidos por EACs. Estudiosos do método quantitativo sugeriram, por exemplo, que os EACs, embora abordando a questão da eficácia, são limitados em sua capacidade de explicar "como" ou "por que" o tratamento necessariamente funcionou (ou não), enquanto os estudos de caso são necessários para investigar tais assuntos (por exemplo, Shavelson & Townes, 2002, pp. 99-106) – ou, como apresentado sucintamente pelo subtítulo de um excelente artigo sobre avaliação de programas públicos, "não é *se* os programas funcionam, mas *como* eles funcionam" (Rogers, 2000).[4] Nesse sentido, a pesquisa de estudo de caso sem dúvida apresenta vantagens. No mínimo, os estudos de caso podem ser avaliados "como adjuntos aos experimentos em vez de como alternativas a eles" (Cook & Payne, 2002). Na psicologia clínica, uma "grande série de estudos de caso único", confirmando as mudanças de comportamento previstas após o início do tratamento, podem aumentar a evidência de eficácia a partir de um teste de campo (por exemplo, Veerman & van Yperen, 2007). Por fim, de maneira semelhante, a pesquisa de estudo de caso pode facilmente complementar o uso de outros métodos quantitativos e estatísticos (ver Quadro 1.4).

QUADRO 1.4
Complementaridade entre a pesquisa de estudo de caso e a pesquisa estatística

No campo da política internacional, uma proposição principal tem sido que "as democracias raramente (ou nunca) fazem guerra uma contra a outra" (George & Bennett, 2004, p. 37). A proposição tem sido o objeto de um extenso corpo de pesquisa, envolvendo estudos estatísticos, bem como estudos de caso. Um excelente capítulo escrito por George e Bennett (2004, pp. 37-58) mostra como os estudos estatísticos podem ter testado a correlação entre tipos de regime e guerra, mas como os estudos de caso têm sido necessários para examinar processos subjacentes que podem explicar tal correlação. Por exemplo, uma das explicações mais proeminentes tem sido a de que as democracias são capazes de estabelecer compromissos formais umas com as outras que fazem o uso de força militar desnecessário para resolver disputas (p. 57). A revisão mostra o quanto pesquisas relevantes têm ocorrido ao longo de muitas décadas, envolvendo muitos estudiosos diferentes. O corpo de pesquisa inteiro, baseado tanto em estudos estatísticos como em estudos de caso, ilustra a complementaridade desses métodos.

Resumo. Apesar do fato de que essas cinco preocupações comuns podem ser diminuídas, como visto anteriormente, uma lição principal é que os bons estudos de caso ainda são difíceis de fazer. A impossibilidade de triar a capacidade de um pesquisador de fazer um bom estudo de caso também compõe o problema. As pessoas sabem quando não têm a habilidade de tocar música; elas também sabem quando não entendem matemática além de um determinado ponto, e podem ser testadas quanto a outras habilidades, como no exame da ordem dos advogados. De alguma forma, as habilidades para realizar bons estudos de caso ainda não foram formalmente definidas. Como consequência, "a maioria das pessoas sente que pode preparar um estudo de caso, e quase todos nós acreditamos que podemos entendê-lo. Como nenhum ponto de vista é bem fundamentado, o estudo de caso recebe uma boa quantidade de aprovação que não merece" (Hoaglin, Light, McPeek, Mosteller & Stoto, 1982, p.134). Essa citação é de um livro de cinco *estatísticos* proeminentes. Surpreendentemente, mesmo vindo de outro campo, até eles reconhecem o desafio de realizar bons estudos de caso.

RESUMO

Este capítulo introduziu a importância da pesquisa de estudo de caso. Como outros métodos, ela é uma maneira de investigar um tópico empírico seguindo um conjunto de procedimentos desejados. A articulação desses procedimentos dominará o restante deste livro.

O capítulo proporcionou uma definição operacional sobre o estudo de caso e identificou algumas variações nos estudos de caso. O capítulo também tentou distinguir a pesquisa de estudo de caso de métodos alternativos nas ciências sociais, indicando as situações em que é preferível realizar um estudo de caso, por exemplo, em vez de fazer um levantamento (*survey*). Algumas situações podem não ter um método preferencial claro, pois os pontos fortes e as fraquezas dos vários métodos podem se sobrepor. A meta básica, no entanto, é considerar todos os métodos de modo inclusivo e pluralista – antes de definir seu método para conduzir um novo estudo de ciências sociais.

Por fim, o capítulo discutiu algumas das principais preocupações sobre a pesquisa do estudo de caso, sugerindo possíveis respostas a essas preocupações. No entanto, devemos trabalhar muito para superar os problemas de realizar a pesquisa de estudo de caso, incluindo o reconhecimento de que alguns de nós não somos adequados, por habilidade ou disposição, a fazer essa pesquisa em primeiro lugar. A pesquisa do estudo de caso é extremamente difícil, mesmo que os estudos de caso tenham sido considerados, tradicionalmente, uma pesquisa "leve", possivelmente porque os investigadores não tenham seguido procedimentos sistemáticos. Oferecendo uma série desses procedimentos, este livro tenta tornar a pesquisa de estudo de caso mais fácil de seguir e o seu próprio estudo de caso melhor.

NOTAS

1. O Apêndice A traz uma discussão completa sobre as razões para o grande número de variáveis em um estudo de caso.
2. Esses termos foram deliberadamente escolhidos, mesmo simplificando demais duas perspectivas contrastantes. São ignoradas as muitas outras orientações sutis que os investigadores podem vir a trazer para suas pesquisas. Para definições breves, veja o dicionário de Schwandt (2007) de pesquisa qualitativa, o qual caracteriza *realismo* como "a doutrina de que há objetos reais que existem independentemente do nosso conhecimen-

to de sua existência" (p. 256), *relativismo* como "a doutrina que nega a existência de verdades universais" (p. 261) e *interpretativismo* como um termo que tem "ocasionalmente sido usado como sinônimo para todas as pesquisas qualitativas" (p. 160).
3. Pode haver, apesar disso, circunstâncias excepcionais nas quais um caso único é tão exclusivo ou importante, que o pesquisador do estudo de caso não deseja generalizar para qualquer outro caso. Ver os estudos de caso "intrínsecos" de Stake (2005) e os "retratos" de Lawrence-Lightfoot e Davis (1997).
4. Os estudiosos também apontam que os experimentos clássicos apenas podem testar relacionamentos causais simples – ou seja, quando um único tratamento, como um novo fármaco, produz, hipoteticamente, um efeito. No entanto, para muitos tópicos sociais e comportamentais, as causas relevantes podem ser complexas e envolver interações múltiplas, e investigá-las pode estar bem além da capacidade de um único experimento (George & Bennett, 2004, p.12).

Tutorial 1.1:
Mais sobre a definição de "estudo de caso"

Neste livro, "estudo de caso" é um tipo específico de pesquisa. O termo é similar àqueles usados para se referir a outros tipos de pesquisas, como um "experimento", um "levantamento" e uma "pesquisa histórica". "Pesquisa de estudo de caso" é, então, um rótulo mais formal (novamente, como "pesquisa experimental", "pesquisa de levantamento de dados" e "pesquisa histórica"), e o método para realizar a pesquisa de estudo de caso é o tópico de todo este livro.

A definição de estudo de caso no Capítulo 1 desta quinta edição retém a essência estabelecida na primeira edição deste livro (1984). A definição tem duas partes: (a) o escopo de uma pesquisa de estudo de caso e (b) suas características. Conceitos implícitos na definição original agora são colocados explicitamente, incluindo noções como um pesquisa "em profundidade", o fenômeno sendo estudado como o "caso" e a "triangulação da evidência" e tendo "mais variáveis de interesse do que pontos de dados".

Transmitir uma definição clara é difícil. Alguns trabalhos de referência (por exemplo, Abercrombie, Hill & Turner, 2006; Schwandt, 2007) fornecem definições curtas,mas incompletas. Outros trabalhos podem utilizar várias páginas e, ainda assim, não alcançar a clareza (por exemplo, David, 2006b; Mills et al., 2010b). A definição neste livro também pode ser melhorada para evitar interpretações errôneas que surgiram com as edições anteriores do livro. As melhorias são as seguintes:

1. A falta de uma distinção clara entre *fenômeno* e *contexto* não minimiza a necessidade de identificar um "caso" e sua singularidade como a característica essencial de um estudo de caso; pelo contrário, o Capítulo 2 (ver pp. 35-40) discute o desafio de definir o "caso" em mais detalhes.
2. O termo *em profundidade*, especialmente no estudo de um *fenômeno contemporâneo*, implica a provável necessidade de algum tipo de trabalho de campo para aproximar você ao caso estudado.
3. O termo *fenômeno contemporâneo* abarca uma ampla noção de estudar o presente, mas não exclui o passado recente – apenas aqueles eventos que se estendem para um passado já "morto", em que não se podem fazer observações diretas e do qual não há pessoas vivas para entrevistar (fazer uma pesquisa histórica seria o método relevante sob essas condições).
4. Ter mais variáveis de interesse do que pontos de dados decorre da complexidade do caso e do seu contexto (muitos variáveis) sendo o caso o único ponto de dados. O uso dessa linguagem não significa que o estudo de caso seja baseado em variáveis; ao contrário, a multiplicidade de variáveis levanta dúvidas sobre a utilidade dos métodos convencionais baseadas em variáveis na análise de dados do caso, assim favorecendo abordagens holísticas.

Como uma observação final, a discussão do livro sobre quando utilizar a pesquisa de estudo de caso (p. 4-6) foca seu "nicho" em comparação com outros métodos, e a discussão não tem a intenção de ser usada como definição de "estudo de caso".

Referências do Tutorial 1.1

Abercrombie, N., Hill, S., & Turner, B. S. (2006). *The Penguin dictionary of sociology* (5th ed.). London: Penguin. Presents a pocket dictionary, with references, of terms used in sociology.

David, M. (2006b). Editor's introduction. In M. David (Ed.), *Case study research* (pp. xxiii–xlii). London: Sage. Contains nearly 100 reprints of source materials for case study research.

Mills, A. J., Durepos, G., & Wiebe, E. (2010b). Introduction. In A. J. Mills, G. Durepos, & E. Wiebe (Eds.), *Encyclopedia of case study research* (pp. xxxi–xxxvi). Thousand Oaks, CA: Sage. Introduces a two-volume encyclopedia devoted to case study research.

Schwandt, T. A. (2007). *The Sage dictionary of qualitative inquiry* (3rd ed.). Los Angeles: Sage. Defines terms, with references, used in qualitative research.

Capítulo 2:
Projeto

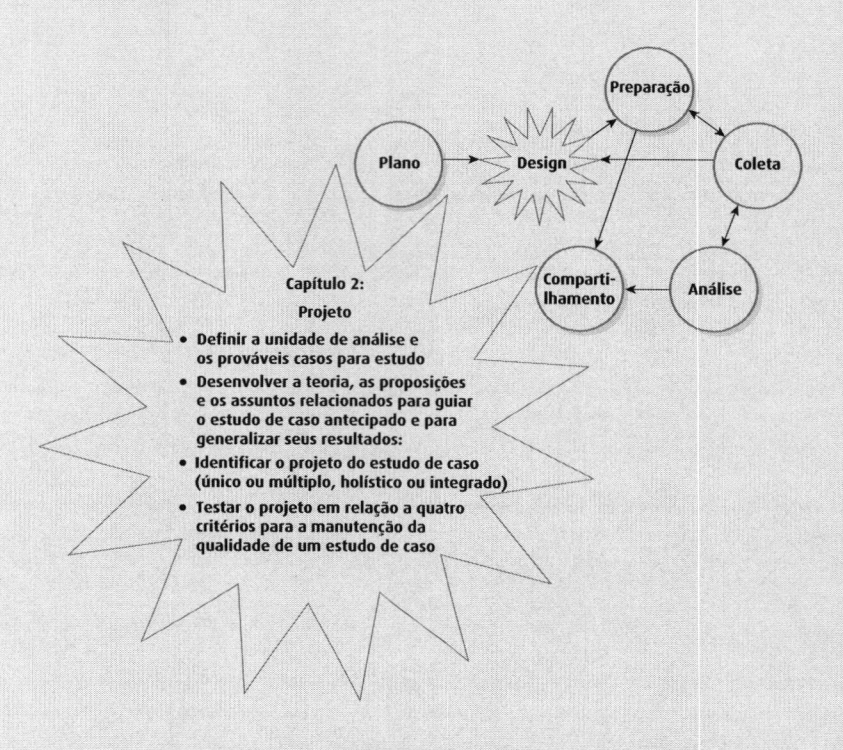

- Definir a unidade de análise e os prováveis casos para estudo
- Desenvolver a teoria, as proposições e os assuntos relacionados para guiar o estudo de caso antecipado e para generalizar seus resultados;
- Identificar o projeto do estudo de caso (único ou múltiplo, holístico ou integrado)
- Testar o projeto em relação a quatro critérios para a manutenção da qualidade de um estudo de caso

Plano → Design → Preparação → Coleta → Análise → Compartilhamento

VISÃO GERAL

O projeto de pesquisa é a lógica que vincula os dados a serem coletados (e as conclusões a serem tiradas) às questões iniciais do estudo. Todo estudo empírico tem um projeto de pesquisa implícito, se não explícito. A articulação de uma "teoria" sobre o que está sendo estudado e o que deve ser aprendido ajuda a reforçar um projeto de pesquisa quando se faz uma pesquisa de estudo de caso. Boas proposições teóricas também estabelecem as bases para a generalizar os resultados do estudo de caso para outras situações, fazendo *generalizações analíticas* em vez de *estatísticas*.

Será importante para o projeto definir o "caso" ou a unidade de análise a ser estudada, bem como estabelecer alguns limites ou fronteiras para o caso. Você pode, então, examinar a qualidade do seu projeto com quatro testes comumente utilizados na pesquisa de ciências sociais: (a) validade do constructo; (b) validade interna; (c) validade externa; (d) confiabilidade.

Entre os projetos de estudo de caso específicos, quatro tipos principais seguem uma matriz 2 x 2. O primeiro par consiste em projetos de casos únicos e de casos múltiplos. O segundo par, que pode ocorrer em combinação com qualquer um do primeiro par, distingue entre os projetos holísticos e integrados. Sejam holísticos ou integrados, em um estudo de casos múltiplos, a seleção dos casos deve seguir uma replicação em vez de uma lógica de amostragem. Apesar de estudos de caso único poderem render *insights* inestimáveis, a maioria dos estudos de casos múltiplos tem a probabilidade de ser mais forte do que os projetos de estudo de caso único. Tentar usar até mesmo um projeto de "dois casos" é um objetivo valioso, portanto, comparado com a realização de um estudo de caso único. A pesquisa de estudo de caso também pode ser usada em combinação com outros métodos, como parte de um estudo maior de métodos mistos.

2

Projeto dos estudos de caso

Identificação e estabelecimento da lógica do seu estudo de caso

ABORDAGEM GERAL AO PROJETO DE ESTUDOS DE CASO

O Capítulo 1 mostrou quando você pode escolher fazer uma pesquisa de estudo de caso em oposição a outros tipos de pesquisa para conduzir um novo estudo. O próximo passo é projetar seu estudo de caso. Com esta finalidade, como ao projetar qualquer outro tipo de investigação de pesquisa, é necessário um plano ou *projeto de pesquisa*.

O desenvolvimento desse projeto de pesquisa exige uma manipulação cuidadosa. Diferentemente de outros métodos de pesquisa, ainda não foi desenvolvido um "catálogo" abrangente e padrão de projetos de pesquisa para pesquisa de estudo de caso. Não existem livros-texto, como os utilizados em biologia e psicologia, cobrindo essas considerações de projetos, como a atribuição de sujeitos aos diferentes grupos, a seleção dos diferentes estímulos ou condições experimentais, ou a identificação das várias medidas de resposta (ver Cochran & Cox, 1957; Fisher, 1935, citado em Cochran & Cox, 1957; Sidowski, 1966). Em um experimento de laboratório, cada uma dessas opções reflete uma conexão lógica importante aos assuntos sendo estudados. Nem emergiram quaisquer projetos de estudo de caso comuns – como os *estudos painéis*, por exemplo – usados na pesquisa de levantamento de dados (ver Kidder & Judd, 1986, Capítulo 6).

Uma armadilha a ser evitada, no entanto, é considerar os projetos de estudos de caso como um subconjunto ou uma variante dos projetos de pesquisa usados para outros métodos, como os quase-experimentos (por exemplo, Campbell & Stanley, 1966; Cook & Campbell, 1979). Por um longo tempo, os estudiosos pensaram, incorretamente, que o estudo de caso era apenas mais um tipo de projeto quase-

> **Sugestão:** *Como devo selecionar os casos para meu estudo de caso?*
>
> Você precisa de acesso suficiente aos dados para o seu caso potencial – seja para entrevistar pessoas, revisar documentos ou registros ou fazer observações no campo. Com acesso a mais do que um único caso candidato, você deve escolher o(s) caso(s) com maior probabilidade de esclarecer suas questões de pesquisa. Sem esse acesso, você deve considerar mudar suas questões de pesquisa, levando a novos candidatos aos quais você tenha acesso.
>
> **Você acha que o acesso deve ser tão importante?**

-experimental (um projeto somente de "pós-teste de caso único" – Campbell & Stanley, 1966, pp. 6-7). Apesar de a percepção errônea existir até hoje, ela foi posteriormente corrigida quando um dos autores originais fez a seguinte declaração em uma revisão sobre projetos quase-experimentais:

"Certamente, o estudo de caso, como praticado normalmente, não deve ser rebaixado pela identificação com o projeto "pós-teste de grupo único" (Cook & Campbell, 1979, p. 96).

Em outras palavras, o projeto pós-teste de grupo único, como projeto quase-experimental, ainda pode ser considerado imperfeito, mas o estudo de caso agora foi reconhecido como algo diferente. Na realidade, a pesquisa de estudo de caso é um método separado que tem seus próprios projetos de pesquisa.

Infelizmente, os projetos de pesquisa de estudo de caso não foram sistematizados. O capítulo seguinte expande-se, portanto, sobre o terreno metodológico rompido pelas edições anteriores deste livro e descreve um conjunto básico de projetos de pesquisa visando à realização de estudos de caso único e de casos múltiplos. Embora esses projetos precisem ser continuamente modificados e melhorados no futuro, na presente forma eles ajudarão, de qualquer maneira, a projetar estudos de caso mais rigorosos e metodologicamente sólidos.

Definição dos projetos de pesquisa

Cada tipo de estudo de pesquisa empírica tem um projeto de pesquisa implícito, se não explícito. No sentido mais elementar, o projeto é a sequência lógica que conecta os dados empíricos às questões de pesquisa iniciais do estudo e, finalmente, às suas conclusões. Coloquialmente, um projeto de pesquisa é um *plano lógico para chegar daqui até lá*, onde *aqui* pode ser definido como o conjunto inicial de questões a serem respondidas e *lá* é algum tipo de conjunto de conclusões (respostas) sobre essas questões. Entre *aqui* e *lá*, pode ser encontrado um número de passos importantes, incluindo a coleta e a análise de dados relevantes. Como definição resumida, outro livro-texto descreveu o projeto de pesquisa como um plano que

> orienta o investigador no processo de coleta, análise e interpretação das observações. É um *modelo lógico de provas* que permite que o pesquisador faça inferências relativas às relações causais entre as variáveis sob investigação (Nachmias & Nachmias, 1992, p. 77-78, grifo nosso).

Outra maneira de pensar sobre o projeto de pesquisa é como um "mapa" para sua pesquisa, tratando de, ao menos, quatro problemas: quais questões estudar, quais dados são relevantes, quais dados coletar e como analisar os resultados (Philliber, Schwab & Samsloss, 1980).

Observe que o projeto de pesquisa é muito mais do que um plano de trabalho. A principal finalidade do projeto é ajudar a evitar a situação na qual a evidência não aborda as questões iniciais da pesquisa. Nesse sentido, um projeto de pesquisa trata de um problema *lógico* e não de um problema *logístico*. Como exemplo simples, suponha que deseja estudar uma única organização. Suas questões de pesquisa, no entanto, tratam dos relacionamentos da organização com outras organizações – sua natureza competitiva ou colaborativa, por exemplo. Essas questões podem ser respondidas de forma apropriada apenas se você coletar informações diretamente das outras organizações e não somente daquela na qual iniciou o estudo. Se completar seu estudo examinando os relacionamentos de uma organização a partir do ponto de vantagem de apenas uma organização, não poderá tirar conclusões imparciais sobre os relacionamentos. Esta é uma falha em seu projeto de pesquisa, não em seu plano de trabalho. O resultado poderia ter sido evitado se você tivesse desenvolvido, primeiramente, um projeto de pesquisa apropriado.

Componentes dos projetos de pesquisa

Na pesquisa de estudo de caso, cinco componentes de um projeto de pesquisa são especialmente importantes:

1. as questões do estudo de caso;
2. as proposições, se houver;
3. a(s) unidade(s) de análise;
4. a lógica que une os dados às proposições; e
5. os critérios para a interpretar as constatações.

Questões de estudo. O primeiro componente já foi descrito no Capítulo 1, sugerindo que a *forma* da questão – em termos de "quem", "o que", "onde", "como" e "por que" – proporciona uma indicação importante relacionada ao método de pesquisa mais relevante a ser usado. A pesquisa de estudo de caso é, provavelmente, mais apropriada para as questões "como" e "por que"; por isso, sua tarefa inicial é esclarecer, precisamente, a natureza de suas questões de estudo a esse respeito.

Mais complicado pode ser chegar à substância das questões. Muitos estudantes têm um ímpeto inicial, perdendo logo o incentivo quando encontram as mesmas questões já cobertas por pesquisas prévias. Outras questões menos desejáveis concentram-se nas partes demasiado triviais ou secundárias de um assunto. Uma sugestão útil é movimentar-se em três estágios. No primeiro, tente usar a literatura para estreitar seu interesse para um ou dois tópicos-chave, sem preocupar-se com qualquer questão de pesquisa específica. No segundo, examine de perto – até mesmo disseque – alguns estudos-chave sobre seu tópico de interesse. Identifique as questões nesses poucos estudos e verifique se elas concluem com novas questões ou lacunas para a futura pesquisa. Elas podem estimular, então, seu próprio raciocínio e imaginação e você pode se descobrir articulando suas próprias questões potenciais. No terceiro estágio, examine outro conjunto de estudos sobre o mesmo tópico. Eles podem reforçar a relevância e a importância das suas questões potenciais ou mesmo sugerir maneiras de aperfeiçoá-las.

Proposições de estudo. Quanto ao segundo componente, cada proposição dirige a atenção para algo que deve ser examinado dentro do escopo do estudo. Por exemplo, presuma que sua pesquisa, sobre o tópico das parcerias interorganizacionais, começou com a seguinte questão: como e por que as organizações colaboram umas com as outras para proporcionar serviços conjuntos (por exemplo, um fabricante e um varejista colaborando para vender determinados produtos de computador)? Essas questões "como" e "por que", captando o que você está realmente interessado em tratar, levaram-no à pesquisa de estudo de caso como método apropriado em primeiro lugar. Apesar disso, essas questões não apontam suficientemente para o que você deve estudar.

Apenas se você for forçado a estabelecer algumas proposições, você irá na direção certa. Por exemplo, você pode pensar que as organizações colaboram porque obtêm benefícios mútuos. Esta proposição, além de refletir um importante aspecto teórico (que não existem ou não são importantes outros incentivos para a colaboração), também começa a lhe dizer onde procurar a evidência relevante (isto é, para definir e confirmar a extensão dos benefícios específicos a cada organização).

Ao mesmo tempo, alguns estudos podem ter uma razão legítima para não ter nenhuma proposição. Essa é uma condição – que existe igualmente nos experimentos, levantamentos e nos outros métodos de pesquisa – em que um tópico é o sujeito da "exploração". Cada exploração, no entanto, ainda deve ter alguma finalidade. Em vez de proposições, o projeto para um estudo exploratório deve declarar essa finalidade, assim como os critérios pelos quais uma exploração será julgada bem-sucedida (ou não). Considere a analogia no Quadro 2.1 para os estudos de caso

---

QUADRO 2.1
"Exploração" como uma analogia para um estudo de caso exploratório

Quando Cristóvão Colombo foi pedir apoio à rainha Isabel para sua "exploração" do novo mundo, precisava de algumas razões para solicitar três navios (Por que não um? Por que não cinco?) e alguma justificativa para dirigir-se para o oeste (Por que não para o sul? Por que não para o sul e depois para o leste?). Ele também tinha alguns critérios (equivocados) para o reconhecimento das Índias quando realmente as encontrasse. Resumindo, sua exploração começou com algum fundamento lógico e direcionamento, mesmo que seu pressuposto inicial tivesse posteriormente se comprovado errado (Wilford, 1992). Este mesmo grau de justificativa e de direção deve ser subjacente até mesmo a um estudo de caso exploratório.

exploratórios. Você pode imaginar como pediria apoio à rainha Isabel para fazer seu estudo exploratório?

Unidade de análise – o "caso". O terceiro componente está relacionado com o problema fundamental de definir o "caso" a ser estudado – um problema que realmente confronta muitos investigadores no início dos seus estudos de caso (por exemplo, Ragin & Becker, 1992). Você precisará considerar pelo menos dois passos diferentes: definir o caso e delimitar o caso.

Na *definição do caso*, por exemplo, os estudos de caso clássicos geralmente focam uma única pessoa como o caso (por exemplo, Bromley, 1986, p.1). Jennifer Platt (1992) observou como os primeiros estudos de caso por estudiosos, na escola de sociologia de Chicago, eram histórias de vida de delinquentes juvenis ou homens abandonados. Você também pode imaginar estudos de caso de pacientes clínicos, de estudantes exemplares ou de determinados tipos de líderes. Em cada situação uma pessoa única é o caso sendo estudado e o indivíduo é a unidade primária de análise. A informação sobre o indivíduo relevante seria coletada, e vários desses indivíduos ou "casos" poderiam ser incluídos em um estudo de casos múltiplos.

Você ainda precisaria de questões e proposições de estudo para ajudar a identificar a informação relevante a ser coletada sobre este indivíduo ou indivíduos. Sem essas questões e proposições, você seria tentado a cobrir "tudo" sobre o(s) indivíduo(s), o que é impossível fazer. Por exemplo, no estudo desses indivíduos, as proposições poderiam ser limitadas à influência da primeira infância ou o papel dos relacionamentos mais próximos. Estes tópicos aparentemente gerais, apesar disso, representam um grande estreitamento dos dados relevantes. Quanto mais um estudo de caso contiver questões e proposições específicas, mais ele permanecerá dentro dos limites viáveis.

Naturalmente, o "caso" também pode ser algum evento ou entidade, além de um único indivíduo. Os estudos de caso têm sido realizados sobre uma ampla variedade de tópicos, incluindo pequenos grupos, comunidades, decisões, programas, mudança organizacional e eventos específicos. Feagin et al. (1991) contém alguns exemplos clássicos desses casos únicos na sociologia e na ciência política.

Cuidado com esses tipos de tópicos – nenhum é facilmente definido em termos dos pontos iniciais e finais do "caso". Por exemplo, um estudo de caso de um determinado programa pode revelar

a) variações na definição do programa, dependendo da perspectiva dos diferentes atores;
b) componentes do programa que pré-existiam à designação formal do programa.

Qualquer estudo de caso desse programa deveria confrontar, portanto, essas condições na delineação da unidade de análise. De forma semelhante, você pode, primeiramente, identificar uma localidade específica, como uma "cidade", como seu caso. Contudo, suas questões de pesquisa e a coleta de dados devem, na verdade, ser limitadas ao turismo na cidade, às políticas municipais ou ao governo local. Essas escolhas são diferentes de definir a cidade geográfica ou sua população como caso.

Como guia geral, a tentativa de definição do seu caso (ou da unidade de análise) está relacionada com a maneira como você define sua(s) questão(ões) inicial(is) de pesquisa. Suponha, por exemplo, que queira estudar o papel dos Estados Unidos na economia global. Anos atrás, Peter Drucker (1986) redigiu um ensaio provocativo (mas não um estudo de caso) sobre as mudanças fundamentais na economia mundial, incluindo a importância dos "movimentos de capital" independentes de fluxo de bens e serviços. Se você estivesse interessado em fazer um estudo de caso sobre esse tópico, o trabalho de Drucker serviria apenas como um ponto de partida. Você ainda precisaria definir a(s) questão(ões) de pesquisa de interesse para você, e cada questão pode apontar para uma unidade de análise (ou "caso") diferente. Dependendo da(s) sua(s) questão(ões), o caso apropriado pode ser a economia de um país, uma indústria no mercado mundial, a política econômica ou o comércio ou o fluxo do capital entre os países. Cada unidade de análise e suas questões e proposições relacionadas exigiriam um estudo de caso diferente, cada um tendo seu próprio projeto de pesquisa e uma estratégia de coleta de dados.

Se suas questões de pesquisa não levarem ao favorecimento de uma unidade de análise sobre a outra, elas pode ser muito vagas ou muito numerosas – e você pode ter problemas na realização do estudo de caso. No entanto, quando você realmente chegar a uma definição da unidade de análise, não a considere definitiva. Sua escolha da unidade de análise, assim como as outras facetas de seu projeto de pesquisa, pode ser revista em consequência de descobertas durante sua coleta de dados (ver discussões e cuidados sobre a manutenção de uma postura adaptativa ao longo deste livro e no final deste capítulo).

Algumas vezes, a unidade de análise pode ter sido definida de uma maneira, mesmo que o fenômeno sendo estudado siga realmente uma diferente definição. Muito frequentemente, os pesquisadores confundem os estudos de caso de bairros com os estudos de caso de pequenos grupos (como outro exemplo, confundir uma nova tecnologia com os trabalhos de uma equipe de engenheiros em uma organização; ver Quadro 2.2A, p.35). Como uma *área* geográfica, um bairro, por exemplo, enfrenta a transição social, o aperfeiçoamento e outros fenômenos pode ser bem diferente de como um pequeno *grupo* enfrenta os mesmos fenômenos. Por exemplo, *Street Corner Society* (Whyte, 1943/1993; ver Quadro 1.2A no Capítulo 1, p.8) e *Tally's Corner* (Liebow, 1967; ver Quadro 2.5, p.55) têm sido confundidos, frequentemente, com estudos de caso de bairros, quando na realidade são estudos de caso de pequenos grupos (observar que em nenhum livro é descrita a geografia do bairro, mesmo com os pequenos grupos vivendo em uma pequena área, com claras definições, senão fronteira, de vizinhança). Em contraste, o Quadro 2.2B apresenta um bom exemplo de como as unidades de análise podem ser definidas de maneira mais discriminatória – no campo do comércio mundial.

**QUADRO 2.2
Definição da unidade de análise**

2.2A. O que é a unidade de análise?

The Soul of a New Machine (1981) é um livro de Tracy Kidder que venceu o prêmio Pulitzer. o livro, também um campeão de vendas, é sobre o desenvolvimento de um novo minicomputador, produzido pela data General Corporation, com a finalidade de competir com um produto do concorrente direto, Digital Equipment Corporation (ver também o Quadro 5.4, capítulo 5, p.148).

Este livro de fácil leitura descreve como a equipe de engenheiros da data General inventou e desenvolveu o novo computador. O livro começa com a conceituação do computador e termina quando a equipe de engenharia entrega o controle da máquina ao pessoal de marketing da Data General.

É um exemplo excelente de estudo de caso. no entanto, ele também ilustra um problema fundamental na realização dos estudos de caso – a definição da unidade de análise. O "caso" em estudo é o minicomputador ou é a dinâmica de um pequeno grupo – a equipe de engenharia? A resposta é crítica para o entendimento de como o estudo de caso pode se relacionar com qualquer corpo mais amplo de conhecimento – ou seja, generalizar para um tópico tecnológico ou para um tópico de dinâmica de grupo. como o livro não é um estudo acadêmico, não precisa, nem proporciona uma resposta.

2.2B. Uma opção mais clara entre as unidades de análise

O livro de Ira Magaziner e Mark Patinkin (1989), *The Silent War: Inside the Global Business Battles Shaping America's Future*, apresenta nove estudos de caso individuais (ver também o Quadro 5.11, Capítulo 5, p.169). Cada caso ajuda o leitor a entender uma situação de concorrência econômica internacional da vida real.

Dois dos casos parecem similares, mas na realidade têm diferentes unidades de análise principais. Um dos casos trata de uma empresa – a empresa coreana Samsung – e políticas críticas que a tornam competitiva. O entendimento do desenvolvimento econômico da coreia é parte do contexto, e o estudo de caso também contém uma unidade integrada – o desenvolvimento do forno de micro-ondas pela Samsung como um produto ilustrativo. O outro caso trata de um país – Cingapura –, e as políticas que o tornam competitivo. Dentro do estudo de caso do país há uma unidade de análise integrada – o desenvolvimento de uma fábrica de computadores da Apple em Cingapura, servindo como um exemplo ilustrativo de como as políticas nacionais afetam os investimentos estrangeiros.

Para reduzir a confusão e a ambiguidade na definição da unidade de análise ou do "caso", uma prática recomendada é discutir sua seleção do caso potencial com um colega. Tente explicar à pessoa as questões que está tentando tratar e por que escolheu um caso ou grupo de casos específico como meio de tratar essas questões. Isso pode ajudá-lo a evitar a identificação incorreta da unidade de análise.

Uma vez que a definição geral do caso tenha sido estabelecida, outros esclarecimentos – às vezes, chamados de *delimitação do caso* – tornam-se importantes. Se a unidade de análise for um pequeno grupo, por exemplo, as pessoas a serem incluídas no grupo (tópico imediato do estudo de caso) devem ser distinguidas daquelas que estão fora dele (o contexto para o estudo de caso). Da mesma maneira, se o caso for sobre os serviços locais em uma determinada área geográfica, você deve decidir quais serão os serviços cobertos. Também desejável, para quase qualquer tópico escolhido, são os limites específicos de tempo para definir o começo e o fim estimados do caso para o propósito do seu estudo (por exemplo, se incluir todo ou apenas alguma parte do ciclo de vida da entidade que será o caso). Delimitar o caso dessa maneira ajudará a determinar o escopo de sua coleta de dados e, particularmente, como irá distinguir os dados sobre o sujeito do seu estudo de caso (o "fenômeno") dos dados externos ao caso (o "contexto").

> **Exercício 2.1** Definição dos limites de um estudo de caso
>
> Selecione um tópico para um estudo de caso que gostaria de realizar. Identifique algumas questões de pesquisa a serem respondidas ou proposições a serem examinadas pelo seu estudo de caso. A denominação destas questões ou proposições esclarece os limites do estudo de caso em relação ao período de tempo coberto por ele; o grupo social relevante, a organização ou área geográfica; o tipo de evidência a ser coletada; e as prioridades para a coleta e a análise de dados? Em caso negativo, você deveria aperfeiçoar as questões originais?

Esses últimos cuidados relativos à necessidade de limites concretos espaciais, temporais e outros são subjacentes a um aspecto-chave, porém sutil, na definição de seu caso. O caso desejado deve ser algum fenômeno da vida real que tenha alguma manifestação concreta. O caso não pode ser simplesmente uma abstração, como uma reivindicação, um argumento ou mesmo uma hipótese. Essas abstrações serviriam corretamente como pontos de partida para estudos de pesquisa usando outros tipos de métodos, e não apenas a pesquisa de estudo de caso. Para justificar a realização da pesquisa de estudo de caso, você deve dar um passo adiante. Deve definir um "caso" específico da vida real para ser uma manifestação concreta da abstração. (Para exemplos de tópicos mais concretos ou menos concretos de estudos de caso, ver a Figura 2.1)

Analise o conceito de "vizinhança". Isolado, ele poderia ser o sujeito de estudos de pesquisa que usassem métodos que não o método de estudo de caso. Os outros métodos podem incluir um levantamento dos relacionamentos entre os vizinhos, uma história da evolução do sentido de vizinhança e a criação de limites, ou um experimento no qual as crianças pequenas realizam tarefas, próximas umas das

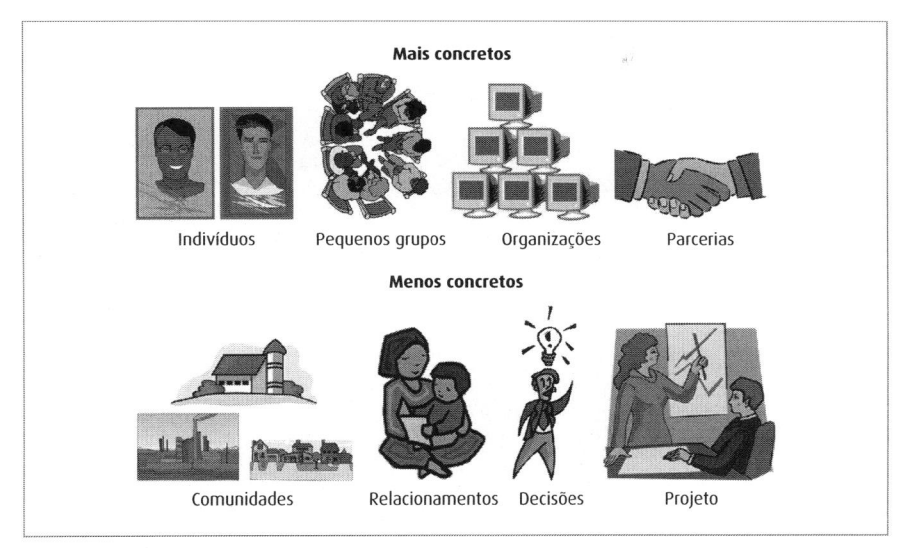

Figura 2.1 Casos ilustrativos para estudos de caso.
FONTE: Clip Art © Jupiter Images.

outras, para determinar os efeitos da distração, se houver, dos "vizinhos" em uma sala de aula. Esses exemplos mostram como o conceito abstrato de "bairro" não produz, isolado, as bases para um estudo de caso. No entanto, o conceito poderia facilmente tornar-se um tópico de estudo de caso se fosse acompanhado pela seleção de um determinado bairro ("caso") a ser estudado e com a formulação de questões e proposições de estudo sobre a vizinhança em relação ao conceito de "vizinhar".

Um ponto final refere-se ao papel da literatura de pesquisa disponível e precisa ser feito sobre a definição do caso e da unidade de análise. A maioria dos pesquisadores desejará comparar seus achados com a pesquisa anterior. Por essa razão, as definições-chave usadas em seu estudo não devem ser idiossincráticas. Ao contrário, cada estudo de caso e unidade de análise deve ser similar aos previamente estudados por outros ou deve inovar de maneira clara, operacionalmente definida. Desse modo, a literatura prévia também pode tornar-se um guia para a definição do caso e da unidade de análise.

Vinculação dos dados às proposições. O quarto componente tem sido cada vez mais bem desenvolvidos na realização da pesquisa de estudo de caso. O componente indica antecipadamente os passos da análise de dados no seu estudo de caso. O Capítulo 5 trata desses passos e das técnicas analíticas e as opções em detalhes. Contudo, durante o estágio de projeto, você precisa estar atento às opções e a como elas podem adequar-se ao seu estudo de caso. Dessa maneira, seu projeto de pesquisa pode criar uma base mais sólida para a análise posterior.

> **Exercício 2.2** Definição da unidade de análise (e do "caso") para um estudo de caso
>
> Examine a Figura 2.1. Discuta cada sujeito que ilustra uma unidade de análise diferente. Encontre um estudo de caso publicado sobre ao menos um desses assuntos, indicando o "caso" real que estava sendo estudado. Entendendo que cada sujeito ilustra uma unidade de análise diferente e envolve a seleção de diferentes casos a serem estudados, você acha que as unidades mais concretas podem ser mais fáceis de definir do que as menos concretas? Por quê?

Todas as técnicas analíticas no Capítulo 5 representam as formas de *vinculação dos dados às proposições*: combinação de padrão, construção de explicação, análise de séries temporais, modelos lógicos e síntese de casos cruzados. As análises reais exigirão que você combine ou reúna seus dados de estudo de caso como um reflexo direto das proposições iniciais do estudo. Por exemplo, o conhecimento de que algumas ou todas as suas proposições cobrem uma sequência temporal significa que, eventualmente, algum tipo de análise de série temporal pode ser usada. Se você observou essa forte probabilidade durante a fase de projeto, você deve se certificar de que o planejamento da coleta de dados incluiu a coleta de marcadores de tempo apropriados como parte do caso em estudo.

Como uma advertência, se você teve experiência limitada na condução dos estudos empíricos, pode não identificar facilmente a provável técnica analítica ou antecipar os dados necessários para o uso vantajoso das técnicas. Os pesquisadores ainda mais experientes frequentemente notam tanto como

a) coletaram dados em demasia que não foram posteriormente usados na análise; quanto como
b) coletaram poucos dados, impedindo o uso apropriado da técnica analítica desejada.

Algumas vezes, a última situação pode até mesmo forçar os pesquisadores a retornarem à fase de coleta de dados (se puderem) para suplementar os dados originais. Quanto mais puder evitar essas situações, melhor será para você.

Critérios para a interpretação dos achados de um estudo de caso. Para muitos estudos, uma ilustração comum deste quinto componente surge quando análises estatísticas são relevantes. Por exemplo, por convenção, os estudos quantitativos consideram que um nível p menor do que 0,05 demonstra que as diferenças observadas são "estatisticamente significativas" e, portanto, associadas a resultados mais robustos. Em outras palavras, as estimativas estatísticas servem como os critérios para a interpretação dos resultados. Entretanto, muitas análises de estudos de caso não contarão com o uso da estatística, levando à necessidade de encontrar outras maneiras de pensar sobre esses critérios.

Ao se fazerem estudos de caso, uma estratégia alternativa importante é identificar e abordar as explicações rivais para seus achados. Abordar tais explicações rivais torna-se um critério para interpretar seus resultados: Quanto mais explicações rivais tiverem sido abordadas e rejeitadas, mais fortes serão seus resultados. Novamente, o Capítulo 5 discute esta estratégia e seu funcionamento. No estágio de projeto de seu trabalho, o desafio é antecipar e enumerar os rivais importantes, para que possa incluir dados sobre eles como parte de sua coleta de dados. Se pensar sobre as explicações rivais somente após a coleta de dados estar completa, começará a justificar e projetar um estudo *futuro*, mas não ajudará a completar seu estudo de caso *atual*. Por esta razão, a especificação das explicações rivais importantes é parte do trabalho do projeto de pesquisa do estudo de caso.

Resumo. Um projeto de pesquisa deve incluir cinco componentes. Os três primeiros componentes – isto é, a definição das questões, proposições e unidade de análise do seu estudo – levarão seu projeto de pesquisa a identificar os dados que devem ser coletados. Os dois últimos componentes – isto é, a definição da lógica que vincula os dados às proposições e aos critérios para a interpretação dos achados – levarão à antecipação da análise do seu estudo de caso, sugerindo o que deve ser feito após os dados terem sido coletados.

O PAPEL DA TEORIA OU DAS PROPOSIÇÕES TEÓRICAS NO PLANEJAMENTO DE PESQUISA

A cobertura dos cinco componentes precedentes dos projetos de pesquisa o forçará, efetivamente, a começar a construir uma teoria preliminar ou proposições teóricas relacionadas ao seu tópico de estudo. Esse papel do desenvolvimento da teoria, anterior à condução de qualquer coleta de dados, é um ponto da diferença entre a pesquisa de estudo de caso e os métodos qualitativos relacionados, como a etnografia (Lincoln & Guba, 1985; Van Maanen, 1988) e a "teoria fundamentada"* (Corbin & Strauss, 2007). Tipicamente, esses métodos relacionados podem, deliberadamente, evitar a especificação de qualquer proposição teórica no início de uma investigação (esse métodos tampouco têm que lidar com o desafio de definir um "caso"). Em consequência, os estudantes que consideram esses métodos intercambiáveis com a pesquisa de estudo de caso pensam erroneamente que, tendo selecionado o método do estudo de caso, podem prosseguir de imediato para o trabalho de campo (por exemplo, precipitando-se para estabelecer seus "contatos de campo" tão rápido quanto possível). Nenhuma suposição poderia ser mais enganosa. Entre outras considerações, os contatos de campo relevantes dependem do entendimento – ou da teoria – do que está sendo estudado.

---

* N. de R.: No original, *grounded theory*.

Desenvolvimento da teoria

Para os estudos de caso, é altamente desejado o desenvolvimento de teoria como parte da fase de projeto. A teoria necessária pode ser comum e simples. Por exemplo, um estudo de caso sobre a implementação de um novo sistema de administração da informação (MIS – Management Information System) começou sem rodeios com a seguinte declaração teórica:

> O estudo de caso mostrará por que a implementação teve sucesso somente quando a organização foi capaz de se reestruturar, não apenas aplicar o novo MIS sobre a antiga estrutura organizacional. (Markus, 1983)

A declaração apresenta, em poucas palavras, uma teoria de implementação do MIS – ou seja, que a reestruturação organizacional é necessária para fazer a implementação do MIS funcionar.

O mesmo estudo de caso do MIS adicionou, então, a seguinte declaração teórica:

> O estudo de caso também mostrará por que a simples substituição das pessoas-chave não foi suficiente para a implementação bem-sucedida. (Markus, 1983)

Esta segunda declaração apresenta, em poucas palavras, a teoria rival – ou seja, que a implementação do MIS falha por causa da resistência à mudança por parte das pessoas, e que a substituição dessas pessoas é a principal exigência para o sucesso da implementação.

Você pode ver que à medida que essas duas declarações iniciais são elaboradas, as ideias declaradas cobrirão cada vez mais as questões, as proposições, as unidades de análise, a lógica que conecta os dados às proposições e os critérios para a interpretação dos achados – isto é, os cinco componentes do projeto de pesquisa necessário. Nesse sentido, o projeto de pesquisa completo incorpora uma "teoria" daquilo que está sendo estudado. Essa teoria não deveria, de forma alguma, ser considerada com a formalidade de uma grande teoria da ciência social, nem você está sendo solicitado a ser um teórico magistral. Ao contrário, o objetivo simples é ter um mapa suficiente para seu estudo, e isto exige proposições teóricas, observadas com propriedade por Sutton e Staw (1995) "uma história (hipotética) sobre por que ocorrem os atos, eventos, estrutura e pensamentos" (p. 378). As proposições teóricas podem representar questões centrais da literatura de pesquisa ou de questões práticas, como diferentes tipos de estilo de liderança educacional ou disposições de parceria em um estudo de organizações. Tais proposições permitirão que o projeto de pesquisa completo proporcione, então, orientação surpreendentemente forte na determinação dos dados a serem coletados e nas estratégias para a análise dos dados. Por essa razão, o desenvolvimento de teoria, anterior à coleta de qualquer dado, é desejado. Paul Rosenbaum aponta que, para estudos não experimentais em geral, as declarações teóricas preferenciais devem elaborar um padrão complexo de resultados esperados – quanto mais complexo, melhor (Rosenbaum, 2002, p. 5-6 e 277-279). O benefício é um projeto mais forte e uma capacidade superior para interpretar os dados eventuais.

Entretanto, o desenvolvimento da teoria leva tempo e pode ser difícil (Eisenhardt, 1989). Para alguns tópicos, os trabalhos existentes podem proporcionar uma estrutura teórica rica para o projeto do estudo de caso específico. Se você estiver interessado no desenvolvimento econômico internacional, por exemplo, "The Changed World Economy" (1986) de Peter Drucker, citado anteriormente, é uma fonte excepcional de teorias e hipóteses, Drucker alega que a economia mundial mudou significativamente desde o passado. Ele destaca a "desconexão" entre a economia dos produtos primários (matérias-primas) e a economia industrial, uma desconexão similar entre os baixos custos do trabalho e a produção dos manufaturados, e a desconexão entre os mercados financeiros e a economia real de bens e serviços. Testar essas proposições pode exigir estudos diferentes, alguns enfocando as diferentes desconexões, outros enfocando as indústrias específicas e ainda outros explicando a situação de determinados países. Cada estudo diferente exigiria, provavelmente, uma unidade de análise diferente. A estrutura teórica de Drucker proporciona orientação para projetar esses estudos e até mesmo para coletar dados relevantes.

Em outras situações, a teoria apropriada pode ser uma teoria descritiva (ver Quadro 1.2A, p.8, no Capítulo 1 para outro exemplo) e sua preocupação deve concentrar-se em assuntos como

a) a finalidade do trabalho descritivo;
b) a variedade ampla, porém realista, dos tópicos que podem ser considerados uma descrição "completa" do que deve ser estudado;
c) os tópicos prováveis que serão a essência da descrição.

Boas respostas a essas questões, incluindo as justificativas subjacentes às respostas, o ajudarão a avançar muito em direção ao desenvolvimento da base teórica necessária – e do projeto de pesquisa – para seu estudo.

Para outros tópicos ainda, a base de conhecimento existente pode ser pobre e a literatura disponível não fornece estrutura conceitual ou hipóteses notáveis. Essa base de conhecimento não se presta ao desenvolvimento de boas declarações teóricas e qualquer novo estudo empírico provavelmente assume as características de um estudo "exploratório". Apesar disso, como observado anteriormente no caso ilustrativo no Quadro 2.1 (p.32), mesmo um estudo de caso exploratório deve ser precedido por declarações sobre o que pretende ser explorado, a finalidade da exploração e os critérios pelos quais a exploração será considerada bem-sucedida.

Em geral, você pode desejar obter um entendimento maior de como a teoria é usada nos estudos de caso revisando os estudos de caso específicos completados com sucesso. Por exemplo, Yin (2012, Capítulo 3) mostra como a teoria foi usada nas situações exploratórias, descritivas e explicativas discutindo cinco estudos de caso reais.

Tópicos ilustrativos para teorias

Em geral, para superar as barreiras do desenvolvimento da teoria, você deve tentar preparar-se para seu estudo de caso revisando a literatura relacionada com o que gostaria de estudar (por exemplo, ver H. M. Cooper, 1984), discutindo seu tópico e suas ideias com colegas ou professores e formulando questões desafiadoras sobre o que está estudando, por que está se propondo a fazer o estudo e o que espera aprender em consequência do estudo.

Como lembrete adicional, você deve ter conhecimento sobre a completa variedade de teorias que podem ser relevantes para seu estudo. Por exemplo, observar que o caso anterior do MIS ilustrou a teoria da "implementação" do sistema de administração da informação e que ele é apenas um tipo de teoria que pode ser o objeto de um estudo. Outros tipos de teorias que devem ser considerados incluem:

- teorias individuais – por exemplo, teorias de desenvolvimento individual, comportamento, personalidade, aprendizagem e incapacidade cognitiva, percepção individual e interações interpessoais;
- teorias de grupo – por exemplo, teorias do funcionamento familiar, grupos informais, equipes de trabalho, relações supervisores-funcionários e redes interpessoais;
- teorias organizacionais – por exemplo, teorias de burocracias, estrutura e funções organizacionais, excelência no desempenho organizacional e parcerias interorganizacionais; e
- teorias sociais – por exemplo, as teorias de desenvolvimento urbano, conflitos internacionais, instituições culturais, desenvolvimento tecnológico e funções de mercado.

Outros exemplos ampliam esses tipos ilustrativos. Teorias de tomada de decisão (Carroll & Johnson, 1992), por exemplo, podem envolver indivíduos, organizações ou grupos sociais. Como outro exemplo, um tópico comum da pesquisa de estudo de caso é a avaliação dos programas apoiados publicamente, como os programas federais, estaduais ou locais. Nesta situação, o desenvolvimento de uma teoria sobre o suposto funcionamento do programa é essencial para o projeto de avaliação. Aqui, Bickman (1987) lembra-nos que a teoria precisa distinguir entre a teoria do programa (por exemplo, como tornar a educação mais eficaz) e seu processo de implementação (por exemplo, como instalar um programa eficaz). A distinção evitaria situações nas quais os formadores de opinião política podem querer conhecer os passos essenciais desejados (por exemplo, descrever um currículo eficaz de uma nova maneira), mas nas quais a avaliação, infelizmente, focava os assuntos administrativos (por exemplo, a necessidade de contratar um bom diretor de projeto). Esse descompasso pode ser evitado dando-se mais atenção à teoria essencial.

Uso da teoria para a generalização a partir de estudos de caso

Além de tornar mais fácil o projeto do seu estudo de caso, dispor de teoria ou proposições teóricas é importante no auxílio à generalização da lição aprendida no seu estudo de caso. Este papel da teoria tem sido caracterizado, ao longo deste livro, como a "generalização analítica" e é comparado com outra maneira de generalizar os resultados de estudos empíricos, conhecida como a "generalização estatística". Entender a distinção entre esses dois tipos de generalização pode ser o feito mais importante na realização da pesquisa de estudo de caso.

Vamos tomar, em primeiro lugar, a maneira de generalização mais comumente reconhecida – a generalização *estatística* – embora ela seja a menos relevante para a realização da pesquisa de estudo de caso. Na generalização estatística é feita uma inferência sobre uma população (ou universo), com base nos dados empíricos coletados de uma amostra desse universo. Isto é mostrado graficamente como uma inferência do Nível Um na Figura 2.2.[1] Esse método de generalização é comumente seguido quando se fazem levantamentos (por exemplo, Fowler, 1988; Lavrakas, 1987) ou análise de dados, como em estudos sobre moradia ou tendências do mercado de trabalho. Como outro exemplo, as pesquisas políticas precisam generalizar seus resultados além de sua amostragem de respondentes e aplicá-los a populações maiores, e os pesquisadores seguem procedimentos quantitativos para determinar a confiança com que tais generalizações podem ser feitas.

Um erro fatal na realização dos estudos de caso é conceber a generalização estatística como método de generalização dos resultados do seu estudo de caso. Seus casos não são "unidades de amostragem" e também serão em número pequeno de-

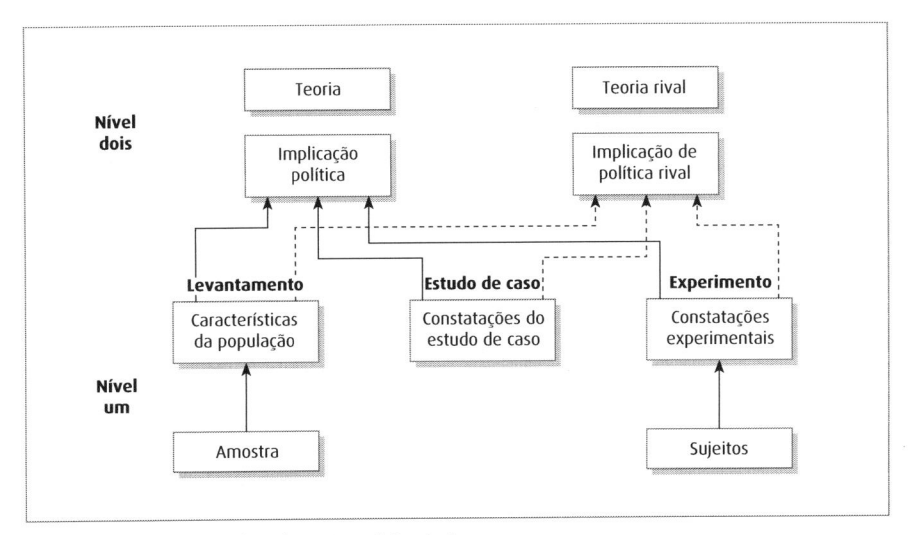

Figura 2.2 Realização de inferências: dois níveis.

mais para servir como uma amostra adequada para representar qualquer população maior.

Em vez de pensar no seu caso como uma amostragem, você deveria pensar nele como a oportunidade para lançar luz empírica sobre conceitos ou princípios teóricos, não muito diferente do motivo de um investigador de laboratório concebendo e conduzindo um novo experimento.[2] Nesse sentido, tanto um estudo de caso como um experimento podem ter interesse em ir além do caso ou experimento específico. Ambos os tipos de estudos são passíveis de se empenhar para resultados generalizáveis e lições aprendidas – isto é, generalizações analíticas – que vão além do cenário para o caso específico ou o experimento específico estudado (ver Tutorial 2-1). Por exemplo, as lições aprendidas poderiam assumir a forma de *hipóteses de trabalho* (Cronbach, 1975), tanto para serem aplicadas na reinterpretação dos resultados de estudos existentes de outras situações concretas (isto é, outros casos ou experimentos) como para definir novas pesquisas focando situações concretas adicionais (isto é, novos casos ou experimentos). Perceba que o objetivo de uma generalização analítica ainda é generalizar para essas outras situações concretas, e não apenas contribuir para a construção de teoria abstrata. Além disso, perceba que as generalizações, os princípios ou as lições aprendidas de um estudo de caso podem potencialmente se aplicar a uma variedade de situações, muito além de qualquer definição estrita da população hipotética de "casos semelhantes" representados pelo caso original.

A teoria ou as proposições teóricas usadas no projeto inicial do seu estudo de caso, empiricamente melhoradas pelos resultados do seu estudo de caso, terão formado as bases para uma generalização analítica. De forma alternativa, uma nova generalização pode emergir dos resultados do estudo de caso. Em outras palavras, a *generalização analítica* pode ser baseada tanto em (a) corroboração, modificação, rejeição ou, de outra forma, avançar conceitos teóricos que você referiu no projeto do seu estudo de caso quanto em (b) novos conceitos que surgiram com a conclusão do seu estudo de caso. O ponto importante é que, desconsiderando se a generalização foi derivada das condições que você especificou ao início ou descoberta na conclusão do seu estudo de caso, ela estará em um nível conceitual superior ao do caso específico (ou experimento) – mostrado graficamente como uma inferência de Nível Dois na Figura 2.2.

Muitos estudos de caso de destaque ilustram como as generalizações analíticas podem usar os resultados de um estudo de caso para tratar novas situações. Em primeiro lugar, considere como os três estudos de caso iniciais deste livro (citados nos Quadros, 1.1, 1.2A e 1.2B do Capítulo 1) trataram a função de generalização:

- **Quadro 1.1:** O Caso de Allison (1971) é sobre a crise dos mísseis cubanos e relaciona os três modelos teóricos do estudo a muitas outras situações; primeiro a outros confrontos internacionais, como entre os Estados Unidos e o Vietnã do Norte na década de 1960 (p. 258). A última edição do estudo de caso (Allison & Zelikow, 1999), assim, discute a relevância do modelo para "repensar as ameaças nucleares aos americanos hoje" (p. 397), bem como

para o desafio mais amplo de inferir os motivos que subjazem ações tomadas por uma potência estrangeiro.
- **Quadro 1.2A:** O estudo de Whyte (1943/1993) é bem conhecido por descobrir as relações entre o desempenho individual e a estrutura de grupo, ressaltado por um torneio de boliche no qual ele vivenciou diretamente o impacto do seu próprio desempenho ("como se algo maior do que eu estivesse controlando a bola" – p. 319) e observou como a pontuação dos membros da equipe, com uma notável exceção, projetava suas posições na equipe. Whyte generaliza seus resultados comentando posteriormente que "eu então acreditava (e ainda acredito) que esse tipo de relação pode ser observado em outras atividades em grupo em qualquer lugar" (p. 319).
- **Quadro 1.2B:** Neustadt e Fineberg (1983) mostram ainda outra variação, não reivindicando uma generalização, mas concluindo com uma extensa discussão sobre a utilidade do seu estudo de caso no ensino em disciplinas de políticas públicas (p. 231-250).

Em segundo lugar, o Quadro 2.3 contém quatro ilustrações adicionais. Todas mostram como mesmo os resultados de um estudo de caso único podem ser generalizados para uma ampla variedade de situações. O quarto desses estudos de caso apresenta outra notável característica: Ele demonstra como um estudo de caso completo pode ser publicado como um artigo de revista científica (os três primeiros exemplos apareceram na forma de extensos livros).

A generalização analítica pode ser usada se o seu estudo de caso envolver um ou vários casos, que serão mais tarde referenciados como estudos de caso único ou de caso múltiplo. Além disso, a posterior discussão neste capítulo sobre o tópico da *validade externa* adiciona mais *insight* às generalizações analíticas. O principal ponto nesta conjuntura é que você deve tentar mirar em direção à generalização analítica ao realizar os estudos de caso, evitando raciocinar em termos confusos como, a "amostragem de casos" ou o "tamanho pequeno da amostragem de casos", como se um estudo de caso único – ou de casos múltiplos – fosse equivalente aos respondentes em um levantamento. Em outras palavras, novamente como ilustrado graficamente na Figura 2.2, seu alvo deve ser as inferências de Nível Dois ao realizar os estudos de caso.

De forma semelhante, mesmo se referir ao seu caso como "amostragem intencional" pode gerar problemas conceituais e terminológicos. Você pode querer dizer que a porção "intencional" dos termos reflete sua seleção de um caso que elucidará as proposições teóricas do seu estudo de caso. Contudo, o uso da porção de "amostragem" dos termos ainda tem o risco de erroneamente levar outras pessoas a pensar que o caso vem de um universo maior ou de um população de casos similares maior, indesejavelmente reacendendo o espectro da generalização estatística. A postura mais desejável pode ser evitar remeter a qualquer tipo de amostragem (intencional ou não). (Os critérios e a terminologia preferenciais para a seleção de casos, como parte de um estudo de caso único ou de casos múltiplos, são discuti-

QUADRO 2.3
Generalização a partir de estudos de caso únicos: mais quatro exemplos

2.3A. Uma sociologia de "erros"

A trágica perda da nave espacial *Challenger* em 1986, constantemente mostrada na TV com repetições dos últimos segundos da nave, certamente se qualifica como um caso raro. As causas dessa perda tornaram-se o objeto de uma comissão presidencial e de um estudo de caso por Diane Vaughan (1996). O detalhado estudo de Vaughan mostra como a estrutura social de uma organização (a agência espacial NASA), com o passar do tempo, transformou um desvio em um comportamente aceitável e rotineiro.

A explicação final de Vaughan difere notavelmente da explicação da comissão presidencial, que apontou para falhas individuais de gerentes de nível médio como a principal razão do erro. Nas palavras de Vaughan, seu estudo "explica a sociologia do erro" (p. xiv) – esses "erros são organizados sistêmica e socialmente, construídos dentro da natureza das profissões, organizações, culturas e estruturas" (p. 415). Ela mostra como o desvio se transforma em comportamento aceitável por meio da institucionalização de pressões sobre a produção (que se originam no ambiente organizacional), levando a "efeitos matizados, não reconhecidos e sutis na tomada de decisão" (p. xiv). Sua discussão final aplica essa generalização a uma sequência de diversas outras situações. Como exemplos, ela cita estudos que mostram as distorções de pesquisa criadas pela visão de mundo dos cientistas, a separação de relações íntimas e a inevitabilidade de acidentes em certos sistemas tecnológicos.

2.3B. As origens da classe social

O segundo exemplo é sobre a descoberta e a rotulação de uma estrutura de classe social baseada em um estudo de caso de uma pequena cidade americana, Yankee City (Warner & Lunt, 1941). Esse estudo clássico da sociologia fez uma importante contribuição à teoria da estratificação social e trouxe uma compreensão das diferenças sociais entre as classes "alta", "média alta", "média média", "média baixa" e "baixa". Ao longo dos anos, os *insights* sobre essas diferenças aplicaram-se a uma ampla gama de situações (de modo algum limitados a outras cidades pequenas).

2.3C. Contribuição ao planejamento urbano

O terceiro exemplo são de Jane Jacobs e seu famoso livro, *The Death and Life of Great American Cities* (1961). O livro é baseado sobretudo em experiências de um estudo de caso único, a cidade de Nova York. Os capítulos do livro mostram como essas experiências de Nova York podem ser utilizadas para desenvolver princípios teóricos mais amplos no planejamento urbano, como o papel de calçadas, o papel de estacionamentos de bairro, a necessidade de espaços para usos diversos, a necessidade de quarteirões pequenos e os processos de decadência e recuperação de bairros.

O livro de Jacob criou drásticas controvérsias na profissão de planejamento. Novas investigações empíricas foram feitas sobre uma ou outra de suas ideias ricas e provocativas. Essas investigações ajudaram a testar uma aplicabilidade mais ampla dos seus princípios a outros contextos concretos, e, dessa forma, o trabalho de Jacob permanece como uma significativa contribuição ao campo do planejamento urbano.

(Continua)

> *(Continuação)*
>
> **2.3D. Gestão governamental da identidade nacional "mimada"**
>
> O quarto exemplo ampliou de forma criativa a bem conhecida teoria sociológica de Erving Goffman, que trata da gestão de estigma por indivíduos em nível institucional (Rivera, 2008). Um estudo de caso baseado em campo da Croácia mostrou como o estigma criado pelas guerras da sucessão da Iugoslávia deterioraram a imagem do país como destino turístico e como, então, o país utilizou de forma bem-sucedida uma estratégia de gestão de imagem para reviver o turismo. A Croácia, assim, apresentou um "excelente caso de gestão de reputação em ação" (p. 618). A autora sugere que seu modelo teórico adaptado pode ser usado como "um ponto de partida para compreender os dilemas de representação pública encarados por outros Estados e atores organizacionais que conduziram eventos prejudiciais à reputação" (p. 615). Desse modo, o estudo de caso forneceu outra ilustração de generalização analítica.

dos posteriormente neste capítulo no tópico de "projetos de estudo de caso".) Nesse sentido, a pesquisa de estudo de caso torna-se diretamente paralela à pesquisa experimental: poucas pessoas diriam que um novo experimento deve ser projetado como uma amostragem (de qualquer tipo) de uma população maior ou de uma população de experimentos similares maior – e poucos diriam que a forma principal de generalizar os resultados de um único experimento seria uma referência a uma população de experimentos similares.

Resumo

Esta seção sugeriu que um projeto de pesquisa completo, incluindo os cinco componentes descritos anteriormente, irá se beneficiar do desenvolvimento de proposições teóricas. Um bom pesquisador de estudo de caso deve buscar tais proposições e tirar vantagem desse benefício, seja o estudo de caso exploratório, descritivo ou explicativo. O uso de teoria e proposições teóricas na realização dos estudos de caso é um auxílio imenso na definição do projeto de pesquisa apropriado e na coleta dos dados a serem coletados. A mesma orientação teórica também se tornará o principal veículo para a generalização dos resultados do estudo de caso.

CRITÉRIOS PARA O JULGAMENTO DA QUALIDADE DOS PROJETOS DE PESQUISA

Como o projeto de pesquisa supostamente representa um conjunto lógico de declarações, você também pode julgar a qualidade de qualquer projeto determinado de acordo com certos testes lógicos. Os conceitos oferecidos para estes testes incluem a fidedignidade, a credibilidade, a confirmabilidade e a fidelidade dos dados (U.S. Government Accountability Office, 1990).

Quatro testes, no entanto, têm sido usados comumente para estabelecer a qualidade de qualquer pesquisa social empírica. Como a pesquisa de estudo de caso é parte desse corpo maior, os quatro testes também são relevantes para a pesquisa de estudo de caso. Uma inovação importante deste livro é a identificação de várias táticas para lidar com os testes ao realizar a pesquisa de estudo de caso. A Figura 2.3 lista os quatro testes amplamente usados e as táticas recomendadas de estudos de caso, assim como remete para a fase de pesquisa em que a tática deve ser usada. (Cada tática é descrita em detalhes no capítulo referenciado deste livro.) Como os quatro testes são comuns a todos os métodos da ciência social, foram resumidos em vários livros-texto (por exemplo, ver Kidder & Judd, 1986, p. 26-29). Os testes também serviram como um quadro para avaliar um grande grupo de estudos de caso no campo da gestão estratégica (Gibbert, Ruigrok & Wicki, 2008). Os quatro testes são:

- *Validade do constructo:* identificação das medidas operacionais corretas para os conceitos sendo estudados.
- *Validade interna* (apenas para estudos explicativos ou causais e não para estudos descritivos ou exploratórios): busca do estabelecimento da relação causal pela qual se acredita que determinadas condições levem a outras condições, diferenciadas das relações espúrias.
- *Validade externa:* definição do domínio para o qual as descobertas do estudo podem ser generalizados.
- *Confiabilidade*: demonstração de que as operações de um estudo – como os procedimentos para a coleta de dados – podem ser repetidas, com os mesmos resultados.

TESTES	Tática do estudo de caso	Fase da pesquisa na qual a tática ocorre
Validade do constructo	• usa múltiplas fontes de evidência • estabelece encadeamento de evidências • tem informantes-chave para a revisão do rascunho do relatório do estudo de caso	coleta de dados (ver Cap. 4) coleta de dados (ver Cap. 4) composição (ver Cap. 6)
Validade interna	• realiza a combinação de padrão • realiza a construção da explicação • aborda as explicações rivais • usa modelos lógicos	análise de dados (ver Cap. 5) análise de dados (ver Cap. 5) análise de dados (ver Cap. 5) análise de dados (ver Cap. 5)
Validade externa	• usa a teoria nos estudos de caso únicos • usa a lógica da replicação nos estudos de caso múltiplos	projeto de pesquisa (ver Cap. 2) projeto de pesquisa (ver Cap. 2)
Confiabilidade	• usa o protocolo do estudo de caso • desenvolve uma base de dados de estudo de caso	coleta de dados (ver Cap. 3) coleta de dados (ver Cap. 4)

Figura 2.3 Táticas de estudo de caso para quatro testes de projetos.

Cada item da lista merece atenção explícita. Para os estudos de caso, uma revelação importante é que as várias táticas a serem usadas para lidar com esses testes devem ser aplicadas ao longo da condução subsequente de um estudo de caso, não apenas em seu início. Assim, a "criação do projeto" para fazer os estudos de caso pode realmente continuar além dos planos iniciais do projeto.

Validade do constructo

O primeiro teste é especialmente desafiador na pesquisa do estudo de caso. As pessoas que criticam os estudos de caso destacam frequentemente o fato de que o pesquisador do estudo de caso deixa de desenvolver um conjunto de medidas suficientemente operacional e que são usados julgamentos "subjetivos" – alguns tendendo a confirmar as noções pré-concebidas de um pesquisador (Flyvberg, 2006; Rudin, 2006) – para coletar os dados.[3] Tome como exemplo o estudo das "mudanças que ocorrem em determinadas regiões urbanas" – um assunto comum de estudo de caso (por exemplo, Bradshaw, 1999; Keating & Krumholz, 1999): Ao longo dos anos, surgiram preocupações sobre como determinados núcleos urbanos mudaram suas características. Um grande número de estudos de caso examinou os tipos de mudanças e suas consequências. No entanto, sem qualquer especificação prévia dos eventos significativos, operacionais, que constituem a "mudança", o leitor não pode determinar se as mudanças alegadas no estudo de caso refletem, genuinamente, os eventos no local, ou se elas se baseiam apenas nas impressões do pesquisador.

As mudanças em um núcleo urbano podem cobrir uma ampla variedade de fenômenos: rotatividade racial, deterioração e abandono habitacional, mudanças no padrão dos serviços urbanos, alterações nas instituições econômicas da região ou movimentação dos residentes de baixa à média renda na revitalização do bairro. A escolha de agregar ou não quadras, áreas definidas de terra ou áreas maiores também pode produzir resultados diferentes (Hipp, 2007).

Para preencher o teste de validade do constructo, o pesquisador deve garantir que dois passos sejam cobertos:

1. definir a mudança em termos de conceitos específicos (e relacioná-los aos objetivos originais do estudo) e
2. identificar as medidas operacionais que combinam os conceitos (preferencialmente citando os estudos publicados que fazem as mesmas combinações).

Por exemplo, suponha que você preencha o primeiro passo, declarando que planeja estudar o crescimento do índice de criminalidade do bairro. O segundo passo exige, então, que você selecione uma justificativa para utilizar relatórios da polícia (que é a medida-padrão usada no FBI Uniform Crime Reports) como sua medida de crime. A literatura indicará desvantagens conhecidas nesta medida, principalmente porque um volume desconhecido de crimes não é comunicado à polícia. Você precisará, então, discutir como, apesar dessas desvantagens, a imparcialidade do seu estudo do crime no bairro não será prejudicada e, portanto, a mudança no bairro.

Como mostrado anteriormente na Figura 2.3, três táticas estão disponíveis para aumentar a validade do constructo na realização dos estudos de caso. A primeira é o uso de *fontes múltiplas de evidências,* de maneira que encoraje linhas convergentes de investigação. Esta tática é relevante durante a coleta de dados (ver Capítulo 4). A segunda tática é estabelecer uma *cadeia de evidências,* também relevante durante a coleta de dados (também no Capítulo 4). A terceira tática é fazer com que o rascunho do relatório de estudo de caso seja revisado pelos informantes-chave (um procedimento descrito no Capítulo 6).

Validade interna

Este segundo teste recebeu a maior atenção na pesquisa experimental e quase-experimental (ver Campbell & Stanley, 1966; Cook & Campbell, 1979). Várias "ameaças" à validade interna foram identificadas, principalmente tratando dos efeitos espúrios. No entanto, como tantos livros-texto já cobrem este assunto, apenas dois pontos precisam ser abordados aqui.

Em primeiro lugar, a validade é principalmente uma preocupação dos estudos de caso explicativos, quando o investigador tenta explicar como e por que o evento x levou ao evento y. Se o investigador concluir, incorretamente, que existe uma relação causal entre x e y, sem saber que um terceiro fator – z – pode atualmente ter causado y, o projeto de pesquisa falhou ao lidar com alguma ameaça à validade interna. Observe que esta lógica não é aplicável aos estudos descritivos ou exploratórios (caso eles sejam estudos de caso, levantamentos ou experimentos), que não se preocupam com este tipo de situação causal.

Em segundo lugar, a preocupação com a validade interna, para a pesquisa de estudo de caso, estende-se ao problema maior da realização de inferências. Basicamente, um estudo de caso envolve uma inferência cada vez que um evento não pode ser diretamente observado. Um investigador fará uma "inferência" de que um determinado evento resultou de alguma ocorrência anterior, baseado na entrevista e na evidência documental coletada como parte do estudo de caso. A inferência está correta? Todas as explicações e possibilidades rivais foram consideradas? As evidências são convergentes? Aparentam ser incontestáveis? Um projeto de pesquisa que tenha antecipado essas questões começou a lidar com o problema geral de fazer inferências e, portanto, com o problema específico da validade interna.

No entanto, as táticas específicas para atingir este resultado são difíceis de identificar quando se faz pesquisa de estudo de caso. A Figura 2.3 (mostrada anteriormente) sugere quatro táticas analíticas. Todas são descritas em mais detalhes no Capítulo 5, porque elas são realizadas durante a fase analítica dos estudos de caso: *combinação de padrão, construção de explicações, tratamento de explicações rivais* e *uso de modelos lógicos.*

Validade externa

O terceiro teste trata do problema de saber se as descobertas do estudo são generalizáveis além do estudo imediato, independentemente do método de pesquisa utilizado (por exemplo, experimentos, levantamentos ou estudos de caso). Para os estudos de caso, as questões se relacionam diretamente à discussão anterior sobre *generalização analítica* e à referência ao Nível Dois na Figura 2.2. Repetindo a discussão anterior, remeter à *generalização estatística* e qualquer analogia a amostragens e populações seriam erros.

Outro *insight* sobre essa questão deriva da observação da forma da(s) questão(ões) de pesquisa original(is) usadas para o seu estudo de caso. A forma da(s) questão(ões) pode ajudar ou atrapalhar a preferência pela busca de generalizações – isto é, a procura pela validade externa.

Lembre-se de que a decisão de favorecer a pesquisa de estudo de caso deveria ter começado com a inclusão de alguma(s) questão(ões) "como" e "por que". Por exemplo, muitos estudos de caso descritivos lidam com o "como" de uma situação, ao passo que muitos estudos de caso explicativos lidam com o "por que" das situações. Contudo, se um estudo de caso não possui questões urgentes – como um estudo que meramente visa a documentar as tendências sociais em um bairro, uma cidade ou um país ou as tendências de emprego em uma organização (e essencialmente inserindo uma questão "o que") –, chegar a alguma generalização analítica pode ser mais difícil. Para evitar essa situação, melhorar o projeto do estudo com questões "como" e "por que" (e coletar os dados adicionais) pode ser extremamente útil. (Alternativamente, se nos exemplos ilustrativos o interesse de pesquisa de um estudo for limitado à documentação de tendências sociais, utilizar algum outro método pode servir aos objetivos do estudo melhor do que usar o método do estudo de caso.)

Dessa maneira, a forma da(s) questão(ões) inicial(is) de pesquisa pode influenciar diretamente as estratégias utilizadas na procura pela validade externa. Essa(s) questão(ões) de pesquisa deve(m) ser definida(s) durante a fase de projeto de pesquisa do seu estudo de caso, senão antes. Por essa razão, a Figura 2.3, como mostrado anteriormente, aponta a fase de projeto de pesquisa, com a identificação de teoria e proposições teóricas apropriadas, como o momento mais apropriado para estabelecer as bases para começar a tratar da validade externa do seu estudo de caso.

Confiabilidade

A maioria das pessoas provavelmente já está familiarizada com este teste final. O objetivo é garantir que, se um pesquisador, posteriormente, seguir o mesmo procedimento, conforme descrito pelo primeiro, e conduzir o mesmo estudo de caso novamente, ele deverá obter os mesmos achados e conclusões. (Observe que a ênfase está em realizar o *mesmo* caso novamente, não em "replicar" os resultados de um caso realizando outro estudo de caso.) A meta da confiabilidade é minimizar os erros e as parcialidades no estudo.

Um pré-requisito para permitir que este outro pesquisador repita um estudo de caso anterior é a necessidade de documentação dos procedimentos seguidos no primeiro caso. Sem essa documentação, você não poderia repetir nem mesmo seu próprio trabalho (que é outra forma de lidar com a confiabilidade). No passado, os procedimentos de pesquisa de estudo de caso eram mal documentados, fazendo com que os revisores externos suspeitassem da confiabilidade do método.[4] Como mostrado anteriormente, a Figura 2.3 sugere duas táticas específicas para superar essas imperfeições – o uso de um *protocolo de estudo de caso* para tratar do problema de documentação em detalhes (discutido no Capítulo 3) e o desenvolvimento de uma *base de dados do estudo de caso* (discutida no Capítulo 4).

A maneira geral de abordar o problema de confiabilidade é tornar as etapas do processo as mais operacionais possíveis e conduzir a pesquisa como se alguém estivesse olhando sobre seu ombro. Os contadores sabem que qualquer conta poderá ser auditada. Nesse sentido, um auditor também está desempenhando uma verificação da confiabilidade e deve ser capaz de produzir os mesmos resultados, caso os mesmos procedimentos sejam seguidos. Uma boa diretriz para a realização de estudos de caso é, portanto, conduzir a pesquisa de forma que um auditor possa, em princípio, repetir os procedimentos e chegar aos mesmos resultados.

Resumo

Quatro testes podem ser considerados relevantes no julgamento da qualidade de um projeto de pesquisa. No projeto e na realização dos estudos de caso, várias táticas estão disponíveis para tratar desses testes, embora nem todas ocorram na mesma fase de um estudo de caso. Algumas das táticas ocorrem durante a coleta de dados, a análise de dados ou as fases composicionais da pesquisa e são, por essa razão, descritas em mais detalhes nos capítulos subsequentes deste livro.

Exercício 2.3   Definição dos critérios para o julgamento da qualidade dos projetos de pesquisa

Defina os quatro critérios para o julgamento da qualidade dos projetos de pesquisa:
  a) validade do constructo
  b) validade interna
  c) validade externa
  d) confiabilidade

Dê um exemplo de cada tipo de critério em um estudo de caso que talvez queira realizar.

PROJETOS DE ESTUDO DE CASO

A pesquisa tradicional de estudo de caso não costuma incluir a ideia de projetos formais, como no levantamento e na pesquisa experimental. Ainda assim, você

Projeto dos estudos de caso   **53**

pode conduzir um novo estudo de caso sem qualquer projeto formal. No entanto, considerar esses potenciais projetos de pesquisa de estudo de caso pode tornar seus estudos de caso mais fortes e, possivelmente, mais fáceis de conduzir. Você pode, portanto, achar útil o restante desta seção. Ele cobre quatro tipos de projetos, baseado na matriz 2 × 2 na Figura 2.4.

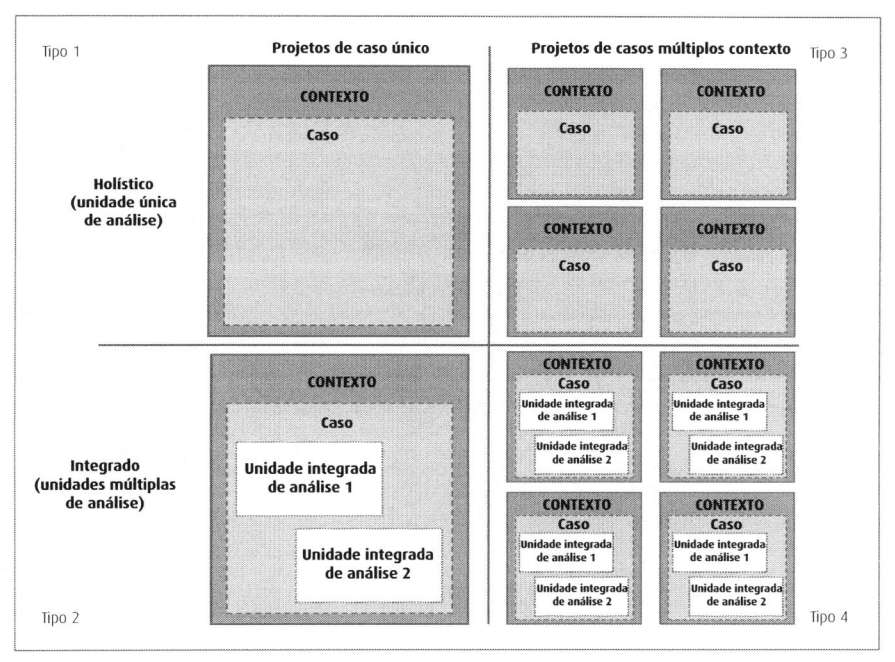

Figura 2.4   Tipos básicos de projetos para estudos de caso.
Fonte: Cosmos Corporation.

A matriz mostra, primeiramente, que todos os tipos de projetos incluirão o desejo de analisar as condições contextuais em relação ao "caso". As linhas pontilhadas entre os dois assinalam que os limites entre o caso e o contexto provavelmente não são rígidos. A matriz mostra, então, que os estudos de casos únicos e múltiplos refletem diferentes situações de projeto e que, nessas duas variantes, também podem existir unidades de análise unitárias ou múltiplas. Os quatro tipos de projetos de estudos de caso resultantes são (Tipo 1) projetos de caso único (holísticos), (Tipo 2) projetos de caso único (integrados), (Tipo 3) projetos de casos múltiplos (holísticos) e (Tipo 4) projetos de casos múltiplos (integrados). A justificativa para esses quatro tipos de projetos é a seguinte.

Quais são os potenciais projetos de caso único (tipos 1 e 2)?

Cinco justificativas para projetos de caso único. Ao se projetar estudos de caso, é importante a distinção entre os projetos de estudo de caso *único* e os projetos de estudo de casos *múltiplos*. Isso significa que é necessária uma decisão, anterior a qualquer coleta de dados, sobre usar um caso único ou casos múltiplos no seu estudo de caso.

O estudo de caso único é um projeto apropriado sob várias circunstâncias, e cinco justificativas para o caso único – isto é, ter um caso *crítico, peculiar, comum, revelador* ou *longitudinal* – são dadas a seguir. Lembre-se de que o estudo de caso único é análogo ao experimento único, e muitas das mesmas condições que justificam um único experimento também podem justificar um estudo de caso único.

Lembre-se também de que a seleção do seu caso deve estar relacionada à sua teoria ou a suas proposições teóricas de interesse. Essas formam o contexto para cada uma das cinco justificativas. Assim, a primeira justificativa para um caso único – selecionar um caso crítico – seria importante para sua teoria ou suas proposições teóricas (observe novamente a analogia com o *experimento* decisivo). A teoria deve especificar um conjunto claro de circunstâncias no qual suas proposições são consideradas verdadeiras. O caso único pode ser usado, então, para determinar se as proposições são corretas ou se algum conjunto alternativo de explicações pode ser mais relevante. Dessa maneira, como na comparação das três teorias e a crise dos mísseis de Cuba, de Graham Allison (descrita no Capítulo 1, Quadro 1.2), o caso único pode representar uma contribuição significativa para a formação do conhecimento e da teoria, confirmando, desafiando ou ampliando a teoria. Esse estudo pode até mesmo ajudar a reenfocar as futuras investigações em todo um campo. (Ver o Quadro 2.4, para outro exemplo no campo da inovação organizacional.)

QUADRO 2.4
O estudo de caso único como o caso decisivo

Uma justificativa para a seleção de um projeto de caso único, em lugar de um de casos múltiplos, é que o caso único pode representar o teste decisivo de uma teoria significativa. Gross, Bernstein e Giacquinta (1971) usaram esse projeto concentrando-se em uma única escola em seu livro *Implementing Organizational Innovations* (ver também Quadro 4.4B, Capítulo 4, p.119).

A escola foi selecionada porque possuía uma história anterior de inovação e não poderia alegar sofrer de "barreiras à inovação". Nas teorias prevalentes, essas barreiras tinham sido citadas com destaque como a principal razão para o fracasso das inovações. Gross et al. (1971) mostraram que, nessa escola, as inovações também falharam, mas a falta de êxito não podia ser atribuída a nenhuma barreira. Os processos de implementação, mais do que as barreiras, pareciam ser os responsáveis pelo fracasso. Dessa maneira, o livro, embora limitado a um único caso, representou uma linha divisória na teoria da inovação organizacional. Anteriormente ao estudo, os analistas concentravam-se na identificação das barreiras à inovação; a partir dele, a literatura foi predominantemente dominada pelos estudos do processo de implementação, não apenas em escolas, mas também em muitos outros tipos de organizações.

Uma segunda justificativa para o caso único é quando ele representa um caso *extremo* ou *peculiar*, desviando-se das normas teóricas ou mesmo das ocorrências diárias. Tais casos podem ocorrer na psicologia clínica, na qual uma doença ou desordem pode oferecer uma oportunidade distinta que vale a pena documentar e analisar. Na pesquisa clínica, uma estratégia de pesquisa comum requer que se estudem esses casos peculiares, uma vez que as descobertas podem gerar *insights* sobre processos normais. Dessa forma, o valor de um estudo de caso pode estar conectado a um grande número de pessoas, muito além daquelas que sofrem da síndrome clínica original.

Inversamente, a terceira justificativa para o caso único é o caso *comum*. Aqui, o objetivo é captar as circunstâncias e as condições de uma situação cotidiana – novamente, por causa das lições que pode fornecer sobre os processos sociais relacionados a algum interesse teórico. Dessa maneira, uma cena de rua e seus camelôs podem se tornar o contexto para aprender sobre os potenciais benefícios sociais criados pela atividade de empreendedorismo informal (por exemplo, Duneier, 1999), um estudo de pequenos negócios pode gerar *insights* sobre inovações e processos de inovação (por exemplo, ver Yin, 2012, Cap. 9) e as estruturas social e institucional dentro de um único bairro pobre podem fornecer *insights* sobre a relação entre pobreza e capital social (por exemplo, Small, 2004).

A quarta justificativa para o estudo de caso único é o caso *revelador*. Esta situação existe quando um pesquisador tem a oportunidade de observar e analisar um fenômeno previamente inacessível à investigação da ciência social, como em *Street Corner Society,* de Whyte (1943/1993), já descrito no Capítulo 1, Quadro 1.2A, p. 8. Outro exemplo é o estudo de Phillippe Bourgois sobre o crack e o mercado do tráfico de drogas em Spanish Harlem – um bairro da cidade de Nova York. O autor ganhou a confiança e a amizade de duas dúzias de traficantes de rua e suas famílias, revelando um estilo de vida que poucos haviam conseguido estudar até a época. Para outro exemplo, veja o famoso estudo de caso sobre homens desempregados, *Tally's Corner*, de Elliot Liebow (1967) (ver Quadro 2.5). Quando os pesquisadores têm o mesmo tipo de oportunidade e podem revelar alguns fenômenos prevalentes, anteriormente inacessíveis aos cientistas sociais, essas condições justificam o uso de um estudo de caso único, com base em sua natureza reveladora.

QUADRO 2.5
O caso revelador como estudo de caso único

Outra justificativa para a seleção de um projeto de caso único é que o pesquisador tem acesso a estudos empíricos previamente inacessíveis. Vale a pena conduzir um estudo de caso, portanto, porque a informação descritiva isolada será reveladora.

(Continua)

> *(Continuação)*
>
> Essa era a situação no clássico sociológico de Elliot Liebow (1967), *Tally's Corner*. O livro é sobre um único grupo de homens afro-americanos que viviam em um bairro pobre do centro da cidade. Fazendo amizade com esses homens, o autor foi capaz de aprender sobre seu estilo de vida, seu comportamento em situações difíceis e, particularmente, a maneira como lidavam com o desemprego e o fracasso. O livro proporcionou *insights* a uma subcultura que prevalecia em muitas cidades dos Estados Unidos, por um longo período de tempo, mas que era entendida apenas parcialmente. O caso único mostrou como a investigação desses tópicos poderia ser feita, estimulando maiores pesquisas e, eventualmente, o desenvolvimento de ações públicas.

A quinta justificativa para o estudo de caso único é o caso *longitudinal*: o estudo de um mesmo caso único em dois ou mais pontos diferentes do tempo. A teoria de interesse provavelmente especificaria como determinadas condições e seus processos subjacentes mudam com o tempo. Os intervalos de tempo desejados refletiriam, presumivelmente, os estágios antecipados em que as mudanças deveriam se revelar. Eles devem ser intervalos de tempo pré-especificados, como anteriormente e após eventos importantes, seguindo uma lógica "antes" e "depois". De forma alternativa, eles não devem lidar com intervalos de tempo específicos, mas cobrir tendências ao longo de um extenso período de tempo, seguindo um curso desenvolvimentista de interesse. Sob circunstâncias excepcionais, o mesmo caso pode ser o objeto de dois estudos de caso consecutivos, como ocorreu com *Middletown* (Lynd & Lynd, 1929) e *Middletown in Transition* (Lynd & Lynd, 1937). Quaisquer que sejam os intervalos de tempo ou os períodos de interesse, o processo em estudo deve refletir as proposições teóricas propostas pelo estudo de caso. Os intervalos de tempo desejados provavelmente refletiriam os estágios antecipados nos quais as mudanças devem se revelar, e o processo observado deve, novamente, refletir as proposições teóricas colocadas pelo estudo de caso.

Essas cinco são as principais justificativas para a seleção de um estudo de caso único. Existem outras situações nas quais o estudo do caso único pode ser usado como caso-piloto, que deve ser o início de um estudo de casos múltiplos. No entanto, nesta última situação, a porção do estudo de caso único não seria encarada como um estudo completo em si mesmo.

Qualquer que seja a justificativa para a realização do estudo de caso único (e podem existir mais do que as cinco mencionadas aqui), uma potencial vulnerabilidade do projeto de caso único é que mais tarde o caso pode não vir a ser o caso considerado no início. Os projetos de caso único exigem, portanto, investigação cuidadosa do caso potencial, para minimizar as chances de representação equivocada e maximizar o acesso necessário à coleta da evidência do estudo de caso. Um aviso útil é não se comprometer com o caso único até que essas preocupações principais tenham sido cobertas.

QUADRO 2.6
Estudo de caso único integrado

Union Democracy (1956) é um estudo de caso altamente conceituado de três eminentes acadêmicos – Seymour Martin Lipset, Martin Trow e James Coleman. O estudo de caso é sobre a política interna da International Typographical Union (ITU) e envolve várias unidades de análise (ver a tabela "Tipos de dados" a seguir). A unidade principal era a organização como um todo, a menor unidade era o membro individual e várias unidades intermediárias também eram importantes. Em cada nível de análise, foram usadas diferentes técnicas de coleta de dados, variando das análises históricas aos levantamentos.

Unidade caracterizada	Tipos de dados			
	Sistema total	Unidades intermediárias		Indivíduos
ITU como um todo	Propriedades estruturais, ambientais e comportamentais	Por inferência, rede de comunicação (estrutural)		
Habitantes	Propriedades comportamentais (militância, etc.)	Propriedades comportamentais, tamanho	Por inferência, rede de comunicação (estrutural)	propriedades comportamentais, estruturais, ambientais
Lojas	Lojas		Propriedades com portamentais, tamanho	Distribuição de pro priedades individuais
Outros ambientes sociais imediatos maculinos	Clima social, por inferência dos assuntos dominantes e do resultado das eleições	Clima social, por inferência dos assuntos dominantes e do resultado das eleições		Atributos do presidente da capela, atribuições dos amigos
Homens	Por inferência; valores dominantes e interesses	Por inferência; valores, interesses e lealdades (ex. local em detrimento do internacional)	Por inferência; valores, interesses, lealdades (ex. compras no local)	Por inferência; valores

Em coluna Indivíduos linha Homens: Comportamento, passado, valores, atitudes

Coluna "Sistema total" linha superior de descrição: Temas; dados sobre ocupação; leis sindicais; políticas; Quadro de convenções

Coluna "Unidades intermediárias" linha superior: Histórico dos habitantes e registros de votação; assuntos em nível local; número de habitantes | Registro de votação das lojas; número de lojas | Entrevistas com líderes

Coluna "Indivíduos" linha superior: Entrevistas com amostra de homens

Fonte: Lipset, Trow, and Coleman (1956, p. 422). Reimpresso com permissão.

Estudos de caso holísticos versus *integrados*. O mesmo estudo de caso único pode envolver unidades de análise em mais de um nível. Isso ocorre quando, em um caso único, a atenção também é dirigida a uma subunidade ou mais (ver Quadro 2.6). Por exemplo, mesmo que um estudo de caso seja sobre uma única organização, como um hospital, a análise pode incluir resultados sobre os serviços clínicos e o pessoal empregado pelo hospital (e, possivelmente, até mesmo algumas análises quantitativas baseadas nos registros dos funcionários da equipe). Em um estudo de avaliação, o caso único pode ser um programa público que envolve um grande número de projetos financiados – que seriam, então, as unidades integradas (ver Apêndice B para mais detalhes). Em qualquer das duas situações, as unidades integradas podem ser selecionadas por meio da amostragem ou das técnicas de agrupamento (McClintock, 1985). Independentemente de como as unidades são selecionadas, o projeto resultante será chamado de *projeto de estudo de caso integrado* (Figura 2.4, Tipo 2). Em comparação, se o estudo de caso examinou apenas a natureza global de uma organização ou de um programa, teria sido usado o *projeto holístico* (ver Figura 2.4, Tipo 1).

Essas duas variantes dos estudos de caso único têm seus pontos fortes e fracos. O projeto holístico é vantajoso quando as subunidades lógicas não podem ser identificadas ou quando a teoria relevante, subjacente ao estudo de caso, for de natureza holística. Os problemas potenciais surgem, no entanto, quando uma abordagem global permite que o pesquisador evite examinar qualquer fenômeno específico em detalhes operacionais. Assim, um problema típico do projeto holístico é que todo o estudo de caso pode ser conduzido em um nível indevidamente abstrato, com a falta de medidas ou de dados suficientemente claros.

Outro problema com o projeto holístico é que toda a natureza do estudo de caso pode mudar, sem o conhecimento do pesquisador, durante o curso do estudo. As questões iniciais do estudo podem ter refletido uma orientação, mas à medida que ele prossegue, pode emergir uma orientação diferente e a evidência começa a abordar questões de pesquisa diferentes. Embora algumas pessoas aleguem que essa flexibilidade seja um ponto forte da pesquisa de estudo de caso, na realidade a maior crítica dos estudos de caso é baseada nesse tipo de mudança – na qual o projeto de pesquisa implementado não é mais apropriado para as questões de pesquisa sendo feitas (ver COSMOS Corporation, 1983). Devido a esse problema, você deve evitar tal deslize insuspeito; se as questões de pesquisa relevantes realmente mudam, você deve iniciar novamente, com um novo projeto de pesquisa. Uma maneira para aumentar a sensibilidade a esse deslize é possuir um conjunto de subunidades. Assim, um projeto integrado pode servir como um dispositivo importante para focar a investigação do estudo de caso.

O projeto integrado, no entanto, também tem seus defeitos. Um defeito importante ocorre quando o estudo de caso concentra-se apenas no nível de subunidade e falha em retornar à unidade maior de análise. Por exemplo, a avaliação de um programa consistindo em projetos múltiplos pode incluir as características do projeto como uma subunidade de análise. Os dados no nível do projeto podem ser até mesmo altamente quantitativos se houver muitos projetos. No entanto, a avaliação original torna-se um estudo de projeto (isto é, um estudo de casos múltiplos de diferentes projetos) se nenhuma investigação for feita no nível do caso original – ou seja, o programa. Da mesma maneira, um estudo do clima organizacional pode envolver os funcionários individuais como uma subunidade de estudo. Contudo, se os dados focarem apenas os funcionários, o estudo se tornará de fato um estudo sobre o emprego, não um estudo sobre a organização. Nos dois exemplos, o que aconteceu é que o fenômeno de interesse original (um programa ou clima organizacional) tornou-se o contexto e não o alvo do estudo.

Resumo. Os estudos de caso único são um projeto comum para a realização da pesquisa de estudo de caso, e duas variantes foram descritas: as que usam projetos holísticos e as que usam unidades integradas de análise. Em geral, o projeto de caso único é eminentemente justificável sob determinadas circunstâncias – quando o caso representa: a) um teste crítico da teoria existente; b) uma circunstância extrema ou peculiar; c) um caso comum; d) uma proposta reveladora; ou e) uma proposta longitudinal.

Um passo importante no projeto e na condução de um caso único é a definição da unidade de análise (ou o próprio caso). Uma definição operacional é necessária e algum cuidado deve ser mantido – antes do compromisso completo com todo o estudo de caso – para garantir que o caso seja de fato relevante para os assuntos e questões de interesse.

No estudo de caso único ainda podem ser integradas subunidades de análise, para que seja desenvolvido um projeto mais complexo (ou integrado). As subunidades podem acrescentar, muitas vezes, oportunidades significativas para a análise extensiva, favorecendo os *insights* ao caso único. No entanto, se for dada demasiada atenção a essas subunidades e se os aspectos holísticos maiores do caso começarem a ser ignorados, o próprio estudo de caso terá mudado sua orientação e modificado sua natureza. Se a mudança for justificável, você deve abordá-la explicitamente e indicar sua relação com a investigação original.

Quais são os potenciais projetos de casos múltiplos (tipos 3 e 4)?

O mesmo estudo pode conter mais do que um único caso. Quando isso ocorrer, o estudo usou um projeto de casos múltiplos e tais projetos têm aumentado sua frequência nos últimos anos. Um exemplo comum é o estudo das inovações escolares (como o uso de novos currículos, horários escolares reorganizados ou uma nova tecnologia educacional), em que as escolas individuais adotam alguma inovação. Cada escola pode ser o sujeito de um estudo de caso individual, mas o estudo como um todo cobre várias escolas e, desse modo, usa um projeto de casos múltiplos.

Projetos de casos múltiplos versus *caso único.* Em algumas áreas, os estudos de casos múltiplos têm sido considerados uma "metodologia" diferente dos estudos de caso único. Por exemplo, tanto a antropologia quanto a ciência política desenvolveram um conjunto de justificativas para a realização de estudos de caso únicos e um segundo conjunto para a realização dos considerados estudos "comparativos" (ou de casos múltiplos) (ver Eckstein, 1975; Lijphart, 1975). Este livro, no entanto, considera os projetos de casos únicos ou de casos múltiplos como variantes da mesma estrutura metodológica – e não existe uma distinção ampla entre o assim chamado estudo de caso clássico (ou seja, único) e os estudos de casos múltiplos. A escolha é considerada uma escolha do projeto de pesquisa, com ambas sendo incluídas sob a pesquisa de estudo de caso.

Os projetos de casos múltiplos têm vantagens e desvantagens distintas em comparação com os projetos de caso único. A evidência dos casos múltiplos é, muitas vezes, considerada mais vigorosa e o estudo, em geral, é, por essa razão, visto como mais robusto (Herriott & Firestone, 1983). Ao mesmo tempo, a justificativa para os projetos de caso único não pode ser satisfeita, geralmente, por casos múltiplos. Por definição, o caso incomum ou extremo, o caso crítico e o caso revelador envolvem provavelmente apenas casos únicos. Além disso, a condução de um estudo de caso múltiplo pode exigir recursos e tempo extensos, superiores aos meios de um único estudante ou de um investigador de pesquisa independente.

A seleção de casos múltiplos também propicia um novo conjunto de questões. Aqui, um *insight importante é considerar os casos múltiplos como se consideram os experimentos múltiplos* – ou seja, seguindo a lógica da "replicação". Isso é muito diferente de uma analogia enganosa do passado, que incorretamente considerava os casos múltiplos similares aos respondentes múltiplos em um levantamento (ou aos sujeitos múltiplos em um experimento) – isto é, seguindo um projeto de amostragem. As diferenças metodológicas entre essas duas visões são reveladas pelas justificativas diferentes subjacentes à replicação em oposição aos projetos de amostragem.

Lógica da replicação, não da amostragem, para os estudos de casos múltiplos. A lógica da replicação é análoga à usada nos experimentos múltiplos (ver Hersen & Barlow, 1976). Por exemplo, após a descoberta de um resultado significativo de um único experimento, a prioridade subsequente seria replicar esse achado, conduzindo um segundo, terceiro e até mais experimentos. Algumas das replicações poderiam tentar duplicar as condições exatas do experimento original. Outras replicações alterariam uma ou mais condições experimentais consideradas sem importância para o achado original, para verificar se a descoberta ainda poderia ser duplicada. Apenas com essas replicações a descoberta original seria considerada robusta.

A lógica subjacente ao uso de estudos de casos múltiplos é a mesma. Cada caso deve ser selecionado cuidadosamente para que (a) possa predizer resultados similares (uma *replicação literal*) ou (b) possa produzir resultados contrastantes, mas para razões previsíveis (uma *replicação teórica*). A capacidade de conduzir seis ou dez estudos de caso, organizados efetivamente em um projeto de casos múltiplos, é análoga à capacidade de conduzir seis a dez experimentos sobre tópicos relacionados; alguns casos (2 ou 3) seriam replicações literais, enquanto outros casos (4 a 6) poderiam destinar-se a perseguir dois diferentes padrões de replicações teóricas. Se todos os casos acabarem como o previsto, esses seis a dez casos, na totalidade, proporcionariam apoio vigoroso ao conjunto inicial de proposições. Se os casos forem, de alguma forma, contraditórios, as proposições iniciais devem ser revisadas e testadas, novamente, com outro conjunto de casos. Novamente, esta lógica é similar à maneira com que os pesquisadores lidam com as descobertas experimentais conflitantes.

A lógica subjacente a esses procedimentos de replicação também deve refletir algum interesse teórico, não apenas uma predição de que dois casos devem simplesmente ser semelhantes ou diferentes. Por exemplo, a proposição inicial de que o aumento no uso de um novo sistema computacional em ambientes de pequenos negócios ocorrerá quando o sistema for usado para aplicações administrativas (por exemplo, contabilidade e pessoal) e de negócios (por exemplo, vendas e produção), mas não em uma delas isoladamente. Para perseguir essa proposição, em um projeto de estudo de casos múltiplos, três ou quatro pequenos negócios (ou casos) podem ser selecionados, nos quais estão presentes os dois tipos de aplicação, para determinar se, de fato, o uso do sistema realmente aumentou durante um determinado período (a investigação estaria prevendo uma replicação literal nesses três ou quatro casos). Três ou quatro casos adicionais poderiam ser selecionados, nos quais apenas as aplicações administrativas estivessem presentes, com a previsão de pouco aumento no uso (prevendo uma replicação teórica). Por fim, três ou quatro outros casos seriam selecionados, nos quais apenas as aplicações de negócios estivessem presentes, com a mesma previsão de pouco aumento no uso, mas por diferentes razões daquelas dos casos apenas administrativos (outra replicação teórica). Se todo esse padrão de resultados for realmente encontrado nestes casos múltiplos, os casos nove a doze, ao todo, proporcionarão apoio substancial à proposição inicial.

Outro exemplo de um projeto de replicação de casos múltiplos é proveniente do campo dos estudos urbanos (ver Quadro 2.8). Você também pode encontrar exemplos de três estudos de caso completos, todos seguindo o projeto de replicação, porém cobrindo a administração universitária, a transformação das empresas de negócios, e a prevenção do HIV/AIDS no texto complementar (Yin, 2003, Caps. 11, 12 e 15).

QUADRO 2.7
Projeto de replicação de casos múltiplos

Um problema comum nos anos 1960 e 1970 era como transmitir bons conselhos aos governos municipais. O livro de Peter Szanton (1981), *Not Well Advised,* revisou as experiências de inúmeras tentativas de colaboração das universidades e dos grupos de pesquisa com as autoridades municipais.

(Continua)

> *(Continuação)*
> O livro é um excelente exemplo de um projeto de replicação de casos múltiplos. Szanton inicia com oito estudos de caso, mostrando como os diferentes grupos universitários falharam em ajudar os governos das cidades. Os oito casos são "replicações" suficientes para convencer o leitor de um fenômeno geral. Szanton fornece, então, mais cinco estudos de caso nos quais os grupos não universitários também falharam, concluindo que o fracasso não era necessariamente inerente, portanto, ao empreendimento acadêmico. Um terceiro grupo de casos mostra como os grupos universitários ajudaram, com sucesso, administradores, empresas de engenharia e outros setores, com exceção dos governos municipais. Um conjunto final de três casos mostra que os poucos grupos capazes de ajudar o governo municipal preocupavam-se com a implementação, não apenas com a produção de novas ideias, levando à conclusão importante que os governos municipais têm necessidades peculiares em receber o aconselhamento, mas também têm para colocá-lo na prática.
> Szanton ilustrou o princípio da replicação literal em cada um dos quatro grupos de estudos de caso. nos quatro grupos ele ilustrou a replicação teórica. Este poderoso projeto de estudo de caso pode e deve ser aplicado a muitos outros tópicos.

Essa lógica de replicação, aplicada aos experimentos ou aos estudos de caso, deve ser distinguida da lógica de amostragem comumente usada nos levantamentos. A lógica da amostragem exige uma enumeração operacional de todo o universo ou do conjunto de potenciais respondentes e, depois, um procedimento estatístico para a seleção de um subconjunto específico de respondentes a serem investigados. Presume-se que os dados resultantes da amostra realmente examinada representem todo o universo ou conjunto, com estatísticas inferenciais usadas para estabelecer os intervalos de confiança para os quais esta representação é considerada precisa. Todo o procedimento é comumente usado quando um pesquisador deseja determinar a prevalência ou a frequência de um determinado fenômeno.

Qualquer aplicação desta lógica de amostragem à pesquisa de estudo de caso estaria deslocada. Em primeiro lugar, os estudos de caso não são o melhor método para investigar a prevalência dos fenômenos. Em segundo, o estudo de caso teria que cobrir tanto o fenômeno de interesse quanto o seu contexto, propiciando um grande número de variáveis relevantes. Por outro lado, isso exigiria uma amostragem de casos inconcebivelmente grande – demasiadamente grande para permitir mais do que um exame superficial de qualquer caso.

Em terceiro lugar, se a lógica de amostragem tivesse que ser aplicada a todos os tipos de pesquisa, muitos tópicos importantes não poderiam ser investigados empiricamente, como o problema seguinte: sua investigação trata do papel da presidência dos Estados Unidos, e você está interessado em realizar um estudo de casos múltiplos de (alguns) presidentes para testar sua teoria sobre a liderança presidencial. Entretanto, a complexidade de seu tópico significa que a escolha de um pequeno número de casos não poderá representar, adequadamente, os 44 presidentes desde o início da república. Os críticos que usam a lógica da amostragem podem negar, por esse motivo, a aceitabilidade de seu estudo. Comparando-se, o estudo seria eminentemente viável caso fosse usada a lógica da replicação.

A abordagem da replicação aos estudos de casos múltiplos é ilustrada na Figura 2.5 (p.64). A figura indica que o passo inicial no projeto do estudo consiste no desenvolvimento da teoria e, então, mostra que a seleção do caso e a definição das medidas específicas são passos importantes no projeto e no processo de coleta de dados. Cada estudo de caso individual consiste em um estudo "completo", no qual a evidência convergente é procurada em relação aos fatos e às conclusões do caso; as conclusões de cada caso são, então, consideradas a informação que precisa ser replicada por outros casos individuais. Tanto os casos individuais quanto os resultados dos casos múltiplos podem e devem ser o foco do relatório resumido. Para cada caso individual, o relatório deve indicar como e por que uma determinada proposição foi demonstrada (ou não demonstrada). Em todos os casos, o relatório deve indicar a extensão da lógica da replicação e por que determinados resultados eram previstos para determinados casos, enquanto para outros, ao contrário, eram previstos resultados contrastantes.

Uma parte importante da Figura 2.5 é a curva de retorno da linha pontilhada. A curva representa a situação na qual ocorre uma importante descoberta durante a condução de um dos estudos de caso individual (por exemplo, um dos casos não se adequou, de fato, ao projeto original). Tal descoberta pode exigir que você reconsidere uma ou mais das proposições teóricas originais do estudo. Neste ponto, deve ocorrer um "novo projeto" antes de se dar prosseguimento. Esse novo projeto pode envolver a seleção de casos alternativos ou mudanças no protocolo do estudo de caso (ver Capítulo 3). Sem esse novo projeto, você se arrisca a ser acusado de distorcer ou ignorar a descoberta, apenas para acomodá-la ao projeto original. Essa condição leva imediatamente a outra acusação – ter sido seletivo ao relatar os dados para adequar suas ideias preconcebidas (isto é, as proposições teóricas originais).

Em geral, a Figura 2.5 descreve uma lógica diferente daquela do projeto de amostragem. A lógica, assim como sua comparação com o projeto de amostragem, pode ser difícil de acompanhar e merece discussões extensas com colegas antes do prosseguimento de qualquer estudo de casos múltiplos.

Ao ser usado um projeto de casos múltiplos, outra questão encontrada refere-se ao *número* de casos considerados necessários ou suficientes para seu estudo. No entanto, como a lógica de amostragem não deve ser usada, os critérios típicos relacionados ao uso de uma análise de poder para determinar o tamanho desejado da amostra (por exemplo, Lipsey, 1990) também são irrelevantes. Ao contrário, você deve pensar no número de replicações do caso – tanto literais quanto teóricas – que precisa ou gostaria de ter em seu estudo.

Seu julgamento será discricionário e não seguirá uma fórmula. Tais julgamentos discricionários ocorrem em pesquisas de estudo sem caso, como no estabelecimento de um critério para definir um "efeito significativo" na ciência experimental. Assim, designar a probabilidade de detecção de "$p < 0,05$" ou "$p < 0,01$" para

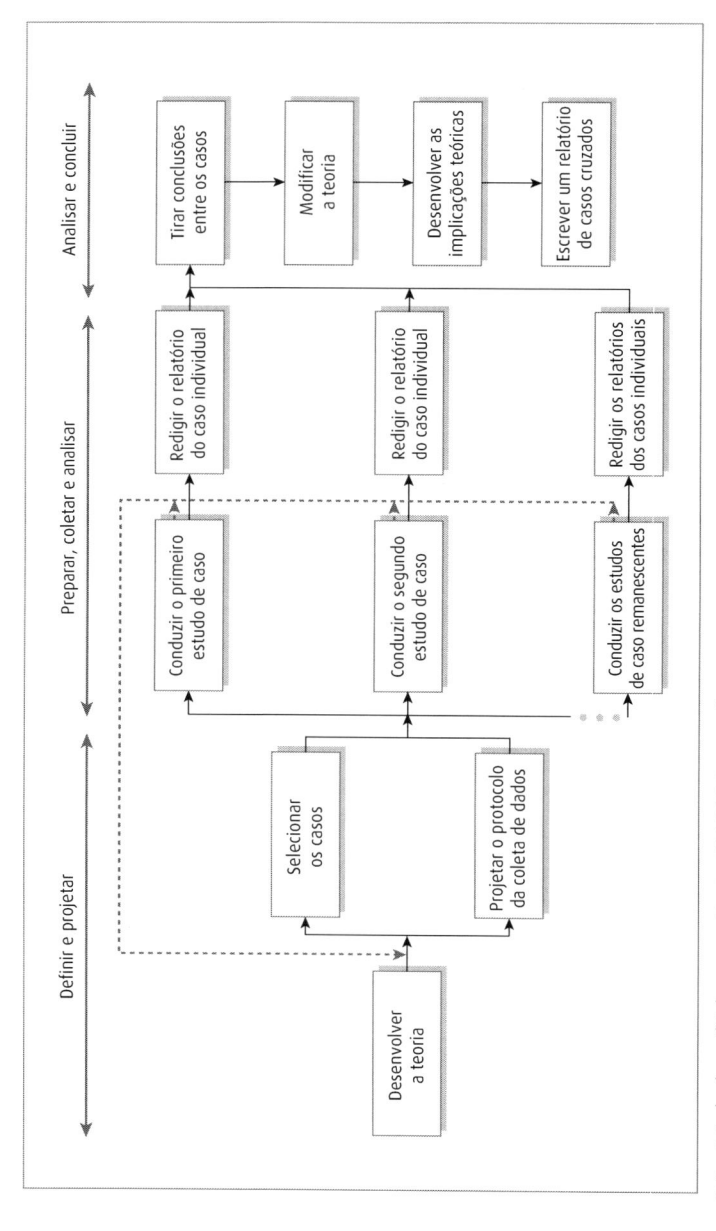

Figura 2.5 Estudo de múltiplos casos. Fonte: COSMOS Corporation.

definir o nível de confiança para aceitar ou rejeitar a hipótese nula, não é baseada em qualquer fórmula, mas é matéria de escolha de julgamento criteriosa. Observe que, quando a segurança de pacientes e o bem-estar estão em questão, como em uma pesquisa clínica, os pesquisadores normalmente irão definir um nível de significância "$p < 0,01$", mas podem escolher atingir um nível "$p < 0,0001$" ou ainda mais rigoroso. Analogamente, a designação do número de replicações depende da certeza que você deseja ter sobre os resultados dos casos múltiplos. Por exemplo, você talvez queira estabelecer duas ou três replicações literais quando sua teoria for simples e o assunto à mão não demandar um grau excessivo de certeza. No entanto, se sua teoria for sutil ou se você desejar um alto grau de certeza, pode exigir cinco, seis ou mais replicações.

Na decisão do número de replicações, uma consideração importante está relacionada com seu sentimento sobre a força e a importância das explicações rivais. Quanto mais fortes as rivais, mais casos adicionais você pode querer, cada um mostrando um resultado diferente quando alguma explicação rival tiver sido levada em conta. Por exemplo, sua hipótese original pode ser que os programas de leitura no verão melhoram as notas dos estudantes, e você já pode ter demonstrado este resultado por meio de vários casos que serviram como replicações literais. Uma explicação rival pode ser que os pais também acompanham mais seus filhos durante o verão, e que esta circunstância talvez seja responsável pelas notas melhores na leitura. Você encontraria, então, outro caso com a participação dos pais, mas sem o programa de leitura de verão, e nesta replicação teórica a previsão seria que as notas não melhorariam. Ter essas duas replicações teóricas forneceria um suporte ainda maior para suas descobertas.

Justificativa para os projetos de casos múltiplos. Resumindo, a justificativa para os projetos de casos múltiplos deriva, diretamente, de seu entendimento das replicações literais e teóricas. O projeto de casos múltiplos mais simples seria a seleção de dois ou mais casos considerados replicações literais, como um conjunto de casos com resultados exemplares em relação a algumas questões de avaliação, como "como e por que uma determinada intervenção foi implementada sem sobressaltos." A seleção de tais casos exige conhecimento anterior dos resultados, com a investigação de casos múltiplos concentrada em como e por que os resultados exemplares podem ter ocorrido e com a esperança de replicações literais (ou diretas) dessas condições de caso para caso.[5]

Projetos mais complicados de casos múltiplos resultariam, provavelmente, dos números e tipos de replicações teóricas que você talvez queira cobrir. Por exemplo, os pesquisadores usam um projeto de "duas extremidades" no qual os casos das duas extremidades (de alguma condição teórica importante, tal como resultados extremamente bons e resultados extremamente maus) foram deliberadamente escolhidos. As justificativas dos casos múltiplos também podem derivar da hipótese anterior de diferentes tipos de condições e do desejo de ter subgrupos de casos cobrindo cada tipo. Estes e outros projetos similares são mais complicados porque o estudo ainda deveria ter ao menos dois casos individuais em cada um dos subgrupos, para que as replicações teóricas entre os subgrupos sejam complementadas pelas replicações literais em cada subgrupo.

Estudos de casos múltiplos: Holísticos e integrados. O fato de o projeto exigir estudos de casos múltiplos não elimina a variação identificada anteriormente com os estudos de caso único: cada caso individual ainda pode ser holístico ou integrado. Em outras palavras, um estudo de casos múltiplos pode consistir em casos múltiplos holísticos (ver Figura 2.4, Tipo 3) ou de casos múltiplos integrados (ver Figura 2.4, Tipo 4).

A diferença entre essas duas variantes depende do tipo de fenômeno sendo estudado e das suas questões de pesquisa. Em um projeto integrado, o estudo pode exigir até mesmo a condução de um levantamento no local de cada estudo de caso. Por exemplo, suponha que um estudo seja sobre o impacto de um mesmo tipo de currículo adotado por escolas de enfermagem diferentes. Cada escola de enfermagem pode ser o tópico de um estudo de caso, com a estrutura teórica ditando que nove escolas sejam incluídas como estudos de caso, três para replicar um resultado direto (replicação literal) e seis outras para tratar das condições contrastantes (replicações teóricas).

Para as nove escolas, é usado um projeto integrado porque os levantamentos dos estudantes (ou, alternativamente, o exame dos registros nos arquivos dos estudantes) são necessários para abordar as questões de pesquisa sobre o desempenho das escolas. No entanto, os resultados de cada levantamento *não* serão agrupados entre as escolas. Ao contrário, os dados do levantamento serão parte dos achados para cada escola de enfermagem ou caso individual. Esses dados podem ser altamente quantitativos e até mesmo envolver testes estatísticos, concentrando-se nas atitudes e no comportamento dos estudantes individuais, e serão usados juntamente com a informações sobre a escola para interpretar o sucesso e as operações com o currículo na escola determinada. Se, em comparação, os dados do levantamento são agrupados entre as escolas, o projeto de replicação não está sendo mais usado. Na realidade, o estudo tornou-se agora um estudo de caso único e integrado, no qual as nove escolas e seus estudantes tornaram-se parte de uma unidade de análise principal maior que pode não ter sido especificada no início. Tal virada de eventos criaria uma grande necessidade de descartar o plano de múltiplos casos original. O novo projeto de estudo de caso único exigiria uma completa redefinição da unidade de análise principal e ocasionaria revisões extensas às teorias originais e às proposições de interesse.

Resumo. Esta seção tratou de situações nas quais a mesma investigação pode exigir estudos de casos múltiplos. Estes tipos de projetos estão se tornando mais prevalentes, mas são mais caros e consomem mais tempo em sua condução.

Qualquer uso dos projetos de casos múltiplos deve seguir uma replicação, não uma lógica de amostragem, e o pesquisador deve escolher cada caso cuidadosamente. Os casos devem servir de maneira similar aos experimentos múltiplos, com resultados similares (replicação literal) ou resultados contrastantes (replicação teórica) previstos explicitamente no início da investigação.

Os casos individuais em um projeto de estudo de casos múltiplos podem ser holísticos ou integrados. Quando um projeto integrado é usado, cada estudo de caso individual pode de fato incluir a coleta e a análise de dados quantitativos, incluindo o uso de levantamentos em cada estudo de caso.

> **Exercício 2.4** Definição de um projeto de pesquisa de estudo de caso
>
> Selecione um dos estudos de caso descritos nos Quadros deste livro, revisando todo o estudo de caso (não apenas o material no Quadro). Descreva o projeto de pesquisa deste estudo de caso. Como ele justificou a evidência relevante a ser procurada, dadas as questões de pesquisa básica a serem respondidas? Que métodos foram usados para tirar conclusões baseadas na evidência? O projeto é de caso único ou de casos múltiplos? Ele é holístico ou possui unidades integradas de análise?

CONSELHO MODESTO NA SELEÇÃO DOS PROJETOS DE ESTUDO DE CASO

Agora que você sabe como definir os projetos de estudo de caso e está preparado para realizar o trabalho de projetar, você pode querer considerar três conselhos.

Projetos de casos únicos ou múltiplos?

A primeira palavra de conselho é que, embora todos os projetos possam levar a estudos de caso bem-sucedidos, quando você tiver a opção (e os recursos) os projetos de casos múltiplos podem ser preferidos aos projetos de caso único. Se você puder fazer até mesmo um estudo de caso de "dois casos", suas chances de realizar um bom estudo de caso serão melhores do que com o uso do projeto de caso único. Os projetos de caso único são vulneráveis no mínimo porque você terá apostado "todas as suas fichas em um só número". Mais importante, os benefícios analíticos de ter dois (ou mais) casos podem ser substanciais.

Para começar, mesmo com dois casos, você tem a possibilidade de replicação direta. As conclusões analíticas, surgindo independentemente dos dois casos, assim como em dois experimentos, serão mais poderosas do que as provenientes de um único caso (ou único experimento) isolado. Alternativamente, você pode ter selecionado de modo deliberado seus dois casos porque ofereciam situações contrastantes, sem estar procurando uma replicação direta. Neste projeto, se os achados subsequentes apoiam a comparação hipotética, os resultados representam um forte início dirigido à replicação teórica – outra vez fortalecendo seus achados em comparação com os de um único caso isolado (por exemplo, Eilbert & Lafronza, 2005; Hanna, 2005; ver também Quadro 2.8).

> **QUADRO 2.8**
> **Dois estudos de caso de "dois casos"**
>
> **2.8A. Contrastando casos para a construção da comunidade**
>
> Chaskin (2001) usou dois estudos de caso para ilustrar o contraste de estratégias para a capacitação no nível do bairro. A estrutura conceitual geral do autor, que foi o principal tópico da investigação, alegava que podia haver duas abordagens à capacitação comunitária – o uso de uma organização colaboradora para
>
> a) reforçar as redes existentes de organizações comunitárias;
> b) iniciar uma nova organização na vizinhança.
>
> Após divulgar minuciosamente a estrutura sobre as bases teóricas, o autor apresenta os dois estudos de caso, mostrando a viabilidade de cada abordagem.
>
> **2.8B. Contrastando estratégias para a responsabilidade educacional**
>
> Em uma maneira diretamente complementar, Elmore, Abelmann e Fuhrman (1997) escolheram dois estudos de caso para ilustrar o contraste de estratégias para o projeto e a implementação da responsabilidade educacional (isto é, tornar as escolas responsáveis pelo desempenho acadêmico de seus estudantes). Um caso representou uma versão básica, de baixo custo, de um sistema de responsabilidade. A outra representou uma versão mais complexa, de custo mais alto.

Em geral, as críticas sobre os estudos de caso único refletem os medos sobre a peculiaridade ou as condições artesanais em torno do caso (por exemplo, o acesso especial a um informante-chave). Como consequência, as críticas podem se transformar em ceticismo sobre sua capacidade de realizar o trabalho empírico além do realizado no estudo de caso único. Possuir dois casos pode começar a reduzir as críticas e o ceticismo. Ter mais de dois casos produzirá um efeito ainda mais forte. Em face desses benefícios, a sua meta deve ser ter ao menos dois casos. Se usar um projeto de um único caso, deve estar preparado para ter um argumento extremamente forte que justifique a sua escolha para o caso.

> **Exercício 2.5** Estabelecimento da justificativa para um estudo de casos múltiplos
>
> Desenvolva algumas ideias preliminares sobre um "caso" para seu estudo de caso. Alternativamente, enfoque um dos estudos de caso único apresentados nos Quadros neste livro. Em qualquer das situações, pense agora em um "caso" associado que possa suplementar o caso único. De que maneira os achados do caso associado poderiam suplementar os do primeiro caso? Os dados do segundo caso poderiam preencher a lacuna deixada pelo primeiro caso ou responder melhor a alguns defeitos óbvios ou críticas do primeiro caso? Os dois casos juntos compreenderiam um estudo de caso mais forte? Poderia um terceiro caso tornar os achados ainda mais vigorosos?

Projetos fechados ou adaptáveis?

Outra palavra de conselho é que, apesar dos detalhes deste capítulo sobre as escolhas, você não deve pensar que o projeto de estudo de caso não pode ser modificado por novas informações ou descobertas durante a coleta de dados. Tais revelações podem ser enormemente importantes, levando-o a alterar ou modificar seu projeto de pesquisa original.

Como exemplos, em um estudo de caso único, o que foi considerado um caso crítico ou peculiar pode acabar não sendo, após a coleta inicial de dados ter iniciado; similar a um estudo de caso múltiplo, onde o que se pensava serem casos paralelos para a replicação literal acabou não sendo. Com essas revelações, você tem todo o direito de concluir que seu projeto inicial necessita ser modificado. No entanto, você deve realizar qualquer alteração tomando um grande cuidado. O cuidado é entender precisamente a natureza da alteração: você está simplesmente selecionando casos diferentes, ou está mudando também suas preocupações e objetivos teóricos originais? O ponto é que a adaptabilidade necessária não deve diminuir o rigor com que os procedimentos do estudo de caso são observados.

Projetos de métodos mistos: Misturando estudos de caso com outros métodos?

Os pesquisadores têm dado crescente atenção à *pesquisa dos métodos mistos* – uma "classe de pesquisa onde o pesquisador mistura ou combina técnicas, métodos, abordagens, conceitos ou linguagem de pesquisa quantitativos e qualitativos em um *único* estudo" (Johnson & Onwuegbuzie, 2004, p.17, grifo nosso). O confinamento a um único estudo força os métodos sendo misturados em um modo integrado. O modo difere da situação convencional na qual os métodos diferentes são usados em estudos *separados* que podem mais tarde ser sintetizados.

A pesquisa de métodos mistos força os métodos a compartilharem as mesmas questões de pesquisa, a coletarem dados complementares e a conduzirem análises de contrapartida (por exemplo, Yin, 2006b) – resumindo, a seguirem o projeto dos métodos mistos. Como tal, a pesquisa dos métodos mistos pode permitir que os pesquisadores abordem questões de pesquisa mais complicadas e coletem uma série mais rica e mais forte de evidência do que poderiam obter por qualquer método único isolado. Dependendo da natureza das questões de pesquisa e da capacidade de usar métodos diferentes, a pesquisa de métodos mistos abre uma classe de projetos de pesquisa que merece sua atenção.

A discussão anterior dos projetos de estudos de caso integrados aponta, na realidade, para o fato que determinados tipos de estudos de caso já representam uma forma de pesquisa de métodos mistos: os estudos de caso integrados podem contar com estratégias mais holísticas de coleta de dados para o estudo do caso principal e recorrer, então, aos levantamentos ou a outras técnicas quantitativas para coletar os dados sobre as unidades integradas de análise. Nesta situação, outros métodos de pesquisa estão integradas na pesquisa de estudo de caso.

A relação oposta também pode ocorrer. Seu estudo de caso pode ser parte de um estudo maior de métodos mistos. A principal investigação pode contar com um levantamento ou com outras técnicas quantitativas e seu estudo de caso pode ajudar a investigar as condições em uma das entidades sendo examinadas. As relações contrastantes (levantamento no caso ou caso no levantamento) são ilustradas na Figura 2.6 (ver também o Apêndice B para mais discussão sobre os métodos mistos em relação a estudos de avaliação).

Estudo de caso em um levantamento	Levantamento em um estudo de caso
Levantamento em múltiplas clínicas	Estudo de caso de uma única clínica
↓	↓
Estudo de caso de uma ou mais clínicas que passaram pelo levantamento	Levantamento dos clientes de uma única clínica

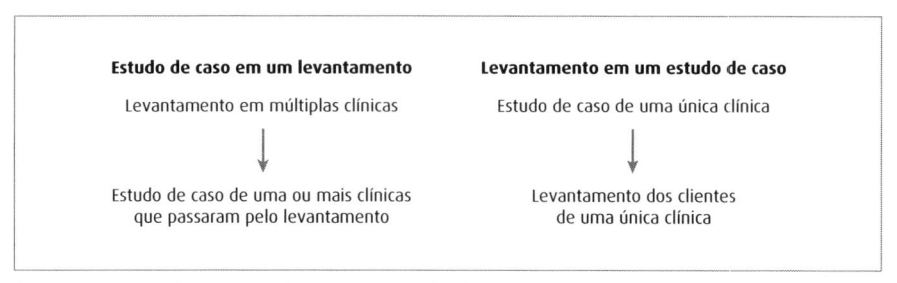

Figura 2.6 Métodos mistos: dois arranjos aninhados.

Ao mesmo tempo, a pesquisa de métodos mistos não precisa incluir, absolutamente, o uso da pesquisa de estudo de caso. Por exemplo, um estudo clínico poderia ser combinado com um trabalho histórico que envolva a análise quantitativa dos registros de arquivo, como jornais e outros materiais. Indo ainda mais adiante, a pesquisa de métodos mistos não precisa ser limitada às combinações de métodos quantitativos e qualitativos. Por exemplo, um estudo poderia empregar uma mescla de dois métodos quantitativos: um levantamento para descrever determinadas condições, complementado por um experimento que tentasse manipular algumas dessas condições (por exemplo, Berends & Garet, 2002).

Por definição, os estudos usando métodos mistos de pesquisa são mais difíceis de executar do que os estudos limitados aos métodos únicos. No entanto, a pesquisa de métodos mistos pode possibilitar a abordagem de questões de pesquisa mais amplas ou complicadas do que os estudos de caso isolados. Em consequência, a mistura da pesquisa de estudo de caso com outros métodos deve estar entre as possibilidades que merecem sua consideração.

NOTAS

1. A Figura 2.2 foca apenas o processo de projeto da pesquisa formal, não as atividades de coleta de dados. Para os três tipos de pesquisa (levantamento, estudo de caso e experimento), as técnicas de coleta de dados podem ser descritas como o nível abaixo do Nível Um na figura. Por exemplo, para os estudos de caso, isto pode incluir o uso de múltiplas fontes de evidência, como descritas no Capítulo 4. As técnicas similares de coleta de dados podem ser descritas para os levantamentos ou experimentos – por exemplo, o

projeto de questionários, para os levantamentos, ou as estratégias para a apresentação de estímulos, para os experimentos.
2. A necessidade de os experimentos considerarem generalizações estatísticas tem sido muito debatida na psicologia. De acordo com o argumento estatístico, os sujeitos humanos em um experimento deveriam ser entendidos como uma amostra da população, com os resultados experimentais, portanto, limitados ao universo da mesma população. O debate começou em função do uso excessivo de estudantes universitários do segundo ano em pesquisas comportamentais (por exemplo, Cooper, McCord & Socha, 2011; Gordon, Slade & Schmitt, 1986; McNemar, 1946; Peterson, 2001; Sears, 1986) e, desde então, estendeu-se à consciência de que os sujeitos na maioria das pesquisas comportamentais têm sido homens brancos de países industrializados (Henrich, Heine & Norenzayan, 2010), apesar de se ter a pretensão de aplicar as descobertas experimentais como "a norma para todos os seres humanos" (Prescott, 2002, p. 38).
3. Um dos revisores anônimos da terceira edição deste livro salientou que a validade do constructo também se refere aos entrevistados entenderem ou não o que está sendo perguntado a eles.
4. Para outras diretrizes sugeridas para os revisores das propostas de estudos de caso ou de manuscritos, ver Yin (1999).
5. Somente os estudos quantitativos que selecionam casos com resultados conhecidos seguem o mesmo projeto e têm sido chamados, alternativamente, de estudos de "caso de controle", "retrospectivos" ou "referentes ao caso" (ver Rosenbaum, 2002, p.7).

Tutorial 2.1: Mais sobre a definição de "generalização analítica"

Uma generalização analítica consiste em uma cuidadosa declaração, teoria ou proposição teórica. A generalização pode tomar a forma de uma lição aprendida, uma hipótese de trabalho ou outro princípio que se acredite aplicável a outras situações (não apenas outros "casos similares"). Assim, a generalização analítica preferencial é colocada em um nível conceitual superior ao do caso específico (aparentemente, esse nível mais alto era necessário par justificar a importância do estudo do caso escolhido em primeiro lugar).

Apesar de não utilizarem a mesma terminologia, outros trabalhos de destaque dedicaram atenção à generalização analítica, também distinguindo-a da generalização estatística: (1) a discussão de Mitchell (1983) sobre *inferência lógica* e *inferência estatística*; (2) a discussão de Bromley (1986) *sobre inferência de caso* em comparação com a *inferência estatística* (p. 290-291); e o *esquema* de Donmoyer (1990). Um quarto trabalho, de Burawoy (1991), aborda o *método do caso ampliado* – sua forma de descrever como uma generalização "amplia" um caso pequeno a uma significância mais ampla (p. 271-280).

A posição mais difícil e contrária – de que o caso estudado deve ser construído como um exemplo ou uma amostra de um grupo maior de casos – indesejavelmente retorna à generalização estatística (a relação entre uma amostra e sua população – por exemplo, Gomm, Hammersley & Foster, 2000, p. 99-103). Essa posição reside no fato de que um "caso" parece um exemplo de outros "casos similares". Contudo, tal afirmação é imprópria quando se pensa sobre a generalização analítica, na qual as descobertas de um estudo de caso podem ter implicações que vão muito além do mesmo tipo de caso e se estendem a um grande número de outras situações (ver Quadro 2.3, p. 46, no texto principal, para três exemplos). Além disso, a menos que um estudo de caso tenha incluído um grande número de casos – dezenas ou vintenas, senão centenas, de casos ver Tutorial 5-3) –, o estudo enfrentará uma difícil batalha trazendo a amostra para a analogia com a população e sua necessidade concomitante de empregar análises estatísticas para avaliar a força de qualquer relação.

Small (2009) fornece dois excelentes exemplos e uma inspiradora discussão sobre a generalização analítica, citando também os mesmos trabalhos-chave há pouco referidos. Para ele, a lógica preferencial representa "uma perspectiva diferente e linguagem de investigação" (p. 18). Ele observa a importância de começar com uma proposição substancial (por exemplo, uma relação causal) em vez de uma numérica (por exemplo, a representatividade de um caso) para realizar trabalhos de generalização analítica.

Referências do Tutorial 2.1

Bromley, D. B. (1986). *The case-study method in psychology and related disciplines*. Chichester, England: Wiley. Provides comprehensive guidance on case study research in psychology.

Burawoy, M. (1991). The extended case method. In M. Burawoy, A. Burton, A. A. Ferguson, K. J. Fox, J. Gamson, N. Gartrell, et al. (Eds.), *Ethnography unbound: Power and resistance in the modern metropolis* (pp. 271-287). Berkeley: University of California Press. Presents the extended case method for analyzing participant-observation data.

Donmoyer, R. (1990). Generalizability and the single-case study. In E. W. Eisner & A. Peshkin (Eds.), *Qualitative inquiry in education: The continuing debate* (pp. 175-200). New York: Teachers College Press. Offers a way of generalizing from single studies, not based on sampling and statistical significance.

Gomm, R., Hammersley, M., & Foster, P. (2000). Case study and generalization. In R. Gomm, M. Hammersley, & P. Foster (Eds.), *Case study method* (pp. 98-115). London: Sage. Highlights use of the case study method for generalizing, rather than merely studying a case for its own sake.

Mitchell, J. C. (1983). Case and situation analysis. *Sociological Review*, 31, 187-211. Emphasizes case study research as a method for preserving the unitary character of the social object being studied and discusses the challenge of generalizing from the case(s).

Small, M. L. (2009). "How many cases do I need?" On science and the logic of case selection in field-based research. *Ethnography, 10,* 5-38. Poses a thoughtful article on key issues in designing field-based research, including the challenge of generalizing from field situations.

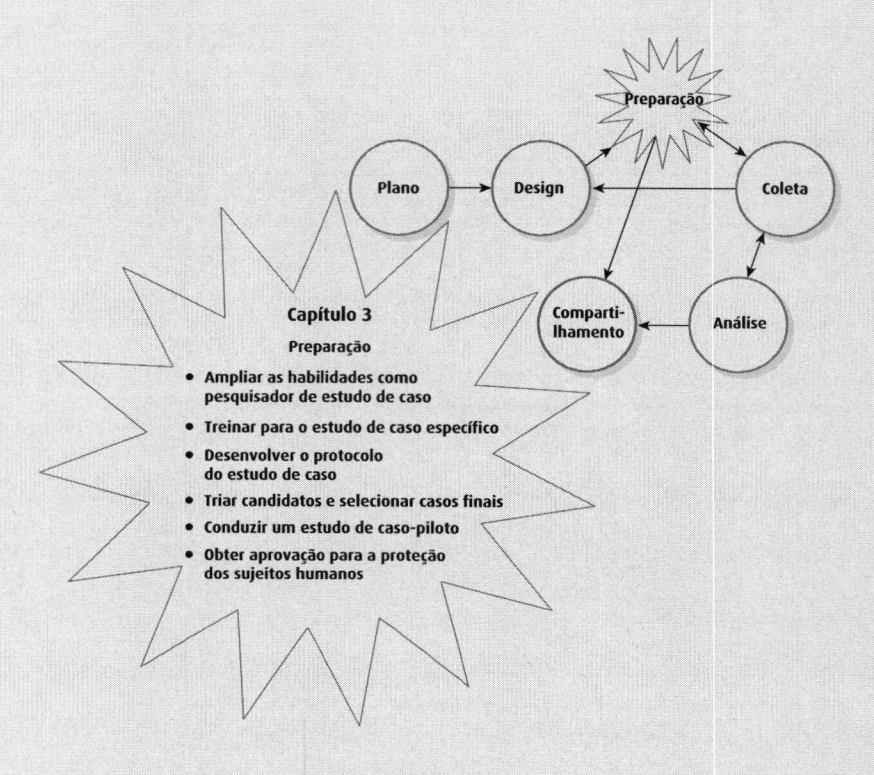

Capítulo 3
Preparação

- Ampliar as habilidades como pesquisador de estudo de caso
- Treinar para o estudo de caso específico
- Desenvolver o protocolo do estudo de caso
- Triar candidatos e selecionar casos finais
- Conduzir um estudo de caso-piloto
- Obter aprovação para a proteção dos sujeitos humanos

VISÃO GERAL

A preparação para a realização de um estudo de caso começa com as habilidades anteriores e os valores do pesquisador e cobre os preparativos e o treinamento para o estudo de caso específico (incluindo os procedimentos para a proteção das pessoas).

Com relação às habilidades, muitas pessoas acreditam, incorretamente, que estão suficientemente habilitadas para realizar pesquisas de estudo de caso porque consideram o método fácil de usar. Na realidade, a pesquisa de estudo de caso está entre os tipos mais difíceis de pesquisa, devido à ausência de procedimentos bem documentados. Os pesquisadores de estudo de caso devem se sentir à vontade, portanto, na abordagem das incertezas dos procedimentos que podem surgir durante o curso do estudo. Outros traços desejáveis incluem a capacidade de formular boas questões, "ouvir", ser adaptável, ter um domínio firme dos assuntos sendo estudados, saber como evitar a parcialidade e trazer altos padrões de ética para a pesquisa.

O pesquisador pode se preparar para realizar um estudo de caso de alta qualidade por meio de treinamento intensivo. A parte mais importante do treinamento cobrirá o desenvolvimento do protocolo do estudo de caso para guiar a coleta de dados. O protocolo é especialmente importante se os estudos de caso usarem um projeto de casos múltiplos ou envolverem múltiplos investigadores, ou ambos. Dois passos preparatórios finais incluem a triagem dos candidatos que farão parte do estudo de caso e a condução de um estudo de caso-piloto.

3

Preparação para a coleta da evidência do estudo de caso

O que é necessário antes de dar início à coleta dos dados do estudo de caso

Apesar de um estudo de caso iniciar com as questões de pesquisa a serem abordadas e o desenvolvimento do projeto do estudo de caso, a maioria das pessoas associa a "realização" do estudo de caso com a coleta de dados, e este capítulo e o próximo focam a atividade de coleta de dados. Este capítulo trata da preparação necessária à coleta de dados. O próximo, cobre as verdadeiras técnicas de coleta de dados.

A preparação para a coleta de dados pode ser complexa. Se não for bem realizada, toda a investigação do estudo de caso pode ser prejudicada e todo o trabalho prévio – na definição das questões de pesquisa e no projeto do estudo de caso – terá sido em vão. Além disso, ganhar aprovação para seu estudo de caso mostrando como os sujeitos humanos serão protegidos pode se mostrar outro desafio.

A boa preparação começa com (1) as *habilidades e os valores desejados* por parte do investigador do estudo de caso. Esses raramente foram tópico de atenção explícita no passado. Entretanto, algumas são cruciais e podem ser aprendidas ou praticadas. Quatro tópicos adicionais também devem ser parte formal de qualquer preparação de estudo de caso: (2) o *treinamento* para o estudo de caso específico, (3) o desenvolvimento de um *protocolo* para o estudo, (4) a *triagem* dos candidatos ao caso e (5) a condução do *estudo de caso-piloto*. O protocolo é um meio especialmente eficaz de tratar o problema geral do aumento de confiabilidade dos estudos de caso. O sucesso nos cinco tópicos é necessário, no entanto, para garantir que a coleta dos dados do estudo de caso prosseguirá sem sobressaltos. O capítulo seguinte, portanto, cobre cada tópico.

O PESQUISADOR DO ESTUDO DE CASO: HABILIDADES E VALORES DESEJADOS

Muitas pessoas são atraídas para a pesquisa de estudo de caso por acreditar que ela seja "fácil". Muitos cientistas sociais – especialmente os iniciantes – pensam que a estratégia de estudo de caso pode ser dominada sem muita dificuldade. Eles acreditam que terão apenas que aprender um conjunto mínimo de procedimentos técnicos; que nenhum de seus próprios defeitos na habilidade analítica formal será importante; e que o estudo de caso permitirá que eles simplesmente "digam como ele é". Nenhuma crença poderia estar mais longe da verdade.

Na realidade, as demandas de um estudo de caso sobre o seu intelecto, seu ego e suas emoções são muito maiores do que as de qualquer outro método de pesquisa. Isso ocorre porque os procedimentos de coleta de dados *não* são rotineiros. Nos experimentos de laboratório ou nos levantamentos, por exemplo, a fase de coleta de dados do projeto de pesquisa pode ser conduzida em grande parte, se não totalmente, por um assistente (ou mais) de pesquisa. O(s) assistente(s) realizará(ão) as atividades de coleta de dados com um comportamento arbitrário mínimo, e neste sentido, a atividade torna-se rotineira – e analiticamente aborrecida.

A condução de estudos de caso não oferece esse paralelo. Ao contrário, é necessário um pesquisador bem treinado e experiente para a condução de um estudo de caso de alta qualidade, devido à interação contínua entre os assuntos teóricos sendo estudados e os dados sendo coletados. Mediar essa interação exige um julgamento delicado. Ele pode não só envolver aspectos técnicos da coleta de dados, mas também dilemas éticos, como lidar com o compartilhamento de informações particulares ou com outros possíveis conflitos de campo. Apenas um pesquisador alerta será capaz de tirar vantagem das oportunidades inesperadas em vez de ser atrapalhado por elas – enquanto ainda tomará cuidado suficiente para evitar os procedimentos potencialmente parciais.

Infelizmente, não existem testes para distinguir as pessoas que provavelmente se tornarão bons pesquisadores de estudos de caso daquelas que não se tornarão. Compare esta situação com a

> **Sugestão:** *Quando estou pronto para começar a coleta dos dados do estudo de caso?*
>
> Você acaba de completar o projeto do seu estudo de caso, seguindo a sugestão do Capítulo 2, e está ansioso para dar início à coleta dos dados, porque tem pouco tempo e as oportunidades para a coleta dos dados disponíveis estão presentes. Sua prontidão, entretanto, não deve ser definida por condições ou restrições externas de tempo. Ao contrário, sua "prontidão" depende de seus próprios níveis de habilidade para realizar estudos de caso, assim como do término dos procedimentos formais e preparatórios anteriores à verdadeira coleta dos dados, como selecionar de forma apropriada o caso a ser estudado.
>
> **Você praticou essas habilidades e acredita que a pesquisa de estudo de caso precisa seguir algumas formalidades para preparar a coleta de dados?**

da matemática ou mesmo com a de uma profissão como o direito. Na matemática, as pessoas são capazes de atribuir escores por suas capacidades e se excluírem de avanços posteriores porque não podem, simplesmente, realizar problemas matemáticos de níveis superiores. Para exercer o direito, uma pessoa deve ser aprovada no exame da Ordem de um determinado estado. Da mesma maneira, muitas pessoas excluem-se do campo por serem reprovadas no teste.

Não existem controles de entrada para avaliar as habilidades e os valores necessários para fazer bons estudos de caso. Mas uma boa lista poderia incluir a capacidade de:

- *Formular boas questões* – e interpretar as respostas de forma razoável.
- *Ser um bom "ouvinte"* e não ficar preso às suas próprias ideologias ou aos seus preconceitos.
- *Permanecer adaptável* para que situações novas possam ser vistas como oportunidades, não como ameaças.
- *Ter noção clara dos assuntos em estudo*, mesmo quando no modo exploratório.
- *Ser imparcial*, sendo sensível a evidências contrárias e também sabendo como conduzir a pesquisa de forma *ética*.

A ausência de qualquer um desses atributos é remediável, pois qualquer pessoa sem um ou mais deles pode trabalhar para desenvolvê-las. Todos devem ser honestos, contudo, ao investigar suas capacidades. Você pode, dessa forma, verificar se se enquadra nos seguintes perfis.

Formular boas questões

Mais do que com os outros métodos de pesquisa discutidos no Capítulo 1, a pesquisa de estudo de caso exige uma mente questionadora *durante* a coleta de dados, não apenas antes ou depois da atividade. A capacidade de formular e propor uma boa questão é, portanto, um pré-requisito para os pesquisadores dos estudos de caso. O resultado desejado é que o pesquisador crie um diálogo rico com a evidência, uma atividade que engloba

> avaliar as possibilidades obtidas da profunda familiaridade com algum aspecto do mundo, sistematizar essas ideias em relação aos tipos de informação que podem ser reunidas, verificar as ideias à luz dessa informação, tratar as discrepâncias inevitáveis entre o que era esperado e o que foi encontrado repensando as possibilidades de obter mais dados e assim por diante. (Becker, 1998, p.66)

A coleta de dados no estudo de caso obedece a um protocolo formal, mas a informação específica, que pode se tornar relevante ao estudo de caso, não é facilmente previsível. À medida que você coleta evidência do estudo de caso, deve revisar rapidamente essa evidência e se perguntar, continuamente, por que os eventos ou as percepções aparecem como o fazem. Seus julgamentos podem levar à necessidade imediata de busca de evidências adicionais.

Se você for capaz de formular boas questões ao longo do processo de coleta de dados, estará previsivelmente exausto, mental e emocionalmente, no final de cada dia de trabalho de campo. Essa exaustão da energia analítica é muito diferente da experiência da coleta de dados experimentais ou de levantamento – ou seja, testar "sujeitos" ou administrar questionários. Nessas situações, a coleta de dados é altamente rotineira e aquele que coleta os dados deve completar um determinado volume de trabalho, mas exercendo um comportamento minimamente arbitrário. Além disso, qualquer revisão substantiva da evidência não ocorre até algum tempo depois. O resultado é que esse coletor de dados poderá ficar exausto, fisicamente, mas não terá sido mentalmente testado após um dia de coleta de dados.

Um *insight* para a formulação de boas questões é entender que a pesquisa é sobre questões, não necessariamente sobre respostas. Se você for o tipo de pessoa para quem uma resposta tentadora leva, imediatamente, a um conjunto de novas questões, e se essas questões eventualmente agregam a alguma investigação significativa sobre como ou por que o mundo funciona assim, você é provavelmente um bom formulador de questões.

Ser um bom "ouvinte"

Para os estudos de caso, "ouvir" significa receber informações por meio de múltiplas modalidades – por exemplo, fazer observações intensas ou sentir o que pode estar acontecendo – não apenas usar a modalidade auditiva. Ser um bom ouvinte significa ser capaz de assimilar grandes quantidades de novas informações imparcialmente. À medida que um entrevistado relata um incidente, o bom ouvinte ouve as palavras exatas usadas por ele (algumas vezes, a terminologia representa uma perspectiva importante), capta os componentes de humor e afetivos e entende o contexto a partir do qual o entrevistado percebe o mundo, inferindo o significado pretendido pelo entrevistado (não pelo pesquisador).

A habilidade de ouvir também precisa ser aplicada à inspeção da evidência documental, assim como à observação das situações da vida real. Na revisão dos documentos, ouvir toma a forma de se preocupar se o originador do documento pretendeu qualquer mensagem importante *entre* as linhas; qualquer inferência precisaria, naturalmente, ser corroborada com outras fontes de informação, mas *insights* importantes podem ser obtidos dessa maneira. Os maus "ouvintes" talvez nem mesmo percebam que pode haver informação nas entrelinhas. Outras deficiências de audição incluem possuir a mente fechada, ser seletivo no que se apreende ou simplesmente ter uma má memória.

Manter a adaptabilidade

Poucos casos terminarão exatamente como o planejado. Inevitavelmente, você terá que fazer mudanças menores, se não importantes, variando da necessidade de perseguir uma indicação inesperada (potencialmente menor) à necessidade de identificar um novo "caso" para estudo (potencialmente maior). O pesquisador habilitado deve lembrar a finalidade original do estudo de caso, mas depois estar disposto a adaptar os procedimentos ou os planos, se ocorrerem eventos não antecipados (ver Quadro 3.1).

**QUADRO 3.1
Adaptabilidade no projeto do estudo de caso**

O estudo do comportamento em grandes agências governamentais (*The Dynamics of Bureaucracy*, 1955), de Peter Blau, ainda é valorizado por seus *insights* ao relacionamento entre a organização formal e informal dos grupos de trabalho, mesmo transcorridos mais de 50 anos.

Embora seu estudo focasse duas agências governamentais, este não foi o projeto inicial de Blau. Como o autor observa, ele pretendia estudar primeiramente uma única organização, passando mais tarde para um plano de comparação de duas organizações – uma pública e uma privada (Blau, 1855, p. 272-273). Entretanto, suas tentativas iniciais para obter acesso a uma empresa privada não tiveram sucesso, e nesse meio tempo, ele tinha desenvolvido uma justificativa mais forte para comparar dois tipos diferentes de agências governamentais.

Essas modificações nos planos iniciais são exemplos dos tipos de mudanças que podem ocorrer no projeto de um estudo de caso. a experiência de Blau mostra como um pesquisador habilitado pode tirar vantagem das mudanças nas oportunidades, assim como das modificações nas preocupações teóricas, para produzir um estudo de caso clássico.

Quando uma mudança for feita, você deve manter uma perspectiva imparcial e reconhecer as situações em que, na realidade, pode ter começado a perseguir, inadvertidamente, um estudo totalmente novo. Quando isso ocorre, muitos passos completados – inclusive o projeto inicial do estudo de caso – devem ser repetidos e redocumentados. Uma das piores queixas sobre a condução de uma pesquisa de estudo de caso é que os pesquisadores mudam de direção sem saber que seu projeto original de pesquisa era inadequado para o estudo de caso eventual, deixando falhas e parcialidades desconhecidas. Assim, a necessidade de você equilibrar a adaptabilidade com o *rigor* – mas não com a rigidez – nunca é excessivamente enfatizada.

A adaptabilidade desejada também não deve resultar em qualquer tendência de aprofundamento da sua parte. Por exemplo, se um entrevistado quer levar mais tempo para responder às suas questões, ser adaptativo não significa que você pode estender o tempo da entrevista muito além do que parecia ser o comprometimento original do entrevistado com a entrevista. Da mesma forma, se uma organização surpreendê-lo permitindo que você acesse e leia documentos-chave anteriormente restritos, você não deve pensar em fazer cópias, a menos que a organização sinalize concordar com isto.

Ter uma noção clara dos assuntos em estudo

A principal maneira de permanecer no alvo é recordar e entender, em primeiro lugar, a finalidade do estudo de caso. Cada pesquisador de estudo de caso deve entender os aspectos teóricos ou políticos da teoria, porque os julgamentos analíticos têm que ser feitos ao longo da fase de coleta de dados. Sem um domínio firme dos assuntos, você poderia perder indícios importantes e não saberia quando um desvio fosse aceitável ou mesmo desejável. O principal é que a coleta de dados do estudo de caso não é, simplesmente, uma questão de *registro* de dados de modo mecânico, como em alguns outros tipos de pesquisa. Você deve ser capaz de *interpretar* a informação à medida que está sendo coletada e saber imediatamente, por exemplo, se várias fontes de informação se contradizem, levando à necessidade de evidência adicional – como faria um bom detetive.

Na realidade, o papel de detetive oferece *insights* intensos ao campo de trabalho do estudo de caso. Observe que o detetive chega à cena *após* o crime ter ocorrido e é chamado, basicamente, para fazer *inferências* sobre o que realmente ocorreu. As inferências, por sua vez, devem ser baseadas em evidência convergente de testemunhas e em evidência física, assim como em algum elemento inespecífico de bom-senso. Finalmente, o detetive talvez tenha que fazer inferências sobre múltiplos crimes, para determinar se foram cometidos pelo mesmo criminoso. Esse último passo é similar à lógica da replicação subjacente aos estudos de casos múltiplos.

Evitar o viés e conduzir a pesquisa de forma ética

Todas as condições precedentes serão anuladas se o pesquisador procurar apenas usar um estudo de caso para substanciar uma posição preconcebida. Os pesquisadores dos estudos de caso são especialmente propensos a esse problema porque devem entender sobre os assuntos antecipadamente (ver Becker, 1958, 1967), e essa compreensão pode indesejavelmente balançá-los em direção à evidência de apoio e afastar da evidência contrária. Você também pode ter escolhido fazer um estudo de caso para possibilitar (equivocadamente) sua procura ou (ainda pior) sua defesa de uma orientação específica para as questões.[1]

Um teste deste possível viés é o grau em que você está aberto a evidências contrárias. Por exemplo, os pesquisadores que estudam as organizações "sem fins lucrativos" podem ficar surpresos ao descobrir que muitas dessas organizações têm motivos empresariais e capitalistas (mesmo que formalmente não obtenham lucros). Se essas descobertas forem baseadas em evidência vigorosa, as conclusões do estudo de caso teriam que refletir essas descobertas contrárias. Para testar sua própria tolerância às descobertas contrárias, relate seus achados preliminares – possivelmente ainda na fase de coleta de dados – a dois ou três colegas criteriosos. Eles devem oferecer explicações alternativas e sugestões para a coleta de dados. Se a luta por descobertas contrárias puder produzir refutações documentáveis, a probabilidade de parcialidade terá sido reduzida.

Evitar o viés é apenas uma parte de um conjunto mais amplo de valores que se encontram sob o título de "ética de pesquisa". Um bom pesquisador de estudo de caso, como qualquer outro cientista social, irá se esforçar em prol dos mais altos padrões de ética enquanto faz a pesquisa. Esses incluem ter responsabilidade quanto à produção científica, não plagiar ou falsificar informações, ser honesto, evitar enganos e aceitar a responsabilidade pelo próprio trabalho. Os padrões também incluem uma conduta profissional, mantendo-se informado sobre pesquisas relacionadas, garantindo a precisão a credibilidade e compreendendo e divulgando os qualificadores metodológicos necessários e as limitações do trabalho.

Você pode aprender mais sobre os padrões éticos específicos promovidos por diferentes disciplinas acadêmicas, consultando um destes muitos documentos: American Anthropological Association (1998); American Association of University Professors (2006); American Educational Research Association (2000); American Evaluation Association (2004); American Political Science Association Committee on Professional Ethics, Rights, and Freedom (2008); American Psychological Association (2010); and American Sociological Association (1999).

> **Exercício 3.1** Identificação das habilidades para a realização de pesquisa de estudo de caso
>
> Cite as várias habilidades importantes de um pesquisador do estudo de caso. Você conhece alguma pessoa que teve êxito realizando pesquisa de estudo de caso? Que pontos fortes e fracos elas têm como pesquisadores? Eles são similares àqueles citados há pouco?

> **Exercício 3.2** Análise de suas próprias habilidades para a realização dos estudos de caso
>
> Que habilidades diferenciadas você acredita ter para realizar um estudo de caso? Você fez estudos prévios exigindo a coleta e a análise de dados originais? Realizou algum trabalho de campo, em caso positivo, de que modo você é um bom "ouvinte" ou uma pessoa observadora? Se identificar alguma habilidade de estudo de caso que ainda precise fortalecer, como desempenharia a tarefa?

PREPARAÇÃO E TREINAMENTO PARA UM CASO DE ESTUDO ESPECÍFICO

Proteção dos sujeitos humanos

Considerações específicas sobre ética surgem em todas as pesquisas que envolvem "sujeitos" humanos – as pessoas que vão participar do seu estudo ou sobre as quais você pode coletar arquivos registrados anteriormente, como registros de funcionários e clientes ou as notas de um aluno. Como resultado, em algum momento entre o término de seu projeto e o início de sua coleta de dados, você precisará mostrar como planeja proteger as pessoas em seu estudo de caso. Você deverá obter aprovação formal para seu plano, e essa aprovação não deve ser vista, simplesmente, como um processo de supervisão nominal.

A necessidade de proteção dos sujeitos humanos vem do fato de que aproximadamente todos os estudos de caso, como os cobertos por este livro, são sobre assuntos pessoais. Dessa maneira, você e outros cientistas sociais diferem dos cientistas que estudam sistemas físicos, químicos ou outros não humanos, ou dos historiadores que podem estar estudando o "passado morto". O estudo de um "fenômeno contemporâneo em seu contexto de mundo real" obriga-o a importantes práticas éticas, semelhantes às seguidas pela pesquisa médica.

Como parte da proteção, você é responsável pela condução do seu estudo de caso com cuidado e sensibilidade especiais – indo além do projeto de pesquisa e de outras considerações técnicas cobertas ao longo deste livro. O cuidado geralmente envolve (National Research Council, 2003, p. 23-28):

- obter o *consentimento informado* de todas as pessoas que podem fazer parte de seu estudo de caso, alertando-as para a natureza do estudo e solicitando, formalmente, que sua participação seja voluntária;
- proteger os que participam de seu estudo de qualquer *dano,* inclusive evitando o uso de qualquer *dissimulação* em seu estudo;
- proteger a *privacidade e a confidencialidade* dos que participam para que, em consequência de sua participação, não fiquem inadvertidamente em posição indesejável, mesmo que isso signifique estar em uma lista para receber solicitações para participar em algum futuro estudo, conduzido por você ou por qualquer outra pessoa;
- tomar precauções especiais que possam ser necessárias para proteger *grupos especialmente vulneráveis* (por exemplo, pesquisa envolvendo crianças); e
- selecionar parceiros de forma *equitativa,* de modo que nenhum grupo de pessoas seja injustamente incluído ou excluído da pesquisa.

A aprovação formal do seu plano virá de um conselho de revisão institucional (CRI). O conselho tem a responsabilidade de revisar e aprovar todas as pesquisas de sujeitos humanos antes do seu prosseguimento. Como resultado, o passo mais indispensável antes de seguir com seu estudo de caso é procurar o CRI da sua instituição, seguir suas orientações e obter a aprovação.

A revisão do conselho abrangerá os objetivos e o projeto do seu estudo e como você planeja proteger os sujeitos humanos. Observe que suas interações com os sujeitos humanos específicos no seu estudo ocorrem por meio tanto do contato direto (como em entrevistas) como pelo uso potencial de documentos de arquivo (como registros de funcionários ou de uma escola). Comparado com a revisão de estudos, por outros métodos, o CRI pode dedicar atenção extra a um estudo de caso proposto devido à falta de familiaridade com a pesquisa de estudo de caso. Por exemplo, as entrevistas de estudos de caso podem ser mais desafiadoras porque as interações não são tão estruturadas como em entrevistas de levantamento e seus questionários com respostas limitadas. O conselho precisará saber informações sobre a forma como você planeja interagir com aqueles sendo estudados, os protocolos ou os instrumentos de coleta de dados que você planeja usar e como você vai garantir medidas de proteção como consentimento informado, prevenção de danos e privacidade e confidencialidade (ver o Tutorial 3-1 para mais detalhes sobre a preparação para interagir com um CRI).

Outras orientações seguem sua própria ética profissional e associações profissionais de pesquisa que contam com padrões para a realização de pesquisa com pessoas, não somente dos estudos de caso (por exemplo, Joint Committee on Standards for Educational Evaluation, 1981 – ver também os sete documentos de associações profissionais citados anteriormente, p. 87-88). Também é importante que seu ambiente institucional tenha suas próprias expectativas – faça você parte de uma universidade ou de uma organização de pesquisa independente – e você deve seguir sua orientação e procedimentos específicos.

Treinamento para fazer um estudo de caso

O treinamento também é um passo necessário na realização da pesquisa de estudo de caso. O cronograma do treinamento, relativo ao cronograma de aprovação dos sujeitos humanos, não será sempre linear. Você precisa ter alguns planos para a coleta de dados antes de buscar a aprovação, mas, como salientado abaixo, a finalização dos planos não pode ocorrer até depois de a aprovação ser concedida. As atividades de treinamento descritas abaixo podem, portanto, ter lugar durante um grande período de tempo, começando antes, mas terminando após o processo de aprovação.

Para a pesquisa de estudo de caso, o segredo para o entendimento do treinamento necessário é entender que todo pesquisador de estudo de caso deve ser capaz de operar como um pesquisador "sênior". Uma vez iniciada a coleta de dados, você deve pensar sobre si mesmo como um pesquisador independente, que não pode contar com uma fórmula rígida para orientar sua investigação. Você deve ser capaz de tomar decisões inteligentes ao longo do processo de coleta de dados.

Nesse sentido, o treinamento para um estudo de caso começa realmente com a definição das questões de pesquisa sendo abordadas e com o desenvolvimento do projeto do estudo de caso. Se esses passos foram conduzidos satisfatoriamente, como descrito nos Capítulos 1 e 2, apenas um esforço posterior mínimo pode ser necessário, especialmente se houver somente um único pesquisador do estudo de caso.

Entretanto, acontece que a investigação do estudo de caso, com frequência, precisa ser conduzida por uma *equipe de estudo de caso*,[2] por qualquer das três razões:

1. um caso único exige intensa coleta de dados no mesmo local, demandando uma "equipe" de pesquisadores (ver Quadro 3.2);
2. um estudo de caso envolve casos múltiplos, com pessoas diferentes sendo necessárias para cobrir cada local ou para revezar entre os locais (Stake, 2006, p.21); ou
3. uma combinação das duas primeiras condições.

> **QUADRO 3.2**
> **A logística da pesquisa de campo, aproximadamente 1924-1925**
>
> A organização dos horários e a obtenção de acesso às fontes relevantes de evidência são importantes para o *manejo* do estudo de caso. O pesquisador moderno pode pensar que estas atividades emergiram apenas com o crescimento da "grande" ciência social durante os anos de 1960 e 1970.
> Em um famoso estudo de campo feito décadas atrás, no entanto, muitas das mesmas técnicas de administração já eram praticadas. os dois principais pesquisadores e sua equipe abriram um escritório local na cidade que estavam estudando. Esse escritório foi usado pela equipe de outro projeto por longos períodos. A partir dessa vantagem, a equipe de pesquisa participou da vida local, examinou material documental, compilou estatísticas locais, conduziu entrevistas e distribuiu e coletou questionários. Este trabalho de campo extensivo resultou na publicação, cinco anos depois, do agora clássico estudo de uma pequena cidade americana, *Middletown* (1929), por Robert e Helen Lynd.

Sob essas circunstâncias, todos os membros da equipe devem ter contribuído para o desenvolvimento de um rascunho do protocolo do estudo de caso. Esse rascunho seria, então, a versão submetida para a aprovação do CRI, com a versão aprovada pelo CRI sendo subsequentemente considerada a versão final do protocolo.

Quando múltiplos pesquisadores ou membros da equipe participam no mesmo estudo de caso, todos precisam aprender a ser pesquisadores "sêniores". O treinamento toma a forma de colaboração de grupo, não de uma instrução didática. Deve ser permitido tempo suficiente para a leitura, a preparação para o treinamento e a manutenção do treinamento. (Ver na Figura 3.1 a agenda ilustrativa de uma sessão de treinamento.)

Normalmente, o treinamento cobrirá todas as fases da investigação planejada do estudo de caso, inclusive as leituras sobre a matéria, os aspectos teóricos que levaram ao projeto de estudo de caso e os métodos e as táticas de estudo de caso. Você pode revisar exemplos dos instrumentos usados em outros estudos de caso (ver Quadro 3.3), para adicioná-los como ilustrações à parte metodológica do treinamento.

> **QUADRO 3.3**
> **Revisão dos instrumentos e métodos usados em outros estudos de caso no século XXI**
>
> Os *sites* proporcionaram novas oportunidades de acesso aos instrumentos e métodos usados em outros estudos de casos. Por exemplo, nas versões *online* dos artigos, os periódicos acadêmicos reproduzem materiais suplementares que talvez não tenham aparecido nas versões impressas. Para um estudo de caso, os materiais suplementares incluem o protocolo formal do estudo de caso, o livro de codificação do estudo de caso, as tabelas de evidências vinculando as alegações às seções da base de dados do estudo de caso e uma lista de documentos na base de dados do estudo de caso (Randolph & Eronen, 2007)

> **Leitura preparatória:** Deve incluir a proposta original do estudo de caso, se houver; o texto metodológico orientado para o campo; os vários trabalhos sobre a substância do estudo de caso e a amostra de estudos de caso (relatórios ou publicações) de pesquisa de estudo de caso prévia
>
> **Sessão 1:** Discussão da finalidade do estudo de caso, principais questões de pesquisa e seleção do(s) caso(s)
>
> **Sessão 2:** Revisão do protocolo do estudo de caso
>   a) Discussão da literatura e estruturas teóricas relevantes
>   b) Desenvolvimento ou revisão do modelo lógicos hipotético, se relevante
>   c) Discussão aprofundada dos tópicos do protocolo (discutir a importância do tópico e possíveis tipos de evidência a serem coletados em relação a cada tópico)
>   d) Tópicos antecipados a serem cobertos no relatório eventual do estudo de caso (cria expectativas preliminares sobre as metas finais do estudo)
>
> **Sessão 3: Revisão metodológica**
>   a) Organização para contatar informantes de campo (por exemplo, carta de confirmação ou e-mail)
>   b) Procedimentos do trabalho de campo (discutir princípios metodológicos)
>   c) Uso de evidência (revisar tipos de evidência e necessidade de convergência)
>   d) Anotações e outras práticas de campo
>   e) Atividades de acompanhamento (nota de agradecimento)
>   f) Cronograma de estudos, incluindo as datas de entrega-chave

Figura 3.1 Agenda multissessão para o treinamento do estudo de caso.

A meta do treinamento é fazer com que todos os membros da equipe entendam os conceitos básicos, a terminologia e os aspectos metodológicos relevantes ao estudo. Cada membro da equipe deve saber:

- por que o estudo está sendo feito;
- que evidência está sendo procurada;
- quais variações processuais podem ser antecipadas (e o que deve ser feito se essas variações ocorrerem); e
- o que constituiria evidência de apoio ou contrária para qualquer proposição determinada.

As discussões, não as palestras, são a parte essencial do esforço de treinamento, para testar se foi atingido o nível desejado de entendimento.

A abordagem de encarar o treinamento de estudo de caso como um seminário pode ser comparada ao treinamento para outros tipos de coleta de dados – por exemplo, o treinamento em grupo para entrevistadores dos levantamentos. O treinamento de levantamento envolve discussões, mas enfatiza principalmente uma abordagem didática que cobre os itens de questionários ou a terminologia a ser usada. O treinamento do levantamento pode ou não cobrir as preocupações globais ou conceituais do estudo, pois os entrevistadores não precisam ter um entendimento mais amplo, além da mecânica do instrumento de levantamento. O treinamento de levantamento raramente envolve qualquer leitura externa sobre os assuntos substantivos, e geralmente o entrevistador não sabe como os dados devem ser analisados ou quais os aspectos a serem investigados. Essa abordagem pode alimentar os pontos fortes da realização de levantamentos, mas será insuficiente para o treinamento de estudo de caso.

Desenvolvimento e revisão do protocolo. A subseção seguinte dirá mais sobre o *conteúdo* do protocolo do estudo de caso. No entanto, uma tarefa de treinamento legítima e desejável é o entendimento do protocolo por toda a equipe do estudo de caso.

Para reforçar esse entendimento, a cada membro da equipe pode ser atribuída uma porção dos tópicos substantivos cobertos pelo protocolo. Cada membro fica, então, responsável pela revisão do material de leitura apropriado relacionado à porção atribuída, acrescentando qualquer outra informação que possa ser relevante e liderando uma discussão que esclareça essas questões do protocolo. Dessa maneira, esse arranjo deve garantir que a equipe tenha dominado o conteúdo do protocolo e o feito como parte de uma colaboração de grupo. O objetivo é que cada membro individual, bem como o time como um todo, tenha uma compreensão profunda e compartilhada do protocolo.

Problemas a serem abordados durante o treinamento. O treinamento também fornece uma importante oportunidade para revelar os problemas no plano do estudo de caso ou na habilidade da equipe de pesquisa. Se esses problemas emergirem, um consolo é que eles atrapalharão menos se forem reconhecidos a tempo, antes do começo da coleta de dados. Os bons pesquisadores de estudo de caso devem, portanto, pressionar para assegurar que os problemas potenciais venham à tona durante o período de treinamento.

O problema mais óbvio é que o treinamento pode revelar defeitos no projeto do estudo de caso ou mesmo na definição inicial das questões de estudo. Se isto ocorrer, você deve estar disposto a fazer as revisões necessárias, mesmo que seja necessário mais tempo e esforço. Algumas vezes, as revisões desafiarão a finalidade básica do estudo de caso, como na situação em que o objetivo original tenha sido investigar um fenômeno tecnológico, como o uso de computadores pessoais, mas em que o estudo de caso acaba sendo, na realidade, sobre um fenômeno organizacional, como a má supervisão. Qualquer revisão, naturalmente, também pode levar à necessidade de rever uma literatura ligeiramente diferente e remodelar todo o estudo de caso e seu público. Você também deve verificar os procedimentos de seu CRI para determinar se será necessário conduzir uma nova revisão dos participantes. Apesar desses desenvolvimentos inesperados, a mudança na premissa básica de seu estudo de caso será totalmente justificada se o treinamento demonstrar a natureza irreal (ou desinteressante) do plano original.

Um segundo problema é que o treinamento pode revelar incompatibilidades entre os membros da equipe – e em particular, o fato de alguns membros da equipe não compartilharem a perspectiva do estudo ou de seus patrocinadores. Em um estudo de casos múltiplos de organizações comunitárias, por exemplo, os membros da equipe tinham crenças variadas sobre a eficácia dessas organizações (U.S. National Commission on Neighborhoods, 1979). Quando essas parcialidades são descobertas, uma maneira de lidar com as diferentes orientações é sugerir à equipe que a evidência contrária será respeitada se for coletada e verificável. Qualquer membro da equipe ainda tem, naturalmente, a opção de continuar a participar no estudo ou de desistir.

Um terceiro problema é que o treinamento talvez revele que alguns prazos ou expectativas são impraticáveis em relação aos recursos disponíveis. Por exemplo, um estudo de caso pode ter presumido que 20 pessoas deveriam ser contatadas para entrevistas abertas, durante o trabalho de campo, como parte da coleta de dados. O treinamento pode revelar, no entanto, que o tempo necessário para encontrar essas pessoas será, provavelmente, muito mais longo do que o antecipado. Sob tais circunstâncias, qualquer expectativa de entrevistar 20 pessoas dependerá da revisão do cronograma original de trabalho de campo.

Finalmente, o treinamento pode revelar alguns aspectos positivos, como o fato de que dois ou mais membros da equipe possuem habilidades complementares e são capazes de trabalhar juntos produtivamente. A afinidade e a produtividade, durante a sessão de treinamento, podem prontamente estender-se para o verdadeiro período de coleta de dados e, portanto, sugerir determinadas parcerias para as equipes de trabalho de campo. Em geral, o treinamento deve ter o efeito de criar normas de grupo para a atividade subsequente de coleta de dados. Esse processo de construção de normas é mais do que uma amenidade; ele ajudará a garantir reações de apoio, caso problemas inesperados surjam durante a coleta de dados.

> **Exercício 3.3** Condução do treinamento para a realização de um estudo de caso
>
> Descreva as principais maneiras nas quais a preparação e o treinamento, para realizar um projeto de estudo de caso, são *diferentes* dos utilizados nos projetos que usam outros tipos de estratégias de pesquisa (por exemplo, levantamentos, experimentos, histórias e análises de arquivo). Desenvolva uma agenda de treinamento para preparar um estudo de caso que esteja considerando, no qual irão colaborar duas ou três pessoas.

O PROTOCOLO PARA O ESTUDO DE CASO

Um protocolo de estudo de caso tem apenas uma coisa em comum com o questionário de levantamento: ambos dirigem-se a um único ponto dos dados – coletar dados tanto de um estudo de caso único (mesmo se o caso fizer parte de um estudo maior de casos múltiplos) ou de um único respondente.

Além dessa similaridade, existem diferenças importantes. O protocolo é mais do que um questionário ou um instrumento. Em primeiro lugar, o protocolo contém o instrumento, mas também contém os procedimentos e as regras gerais a serem seguidas no uso do protocolo. Em segundo lugar, o protocolo é dirigido a um grupo inteiramente diferente do grupo do questionário de levantamento, explicado abaixo. Em terceiro lugar, ter um protocolo de estudo de caso é desejável sob todas as circunstâncias, mas é essencial se você estiver realizando um estudo de casos múltiplos.

O protocolo é uma maneira importante de aumentar a *confiabilidade* da pesquisa de estudo de caso e se destina a orientar o pesquisador na realização da coleta de dados de um caso único (novamente, mesmo se o caso único for um de vários em um estudo de casos múltiplos). A Figura 3.2 apresenta uma *tabela de conteúdo* de um protocolo ilustrativo, usado em um estudo de práticas inovadoras de aplicação da lei apoiado por fundos federais. As práticas tinham sido definidas anteriormente por meio de um processo cuidadoso de triagem (ver a discussão posterior, neste capítulo, para mais detalhes sobre a "triagem de nominações de estudo de caso"). Além disso, como os dados deveriam ser coletados de 18 desses casos, como parte de um estudo de casos múltiplos, a informação sobre qualquer caso determinado não podia ser coletada com grande profundidade e, assim, o número das questões do estudo de caso era mínimo – 10 questões ao todo (ver Seção C, Figura 3.2).

Em geral, e como sugerido pelo exemplo ilustrativo na Figura 3.2, um protocolo de estudo de caso deve ter as quatro seguintes seções:

- Seção A: uma visão geral do estudo de caso (objetivos e circunstâncias favoráveis, assuntos do estudo de caso e leituras relevantes sobre o tópico sendo investigado),
- Seção B: procedimentos de coleta de dados (procedimentos para a proteção de sujeitos humanos, identificação de prováveis fontes de dados, apresentação de credenciais para contatos de campo e outras advertências logísticas),
- Seção C: questões de coleta de dados (questões específicas que o pesquisador do estudo de caso deve ter em mente na coleta de dados e potenciais fontes de evidência para tratar cada questão – ver Figura 3.4 para um exemplo), e
- Seção D: um guia para o relatório do estudo de caso (esboço, formato para os dados, uso e apresentação de outra documentação e informação bibliográfica).

Um rápido relance a esses tópicos indicará por que o protocolo é tão importante. Em primeiro lugar, mantém seu alvo sobre o tópico do estudo de caso. Em segundo lugar, a preparação do protocolo força-o a antecipar vários problemas, incluindo a maneira em que os relatórios do estudo de caso devem ser completados. Isso significa, por exemplo, que você terá que identificar *o(s) público(s)* para seu re-

A) Visão geral do estudo de caso e finalidade do protocolo
1. Missão e metas refletindo os interesses do patrocinador (se houver algum) e do público do estudo de caso
2. Questões, hipóteses e proposições do estudo de caso
3. Estrutura teórica para o estudo de caso (*reproduz o modelo lógico*); considerações-chave
4. papel do protocolo na orientação do psquisador do estudo de caso (*observa que o protocolo é uma agenda padronizada para a linha de investigação do pesquisador*)

B) Procedimentos de coleta de dados
1. Nomes dos contatos para fazer trabalho de campo
2. Plano de coleta de dados (*cobre o tipo de evidência a ser esperada, incluindo os papéis das pessoas a serem entrevistadas, os eventos a serem observados e qualquer outro documento a ser revisado quando no local*)
3. Preparação esperada anterior ao trabalho de campo (*identifica a informação específica a ser revisada e os assuntos a serem cobertos antes do trabalho de campo*)

C) Questões de estudo de caso (ver Figura 3.4 para uma questão detalhada)
1. A prática em operação e sua capacidade de inovação:
   a) Descreva a prática em detalhe, incluindo o emprego de pessoal e da tecnologia, se houver.
   b) Qual é a natureza, se houver, dos esforços colaborativos necessários para colocar a prática no lugar nas comunidades ou jurisdições?
   c) Como surgiu a ideia de iniciar a prática?
   d) Houve um processo de planejamento, e como funcionou? Quais eram as metas originais e as populações-alvo ou as áreas para a prática?
   e) De que maneira a prática é inovadora, comparada com outras práticas do mesmo tipo ou na mesma jurisdição?
   f) Descreva se a prática foi apoiada a partir do orçamento regular da jurisdição ou em consequência do financiamento de uma fonte externa.
2. Avaliação da prática inovadora:
   a) Qual é o projeto para a avaliação da prática e quem está fazendo a avaliação?
   b) Que parte da avaliação foi implementada?
   c) Quais são as medidas de resultados sendo usadas, e que resultados foram identificados até agora?
   d) Que explicações rivais foram identificadas e exploradas para atribuir os resultados ao investimento dos fundos federais?

D) Guia para o relatório de estudo de caso
1. Público-alvo do relatório e preferências estilísticas para se comunicar com ele
2. A prática da aplicação da lei
3. Inovação da prática
4. Resultados da prática até agora
5. Contexto e história da agência de aplicação da lei relativa à prática
6. Exposições a serem desenvolvidas: cronologia dos eventos cobrindo a implementação e os resultados da prática neste local; modelo lógico para a prática; séries ou resultado presente ou outros dados; referências a documentos relevantes; lista de pessoas entrevistadas

Figura 3.2 Tabela de conteúdo do protocolo para a condução de estudos de caso de práticas inovadoras de cumprimento da lei.

latório de estudo de caso antes mesmo de conduzi-lo. Este pensamento antecipado ajudará a evitar descompassos a longo prazo.

A tabela de conteúdo ilustrativo do protocolo na Figura 3.2 revela outra importante característica do relatório do estudo de caso: neste caso, o esboço do relatório desejado inicia exigindo uma descrição da prática inovadora sendo estudada (ver item D2 na Figura 3.2) – apenas mais tarde cobre o contexto da agência e a história pertencente à prática (ver item D5). Essa escolha representa o fato de que a maioria dos pesquisadores escreve demasiado extensamente sobre a história e as condições antecedentes. Embora elas sejam importantes, a descrição do objeto do estudo – a prática inovadora – precisa de mais atenção.

As quatro seções do protocolo são elaboradas em mais profundidade a seguir.

Visão geral do estudo de caso (Seção A do protocolo)

A visão geral deve cobrir a informação antecedente sobre o estudo de caso, suas questões substantivas e as leituras relevantes sobre as questões. A informação antecedente pode começar articulando a missão e as metas (se houver alguma) do patrocinador do estudo de caso e do público (por exemplo, um comitê de tese). Tais perspectivas precisam ser lembradas na condução da pesquisa. Por exemplo, um patrocinador ou o público pode desejar que o estudo de caso mostre sua relação com certos estudos anteriores, use certos formatos gerais para escrever o relatório do estudo de caso ou se encaixe dentre de um certo período de tempo. O reconhecimento explícito dessas características pertence à seção de visão geral.

Uma porção de procedimento desta seção antecedente é a declaração sobre o estudo de caso que você pode compartilhar com qualquer pessoa que queira saber sobre o estudo de caso, sua finalidade, seu patrocinador e as pessoas envolvidas na condução do estudo. Esta declaração pode até mesmo ser acompanhada por uma carta de apresentação a ser enviada a todos os principais entrevistados e organizações que possam ser o objeto do estudo. (Ver Figura 3.3 para uma carta ilustrativa.) A maior parte da visão geral, no entanto, deve ser dedicada às questões substanciais do estudo de caso. O material pode incluir a justificativa para a seleção dos casos, as proposições ou hipóteses sendo examinadas e a relevância teórica ou política mais ampla da investigação. Para todos os tópicos, devem ser citadas leituras relevantes, e os materiais de leitura essenciais devem ficar disponíveis a todos os membros da equipe de estudo de caso.

Uma boa visão geral comunicará ao leitor informado (ou seja, alguém familiarizado com o assunto de investigação geral) a finalidade e o ambiente do estudo de caso. Alguns dos materiais (como o resumo que descreve o empenho do estudo de caso) podem, de qualquer modo, ser necessários para outras finalidades, de forma que a redação da visão geral deve ser vista como uma atividade duplamente valiosa. Na mesma linha, uma visão geral bem-concebida pode até mesmo formar, mais tarde, a base para os antecedentes e para as seções introdutórias do relatório final do estudo de caso.

```
                National Commission on Neighborhoods
                    2000 k Street, N.W., suite 350
                        Washington, D.C. 20006
                             202-632-5200

                                              30 de maio de 1978
```

A quem interessar possa:

   Esta carta é para apresentar ....,
uma pessoa altamente qualificada, com grande experiência
no campo da revitalização de bairros e na organização
da comunidade. .... foi convocado pela
National Commission on Neighborhoods para participar de uma
equipe de especialistas que realizam atualmente uma série
de 45 estudos de caso comissionados pela nossa força-tarefa
sobre governança.

   Basicamente, a comissão espera identificar e documentar,
por meio desta abordagem de estudo de caso, as respostas
às questões como: o que possibilita que alguns bairros
sobrevivam dadas as forças, atitudes e políticas de
investimentos (tanto públicas quanto privadas) que trabalham
contra elas? Que precondições são necessárias para expandir
o número de bairros onde é possível a revitalização bem-
sucedida, beneficiando os residentes existentes? O que pode
ser feito para promover essas precondições?

   Esta carta é dirigida aos líderes comunitários, à
equipe administrativa e às autoridades municipais. Devemos
solicitar que destinem seu tempo, experiência e paciência
aos nossos entrevistadores. Sua cooperação é essencial
para que os estudos de caso guiem e apoiem as recomendações
políticas finais que a comissão deve enviar ao presidente e
ao congresso.

   Em nome dos 20 membros da comissão, desejo expressar
nossa gratidão por sua assistência. Caso queira participar
de nossa lista de correspondência para notícias e para o
relatório final da comissão, nosso entrevistador terá prazer
em tomar as providências apropriadas.

   Novamente, agradecemos profundamente.

                                        Sinceramente,

                                        Senador Joseph F. Timilty
                                        Presidente

Figura 3.3 Exemplo de carta de apresentação.

Procedimentos de coleta de dados (Seção B do protocolo)

O Capítulo 1 definiu previamente os estudos de caso como sendo sobre fenômenos em seus contextos de *mundo real*. Isso tem importantes implicações para a definição e para o projeto do estudo de caso, discutidos nos Capítulos 1 e 2.

Para a coleta de dados, no entanto, essa característica dos estudos de caso também levanta um aspecto importante, para o qual são essenciais procedimentos de campo projetados apropriadamente. Você estará coletando dados das pessoas e das instituições nas situações do dia-a-dia, não no confinamento controlado do laboratório, na santidade da biblioteca ou nas limitações estruturadas de um questionário de levantamento. No estudo de caso, portanto, você deve aprender a integrar os eventos do mundo real às necessidades do plano de coleta de dados. Nesse sentido, você não tem controle sobre o ambiente de coleta de dados, como outros podem ter no uso de diferentes métodos de pesquisa discutidos no Capítulo 1.

Observe que, no experimento laboratorial, os sujeitos humanos são solicitados a entrar em um laboratório – um ambiente controlado quase inteiramente pelo investigador da pesquisa. O sujeito, restrito ética e fisicamente, deve obedecer às instruções do pesquisador, que prescreve cuidadosamente o comportamento desejado. Da mesma forma, o respondente ao questionário do levantamento não pode se desviar (muito) da agenda estabelecida pelas questões. Portanto, o comportamento do respondente também fica restrito pelas regras básicas do pesquisador. Naturalmente, o sujeito ou respondente que não desejar seguir o comportamento prescrito pode desistir livremente do experimento ou do levantamento. Por fim, no arquivo histórico, os documentos pertinentes talvez não estejam sempre disponíveis, mas, exceto em raras ocasiões, o pesquisador pode inspecionar o que existe em seu próprio ritmo e na ocasião conveniente à sua programação. Nas três situações, o investigador da pesquisa controla de perto a atividade de coleta de dados.

Coletar dados para estudos de caso envolve uma situação inteiramente diferente. Para entrevistar as pessoas-chave, você deve se submeter aos horários e à disponibilidade do entrevistado, não à sua própria. A natureza da entrevista é principalmente aberta, e o entrevistado pode não cooperar, necessariamente, na adesão à sua linha de questões. Da mesma forma, ao observar as atividades do mundo real, você está invadindo o mundo do caso e dos participantes sendo estudados, não o contrário; sob essas condições, você é quem tem que tomar providências especiais para se tornar um observador (ou mesmo como participante-observador). Em consequência, seu comportamento – e não o dos participantes de campo – é o que provavelmente será restrito.

Esse processo contrastante de realização da coleta de dados leva à necessidade de procedimentos de campo explícitos e bem-planejados, englobando diretrizes para os comportamentos de "enfrentamento". Imagine, por exemplo, o envio de um jovem a um acampamento; como você não sabe o que esperar, a melhor preparação é ter os recursos para estar preparado. Os procedimentos de campo do estudo de caso devem ser da mesma forma.

Com a orientação precedente em mente, a porção de coleta de dados do protocolo precisa enfatizar as tarefas importantes na coleta de dados, incluindo

- obter acesso às organizações-chave ou aos entrevistados;
- ter recursos suficientes enquanto se faz trabalho de campo – inclusive um computador pessoal, instrumentos de redação, papel, grampos de papel e um local silencioso, preestabelecido, para redigir as notas com privacidade;
- desenvolver um procedimento para solicitar assistência ou orientação, se necessária, de outros membros da equipe ou colegas;
- fazer uma programação clara das atividades de coleta de dados que devem estar concluídas nos períodos de tempo especificados; e
- tomar providências para os eventos não antecipados, incluindo as mudanças na disponibilidade dos entrevistadores, assim como as mudanças na disposição, no humor e na motivação do próprio pesquisador enquanto faz trabalho de campo.

Esses são os tipos de tópicos que podem ser incluídos na seção de procedimentos de campo do protocolo. Dependendo do estudo de caso real sendo feito, os procedimentos específicos variarão.

Quanto mais operacionais forem estes procedimentos, melhor. Tomando apenas um aspecto secundário como exemplo, a coleta de dados para o estudo de caso resulta, frequentemente, no acúmulo de inúmeros documentos no local de campo. O encargo de transportar documentos tão volumosos pode ser reduzido por meio de dois procedimentos. Primeiramente, a equipe do estudo de caso talvez se lembre de trazer envelopes grandes, pré-etiquetados, para enviar os documentos de volta ao seu escritório em vez de carregá-los. Em segundo lugar, o tempo no campo pode destinar-se ao exame dos documentos e, posteriormente, usar uma copiadora para reproduzir apenas as poucas páginas relevantes de cada documento – devolvendo, então, os documentos originais aos informantes no local de campo. Estes e outros detalhes operacionais podem favorecer a qualidade geral e a eficiência da coleta de dados do estudo de caso.

Uma parte final desta porção do protocolo deve descrever, cuidadosamente, os procedimentos para a proteção dos participantes. Em primeiro lugar, o protocolo deve repetir a justificativa para os procedimentos de campo aprovados pelo CRI. Depois, o protocolo deve incluir as palavras do "roteiro" ou as instruções para a equipe usar na obtenção do consentimento informado ou, por outro lado, informar aos entrevistados do estudo de caso e aos outros participantes os riscos e as condições associadas com a pesquisa.

Questões da coleta de dados (Seção C do protocolo)

O núcleo do protocolo é um conjunto de questões substantivas que refletem sua verdadeira linha de investigação. Algumas pessoas podem considerar esta parte do protocolo como o "instrumento" do estudo de caso. No entanto, duas características distinguem as questões de estudo de caso das de um instrumento de levantamento.

Orientação geral das questões. Em primeiro lugar e principalmente, as questões são formuladas *para você, o pesquisador,* não para o entrevistado. Nesse sentido, o protocolo é dirigido a um grupo inteiramente diferente ao do instrumento de levantamento. As questões do protocolo, essencialmente, são perguntas para você, com a informação que necessita ser coletada e por quê. Em alguns casos, as questões específicas também podem servir como deixas na formulação das perguntas, durante a entrevista do estudo de caso. No entanto, a principal finalidade das questões de protocolo é manter o pesquisador no rumo, à medida que ocorre a coleta de dados. (Ver Figura 3.4 para uma questão ilustrativa de um estudo de um programa escolar; o protocolo completo inclui dezenas de questões desse tipo.)

Defina uma prática implementada na escola, dois ou mais anos atrás, visando diretamente à melhoria da instrução escolar. A prática tem um nome?

- Operacionalize a prática colocando as ações e os eventos cronológicos em uma estrutura de modelo lógica, postulando como se presumia que a prática melhoraria a instrução escolar.
- Colete dados relacionados com a natureza e a extensão de qualquer melhoria durante o período de tempo relevante – por exemplo,
    - Expectativas surgidas ou consenso fortalecidos sobre as metas
    - padrões educacionais melhorados ou exigências acadêmicas mais rígidas
    - melhor qualidade da equipe de ensino
    - maior participação dos pais na aprendizagem dos filhos
    - desempenho do estudante (por exemplo, inscrição em disciplinas específicas, frequência ou resultados nos testes de avaliação)
- Cite evidências que apoiam (ou não) o modelo lógico inicial na explicação de como e por que a prática levou a melhorias.

Figura 3.4 Questão ilustrativa de protocolo (a partir de um estudo de práticas escolares).

Cada questão deve ser acompanhada por uma lista de fontes prováveis de evidência. Essas fontes podem incluir os nomes de entrevistados individuais, os documentos, ou as observações. Este cruzamento entre as questões de interesse e as prováveis fontes de evidência é extremamente útil na coleta de dados do estudo de caso. Logo antes de começar uma entrevista de campo, por exemplo, o pesquisador pode revisar rapidamente as principais questões do protocolo que podem fazer parte da entrevista antecipada. (Novamente, as questões do protocolo formam a estrutura da investigação e não devem ser feitas literalmente a qualquer entrevistado.)

Cinco níveis de questões. Em segundo lugar, o conteúdo do protocolo do estudo de caso devem distinguir, claramente, os diferentes tipos ou níveis da questão. As questões potencialmente relevantes podem, notavelmente, ocorrer em qualquer dos cinco níveis:

Nível 1: questões feitas sobre entrevistados específicos.

Nível 2: questões feitas sobre casos individuais (estas são as questões, no protocolo do estudo de caso, a serem respondidas pelo pesquisador durante um caso único, mesmo quando ele for parte de um estudo maior de casos múltiplos).

Nível 3: questões feitas sobre o padrão das descobertas entre os casos múltiplos.

Nível 4: questões feitas sobre todo um estudo – por exemplo, visitando a informação além da evidência do estudo de caso e incluindo outra literatura ou dados publicados que podem ter sido revistos.

Nível 5: questões normativas sobre as recomendações e as conclusões políticas, indo além do escopo estrito do estudo.

Desses cinco níveis, você deve se concentrar firmemente no Nível 2 para o protocolo do estudo de caso.

A diferença entre as questões do Nível 1 e as do Nível 2 é altamente significativa. Os dois tipos de questões são mais comumente confundidos porque os pesquisadores pensam que suas questões de investigação (Nível 2) são sinônimas às questões específicas que farão aos entrevistados no campo (Nível 1). Para desvencilhar esses dois níveis em sua mente, pense sobre um clínico. O clínico tem em mente qual pode ter sido o curso de uma doença (Nível 2), mas as questões verdadeiras formuladas a qualquer paciente ou cliente (Nível 1) não traem, necessariamente, seu pensamento. A linha de investigação *verbal* é diferente da linha de investigação *mental*, e esta é a diferença entre as questões do Nível 1 e as do Nível 2. Para o protocolo do estudo de caso, a articulação explícita das questões do Nível 2 é, portanto, de muito maior importância do que qualquer tentativa de identificar as questões do Nível 1.

No campo, não é fácil ter em mente as questões do Nível 2 e, simultaneamente, articular as questões do Nível 1 ao falar com um entrevistado. De maneira semelhante, você pode perder de vista suas questões do Nível 2 ao examinar um documento detalhado que fará parte da evidência do estudo de caso (a revelação comum ocorre quando você se pergunta, "Por que estou lendo este documento?"). Para superar estes problemas, a participação bem-sucedida no treinamento anterior é útil. Lembre que ser um investigador "sênior" significa manter o conhecimento em funcionamento de toda a investigação do estudo de caso. As questões (Nível 2) no protocolo do estudo de caso incorporam esta investigação.

Os outros níveis também devem ser entendidos claramente. Uma questão de caso cruzado para um estudo de casos múltiplos de unidades organizacionais, por exemplo (Nível 3), pode ser se as unidades organizacionais maiores, entre seus casos múltiplos, são mais responsivas do que as menores, ou se as estruturas burocráticas complexas tornam as unidades maiores mais indolentes e menos responsivas.

Esta questão do Nível 3, no entanto, não deve ser parte do protocolo para a coleta de dados do caso único, porque ela aborda apenas a responsividade de uma única unidade organizacional. A questão do Nível 3 somente pode ser abordada após os dados de todos os casos únicos (em um estudo de casos múltiplos) terem sido examinados. Assim, apenas a análise dos casos múltiplos pode cobrir as questões do Nível 3. Da mesma forma, as questões dos Níveis 4 e 5 vão bastante além dos dados empíricos do estudo de caso completo, e você deve observar esta limitação se incluir essas questões no protocolo do estudo de caso. Lembre que *O protocolo é para a coleta de dados de um caso único (mesmo quando parte de um estudo de casos múltiplos) e não tem a intenção de servir a todo o projeto.*

Confusão indesejada entre a unidade de coleta de dados e a unidade de análise. Um problema mais sutil e sério pode surgir na articulação das questões do protocolo do estudo de caso, relacionado com a distinção entre as questões do Nível 1 e as do Nível 2. As questões devem suprir a unidade de análise do estudo de caso, que pode estar em um nível diferente da unidade de coleta de dados. Sob essas circunstâncias, a confusão ocorrerá caso o processo de coleta de dados leve a uma distorção (indesejável) da unidade de análise.

A confusão comum começa porque as fontes de coleta de dados podem ser pessoas, individualmente (por exemplo, entrevistas com indivíduos), enquanto a unidade de análise do estudo de caso pode ser um coletivo (por exemplo, a organização à qual o indivíduo pertence) – projeto frequente quando o estudo de caso é sobre uma organização, uma comunidade ou um grupo social. Mesmo que a coleta de dados tenha contado pesadamente com informações provenientes de entrevistas individuais, suas conclusões não podem ser baseadas inteiramente nas entrevistas como fonte de informação (seu estudo de caso se transformaria em um levantamento com respostas livres em vez de em um estudo de caso). Neste exemplo, as questões de protocolo precisam ser sobre a organização, não sobre os indivíduos. A segunda linha na Figura 3.5 cobre um estudo de caso organizacional assim, indicando o tipo de evidência que pode ser obtida tanto das entrevistas individuais (célula 1) como dos registros de políticas da organização e de resultados documentáveis (célula 2).

Entretanto, a situação reversa também pode ser verdadeira. Seu estudo de caso pode ser sobre um indivíduo, e as fontes de informação podem incluir registros de arquivo (por exemplo, arquivos pessoais ou históricos escolares) existentes em uma organização (célula 3). Nessa situação, também seria desejável evitar basear suas conclusões sobre o indivíduo apenas nas fontes organizacionais de informação. Neste exemplo, as questões de protocolo precisam ser, portanto, sobre o indivíduo, não sobre a organização. A primeira linha na Figura 3.5 cobre um caso individual assim.

Outros dispositivos de coleta de dados. As questões do protocolo podem incluir estruturas de tabelas (*table shells*) vazias (para mais detalhes, ver Miles & Huberman, 1994). Uma estrutura de tabelas vazias define os eixos de uma tabela rotulando precisamente as linhas e as colunas – antes de ter qualquer dado nas células da tabela. Dessa forma, uma estrutura de tabela vazia indica os dados a serem coletados e

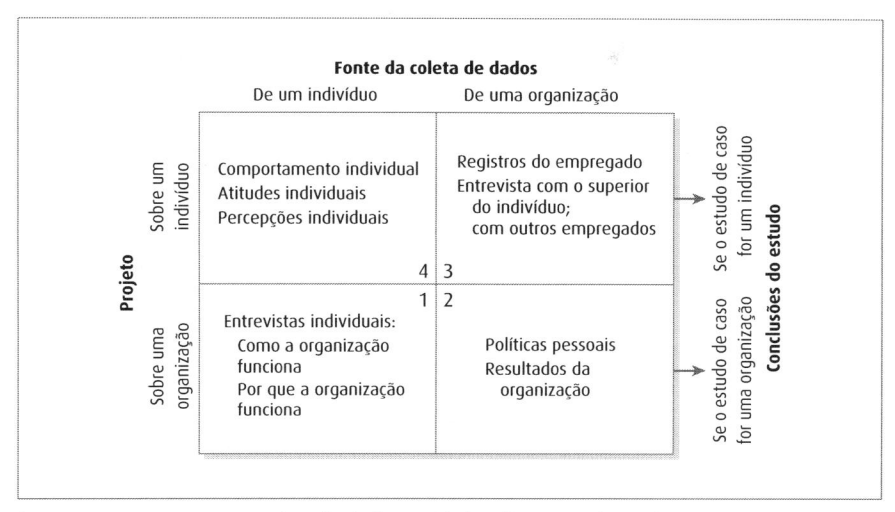

Figura 3.5 Projeto *versus* coleta de dados: unidades diferentes de análise.

sua tarefa é coletar os dados exigidos pelos eixos. Os dados relevantes podem ser quantitativos (numéricos) ou qualitativos (categóricos ou narrativos). Se forem do último tipo, as estruturas de tabelas completas e vazias seriam chamadas de tabela de palavras (*word table*).

Estruturas de tabelas vazias podem ajudar de várias maneiras. Em primeiro lugar, elas o forçam a identificar exatamente quais dados estão sendo procurados. Em segundo lugar, elas garantem que a informação paralela será coletada de diferentes casos quando um projeto de casos múltiplos estiver sendo usado. Por fim, elas ajudam a entender o que pode ser feito com os dados uma vez que tenham sido coletados, já que a estrutura de tabela completa pode se tornar a base para a análise.

Guia para o relatório do estudo de caso (Seção D do protocolo)

Geralmente, este tópico falta na maioria dos projetos de estudo de caso. Os pesquisadores são negligentes ao pensarem sobre o esboço, o formato ou o público para o relatório do estudo de caso, até depois que os dados tenham sido coletados. Mesmo assim, algum planejamento neste estágio preparatório – admitidamente fora da sequência na condução típica da maioria da pesquisa – significa que uma tentativa de esboço pode (e deve) aparecer no protocolo do estudo de caso. (Esse planejamento é responsável pela seta entre a "preparação" e o "compartilhamento", na figura no início deste capítulo.)

Novamente, uma razão para a sequência convencional linear – isto é, completar a coleta de dados e somente então pensar sobre um relatório – vem das práticas com os outros métodos de pesquisa. Por exemplo, há menos necessidade de se preocupar com o relatório de um experimento, porque o formato do relatório e seu provável público já foram ditados pelos formatos dos periódicos acadêmicos. Assim, a maioria dos relatórios de experimentos segue um esboço similar: a apresentação das questões de pesquisa e das hipóteses; a descrição do projeto de pesquisa, o aparato e os procedimentos de coleta de dados; a apresentação dos dados coletados; a análise dos dados; e a discussão das constatações e das conclusões.

Infelizmente, os relatórios de estudo de caso não têm esse esboço uniformemente aceitável. Por essa razão, todos os pesquisadores deveriam ter uma ideia preliminar, antes da condução do estudo, em relação ao projeto do relatório final (o Capítulo 6 discute mais sobre a preparação desse relatório). Uma possibilidade pode derivar da expectativa de que a qualidade do estudo de caso final garantirá sua publicação em um periódico acadêmico. Antecipar e identificar um ou dois possíveis periódicos seria útil, porque o relatório poderia comparar o que se acredita ser aceitável para os periódicos. Outra possibilidade é que um estudo de caso tenha o apoio de alguém que já tenha um formato de relatório determinado e outras preferências.

Independentemente da possibilidade, o desenvolvimento do protocolo se beneficiará se você examinar trabalhos anteriores – por exemplo, estudos de caso publicados nos periódicos candidatos ou relatórios que receberam apoio do mesmo patrocinador. A orientação no protocolo pode, então, apontar para os prováveis públicos, tópicos e para a extensão de relatório final do estudo de caso. Por exemplo, alguns patrocinadores de estudos de caso podem ter interesse em relatórios com vinhetas interessantes, ou mesmo anedotas, e a orientação enfatizaria a necessidade de estar alerta a oportunidades para coletar tais dados.

Adicionalmente à orientação sobre o relatório, esta parte do protocolo pode indicar a extensão da documentação para o relatório do estudo de caso. Realizada apropriadamente, a coleta de dados pode levar a grandes volumes de evidência documental, na forma de relatórios publicados, publicações, memorandos e outros documentos reunidos sobre o caso. O que deve ser feito com esta documentação para a apresentação posterior? Na maioria dos estudos, os documentos são arquivados e raramente recuperados. Ainda assim, essa documentação é uma parte importante do "banco de dados" para o estudo de caso (ver Capítulo 4). Uma possibilidade é fazer com que o relatório final do estudo de caso inclua uma bibliografia anotada, na qual cada um dos documentos disponíveis é identificado. As anotações ajudariam um leitor curioso a identificar os documentos que podem ser relevantes para uma futura inspeção.

Em resumo, dentro do possível, um perfil inicial do relatório do estudo de caso deve ser parte do protocolo. Isso facilitará a coleta dos dados relevantes e reduzirá a possibilidade de que seja necessária uma nova visita ao local do trabalho de campo. Ao mesmo tempo, a existência desse perfil não deve insinuar a adesão rígida ao protocolo pré-projetado. Na realidade, os planos do estudo de caso podem mudar em consequência da coleta inicial de dados, e você é incentivado a considerar ter uma postura adaptável – se usada apropriadamente e sem parcialidade – como uma vantagem do estudo de caso.

> **Exercício 3.4** Desenvolvimento do protocolo do estudo de caso
>
> Selecione algum fenômeno da vida diária de sua universidade ou escola (passada ou presente). Os tópicos ilustrativos podem ser, por exemplo, por que a universidade ou a escola mudou alguma política ou como ela toma decisões sobre as exigências curriculares ou requisitos de treinamento. Para esses tópicos ilustrativos (ou alguns tópicos de sua própria escolha), projete um protocolo de estudo de caso para coletar a informação necessária para uma explicação adequada. Quais seriam suas principais questões ou proposições de pesquisa? Que fontes específicas de dados você buscaria (por exemplo, pessoas a serem entrevistadas, documentos a serem procurados e observações de campo a serem feitas)? O protocolo seria suficiente para orientá-lo por todo o processo de realização do seu estudo de caso?

TRIAGEM DOS CASOS CANDIDATOS PARA SEU ESTUDO DE CASO

Outro passo preparatório é a seleção final do caso que será a peça central do seu estudo de caso. Algumas vezes, a seleção é simples porque você optou pelo estudo de um caso peculiar cuja identidade já era conhecida desde o início de sua investigação. Ou, talvez você já conheça o caso que estudará devido a algum arranjo ou acesso especial que possui. No entanto, outras vezes, pode haver muitos candidatos qualificados para o estudo, e você deve escolher seu caso único final ou uma série de casos múltiplos. A meta do procedimento de triagem é garantir que você identifique os casos finais apropriadamente, antes da coleta formal de dados. A pior das hipóteses ocorreria quando, depois de iniciada a coleta formal de dados, o caso se mostrasse inviável ou representativo de algo que não corresponde ao que você pretendia estudar.

Uma abordagem de uma fase. Quando você tem apenas uma dúzia de possíveis candidatos que poderiam servir como seus casos (sejam esses candidatos organizações, indivíduos ou alguma outra entidade depende de sua unidade de análise), a triagem pode consistir na interrogação de pessoas conhecedoras sobre cada candidato. Você pode até mesmo coletar documentação limitada sobre cada candidato. Um procedimento de triagem extensivo a ser evitado a todo custo é o que se torna, efetivamente, um "miniestudo" de cada caso candidato. Antes de coletar os dados de triagem, você deve ter definido um conjunto de critérios operacionais de acordo com os quais os candidatos serão considerados qualificados a servir como casos. Ao realizar um estudo de caso único, escolha o caso que provavelmente tenha mais fontes de dados disponíveis, caso todo o restante seja igual; se você estiver realizando um estudo de casos múltiplos, selecione casos que se adaptem melhor ao seu projeto de replicação (literal ou teórica).

Uma abordagem de duas fases. Um grande número elegível de candidatos (por exemplo, 12 ou mais) garante um procedimento de triagem em dois estágios. O primeiro estágio deve consistir na coleta de dados quantitativos relevantes sobre todo o grupo, de alguma fonte de arquivo (por exemplo, as bases de dados estatísticos sobre escolas ou empresas individuais). Você talvez tenha que obter os dados de arquivo de alguma fonte central (por exemplo, uma agência federal, estadual ou local, ou uma associação nacional). Uma vez obtidos os dados, você deve definir alguns critérios relevantes para estratificar ou reduzir o número de candidatos. A meta é reduzir o número de candidatos a 12 ou menos e, depois, conduzir o procedimento de uma fase descrito no parágrafo anterior. Este procedimento em dois estágios foi seguido em um estudo de caso de desenvolvimento econômico local, e a experiência é totalmente relatada no texto associado (Yin, 2012, Capítulo 3, p. 32-39). (Ver também o Quadro 3.4 para outro exemplo.)

Para completar o processo de triagem, você talvez queira revisitar sua decisão sobre o número total de casos a ser estudado. Considerando sua restrição de recursos, se múltiplos candidatos forem qualificados para servir como casos, quanto maior o número que você pode estudar, melhor.

QUADRO 3.4
Um procedimento metódico para a seleção de casos

Um estudo de revitalização em bairros urbanos começou com a proposição de que as organizações comunitárias desempenham um papel significativo nesse processo (Marwll, 2007). O estudo ocorreu em dois bairros, com um intenso trabalho de campo cobrindo o trabalho de quatro tipos diferentes de organizações comunitárias em cada bairro.

Um apêndice detalhado descreve o procedimento para a seleção dos bairros, o qual, primeiramente, utilizou dados demográficos para reduzir o grupo inicial de 59 bairros para 14 bairros e, então, utilizou quatro critérios adicionais para selecionar os dois finalistas a partir dos 14 (p. 241-247). Subsequentemente, o autor examinou esses dois bairros a fim de verificar suas organizações comunitárias; o apêndice traz os critérios específicos para a escolha dos finalistas (p. 247-248). As descrições fornecem bons exemplos de como os procedimentos de seleção de casos podem funcionar, bem como os problemas inesperados que podem surgir (por exemplo, ver a nota de rodapé 6, p. 244).

O ESTUDO DE CASO-PILOTO

Um estudo de caso-piloto irá ajudá-lo a refinar seus planos de coleta de dados tanto com relação ao conteúdo dos dados como aos procedimentos seguidos. Quanto a isso, é importante observar que o *teste-piloto* não é um *pré-teste*. O caso-piloto é mais formativo, ajudando-o a desenvolver linhas relevantes de questões – fornecendo até esclarecimentos conceituais para o projeto de pesquisa. Em contraste, o pré-teste é a ocasião para um "ensaio" formal, no qual o plano de coleta de dados pode ocorrer antes que se busque a aprovação final de um CRI, como discutido anteriormente neste capítulo.

Você pode identificar um caso-piloto de diversas maneiras. Por exemplo, você pode saber que os informantes em um local de trabalho de campo são surpreendentemente acessíveis e agradáveis, o local pode ser geograficamente conveniente ou pode haver uma quantidade incomum de documentação e de dados. Outra possibilidade é que o caso-piloto possa ser complicado, comparado com os casos reais prováveis, de modo que quase todos os aspectos relevantes da coleta de dados serão encontrados no caso-piloto. Em algumas circunstâncias, o estudo de caso-piloto pode ser tão importante, que recursos substanciais sejam destinados a esta fase da pesquisa. Por este motivo, vários subtópicos merecem maior discussão: a seleção dos casos-piloto, a natureza da investigação e a natureza dos relatórios.

Seleção dos casos-piloto

Em geral, a conveniência, o acesso e a proximidade geográfica podem ser os principais critérios para a seleção de um ou vários casos-piloto. Isso permitirá um relacionamento menos estruturado e mais prolongado entre você e os participantes do que o que poderia ocorrer nos casos "reais". O caso-piloto pode assumir, então, o papel de um "laboratório" no detalhamento do seu protocolo, permitindo que você observe os diferentes fenômenos a partir de muitos ângulos distintos ou tente abordagens diferentes experimentalmente.

Um estudo de inovações tecnológicas nos serviços locais (Yin, 2012, p. 29-32) continha realmente sete casos-piloto, cada um focando um tipo diferente de tecnologia. Quatro casos localizavam-se na mesma área metropolitana da equipe de pesquisa e foram visitados em primeiro lugar. Três dos casos, no entanto, localizavam-se em cidades diferentes e formaram a base para um segundo conjunto de visitas. Os casos não foram escolhidos devido às suas tecnologias diferenciadas ou por qualquer outra razão substantiva. O principal critério, além da proximidade, foi o fato de que o acesso aos casos tinha sido facilitado por algum contato pessoal prévio por parte da equipe de pesquisa. Finalmente, os entrevistados nos casos também simpatizaram com a noção de que a equipe de pesquisa estava em um estágio inicial de sua pesquisa e não tinham uma agenda fixa.

Em troca de servir como caso-piloto, geralmente os principais informantes esperam receber de você algum *feedback* sobre seu caso. Seu valor para eles é como um observador externo, e você deve estar preparado para proporcionar esse *feedback*. Para fazer isso, mesmo que já tenha desenvolvido um rascunho de protocolo, representando os tópicos de interesse para o seu estudo de caso, deve adaptar partes do protocolo às necessidades dos informantes. Deve, então, conduzir o caso-piloto seguindo (e realizando testes-piloto) seus procedimentos de campo formais.

Escopo da investigação-piloto

O escopo da investigação para o caso-piloto pode ser muito mais amplo do que o plano final de coleta de dados. Além disso, a investigação pode cobrir tanto os aspectos substantivos quanto os metodológicos.

No exemplo anterior, a equipe de pesquisa usou os sete casos-piloto para melhorar sua conceituação dos diferentes tipos de tecnologias e seus efeitos organizacionais relacionados. Os estudos-piloto foram feitos antes da seleção de tecnologias específicas para a coleta final de dados – e antes da articulação final das proposições teóricas do estudo. Assim, os dados-piloto proporcionaram *insight* considerável aos assuntos básicos sendo estudados. Essa informação foi usada paralelamente à revisão permanente da literatura relevante, para que o projeto de pesquisa final fosse informado, tanto pelas teorias prevalentes quanto por um conjunto recente de observações empíricas.[3] As fontes duplas de informação ajudaram a garantir que o estudo verdadeiro refletisse os aspectos teóricos ou políticos significativos, assim como as questões relevantes aos casos do mundo real.

Metodologicamente, o trabalho sobre os casos-piloto pode proporcionar informações sobre as questões de campo relevantes e a logística da investigação de campo. Nos casos-piloto de tecnologia, uma questão logística importante era observar, primeiramente, a tecnologia em ação ou coletar a informação sobre os assuntos organizacionais prevalentes em primeiro lugar. Essa escolha interagia com uma questão posterior sobre o emprego da equipe de campo: se a equipe consistia em duas ou mais pessoas, quais atribuições exigiam que a equipe trabalhasse junta e quais poderiam ser completadas separadamente? As variações nesses procedimentos foram testadas durante os estudos de caso-piloto, as trocas foram reconhecidas e, eventualmente, um procedimento satisfatório foi desenvolvido para o plano formal de coleta de dados.

Relatórios dos casos-piloto

Os relatórios dos casos-piloto são especialmente valiosos para a equipe de pesquisa e precisam ser redigidos claramente, mesmo que apenas em forma de memorandos. Uma diferença entre os relatórios-piloto e os relatórios verdadeiros de estudos de caso é que os relatórios-piloto devem ser explícitos sobre as lições aprendidas, tanto sobre o projeto de pesquisa quanto sobre os procedimentos de campo. Os relatórios-piloto podem conter até mesmo subseções sobre esses tópicos.

Se mais de um único caso-piloto for planejado, o relatório do caso-piloto também pode indicar as modificações a serem testadas no caso-piloto seguinte. Em outras palavras, o relatório pode conter a agenda para o caso-piloto subsequente. Se forem realizados casos-piloto suficientes dessa maneira, a agenda para o caso-piloto final pode realmente tornar-se um bom protótipo para o protocolo final do estudo de caso.

Exercício 3.5 Seleção de um caso para a realização de um estudo-piloto

Defina as características desejadas para o caso-piloto, como uma introdução para um novo projeto de estudo de caso. Como você faria para contatar e usar esse caso? Descreva por que você deseja apenas um caso-piloto, em oposição a dois ou mais casos-pilotos.

RESUMO

Este capítulo revisou os preparativos para a coleta de dados. Dependendo do escopo do estudo de caso – se estarão envolvidos casos únicos ou múltiplos ou se os pesquisadores serão múltiplos ou será um único – as tarefas preparatórias serão correspondentemente simples ou complexas.

Os principais tópicos foram as habilidades e os valores desejados do pesquisador do estudo de caso, a preparação e o treinamento da equipe para um estudo de caso específico, a natureza do protocolo do estudo de caso, a triagem dos candidatos a casos e o papel e a finalidade do estudo de caso-piloto. Todo o estudo de caso deve seguir estes diferentes passos em vários graus, dependendo da investigação específica.

Assim como no manejo de outros assuntos, a especialização com a qual essas atividades são conduzidas melhorará com a prática. Assim, uma sequência desejável, do ponto de vista administrativo, seria completar um estudo de caso relativamente simples antes de tentar realizar um mais complexo. Com o término bem-sucedido de cada estudo de caso, as tarefas preparatórias podem até mesmo se tornar uma segunda natureza. Além disso, se a mesma equipe de estudo de caso conduziu vários estudos diferentes em conjunto, trabalhará com eficiência e satisfação profissional crescentes em cada estudo de caso subsequente.

NOTAS

1. Thacher (2006) argumenta vigorosamente em apoio ao que chama de estudos de caso "normativos". Nesses estudos de caso, os pesquisadores usam estudos de caso para defender determinados aspectos, com o risco de serem desafiados quanto à adequação de sua coleta de dados. Os investigadores mais experientes podem correr esses riscos, mas eles não são recomendados para aqueles com menos experiência – especialmente os novatos – na realização dos estudos de caso.
2. A diferença entre ter um único pesquisador de estudo de caso e precisar de múltiplos pesquisadores pode dar uma orientação significativamente diferente a todo o estudo de caso. Os pesquisadores únicos clássicos têm sido, frequentemente, brilhantes e criativos – adaptando-se rápida e intuitivamente às novas condições durante a coleta de dados ou descobrindo padrões recentes atraentes durante a análise dos dados. Com múltiplos pesquisadores, esses talentos talvez tenham que ser restringidos devido à necessidade de consistência entre os pesquisadores, mas a boa disciplina é recompensada pela minimização da probabilidade de introdução de parcialidade no estudo de caso.
3. O estudo final, em sua forma publicada, recebeu o William E. Mosher Award, concedido pela American Society for Public Administration, de melhor artigo do *Public Administration Review* em 1981.

Tutorial 3.1:
Mais sobre a revisão pelos conselhos de revisão institucionais (CRIs)

Ganhar a aprovação de um conselho de revisão institucional (CRI) é padrão em qualquer pesquisa envolvendo sujeitos humanos. Contudo, o processo de aprovação é tudo, menos padrão. Por exemplo, se um CRI levantar questões importantes sobre sua pesquisa, você pode ter que tentar múltiplas submissões antes de ganhar a aprovação, e o tempo consumido pelas submissões pode afetar seu cronograma de pesquisa.

De modo geral, você vai querer preparar-se cuidadosamente para a revisão do CRI. Cada universidade e organização de pesquisa tem seu próprio CRI, normalmente consistindo de cinco ou mais membros seniores que se voluntariam para o cargo de forma rotativa. Você pode obter uma boa compreensão das expectativas do seu CRI local checando, primeiramente, se seu CRI tem *site*. A maioria desses *sites* fornecerá uma orientação detalhada sobre os procedimentos de revisão e as experiências específicos do seu CRI.

Além disso, você pode querer revisar submissões anteriores de projetos de pesquisa como o que você está propondo. Da mesma forma, sua revisão da literatura pode ressaltar estudos anteriores com tópicos e métodos muito semelhantes. Se seu estudo tiver uma metodologia inovadora, prepare-se mais adiante para questões inevitáveis que o CRI possa vir a levantar.

Mais amplamente, você pode se familiarizar com os princípios subjacentes à necessidade de proteger sujeitos humanos revisando outros trabalhos que cobrem os procedimentos em maior profundidade, especialmente se baseando em fontes que refletem sua própria área de assunto substancial (por exemplo, para pesquisas em administração, ver Eriksson & Kovalaine, 2008, p. 62-76; para serviço social e sociologia, ver Grinnell & Unrau, 2008, p. 30-59; e para saúde pública, ver Speiglman & Spear, 2009). Igualmente, você pode consultar as orientações formais emitidas pelas várias profissões das ciências sociais, selecionando a com a qual você mais se identifica (por exemplo, ver as citações aos muitos documentos de associações profissionais listados sob o título "Evitar o viés e conduzir a pesquisa de forma ética" no Capítulo 3, p. 76).

Lembre-se de que um as preocupações específicas de um CRI pode variar de instituição para instituição e de CRI para CRI, uma vez que seus membros mudam. Não hesite em falar com um ou dois membros do seu próprio CRI antes da avaliação para ter um *insight* direto sobre o processo de revisão e suas expectativas.

Referências do Tutorial 3.1

Eriksson, P., & Kovalainen, A. (2008). Qualitative methods in business research. London: Sage. Treats case study research as one of nine methods in qualitative business research.

Grinnell, R. M., & Unrau, Y. A. (Eds.). (2008). Social work research and evaluation: Foundations of evidence-based practice. New York: Oxford University Press. Serves as a comprehensive textbook on research and evaluation in social work.

Speiglman, R., & Spear, P. (2009). The role of institutional review boards: Ethics: Now you see them, now you don't. In D. M. Mertens & P. E. Ginsberg (Eds.), The handbook of social research ethics (pp. 121–134). Thousand Oaks, CA: Sage. Describes the role of institutional review boards.

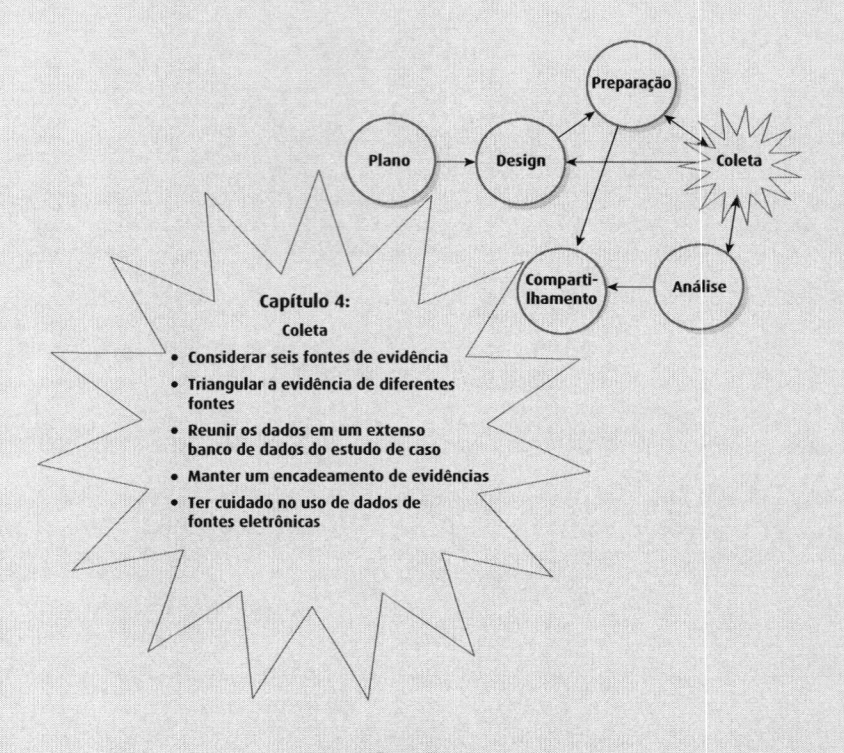

Capítulo 4:
Coleta
- Considerar seis fontes de evidência
- Triangular a evidência de diferentes fontes
- Reunir os dados em um extenso banco de dados do estudo de caso
- Manter um encadeamento de evidências
- Ter cuidado no uso de dados de fontes eletrônicas

VISÃO GERAL

A evidência do estudo de caso pode vir de seis fontes: documentos, registros em arquivo, entrevistas, observação direta, observação participante e artefatos físicos. O uso dessas seis fontes exige o domínio de diferentes procedimentos de coleta de dados. Além disso, seu objetivo deve ser coletar os dados sobre os eventos e os comportamentos humanos verdadeiros ou apreender as diferentes perspectivas dos participantes em seu estudo de caso (ou ambos). Essas investigações ampliadas significam que a coleta do estudo de caso pode requerer muito tempo de trabalho de campo, incluindo a condução de longas entrevistas em múltiplas sessões.

Além do reconhecimento de como trabalhar com as seis fontes, quatro princípios dominantes são importantes para qualquer esforço de coleta de dados na realização da pesquisa de estudo de caso. Um princípio é usar múltiplas fontes de evidência (evidência de duas ou mais fontes, convergindo sobre as mesmas descobertas). Outro é criar um banco de dados do estudo de caso – uma estrutura formal de evidência distinta do relatório final do estudo de caso, contendo todas as suas observações sobre o estudo de caso, os documentos e materiais tabulares do campo, bem como suas narrativas preliminares ou anotações sobre os dados. Outros princípios cobrem a sua sensibilidade na manutenção de um encadeamento de evidências e o cuidado no uso de fontes eletrônicas de evidência, como comunicações de mídias sociais. Ao incorporar todos esses princípios ao estudo de caso, você aumentará substancialmente a sua qualidade.

4

Coleta da evidência do estudo de caso

Princípios que devem ser seguidos no trabalho com seis fontes de evidência

A evidência do estudo de caso pode vir de várias fontes. Este capítulo discute seis delas: documentação, registros em arquivo, entrevistas, observação direta, observação participante e artefatos físicos. Cada fonte está associada com uma série de dados ou evidências. Uma finalidade deste capítulo é revisar as seis fontes brevemente. A segunda finalidade é transmitir os quatro princípios essenciais da coleta de dados, independentemente das fontes usadas.

Livros-texto de apoio

Você pode considerar as seis fontes de evidência potencialmente relevantes, mesmo na realização do mesmo estudo de caso. Por essa razão, revisá-las brevemente neste capítulo, todas em um único local, pode ser útil. Todas as fontes de evidência são detalhadas em inúmeros livros-texto e artigos metodológicos. Portanto, talvez seja necessário verificar alguns desses textos, especialmente se a fonte de evidência única tiver importância especial para seu estudo de caso. No entanto, a escolha entre os textos e os outros trabalhos exigirá busca e seleção cuidadosa.

Em primeiro lugar, você pode encontrar orientação em livros (reconhecidamente mais antigos) dedicados completamente à coleta de dados (Por exemplo, Bouchard, 1976; Fiedler, 1978; Murphy, 1980; Schatzman & Strauss, 1973; Wax, 1971). Esses livros normalmente têm "trabalho de campo" ou "pesquisa de campo" como parte de seus títulos e não são orientados a ofícios específicos, como a etnografia. Além da revisão de procedimentos básicos da coleta de dados, os livros oferecem orientações úteis sobre a logística do planejamento e da condução do trabalho de campo. Apesar de os livros não focarem diretamente a pesquisa de estudo de caso, a similaridade dos procedimentos fazem os livros valiosos, uma vez que são fáceis de utilizar. Contudo, como você pode ter notado pelas datas de publicação dos trabalhos citados, esses tipos de livros parecem estar se extinguindo.

Em segundo lugar, os livros contemporâneos tornam-se disponíveis mais rapidamente, mas tornam suas escolhas mais complicadas. Eles muitas vezes cobrem tipos limitados de evidência ou se especializam em apenas uma fonte, como entrevista de campo (por xemplo, Rubin & Rubin, 2011; Weiss, 1994), observação participante (por exemplo, DeWalt & DeWalt, 2011; Jorgensen, 1989) ou evidências documentais (por exemplo, Barzun & Graff, 1985), dessa forma, perdendo o benefício de ver como múltiplas fontes podem complementar umas as outras. Outros trabalhos cobrindo uma gama maior de evidências podem vir, no entanto, com uma orientação disciplinar dominante que pode não ser compatível com as suas necessidades, como pesquisa clínica ou pesquisa em cenários primários de proteção (por exemplo, Crabtree & Miller, 1999), avaliações de programa (por exemplo, Patton, 2002), pesquisa de trabalho social (por exemplo, Rubin & Babbie, 1993) ou antropologia (por exemplo, Robben & Sluka, 2007).

Em terceiro lugar, os livros que aparentam ser, à primeira vista, textos metodológicos abrangentes também cobrem muitos tópicos além da coleta de dados e, em consequência, destinam apenas uma fração de todo o texto aos procedimentos de coleta de dados (por exemplo, um capítulo entre 11 em Creswell, 2007, e um dos 28 capítulos em Silverman, 2010). Outros livros que de fato possuem uma variedade verdadeiramente abrangente e que discutem as técnicas de coleta de dados em detalhes são, apesar disso, projetados para servir mais como livros de referência do que como livros-texto a serem usados pelos pesquisadores (por exemplo, Bickman & Rog, 2009).

Devido a essas variações, você deve superar a complexa, se não fragmentada, natureza do mercado metodológico representado por esses vários textos. Fazer isso tornará ainda melhores seus próprios procedimentos de coleta de dados.

Princípios de apoio

Além da necessidade de estar familiarizado com os procedimentos de coleta de dados usando as seis diferentes fontes de evidência, você também precisa continuar abordando os desafios do projeto enumerados no Capítulo 2: validade do constructo, validade interna,

---

Sugestão: *Quanto tempo e esforço devo dedicar à coleta de dados do estudo de caso? Como saber se terminei de coletar os dados?*

Diferentemente dos outros métodos, não existe um ponto de término claro. Você deve tentar coletar dados suficientes para que:

a) tenha evidência confirmatória (evidência de duas ou mais diferentes fontes) para a maioria dos tópicos principais;

b) sua evidência inclua tentativas de investigar hipóteses e explicações rivais importantes.

Quais são alguns dos pontos de término para os outros métodos e por que eles não funcionariam na realização da pesquisa de estudo de caso?

Coleta da evidência do estudo de caso **109**

validade externa e a confiabilidade. Por essa razão, a parte final deste capítulo dá muita ênfase à sua segunda finalidade, a discussão dos quatro princípios da coleta de dados.

Estes princípios foram negligenciados no passado e são discutidos longamente:

a) o uso de múltiplas fontes de evidência, não apenas uma;
b) a criação de um banco de dados do estudo de caso;
c) a manutenção de um encadeamento de evidências; e
d) o cuidado no uso de dados de fontes eletrônicas de evidência, como comunicações de mídia social.

Os princípios são extremamente importantes para a realização de estudos de caso de alta qualidade, são relevantes para os seis tipos de fontes de evidência e devem ser seguidos sempre que possível. Particularmente, esses princípios, como observado no Capítulo 2 (ver Figura 2.3), ajudarão a lidar com os problemas de validade do constructo e de confiabilidade.

> **Exercício 4.1** Uso da evidência
>
> Selecione e obtenha um dos estudos de caso citados nos Quadros deste livro. Percorra o estudo de caso e identifique cinco descobertas importantes para ele. Para cada descoberta, indique a fonte ou as fontes de evidência, se houver, usadas para definir o fato. Em quantas instâncias existia mais do que uma única fonte de evidência?

SEIS FONTES DE EVIDÊNCIA

As fontes de evidência discutidas aqui são as usadas mais comumente na realização da pesquisa de estudo de caso: documentação, registros em arquivos, entrevistas, observações diretas, observação participante e artefatos físicos. Entretanto, você deve reconhecer que uma lista completa de fontes pode ser bastante extensa – incluindo filmes, fotografias e fitas de vídeo; técnicas projetivas e testes psicológicos; proxêmica, cinésica; etnografia de "rua"; e histórias de vida (Marshall & Rossman, 2011).

Uma visão geral útil das seis fontes importantes considera seus pontos fortes e fragilidades comparativamente (ver Figura 4.1). Você deve observar, imediatamente, que nenhuma fonte única tem uma vantagem completa sobre todas as outras. Na realidade, as várias fontes são altamente complementares, e um bom estudo de caso se baseará, por isso, em tantas fontes quantas possíveis (ver a discussão posterior neste capítulo sobre "múltiplas fontes de evidência").

Documentação

Exceto pelos estudos das sociedades anteriores à escrita, a informação documental é, provavelmente, relevante para todos os tópicos de estudo de caso.[1] Esse tipo de

FONTE DE EVIDÊNCIA	Pontos fortes	Pontos fracos
Documentação	• Estável – pode ser revista repetidamente • Discreta – não foi criada em consequência do estudo de caso • Exata – contém nomes, referências e detalhes exatos de um evento • Ampla cobertura – longo período de tempo, muitos eventos e muitos ambientes	• Recuperabilidade – pode ser difícil de encontrar • Seletividade parcial, se a coleção for incompleta • Parcialidade do relatório – reflete parcialidade (desconhecida) do autor • Acesso – pode ser negado deliberadamente
Registros em arquivo	• [Idem à documentação] • Precisos e geralmente quantitativos	• [Idem à documentação] • Acessibilidade devido a razões de privacidade
Entrevistas	• Direcionadas – focam diretamente os tópicos do estudo de caso • Perceptíveis – fornecem explicações, bem como visões pessoais (por exemplo, percepções, atitudes e significados)	• Parcialidade devido às questões mal-articuladas • Parcialidade da resposta • Incorreções devido à falta de memória • Reflexividade – o entrevistado dá ao entrevistador o que ele quer ouvir
Observações diretas	• Urgência – cobre eventos em tempo real • Contextual – cobre o contexto do "caso"	• Consome tempo • Seletividade – ampla cobertura é difícil sem uma equipe de observadores • Reflexividade – evento pode prosseguir diferentemente porque está sendo observado • Custo – horas necessárias pelos observadores humanos
Observação participante	• [idem aos acima para as observações diretas] • Discernível ao comportamento e aos motivos interpessoais	• [idem aos acima para as observações diretas] • Parcialidade devido à manipulação dos eventos pelo observador participante
Artefatos físicos	• Discernível às características culturais • Discernível às operações técnicas	• Seletividade • Disponibilidade

Figura 4.1 Seis fontes de evidência: pontos fortes e pontos fracos.

informação pode tomar várias formas e deve ser o objeto de planos explícitos de coleta de dados. Por exemplo, considere a seguinte variedade de documentos:

- cartas, memorandos, correspondência eletrônica e outros documentos pessoais, como diários, calendários e anotações;
- agendas, anúncios e minutas de reuniões, e outros relatórios escritos dos eventos;
- documentos administrativos – como propostas, relatórios de progresso e outros registros internos;
- estudos formais ou avaliações relacionados ao caso que você está estudando; e
- recortes de notícias e outros artigos que aparecem na mídia de massa ou nos jornais comunitários.

Esses e outros tipos de documentos estão cada vez mais disponíveis por meio das buscas na Internet. Os documentos são úteis mesmo que não sejam sempre precisos e possam apresentar parcialidades. Na realidade, os documentos devem ser usados, cuidadosamente, e não devem ser aceitos como registros literais dos eventos ocorridos. Poucas pessoas percebem, por exemplo, que mesmo as transcrições *verbatim* das sessões oficiais do congresso norte-americano foram deliberadamente editadas – pela equipe do congresso e outros que podem ter testemunhado – antes de serem impressas na forma final. Em outro campo, os historiadores que trabalham com documentos primários também devem se preocupar com a validade do documento.

Para a pesquisa de estudo de caso, o uso mais importante dos documentos é para corroborar e aumentar a evidência de outras fontes. Em primeiro lugar, os documentos são úteis na verificação da correção da ortografia e dos títulos ou nomes das pessoas e organizações que talvez tenham sido mencionados em uma entrevista. Em segundo lugar, os documentos podem proporcionar outros detalhes específicos para corroborar a informação de outras fontes. Se a evidência documental for contraditória, não corroborante, você precisa ocupar-se do problema investigando mais profundamente o tópico. Em terceiro lugar, você pode fazer inferências a partir dos documentos – por exemplo, observando a lista de distribuição para um documento específico, pode encontrar novas questões sobre as comunicações e as redes em uma organização. No entanto, deve tratar as inferências apenas como indícios merecedores de maior investigação, não como constatações definitivas porque elas podem revelar-se, mais tarde, falsas pistas.

Devido ao seu valor global, os documentos desempenham um papel explícito em qualquer coleta de dados na realização da pesquisa de estudo de caso. As buscas sistemáticas de documentos relevantes são importantes em qualquer plano de coleta de dados. Antes de um trabalho de campo, por exemplo, uma busca na Internet pode produzir informações valiosas. Durante o trabalho de campo, você deve dispor de tempo para usar as bibliotecas locais e outros centros de referência cujos documentos, como os números antigos de periódicos, podem não estar disponíveis eletronicamente. Você também deve providenciar acesso para examinar os arquivos de qualquer organização sendo estudada, inclusive para a revisão de documentos que podem ter sido colocados no "arquivo morto" por uma organização. A programação dessa atividade de recuperação é geralmente uma matéria flexível, independentemente das outras atividades de coleta de dados, e a busca pode ser conduzida, em geral, segundo a sua conveniência. Por essa razão, não existe motivo para a omissão de uma revisão minuciosa da evidência documental. Entre essas evidências, as narrativas de notícias são fontes excelentes para a cobertura de determinados tópicos, como nos Quadros 4.1 e 4.2.

QUADRO 4.1
Combinação da participação pessoal com a documentação jornalística extensa

A melhoria das condições educacionais – especialmente nas escolas urbanas, nos Estados Unidos – tornou-se um dos maiores desafios para o século XXI. Como o sistema de Houston, Texas, lidou com os recursos fiscais restritos, as populações escolares diversificadas e os grupos de entidades políticas locais é o tópico de um estudo de caso estimulante e digno de atenção, de Donald McAdams (2000). McAdams beneficia-se por ter sido eleito membro do conselho escolar do sistema, durante três mandatos de quatro anos. Ele escreve como um contador de histórias, não como um analista de ciência social. Ao mesmo tempo, o livro contém inúmeras referências aos artigos de jornais locais para corroborar os eventos. O resultado é um dos estudos de caso mais legíveis, mas também mais bem-documentado que os leitores encontrarão.

QUADRO 4.2
Comparação da evidência de duas fontes de arquivos para cobrir os mesmos eventos da comunidade

Um dos eventos comunitários mais importantes nos anos 1990 ficou conhecido como a "crise de Rodney King". Autoridades policiais brancas foram filmadas, inadvertidamente, no ato de espancamento de um homem afro-americano, mas um ano depois, todos foram absolvidos de qualquer crime. A absolvição desencadeou um grave conflito civil no qual 58 pessoas foram mortas, 2 mil feridas e 11 mil detidas.

Um estudo de caso sobre esta crise (R. N. Jacobs, 1996) baseou-se em dois jornais diferentes – o principal diário da área metropolitana e o jornal mais importante da comunidade afro-americana da região. Para o período pertinente em torno da crise, o primeiro jornal produziu 357 artigos e o segundo (uma publicação semanal, não diária) 137 artigos. O estudo de caso traça o curso dos eventos e mostra como os dois jornais construíram entendimentos diferentes sobre a crise, ilustrando potencial viés da evidência documental e a necessidade de abordagem dos vieses.

Ao mesmo tempo, muitas pessoas criticam a potencial confiança excessiva nos documentos na pesquisa de estudo de caso. Isto ocorre provavelmente porque o pesquisador casual presume, erradamente, que todos os tipos de documentos – inclusive as propostas para projetos ou programas – contêm a verdade indubitável. Na realidade, ao revisar qualquer documento é importante entender que ele foi redigido com alguma finalidade específica e para algum público específico *que não os* do estudo de caso sendo realizado. Nesse sentido, o pesquisador do estudo de caso é um observador vicário, porque a evidência documental reflete uma comunicação entre outros grupos tentando atingir alguns outros objetivos. Tentando identificar, constantemente, esses objetivos, você tem menos probabilidade de se desorientar com a evidência documental e mais probabilidade de criticar, corretamente, a interpretação do conteúdo dessa evidência.[2]

Um novo problema surgiu devido à abundância de materiais disponíveis por meio das buscas na Internet. Você pode ficar confuso ao revisar esses materiais e desperdiçar muito tempo com eles. Observe, no entanto, que o problema não é tão diferente da abundância excessiva de dados numéricos sobre seu caso, como os disponibilizados por fontes como o censo dos Estados Unidos (ver também uma discussão dos registros de arquivos a seguir). Nas duas situações, você precisa ter um forte sentido da investigação do seu estudo de caso e focar a informação mais pertinente. Uma sugestão seria separar ou realizar a triagem dos materiais (documentos ou dados numéricos) de acordo com sua aparente centralidade à investigação. Depois, passar mais tempo lendo ou revisando o que parece central e eliminando outros materiais menos importantes, para uma leitura ou revisão posterior. O procedimento não será perfeito, mas permitirá que você continue realizando outras tarefas do estudo de caso.

Registros em arquivo

Para muitos estudos de caso, os registros de arquivo – que frequentemente tomam a forma de arquivos e registros computadorizados, como nos dados do censo dos Estados Unidos mencionados – também podem ser relevantes. Os exemplos de registros de arquivo incluem

- "arquivos de uso público" como os do censo dos Estados Unidos e outros dados estatísticos disponibilizados pelos governos federal, estadual e local;
- registros de serviços, como os que mostram o número de clientes atendidos durante um determinado período de tempo;
- registros organizacionais, como o orçamento ou os registros pessoais;
- mapas e gráficos das características geográficas do local; e
- dados de levantamentos produzidos por outros sobre os empregados, os residentes ou os participantes do seu caso.

Esses e outros registros de arquivo podem ser usados, em conjunto com outras fontes de informação, na produção de um estudo de caso. Entretanto, ao contrário da evidência documental, a utilidade dos registros de arquivos variará de estudo de caso para estudo de caso. Para alguns estudos, os registros podem ser tão importantes que se tornam objeto de recuperação extensa e de análise quantitativa (por exemplo, veja os dados de custos usados em um estudo de casos múltiplos de 20 universidades, em Yin, 2012, Capítulo 11). Em outros estudos, eles podem ser apenas de relevância passageira.

Quando a evidência de arquivo for considerada relevante, o pesquisador deve ter o cuidado de confirmar as condições sob as quais ela foi produzida, assim como a sua exatidão. Às vezes, os registros de arquivo podem ser altamente quantitativos, mas os números, apenas, não devem ser automaticamente considerados um sinal de exatidão. Quase todo o cientista social, por exemplo, tem consciência dos defeitos do uso do Uniform Crime Reports, do FBI – ou de qualquer outro registro de arquivo baseado nos crimes relatados pelas agências de aplicação da lei. O mesmo alerta geral feito, anteriormente, sobre a evidência documental aplica-se, por essa razão, também à evidência em arquivo. A maioria dos registros de arquivo é produzida para uma finalidade específica e para um público específico que não o seu estudo de caso, e essas condições devem ser avaliadas na interpretação da utilidade e da exatidão desses registros.

Entrevistas

Uma das fontes mais importantes de informação para o estudo de caso é a entrevista. Esta observação pode ser surpreendente para você devido à associação habitual entre as entrevistas e a pesquisa de levantamento. No entanto, as entrevistas são comumente encontradas na pesquisa de estudo de caso. Elas lembram conversas guiadas, não investigações estruturadas. Embora seja observada uma linha de investigação consistente, a verdadeira corrente de questões, na entrevista de estudo de caso, será provavelmente fluida, não rígida (Rubin & Rubin, 2011). Esse tipo de entrevista tem sido chamado, alternativamente, de "entrevista intensiva", "entrevista em profundidade" ou "entrevista não estruturada" (Weiss, 1994, p. 207-208).

Observe que isto significa que você tem duas tarefas durante o processo de entrevista:

a) seguir sua própria linha de investigação, como refletida pelo protocolo do estudo de caso,
b) formular questões verdadeiras (conversacionais), de maneira imparcial, para que também sirvam às necessidades de sua linha de investigação (ver a distinção entre as questões do "Nível 1" e as do "Nível 2", no Capítulo 3).

Por exemplo, você talvez queira (em sua linha de investigação) saber "por que" um determinado processo ocorreu de um certo modo. Becker (1998, p. 58-60), no entanto, aponta a importante diferença em formular, realmente, a questão "por que" a um informante (que, em sua visão, cria defensividade por parte do informante), comparando-a à formulação de uma questão "como" – sendo esta última, de fato, sua maneira preferida de abordar qualquer questão "por que" em uma conversa real. Assim, as entrevistas de estudo de caso exigem que você opere em dois níveis ao mesmo tempo: satisfazendo as necessidades de sua linha de investigação (questões do Nível 2) enquanto, simultaneamente, apresenta questões "amigáveis" e não ameaçadoras" em suas entrevistas abertas (questões do Nível 1).

Uma questão comum sobre a entrevista de estudo de caso é se você deve gravá-la. Usar um gravador é uma questão de preferência pessoal. O áudio registrado certamente fornece uma interpretação mais precisa de qualquer entrevista do que fazer suas próprias anotações. Contudo, não se deve utilizar um gravador quando o entrevistado:

a) não concede permissão ou parece sentir-se desconfortável com isso;
b) não há um plano específico para transcrever ou ouvir sistematicamente o conteúdo da gravação eletrônica;
c) o pesquisador não sabe lidar com aparelhos mecânicos, de modo que os procedimentos de gravação o distraem durante a entrevista; ou
d) o pesquisador pensa que o gravador substituirá sua necessidade de ouvir atentamente o entrevistado durante o curso da entrevista.

Dados esses pontos, é bom avaliar os três tipos possíveis de entrevistas de estudo de caso: entrevistas prolongadas, entrevistas curtas e entrevistas de levantamento.

Entrevistas prolongadas de estudo de caso. Estas entrevistas podem tomar cerca de duas ou mais horas, tanto em um único encontro como em múltiplos encontros. Você pode perguntar aos entrevistados sobre suas interpretações e opiniões acerca de pessoas e eventos ou seus *insights*, explicações e significados relacionados a certos acontecimentos. Você pode usar essas proposições como base para mais investigações, e o entrevistado pode sugerir outras pessoas para serem entrevistadas, assim como outras fontes de evidência.

Quanto mais o entrevistado auxiliar dessa maneira, mais o papel pode ser considerado o de um "informante", não apenas o de um participante. Os informantes-chave são frequentemente fundamentais para o sucesso de um estudo de caso. Essas pessoas podem proporcionar a você *insights* sobre o assunto e também acesso a outros entrevistados que podem ter evidências corroborantes ou opostas. Uma dessas pessoas, chamada "Doc", desempenhou um papel essencial na condução de um famoso estudo de caso apresentado em *Street Corner Society* (Whyte, 1943/1993; ver também Quadro 1.2A, p.8, Capítulo 1). Informantes-chave similares foram observados em outros estudos de caso. Naturalmente, você deve ser cuidadoso quanto à excessiva dependência do informante-chave, especialmente devido à influência reflexiva – com frequência sutil – que o informante pode exercer sobre você. Uma maneira razoável de lidar, com essa cilada é contando outras fontes de evidência para corroborar os *insights* desse informante e buscando a evidência contrária tão diligentemente quanto possível.

Entrevistas curtas de estudo de caso. Em vez de ocorrer durante um período extenso ou em muitas sessões, muitas entrevistas de estudo de caso podem ser mais focadas e tomar apenas cerca de uma hora. Nessas situações, as entrevistas até podem permanecer abertas e ser em tom de conversa, mas é provável que se siga o seu protocolo do estudo de caso (ou uma parte dele) mais rigorosamente.

Por exemplo, uma finalidade importante dessa entrevista pode ser simplesmente a de corroborar determinadas descobertas que você já considera estabelecidos, mas não a de perguntar sobre outros tópicos de natureza mais ampla, abertamente. Nessa situação, as questões específicas devem ser cuidadosamente elaboradas, para que você pareça genuinamente ingênuo sobre o tópico, permitindo que o entrevistado faça um comentário inédito sobre ele; em comparação, se você formular questões condutoras, a finalidade corroborante não será atendida. Mesmo assim, deve tomar cuidado quando diferentes entrevistados aparentarem ecoar os mesmos pensamentos – corroborando uns aos outros, mas de modo conspiratório.[3] É necessária uma sondagem posterior. Um modo é testar a genuinidade dos eventos, verificando deliberadamente com pessoas conhecidas por apresentarem diferentes perspectivas. Se um dos entrevistados deixar de comentar, mesmo que os outros tendam a corroborar as versões uns dos outros sobre o que ocorreu, você deve tomar nota disso, citando o fato de que uma pessoa foi questionada, mas se recusou a comentar, como é feito nas boas coberturas jornalísticas.

Como um tipo de exemplo totalmente diferente, seu protocolo de estudo de caso pode determinar que você preste especial atenção à interpretação pessoal do entrevistado sobre o evento. Neste caso, as percepções do entrevistado e sua noção do significado são o material a ser compreendido (Merton, Fiske & Kendall, 1990). Este tipo de entrevista única tem similar no *grupo focal*, utilizado pela primeira vez para estudar o moral militar durante a Segunda Guerra Mundial e posteriormente popularizado na pesquisa de mercado, para verificar a reação dos consumidores a programas de rádio. Os procedimentos do grupo focal pedem que você recrute e reúna um pequeno grupo de pessoas. Você deve, então, mediar uma discussão sobre um aspecto do estudo de caso, tentando deliberadamente trazer à tona as visões de cada pessoa no grupo (Krueger & Casey, 2009). Para obter as visões de um grupo maior de pessoas, você não aumentaria o grupo focal, mas designaria entrevistados a outros grupos focais menores.

Em ambos os exemplos anteriores, seja usando uma entrevista para corroborar certas descobertas ou para apreender a noção de realidade de um entrevistado, você precisa minimizar uma ameaça metodológica criada pela natureza controversa da entrevista. A conversação pode levar a uma influência mútua e sutil entre você e o entrevistado – por vezes denominada *reflexividade*: sua perspectiva, inconscientemente, influencia as respostas do entrevistado, mas as repostas também, inconscientemente, influenciam sua linha de investigação. O resultado é um matiz indesejado no seu material de entrevista.

Ao passo que você provavelmente estar a par de que entrevistas prolongadas podem criar um relacionamento entre você e o entrevistado – o que precisa ser monitorado –, as entrevistas curtas também apresentam uma ameaça reflexiva. Você pode não conseguir superar completamente a ameaça, mas apenas estar ciente de sua existência já deve permitir que você faça entrevistas de estudo de caso melhores.

Entrevistas de levantamento de estudo de caso. Ainda, outro tipo de entrevista é, na verdade, a típica entrevista de levantamento, utilizando um questionário estruturado. O levantamento poderia ser projetado como parte de um estudo de caso integrado (ver Capítulo 2) e produzir dados quantitativos como parte da evidência do estudo de caso (ver Quadro 4.3).

> **QUADRO 4.3**
> **Estudo de caso englobando um levantamento**
>
> Hanna (2000) usou uma variedade de fontes de dados, inclusive um levantamento, para conduzir um estudo de caso de um local urbano-rural de um estuário. Nesse local, um programa integrado de administração de recursos foi estabelecido para ajudar a gerenciar os aspectos do planejamento ambiental e econômico. o estudo de caso concentrou-se no ambiente do estuário, incluindo sua descrição e as políticas e a participação pública que aparentavam afetá-lo. No estudo de caso, os participantes no processo político serviram como uma unidade de análise integrada. Hanna fez o levantamento com esses indivíduos e os dados foram apresentados, com testes estatísticos, como parte do estudo de caso único.

Esta situação seria relevante, por exemplo, se você estivesse realizando um estudo de caso de um projeto de *design* urbano e realizasse o levantamento de um grupo de *designers* sobre o projeto (por exemplo, Crewe, 2001), ou se conduzisse um estudo de caso de uma organização incluindo um levantamento dos trabalhadores e dos administradores. Este tipo de levantamento seguiria tanto os procedimentos de amostragem quanto os instrumentos usados nos levantamentos normais, e seria analisado, subsequentemente, de maneira similar. A diferença seria o papel do levantamento em relação a outras fontes de evidência. Por exemplo, as percepções dos residentes sobre o declínio ou a melhoria de um bairro não seriam encaradas, necessariamente, como uma medida do verdadeiro declínio ou melhoramento, mas apenas como um componente da avaliação geral do bairro.

Resumo. As entrevistas são uma fonte essencial de evidência do estudo de caso porque a maioria delas é sobre assuntos humanos ou ações comportamentais. Os entrevistados bem-informados podem proporcionar *insights* importantes sobre esses assuntos ou ações. Eles também podem fornecer atalhos para a história prévia dessas situações, ajudando-o a identificar outras fontes relevantes de evidência.

Ao mesmo tempo, quando suas entrevistas focarem os eventos comportamentais, porque são ingredientes principais de seu estudo de caso, elas devem ser sempre consideradas apenas *relatos verbais.* Como tal, mesmo ao relatarem esses eventos ou explicarem como ocorreram, as respostas dos entrevistados estão sujeitas aos problemas comuns de parcialidade, má lembrança e articulação pobre ou inexata. Novamente, uma abordagem razoável é corroborar os dados da entrevista com informações de outras fontes.

Em outras situações, você estará interessado nas visões pessoais de um entrevistado (por exemplo, opiniões, atitudes e significados) além das explicações dos eventos comportamentais. A corroboração dessas visões por intermédio de outras fontes não seria tão relevante como quando você estiver lidando com eventos comportamentais. Você até pode desejar sentir a distinção das visões, comparando-as com as dos outros, mas quanto mais fizer isso, mais estará se dirigindo a um levantamento convencional e deverá seguir os procedimentos e as precauções dos levantamentos.

Observações diretas

Como o estudo de caso deve ocorrer no contexto de mundo real do caso, você está criando a oportunidade para as observações diretas. Presumindo que os fenômenos de interesse não tenham sido puramente históricos, algumas condições sociais ou ambientais relevantes estarão disponíveis para a observação. Essas observações servem ainda como outra fonte de evidência para fazer a pesquisa de estudo de caso.

As observações podem variar das atividades de coleta de dados formais às informais. Mais formalmente, os instrumentos observacionais podem ser desenvolvidos como parte do protocolo do estudo de caso, e um pesquisador de campo talvez tente investigar a ocorrência de determinados tipos de comportamento durante alguns períodos de tempo no campo (ver os dois exemplos no Quadro 4.4). Isto pode envolver a observação de reuniões, atividades de rua, trabalho em fábrica, salas de aula e outros. Menos formalmente, as observações diretas podem ser feitas durante seu trabalho de campo, incluindo as ocasiões em que outras evidências, como as das entrevistas, estão sendo coletadas. Por exemplo, a condição do ambiente imediato ou dos locais de trabalho podem indicar algo sobre a cultura da organização; igualmente, a localização ou o mobiliário do escritório de um entrevistado pode ser um indicador da sua situação na organização.

QUADRO 4.4
Uso de evidência observacional

4.4A. Relato da observação de campo

As "salas limpas" são uma parte importante no processo de fabricação para a produção de *chips* semicondutores. Entre outras características, os empregados usam macacões de tecido sem fiapos e manuseiam componentes extremamente pequenos nessas salas. Em seu estudo de caso da vida de trabalho de alta tecnologia, *Silicon Valley Fever*, Rogers e Larsen (1984) usaram evidência observacional para mostrar como os empregados adaptaram-se às condições de trabalho nessas salas limpas, acrescentando que, na ocasião, a maioria dos empregados era mulheres enquanto a maior parte dos supervisores era homem.

(Continua)

> *(Continuação)*
>
> **4.4B. Combinação das observações de campo com outros tipos de evidência do estudo de caso**
>
> Os estudos de caso não precisam ser limitados a uma única fonte de evidência. Na realidade, a maioria dos melhores estudos de caso conta com uma variedade de fontes.
>   Um exemplo de estudo de caso que usou essa variedade é o livro de Gross et al. (1971) cobrindo eventos em uma única escola (ver também o Quadro 2.4, Capítulo 2, p.55). o estudo de caso incluiu um protocolo observacional para medir o tempo gasto pelos estudantes nas várias tarefas, mas também contou com o levantamento estruturado de um número maior de professores, as entrevistas abertas com um número menor de pessoas-chave e com uma revisão de documentos organizacionais. tanto os dados observacionais quanto os de levantamento levaram à informação quantitativa sobre as atitudes e o comportamento na escola, enquanto as entrevistas abertas e a evidência documental levaram à informação qualitativa.
>   Todas as fontes de evidência foram revistas e analisadas juntas, para que os achados do estudo de caso fossem baseados na convergência das informações de diferentes fontes, não nos dados quantitativos ou qualitativos isolados.

A evidência observacional é frequentemente útil para proporcionar informação adicional sobre o tópico sendo estudado. Se o estudo de caso for sobre uma nova tecnologia ou um currículo escolar, por exemplo, as observações da tecnologia ou do currículo em funcionamento são auxiliares valiosos para o entendimento dos seus verdadeiros usos e de qualquer problema encontrado. Da mesma forma, as observações de um bairro ou de uma unidade organizacional adicionam novas dimensões ao entendimento do contexto ou do fenômeno sendo estudado. As observações podem ser tão valiosas que você pode até mesmo considerar fotografar o local do trabalho de campo. No mínimo, essas fotografias ajudarão a transmitir importantes características do caso aos observadores externos (ver Dabbs, 1982). Observe, no entanto, que na maioria das situações – mesmo em cenários ao ar livre, como ao fotografar estudantes no recreio de uma escola pública ou pessoas andando em uma calçada – você precisará de permissão explícita antes de prosseguir o trabalho.

Um procedimento comum para aumentar a confiabilidade da evidência observacional é ter mais de um único observador realizando a observação – da variedade formal ou informal. Assim, quando os recursos permitirem, a coleta de dados do estudo de caso deve adotar o uso de múltiplos observadores.

Observação participante

A observação participante é uma modalidade especial de observação na qual você não é simplesmente um observador passivo. Em vez disso, você pode assumir vários papéis na situação do trabalho de campo e participar realmente das ações sendo estudados (ver DeWalt & DeWalt, 2011, Cap. 2). Em zonas urbanas, por exemplo, esses papéis podem variar das interações sociais casuais com diversos residentes à realização de atividades funcionais específicas em um bairro (ver Yin, 1982a). Os papéis para os diferentes estudos ilustrativos em bairros e organizações incluem

- ser um residente no bairro que é o assunto do estudo de caso (ver Quadro 4.5);
- assumir algum outro papel funcional em um bairro, como servir como assistente do gerente de loja;
- servir como membro da equipe em um ambiente organizacional; e
- ser um tomador de decisão essencial em um ambiente organizacional.

QUADRO 4.5
Observação participante na vizinhança próxima à "Street Corner Society"

A observação participante tem sido um método usado frequentemente para estudar as zonas urbanas. Um desses estudos de fama subsequente foi conduzido por Herbert Gans, que escreveu *The Urban Villagers* (1962), um estudo sobre "grupo e classe na vida dos ítalo-americanos".

A metodologia de Gans está documentada em um capítulo separado de seu livro, intitulado "sobre os métodos usados neste estudo". Ele observa que sua evidência foi baseada em seis abordagens: o uso das instalações do bairro, a frequência às reuniões, a visita informal de vizinhos e amigos, a entrevista formal e informal, o uso de informantes e a observação direta. de todas essas fontes, o "papel participativo acabou sendo o mais produtivo" (p. 339-340). Este papel baseou-se no fato de Gans ser um verdadeiro residente, juntamente com sua esposa, do bairro que estudava. O resultado é uma declaração clássica da vida em uma zona submetida à renovação urbana e à mudança, e um contraste total com a estabilidade encontrada em uma vizinhança próxima, como a coberta em *Street Corner Society*, de Whyte (1943/1993), quase 20 anos antes (ver também Quadro 1.2A, p. 8, Capítulo 1).

A técnica de observação participante tem sido usada, mais frequentemente, nos estudos antropológicos dos diferentes grupos culturais ou sociais. A técnica também pode ser usada em uma variedade de contextos do dia a dia, como em grandes organizações (ver o Quadro 4.6) ou em pequenos grupos informais.

QUADRO 4.6
Estudo de observador participante em um ambiente do "dia a dia"

Eric Redman proporciona um relato de alguém que está por dentro sobre o funcionamento do congresso em seu conceituado estudo de caso, *The Dance of Legislation* (1973). O estudo de caso traça a introdução e a aprovação da legislação que criou o National Health Service Corps, durante o nonagésimo primeiro congresso, em 1970.

(Continua)

> *(Continuação)*
>
> O trabalho é um exemplo excelente da observação participante em um ambiente contemporâneo. Contém informação sobre os papéis internos que poucas pessoas tinham o privilégio de compartilhar. As estratégias legislativas sutis, o papel desprezado dos lobistas e dos membros dos comitês e a interação entre os ramos legislativo e executivo do governo foram recriados pelo estudo de caso e todos adicionam ao entendimento geral do leitor sobre o processo legislativo.

A observação participante proporciona algumas oportunidades incomuns para a coleta de dados do estudo de caso, mas também envolve desafios importantes. A oportunidade mais diferenciada está relacionada com a capacidade de obter acesso aos eventos ou grupos que, de outro modo, seriam inacessíveis ao estudo. Em outras palavras, para alguns tópicos, pode não haver um meio de coletar evidência que não seja por meio da observação participante. Outra oportunidade diferenciada é a capacidade de captar a realidade do ponto de vista de alguém "interno" a um estudo de caso, não de alguém externo a ele. Muitos argumentam que essa perspectiva é valiosa na produção de um retrato preciso do fenômeno do estudo de caso. Finalmente, outras oportunidades surgem porque você talvez seja capaz de manipular os eventos menores – como convocar uma reunião de um grupo de pessoas no caso. Apenas por meio da observação participante essa manipulação pode ocorrer, pois o uso de documentos, registros de arquivos e entrevistas, por exemplo, presume um pesquisador passivo. A manipulação não será tão precisa como nos experimentos, mas pode produzir uma variedade maior de situações com o objetivo de coletar dados.

Os principais desafios relacionados com a observação participante referem-se à potencial parcialidade produzida (ver Becker, 1958). Em primeiro lugar, o pesquisador tem menos capacidade de trabalhar como observador externo e pode, às vezes, ter que assumir posições ou papéis de defesa contrários aos interesses da boa prática da ciência social. Em segundo lugar, o observador-participante provavelmente segue um fenômeno conhecido comumente e passa a apoiar o grupo ou a organização sendo estudada, caso esse apoio já não existisse antes. Em terceiro lugar, o papel do participante pode exigir, simplesmente, demasiada atenção em relação ao papel do observador. Assim, o observador-participante pode não ter tempo suficiente para tomar notas ou levantar questões sobre os eventos a partir de diferentes perspectivas, como faria um bom observador. Em quarto lugar, se a organização ou o grupo social sendo estudado estiver fisicamente dispersa, o observador-participante pode encontrar dificuldade para estar no lugar certo no tempo certo, tanto para participar quanto para observar os eventos importantes.

Estas trocas entre as oportunidades e os desafios têm que ser consideradas, seriamente, na realização de um trabalho de campo de observação participante. Sob algumas circunstâncias, esta abordagem para alcançar as evidências do estudo de caso pode ser exatamente a abordagem certa; sob outras, a credibilidade de todo um estudo de caso pode ser ameaçada.

Artefatos físicos

Uma fonte final de evidência é o artefato físico ou cultural – por exemplo, um dispositivo tecnológico, uma ferramenta ou instrumento, uma obra de arte, ou alguma outra evidência física. Esses artefatos podem ser coletados ou observados como parte de um estudo de caso e têm sido usados amplamente na pesquisa antropológica.

Os artefatos físicos têm uma importância potencialmente menor na maioria dos exemplos típicos dos estudos de caso. No entanto, quando relevantes, os artefatos podem ser um componente importante no caso em geral. Por exemplo, um estudo de caso do uso de computadores pessoais na sala de aula precisava confirmar a natureza do uso real das máquinas. Embora o uso pudesse ser observado diretamente, um artefato – o material impresso do computador – também estava disponível. Os estudantes apresentavam essas impressões como o produto acabado de seu trabalho e mantinham anotações do que havia sido impresso. Cada material impresso mostrava o tipo de trabalho escolar realizado, assim como a data e a quantidade de tempo de computador usado para realizar o trabalho. Examinando os materiais, os pesquisadores foram capazes de desenvolver uma perspectiva mais ampla, concernente a todas as aplicações em sala de aula, durante o período de um semestre, muito além do que poderia ser observado diretamente no tempo limitado de uma visita de sala de aula.

Resumo

Esta seção revisou seis fontes de evidência comumente usadas nos estudos de caso. Os procedimentos para a coleta de cada tipo de evidência devem ser desenvolvidos e dominados, independentemente, para garantir que cada fonte seja usada de modo apropriado. Nem todas as fontes serão relevantes para todos os estudos de caso. No entanto, o pesquisador de estudo de caso treinado deve conhecer os procedimentos associados ao uso de cada fonte de evidência – ou os colegas que possuem a especialização necessária e podem trabalhar como membros da equipe do estudo de caso.

> **Exercício 4.2** Identificação dos tipos específicos de evidência
>
> Cite um tópico de estudo de caso que gostaria de estudar. Para algum aspecto deste tópico, identifique o tipo específico de evidência que seria relevante – por exemplo, se for um documento, que tipo de documento? Se for uma entrevista, quais respondentes e quais perguntas? Se for um registro em arquivo, quais registros e quais variáveis?

QUATRO PRINCÍPIOS DA COLETA DE DADOS

Os benefícios destas seis fontes de evidência podem ser maximizados se você seguir quatro princípios da coleta de dados. Estes princípios são relevantes para as seis fontes e, quando usados apropriadamente, podem ajudar a tratar dos problemas de estabelecimento da validade do constructo e da confiabilidade da evidência. Os quatro são os seguintes:

Princípio 1: Usar múltiplas fontes de evidência

Qualquer uma das fontes de evidência precedentes pode e tem sido a base única para estudos inteiros. Por exemplo, alguns estudos contam apenas com a observação participante, mas não examinam um único documento; igualmente, inúmeros estudos contam com registros de arquivos, mas não envolvem uma única entrevista.

Esse uso isolado de fontes pode ser uma função da maneira independente em que as fontes foram tipicamente concebidas – como se um pesquisador devesse escolher a única fonte mais apropriada ou aquela com a qual estivesse mais familiarizado. Assim, em muitas ocasiões, os pesquisadores anunciam o projeto de um novo estudo, identificando tanto o problema a ser estudado quanto a seleção prévia de uma *única* fonte de evidência – como "entrevistas" – como o foco do esforço da coleta de dados.

Triangulação: Justificativa para o uso de múltiplas fontes de evidência. A abordagem às fontes individuais de evidência, como descrita recentemente, no entanto, não é recomendada quando se conduzem pesquisas de estudos de caso. Ao contrário, um importante ponto forte da coleta de dados do estudo de caso é a oportunidade de usar diferentes fontes de evidência (ver Quadro 4.7 e Quadro 4.4B, p.119, anteriormente neste capítulo, para exemplos desses estudos). Além disso, a necessidade de usar fontes múltiplas de evidência excede muito a dos outros métodos de pesquisa, como os experimentos, os levantamentos, ou as histórias.

QUADRO 4.7
Estudo de caso combinando a experiência pessoal com a pesquisa de campo extensa

A maioria das pessoas nos Estados Unidos já ouviu sobre o Head Start federal. Seus desenvolvimento e crescimento iniciais em um dos mais bem-sucedidos programas federais são traçados por Zigler e Muenchow (1992). Seu livro é excepcionalmente discernível, possivelmente por ser baseado nas experiências pessoais de Zigler com o programa, começando com sua participação como o primeiro diretor. O livro também consulta outras fontes independentes de evidência, no entanto, com seu coautor contribuindo com a pesquisa histórica e de campo, incluindo as entrevistas de mais de 200 pessoas associadas ao Head Start. todas essas múltiplas fontes de evidência estão integradas no estudo de caso coerente, se não vigoroso, do Head Start. O resultado é uma combinação vencedora: um livro muito legível, porém também bem-documentado.

Os experimentos, por exemplo, limitam-se enormemente à medida e ao registro do comportamento real em laboratório e, geralmente, não incluem o uso sistemático do levantamento ou da informação verbal. Os levantamentos tendem a ser o oposto, enfatizando a informação verbal, mas não a medida ou o registro dos comportamentos individuais. Finalmente, as histórias limitam-se aos eventos no passado "morto" e, portanto, raramente possuem qualquer fonte contemporânea de evidência, como as observações diretas de um fenômeno ou as entrevistas com os participantes principais.

Naturalmente, cada uma dessas estratégias pode ser modificada, criando estratégias híbridas nas quais múltiplas fontes de evidência têm mais probabilidade de ser mais relevantes. Um exemplo disto é a evolução dos estudos de "história oral" nas últimas décadas. Esses estudos podem envolver entrevistas extensas com líderes políticos importantes que se aposentaram, estipulando-se que a informação da entrevista não será divulgada antes de sua morte. Posteriormente, o historiador juntará os dados da entrevista com a série mais convencional de evidências históricas. Apesar disso, tal modificação dos métodos tradicionais não altera o fato de que a pesquisa de estudo de caso trata, inerentemente, de uma ampla variedade de evidências, enquanto os outros métodos, não.

O uso de múltiplas fontes de evidência na pesquisa de estudo de caso permite que o pesquisador aborde uma variação maior de aspectos históricos e comportamentais. A vantagem mais importante apresentada pelo uso de fontes múltiplas de evidência, no entanto, é o desenvolvimento de *linhas convergentes de investigação*. A triangulação inspira-se no princípio na navegação pelo qual a interseção de diferentes pontos de referência é usada para calcular a localização precisa de um objeto (Yardley, 2009). Assim, qualquer achado ou conclusão do estudo de caso é, provavelmente, mais convincente e acurado se for baseado em diversas fontes diferentes de informação, seguindo uma convergência semelhante (ver Quadro 4.8).

QUADRO 4.8
Triangulação a partir de fontes múltiplas de evidência

Basu, Dirsmith e Gupta (1999) conduziram um estudo de caso da agência de auditoria do governo federal, o U.S. Government Accountability Office. Seu caso foi orientado pela teoria e examinou o relacionamento entre o trabalho real de uma organização e a imagem que ela apresenta aos grupos externos (o achado foi que o trabalho e a imagem estão apenas fracamenteassociados). O estudo de caso usou uma série impressionante de fontes de evidência – um período longo de observações de campo, com diários; entrevistas de 55 pessoas; e revisões dos relatos históricos, registros públicos, arquivos pessoais dos administradores e artigos novos – todos triangulando sobre o mesmo conjunto de questões de pesquisa.

Patton (2002) discute quatro tipos de triangulação na realização das avaliações – a triangulação:

1. das fontes de dados (*triangulação dos dados*);
2. entre os diferentes avaliadores (*triangulação do investigador*);

Coleta da evidência do estudo de caso 125

3. de perspectivas para o mesmo conjunto de dados (*triangulação da teoria*);
4. dos métodos (*triangulação metodológica*).

A presente discussão refere-se apenas ao primeiro dos quatro tipos (*triangulação dos dados*), encorajando-o a coletar informações de fontes múltiplas, mas que visem a corroborar a mesma descoberta. Ao perseguir essas estratégias corroborantes, a Figura 4.2 diferencia entre duas condições – quando os dados foram realmente triangulados (parte superior da Figura 4.2) e quando existem múltiplas fontes como parte do mesmo estudo, mas que abordam descobertas *diferentes,* apesar disso (parte inferior). Quando você realmente triangulou os dados, as descobertas do estudo de caso foram apoiadas por mais do que uma única fonte de evidência. Por outro lado, quando você usou múltiplas fontes, mas analisou cada fonte de evidência separadamente, o procedimento lembra a comparação de conclusões de diferentes estudos (cada um baseado em uma fonte diferente) – mas não ocorreu qualquer triangulação de dados.

Com a convergência de evidências, a triangulação dos dados ajuda a reforçar a *validade do constructo* do seu estudo de caso. As múltiplas fontes de evidência proporcionam, essencialmente, várias avaliações do mesmo fenômeno. O fenômeno de interesse pode diferir em diferentes tipos de estudos de caso.[4] Em muitos estudos de caso, o fenômeno de interesse pode pertencer a um evento comportamental ou so-

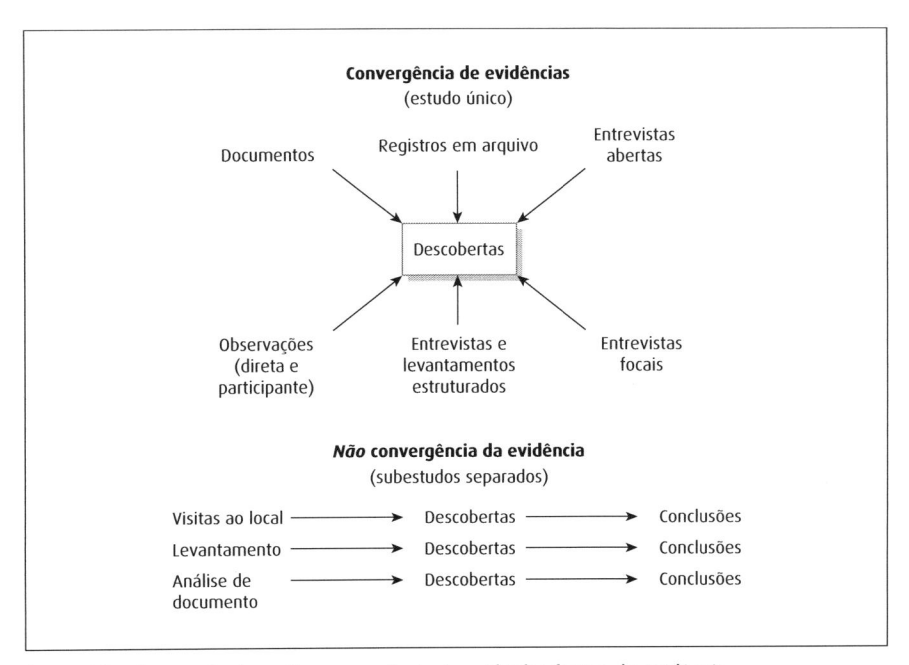

Figura 4.2 Convergência e não convergência de múltiplas fontes de evidência.

cial, com a descoberta convergente assumindo implicitamente uma *única realidade*. Usar evidência de múltiplas fontes aumentaria a convicção de que o seu estudo de caso apresentou o evento de forma precisa.

Em outros tipos de estudos de caso, o fenômeno de interesse pode ser a acepção ou a perspectiva distintivas de um participante – porque você adotou uma orientação relativista para reconhecer a possibilidade de *múltiplas realidades*. A triangulação ainda seria importante para garantir que o estudo de caso tenha apresentado de forma precisa a perspectiva dos participantes. Você deve, no mínimo, ter entrevistado o mesmo participante várias vezes ou em várias ocasiões – o que serviria, à sua própria maneira, como um conjunto de "múltiplas" fontes.

Pré-requisitos para o uso de múltiplas fontes de evidência. Ao mesmo tempo, o uso de múltiplas fontes de evidência impõe uma carga maior, sugerida anteriormente, sobre você mesmo ou sobre qualquer outro pesquisador de estudo de caso. Em primeiro lugar, a coleta de dados de múltiplas fontes é mais cara do que quando os dados são coletados de uma única fonte (Denzin, 1978, p. 61). Em segundo, e mais importante, todos os pesquisadores do estudo de caso precisarão saber como realizar a grande variedade de técnicas de coleta de dados. Por exemplo, você pode ter que coletar e analisar evidências documentais, como na pesquisa histórica, recuperar e analisar registros em arquivo, como na economia, e projetar e conduzir levantamentos, como na pesquisa de opinião pública. Se qualquer uma dessas técnicas for usada impropriamente, a oportunidade de abordar uma série mais ampla de assuntos ou de estabelecer linhas convergentes de investigação pode ser perdida. Esta exigência de domínio das técnicas múltiplas de coleta de dados, por esse motivo, levanta importantes questões relacionadas com o treinamento e a especialização do pesquisador do estudo de caso.

Infelizmente, muitos programas de treinamento de graduação enfatizam um tipo de atividade de coleta de dados acima de todos os outros, e o estudante bem-sucedido provavelmente não terá a chance de dominar os outros. Para superar essas condições, você deve buscar outras maneiras de obter o treinamento e a prática necessários. Uma maneira é trabalhar com uma organização de pesquisa multidisciplinar, não se limitando a um único departamento acadêmico. Outra maneira é analisar os trabalhos metodológicos de vários cientistas sociais (ver Hammond, 1968) e aprender os pontos fortes e as fragilidades das diferentes técnicas de coleta de dados praticadas pelos estudiosos experientes. Ainda uma terceira maneira é projetar estudos-piloto diferentes, que proporcionarão oportunidades para você praticar as diferentes técnicas.

Não importa como a experiência é obtida, todo o pesquisador de estudo de caso deve ser bem-versado em uma variedade de técnicas de coleta de dados para que o estudo de caso possa usar múltiplas fontes de evidência. Sem essas múltiplas fontes, uma vantagem inestimável da pesquisa de estudo de caso terá sido perdida. Pior ainda, o que iniciou como um estudo de caso pode tornar-

-se alguma outra coisa. Por exemplo, você pode contar excessivamente com as entrevistas abertas como fonte de seus dados, prestando atenção insuficiente à evidência documental ou à outra para corroborar as entrevistas. Se completar, então, sua análise e estudo, terá realizado provavelmente um estudo de "entrevista". Ele será similar aos levantamentos baseados inteiramente nos relatos verbais provenientes das entrevistas abertas – mas não terá realizado um estudo de caso. Neste estudo de entrevista, seu texto teria que salientar, constantemente, a natureza de autorrelatos de seus dados, usando frases como: "conforme relatado pelos entrevistados", "como declarado nas entrevistas" ou "ele/ela relatou que ...." e assim por diante.

> **Exercício 4.3 Busca da evidência convergente**
>
> Cite um incidente recente que ocorreu na sua rotina diária. Como você faria para estabelecer uma faceta desse incidente se desejasse agora (em retrospecto) demonstrar o que aconteceu? Entrevistaria pessoas importantes (inclusive você mesmo)? Haveria algum artefato ou documentação com os quais pudesse contar? Múltiplas perspectivas poderiam ser relevantes para recordar e definir essa faceta do incidente?

Princípio 2: Criar uma base de dados do estudo de caso

O segundo princípio refere-se à maneira de organizar e documentar os dados coletados para os estudos de caso. Aqui, a pesquisa de estudo de caso tem muito a copiar das práticas seguidas pelos outros métodos de pesquisa definidos no Capítulo 1. Sua documentação consiste comumente em duas coletas *separadas*:

1. os dados ou a base comprobatória; e
2. o relato do pesquisador, em forma de artigo, relatório, livro ou em forma oral.

O uso de arquivos computadorizados faz a distinção entre essas duas coletas de forma ainda mais clara. Por exemplo, os investigadores que realizam pesquisa psicológica, de levantamento ou econômica podem trocar arquivos de dados e outras documentações eletrônicas que contêm apenas a base de dados verdadeira – como as respostas comportamentais ou os escores dos testes na psicologia, os itens de respostas a várias questões de pesquisa ou os indicadores na economia. A base de dados pode, então, ser o assunto de análise separada, secundária, independente de qualquer relatório, pelo pesquisador original.

Com a pesquisa de estudo de caso, a distinção entre um banco de dados separado e o relatório do estudo de caso tornou-se lentamente uma prática cotidiana, mas ainda não universal. Com muita frequência, no passado, os dados do estudo de caso – tomando principalmente uma forma narrativa – eram integrados no texto em um relatório de estudo de caso. Isso deixou o leitor crítico sem recursos para inspecionar os dados brutos que levaram às conclusões do estudo de caso, porque a narrativa no relatório de estudo de caso era misturada com as interpretações do autor sobre os dados.

O banco de dados necessário do estudo de caso será uma compilação separada e ordenada de todos os dados de um estudo de caso. Tais dados irão além da informação narrativa ou numérica, incluindo documentos e outros materiais coletados do campo. Você pode usar um *software* de análise qualitativa de dados computadorizada (CAQDAS) ou ferramentas mais rotineiras de processamento de palavras (por exemplo, arquivos de Word ou Excel) para organizar os dados narrativos e numéricos. Contudo, para preservar os outros materiais como parte do banco de dados, você deve pensar em um portfólio em uma gaveta de arquivos ou em um conjunto de caixas de arquivos para guardar pastas (com documentos e outros materiais). Outra pessoas podem, então, inspecionar todo o banco de dados (arquivos eletrônicos e portfólio), e não apenas ler seu relatório do estudo de caso. Dessa maneira, a criação de um banco de dados aumenta notavelmente a *confiabilidade* de todo o seu estudo de caso.

Ao mesmo tempo, a existência de um banco de dados adequado não elimina a necessidade de apresentação de evidência suficiente no próprio estudo de caso (a ser discutido no Capítulo 6). Todo relatório deve conter ainda dados suficientes para que o leitor possa repensar as interpretações e conclusões no seu estudo de caso, como na leitura de qualquer outro relatório de pesquisa. Leitores altamente motivados podem, assim, dar um passo adiante ao inspecionar o banco de dados, porque ele contém todo o conjunto de dados, não apenas as evidências apresentadas no relatório.

O banco de dados do seu estudo de caso deve ser organizado, mas não precisa sê-lo de forma extrema. A função principal do banco de dados é preservar os dados coletados de forma que possam ser consultados. Um banco de dados bem organizado não servirá apenas para leitores externos, mas também tornará sua própria análise posterior mais fácil.

Infelizmente, o problema do estabelecimento de um banco de dados para o estudo de caso não é reconhecido pela maioria dos livros sobre os métodos de campo. Assim, as subseções a seguir representam uma extensão do atual estado da arte. O desafio de desenvolvimento do banco de dados é descrito em termos de quatro componentes: notas, documentos, tabelas e narrativas.

Notas de campo. Para os estudos de caso, suas próprias notas de campo são, provavelmente, o componente mais comum do banco de dados. Essas anotações tomam formas variadas. Elas podem ser resultantes das entrevistas, observações ou da análise de documentos. Também podem ser manuscritas, digitadas, registradas em fitas de áudio ou em arquivos de processamento de palavras ou outros arquivos eletrônicos. Podem ter surgido, primeiramente, como pequenas notas em um diário de campo, em fichas ou registradas em alguma outra maneira menos organizada.

Independentemente de sua forma ou conteúdo, essas notas de campo devem ser guardadas de maneira que outras pessoas, inclusive você mesmo, possam recuperá-las eficientemente no futuro. Mais comumente, as anotações são organizadas de acordo com os principais tópicos cobertos pelo estudo de caso – como esboçado no protocolo do estudo de caso. Entretanto, qualquer sistema classificatório funcionará desde que seja utilizável por terceiros. Apenas assim as anotações estarão disponíveis como parte do banco de dados do estudo de caso.

Essa identificação das notas, como partes do banco de dados do estudo de caso, não significa, no entanto, que seja necessário despender muito tempo reescrevendo as entrevistas ou fazendo grandes mudanças editoriais para tornar as notas mais apresentáveis. Criar um registro formal do caso, editando e reescrevendo as anotações, pode ser uma prioridade mal-localizada. Tal edição deve ser dirigida ao próprio relatório do estudo de caso, não às notas. As únicas características essenciais das notas são que elas sejam organizadas, categorizadas, completas e disponíveis para acesso posterior (ver Quadro 4.9).

QUADRO 4.9
Variedades de notas de campo

As breves anotações durante o trabalho de campo devem ser convertidas em notas de campo mais formais todos os dias ou todas as noites. Tanto as anotações como as notas formais se tornariam, assim, parte do banco de dados de um estudo de caso. Seguem quatro exemplos.

As notas no primeiro exemplo cobrem um dia inicial em um bairro urbano com um agente de relações comunitárias do posto de bombeiros local (Yin, 2012, Cap. 2). As notas focam a condição física do bairro e os *insights* sobre essas condições vindos dos líderes dos grupos comunitários e as percepções e opiniões do agente de relações comunitárias sobre o bairro. Notas semelhantes foram, assim, compiladas sobre os dias subsequentes no mesmo bairro.

Os três demais exemplos vieram do mesmo livro (DeWalt & DeWalt, 011, Apêndice). Cada exemplo cobre um estudo diferente: um estudo do poder social e das estratégias econômicas em Manabi, Equador; um estudo sobre estratégias nutricionais de adultos mais velhos na área rural de Kentucky; e uma avaliação do projeto de silvicultura de uma comunidade no México. Todos os exemplos mostram um alto nível de detalhes, refletindo muito trabalho duro em campo.

Documentos para o estudo de caso. Muitos documentos relevantes para o estudo de caso serão coletados durante o curso do estudo. O Capítulo 3 indicou que a disposição desses documentos deve ser coberta no protocolo do estudo de caso e sugeriu que uma maneira útil é a existência de uma bibliografia comentada desses documentos. Além de fornecer uma visão geral compacta desses documentos, essa bibliografia comentada também pode servir como um índice, facilitando a guarda e a recuperação, para que os investigadores posteriores possam consultar e compartilhar o banco de dados.

A característica única, exclusiva, desses documentos é que eles provavelmente exigem um grande local físico para sua estocagem, a não ser que sejam obtidas cópias no formato de documento portátil (PDF) e guardadas eletronicamente. Além disso, os documentos podem ser de importância variada para o banco de dados, e talvez pudesse ser estabelecido um arquivo primário e um secundário para eles. O principal objetivo, novamente, é facilitar a recuperação dos documentos para a inspeção posterior. Nos casos em que um documento foi relevante para entrevistas específicas de campo, uma remissão adicional seria fazer com que as anotações da entrevista citem os documentos.

Tabelas. O banco de dados pode consistir em materiais tabulados, coletados do local sendo estudado ou criados pela equipe de pesquisa. Esses materiais também precisam ser organizados e estocados para permitirem recuperação posterior.

Os materiais podem incluir dados de levantamento e outros dados quantitativos. Por exemplo, um levantamento pode ter sido conduzido no local de um trabalho de campo como parte de um estudo de caso integrado. Nessas situações, a tabela pode ser estocada nos arquivos computadorizados. Como outro exemplo, ao lidar com evidência de arquivo ou observacional, o estudo de caso pode ter exigido a "contagem" de vários fenômenos observados, comumente conhecidos como um *levantamento para-brisa* (ver Miles & Huberman, 1994). A documentação dessas contagens, feitas pela equipe do estudo de caso, também deve ser organizada e estocada como parte do banco de dados.

Novas compilações narrativas. Por fim, você pode compilar seu próprio novo material narrativo como parte do banco de dados. O material pode tomar diversas formas. A primeira, já mencionada, consistiria de bibliografias, referências ou outras classificações que ajudem a organizar os materiais no banco de dados, de modo que você possa consultá-los mais facilmente.

Um segundo tipo de material narrativo compilaria a evidência lidando com temas ou ideias específicas que podem ter chamado sua atenção durante ou logo após a coleta de dados. As compilações ajudariam a organizar suas evidências mais metodicamente para determinar a força do apoio empírico para esses temas e ideias. Toda essa atividade pode lembrar a *construção de memorandos* promovida por pesquisadores que praticam a *teoria fundamentada* (por exemplo, Corbin & Strauss, 2007, Cap. 6). Apesar de os temas e as ideias nessas narrativas ou notas poderem, em um primeiro momento, parecer de certa forma isolados uns dos outros, a compilação pode fornecer os primeiros passos estimulantes para a posterior análise dos seus dados de forma mais completa. Além disso, movê-lo potencialmente em direção à análise seria um terceiro tipo de narrativa, o que exige que você componha suas próprias *respostas abertas às questões no protocolo do estudo de caso*. Cada resposta representa sua tentativa de compilar as evidências relacionadas às descobertas específicas em resposta a uma das questões do protocolo. Dependendo da natureza de uma questão, uma compilação também pode convergir sobre os fatos do assunto ou esforçar-se para reconhecer as múltiplas realidades dos seus entrevistados e suas interpretações experimentais. O processo é, na verdade, analítico e constitui o início da análise do estudo de caso. O formato para as respostas pode ser considerado análogo ao do exame abrangente "do que pode ser feito em casa", usado nos cursos acadêmicos. Você, o pesquisador, é o respondente e sua meta é citar a evidência relevante das entrevistas, documentos, observações ou evidência de arquivo – na composição de uma resposta adequada. A principal finalidade da resposta aberta é documentar a conexão entre as peças específicas de evidência e os vários aspectos no estudo de caso, usando citações e notas de rodapé, generosamente.

Todo o conjunto de respostas pode ser considerado parte do banco de dados do estudo de caso e pode, até mesmo, tornar-se o início do relatório do estudo de caso (para um único caso) ou da análise cruzada de casos (para um estudo de casos múltiplos). No entanto, até que as respostas realmente se tornem parte do relatório do estudo de caso, elas permanecem parte do banco de dados e você não deve passar muito tempo tentando torná-las apresentáveis. Em outras palavras, você não precisa desempenhar as tarefas padronizadas de editoração e de edição. (No entanto, para um exemplo de um estudo de caso, inteiramente escrito na forma de respostas narrativas para as questões do protocolo e no qual essa editoração foi feita, ver Yin 2012, Cap. 6). O atributo mais importante das boas respostas é que elas realmente conectem os assuntos pertinentes – por meio das citações adequadas – à evidência específica.

> **Exercício 4.4** Prática do desenvolvimento de uma base de dados
>
> Redija um relatório curto (não mais do que duas páginas com espaçamento duplo) para o tópico coberto no Exercício 4.3, que obedeça ao seguinte esboço: inicie o relatório declarando uma questão importante que tentou responder (sobre os fatos do incidente lembrado de sua vida diária). Agora, dê sua resposta, citando a evidência usada (seu formato deve incluir as citações formais e as notas de rodapé). Repita o procedimento para outra questão de pesquisa. Visualize como esta sequência de pergunta e resposta poderia ser uma de muitas em seu "banco de dados" total do estudo de caso.

Princípio 3: Manter o encadeamento de evidências

Um terceiro princípio a ser seguido, para aumentar a *confiabilidade* da informação no estudo de caso, é manter um encadeamento de evidências. Este princípio está baseado em uma noção similar à utilizada nas investigações forenses.

O princípio é permitir que um observador externo – nesta situação, o leitor do estudo de caso – siga a derivação de qualquer evidência das questões de pesquisa iniciais para finalizar as conclusões do estudo de caso (ver Figura 4.3). Além disso, esse observador externo deve ser capaz de traçar os passos em qualquer direção (das conclusões às questões iniciais de pesquisa ou das questões às conclusões). Como com a evidência criminológica, o processo deve ser rigoroso o suficiente para que a evidência apresentada na "justiça" – o relatório do estudo de caso – seja certamente

```
Relatório do estudo de caso
         ↕
Banco de dados do estudo de caso
         ↕
Citações às fontes comprobatórias específicas
no banco de dados do estudo de caso
         ↕
Protocolo do estudo de caso (vinculando
as questões aos tópicos do protocolo)
         ↕
Questões do estudo de caso
```

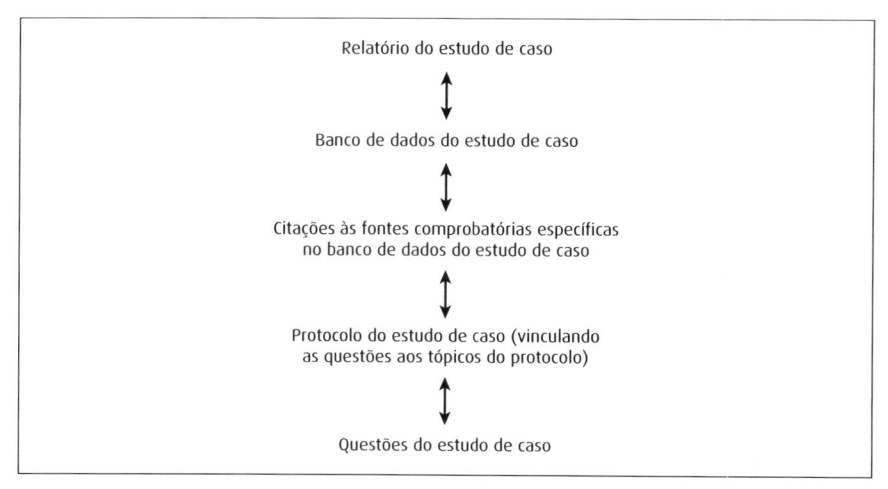

Figura 4.3 Mantendo um encadeamento de evidência.

a mesma evidência coletada na cena do "crime", durante o processo de coleta de dados. Inversamente, nenhuma evidência original deve ser perdida, por descuido ou parcialidade, deixando de receber, portanto, a atenção apropriada na consideração das descobertas de um caso. Se esses objetivos forem atingidos, a evidência do estudo de caso também deverá exibir uma intensificada validade do construto, aumentando, dessa forma, a qualidade geral do estudo de caso e terá abordado o problema metodológico de determinação da validade do constructo, aumentando, desse modo, a qualidade geral do estudo de caso.

Imagine o seguinte cenário. Você leu as conclusões em um relatório de estudo de caso e deseja saber mais sobre a base para as conclusões. Você deseja traçar, portanto, o processo de evidências do final para o início.

Em primeiro lugar, o próprio relatório deve ter feito citações suficientes para as fontes relevantes usadas para chegar a descobertas específicas – por exemplo, citando os documentos, as entrevistas ou as observações específicas. Em segundo lugar, essas fontes específicas, sob inspeção, devem revelar a evidência real, uma vez que você deve ter destacado as frases ou palavras-chave nos documentos marcando-as com uma caneta marca-texto. Suas seções de metodologia também devem ter indicado as circunstâncias sob as quais a evidência foi coletada – por exemplo, a hora e o lugar de uma entrevista. Em terceiro lugar, essas circunstâncias devem ser consistentes com os procedimentos específicos e as questões contidas no protocolo do estudo de caso, visando mostrar que a coleta de dados seguira os procedimentos estipulados pelo protocolo. Finalmente, uma breve revisão do protocolo deve indicar o vínculo entre as questões do protocolo e as questões originais do estudo.

No conjunto, você foi capaz, portanto, de passar de uma parte do processo de estudo de caso para a outra, com nítida remissão para os procedimentos metodológicos e para a evidência resultante. Este é o "encadeamento de evidências" final desejado.

> **Exercício 4.5** Estabelecimento de um encadeamento de evidência
>
> Declare uma conclusão hipotética que pode emergir de um estudo de caso que irá realizar. Agora, trabalhe do fim para o início e identifique os dados específicos ou as evidências que teriam apoiado essa conclusão. Similarmente, trabalhe do fim para o início e defina a questão de protocolo que teria levado à coleta desta evidência e, depois, a questão de estudo que, por sua vez, teria levado ao projeto da questão de protocolo. Você entende como esta cadeia de evidência foi formada e como alguém pode se movimentar para frente ou para trás ao traçar a cadeia?

Princípio 4: Ter cuidado no uso de dados de fontes eletrônicas

Uma ampla gama de fontes eletrônicas. A maioria das seis fontes de evidência descritas ao início deste capítulo pode ser representada por fontes eletrônicas, incluindo comunicações de mídia social. Por exemplo, você pode conduzir entrevistas de forma eletrônica por meio de acordos formais feitos com *sites* como o SurveyMonkey ou apenas mantendo um bate-papo *online* com outra pessoa. Da mesma forma, um colega pode ajudá-lo a usar um celular ou tablet para fazer observações diretas, remotamente, de eventos mundiais em tempo real. Entrar em salas de bate-papo e outros grupos de diálogo *online* oferece um tipo de observação participante, e artefatos físicos relevantes podem ser retratados em fotografias e vídeos *online*. Em outras palavras, a mídia e os arquivos eletrônicos contemporâneos abrem um novo panorama de fontes de evidência, incluindo acesso a estudos e pesquisas anteriores. Em alguns estudos de caso, uma fonte eletrônica pode ser seu real objeto de estudo (por exemplo, quando você está estudando o diálogo e as interações interpessoais em uma conexão no Skype). Sob essas circunstâncias, você deve tomar muito cuidado ao fazer sua pesquisa. Contudo, ao usar a fonte eletrônica não como o próprio objeto do estudo, mas como ferramenta para coletar qualquer um dos seis tipos de evidências discutidos ao início deste capítulo – como consultar um documento, conduzir uma entrevista *online* ou observar um evento remotamente –, você também precisa ter muito cuidado.

Cuidados. A riqueza da informação eletrônica pode confundi-lo. Então, o primeiro cuidado ao usar fontes eletrônicas é estabelecer alguns limites. Decidir quanto tempo gastar, estabelecer prioridades para a navegação em *sites* e ter uma ideia da centralidade da informação para sua pesquisa, tudo dentro desses limites. Seu comprometimento, é claro, pode se expandir ou contrair ao passo que você junta novas informações, mas tente não perder o controle por causa de problemas.

Um segundo cuidado tem a ver com sua boa vontade para verificar as fontes que você usa e a informação obtida delas. Por exemplo, a Wikipédia pode facilmente ser um ponto de partida para uma compreensão inicial de um novo conceito ou tópico. Contudo, apesar de todos os esforços do *site* para verificar a precisão da informação em seus artigos, autores específicos podem dominar as contribuições a um conceito ou tópico em especial. Como resultado, o material provavelmente terá uma inclinação quanto à interpretação, potencialmente revelada quando (e se) você verificar outros trabalhos desse autor. A verificação do material *online* com outras fontes é uma maneira importante de compreender uma potencial inclinação, uma incompletude ou mesmo um viés na interpretação.

Um terceiro cuidado refere-se ao uso de *sites* de mídia social, como o Facebook, o Twitter, o YouTube e blogs. Novamente, e especialmente se o seu estudo de caso focar experiências conduzidas nesses *sites* como tópico de estudo, você deve usar a informação com uma visão bastante cética – por exemplo, estando ciente de que a autoria, os lugares e as datas atribuídos ao material podem não ser completamente precisos. Uma advertência final é perguntar sobre a permissão necessária para utilizar materiais desses *sites*, especialmente fotografias, no seu estudo de caso.

RESUMO

Este capítulo revisou seis fontes de evidência de estudo de caso, como a evidência pode ser coletada dessas fontes e quatro importantes princípios relativos ao processo de coleta de dados.

O processo de coleta de dados para o estudo de caso é mais complexo do que os usados nos outros métodos de pesquisa. Um pesquisador de estudo de caso deve ter uma versatilidade metodológica não exigida, necessariamente, para o uso dos outros métodos e seguir determinados procedimentos formais para assegurar o *controle de qualidade,* durante o processo de coleta de dados. Os quatro princípios descritos são passos nesta direção. Eles não pretendem imobilizar o pesquisador inventivo e perspicaz. Eles pretendem tornar o processo tão explícito quanto possível, para que os resultados finais – os dados coletados – reflitam a preocupação com a validade do constructo e com a confiabilidade, tornando-se por isso merecedores de análises posteriores. Como essa análise pode ser realizada é o tópico do próximo capítulo.

NOTAS

1. A disponibilidade limitada de materiais impressos nas comunidades de baixa renda nos Estados Unidos – mesmo incluindo sinalização em lugares públicos e materiais em escolas e bibliotecas públicas – tem sido assunto de estudo (Neuman & Celano, 2001). Na medida desse empobrecimento, os pesquisadores que estudam esses bairros e suas orga-

nizações comunitárias (ou escolas) podem encontrar o uso também limitado de fontes documentais de evidência.
2. Sugestões excelentes relativas às maneiras de verificar a evidência documental, incluindo o problema não trivial de determinar o verdadeiro autor de um documento, são oferecidas por Barzun e Graff (1985, pp. 109-133). Um estudo quantitativo exemplar do problema de autoria em relação ao *Federalist Papers* é encontrado em Mosteller e Wallace (1984).
3. Essas respostas consistentes provavelmente ocorrem quando são entrevistados membros de uma instituição "fechada", como os residentes de um programa comunitário de tratamento da toxicodependência ou os professores em uma escola muito unida. A conspiração aparente surge porque os entrevistados concordaram previamente com as respostas "socialmente desejáveis" e parecem estar proporcionando evidência corroborante quando, de fato, estão simplesmente repetindo o mantra da instituição.
4. O autor é grato aos revisores da quarta edição deste livro. Eles apontaram que a versão original da Figura 4.2, retratando a convergência da evidência em volta de um único "fato", implicitamente representava uma visão *realista*. Uma vez que não se pretendia uma representação limitada, a figura revisada agora aponta para a convergência sobre um conjunto de "descobertas". O uso deste último termo pretendia abordar os eventos, bem como os significados e as perspectivas, com estudos de caso, sendo suas descobertas capazes de abranger tanto orientações realistas como relativistas.

Capítulo 5:
Análise

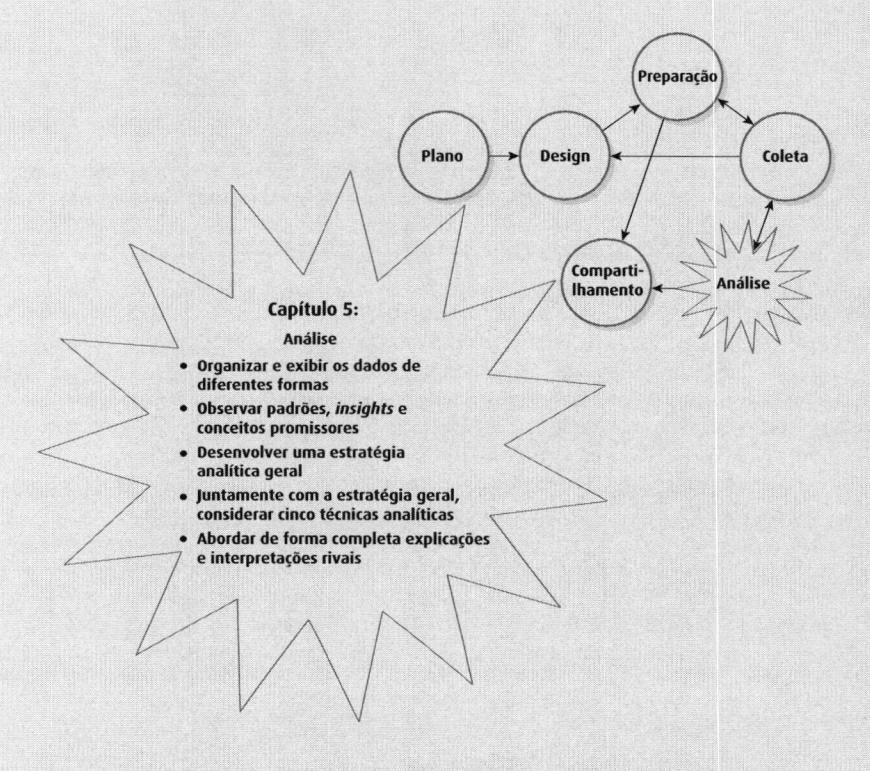

- Organizar e exibir os dados de diferentes formas
- Observar padrões, *insights* e conceitos promissores
- Desenvolver uma estratégia analítica geral
- Juntamente com a estratégia geral, considerar cinco técnicas analíticas
- Abordar de forma completa explicações e interpretações rivais

VISÃO GERAL

A análise dos dados consiste no exame, na categorização, na tabulação, no teste ou nas evidências recombinadas de outra forma, para produzir descobertas baseadas em empirismo. A análise da evidência de estudo de caso é especialmente difícil, porque as técnicas ainda não foram bem-definidas. Você pode começar sua própria análise "brincando" com os dados e procurando padrões, *insights* e conceitos promissores – sendo o objetivo definir suas prioridades sobre o que analisar e por quê. Afora sua própria estratégia, outras quatro estratégias gerais são: contar com as proposições teóricas, tratar seus dados "a partir do zero", desenvolver descrições de caso e examinar as explicações rivais. O uso de computador pode ajudar na manipulação de grandes quantidades de dados, mas você ainda terá que definir os códigos relevantes e interpretar padrões observados. Nesse sentido, os auxílios computadorizados não podem substituir uma estratégia analítica geral.

Qualquer uma dessas estratégias gerais pode ser usada para praticar cinco técnicas específicas da análise dos estudos de caso: a combinação de padrão, a construção da explicação, a análise de séries temporais, os modelos lógicos e a síntese cruzada dos casos. Quando o estudo de caso envolve um projeto integrado e dados refinados apropriadamente para a unidade de análise integrada, as análises podem incorporar modelos estatísticos para a unidade de análise integrada, mas não para o estudo de caso como um todo. Ao longo disso, um desafio persistente é a produção de análises de alta qualidade, que exigem a consideração de *toda* a evidência coletada, a apresentação da evidência separada de qualquer interpretação e a consideração das interpretações alternativas.

5

Análise da evidência do estudo de caso

Como iniciar sua análise, suas escolhas analíticas e como elas funcionam

ESTRATÉGIA ANALÍTICA: MAIS DO QUE FAMILIARIDADE COM AS FERRAMENTAS ANALÍTICAS

Necessidade de uma estratégia analítica

Outro desafio. A análise da evidência do estudo de caso é um dos aspectos menos desenvolvidos dos estudos de caso. Muitas vezes, os pesquisadores começam os estudos de caso sem a menor noção de como a evidência deve ser analisada (apesar da recomendação do Capítulo 3 de que as abordagens analíticas sejam consideradas ao se desenvolver o protocolo do estudo de caso). Esses estudos de caso facilmente sofrem procrastinação no estágio analítico; este autor conhece colegas que ignoram os dados de seu estudo de caso durante meses, simplesmente, sem saber o que fazer com a evidência.

Devido ao problema, o pesquisador experiente de estudo de caso provavelmente tem grandes vantagens sobre o novato no estágio analítico. Diferentemente da análise estatística, existem poucas fórmulas fixas ou receitas prontas para orientar o iniciante. Ao contrário, muito depende do próprio estilo de raciocínio empírico rigoroso do pesquisador, juntamente com a apresentação suficiente de evidência e a consideração cuidadosa das interpretações alternativas.

Os pesquisadores e especialmente os novatos continuam a procurar fórmulas, receitas ou ferramentas, esperando que a familiaridade com esses dispositivos produza, por si só, o resultado analítico necessário. As ferramentas são importantes e podem ajudar, mas são geralmente de mais utilidade se você souber o que está procurando ou tiver uma estratégia analítica geral – o que, infelizmente, o faz voltar ao seu problema original, caso não tenha notado.

Ferramentas auxiliadas pelo computador. Por exemplo, as rotinas assistidas pelo computador com *software* pré-embalado (*prepackaged*), como o Atlas.ti, HyperRESEARCH, NVivo ou The Ethnograp são todos exemplos de *software* de análise de dados assistidos por computador (*CAQDAS – computer-assisted quantitative data analysis software* – por exemplo, Fielding & Lee, 1998). O *software* tornou-se mais diverso e funcional durante a última década, cobrindo tanto dados de texto como de vídeo. A orientação sobre habilidades e técnicas de codificação também melhorou e tornou-se mais fácil de seguir (por exemplo, Auerbach & Silverstein, 2003; Saldaña, 2009). Essencialmente, as ferramentas e a orientação podem ajudá-lo a codificar e categorizar grandes quantidades de dados. Esses dados, quando tomam a forma de texto narrativo, podem ter sido coletados em entrevistas abertas ou de grandes volumes de material escrito, como documentos e artigos de jornais.

Duas palavras são essenciais para seu entendimento do valor desses pacotes: *auxiliadas* e *ferramentas*. O *software* não fará a análise completa por conta própria, mas pode servir como um auxiliar capacitado e uma ferramenta confiável. Por exemplo, se você der entrada aos seus dados textuais e, depois, definir um conjunto inicial de códigos, um ou outro dos vários pacotes de *software* localizará, prontamente, nos dados textuais todas as palavras e frases coincidentes com esses códigos, contará a incidência ou ocorrência das palavras ou códigos e até mesmo conduzirá buscas booleanas, mostrando quando e onde as múltiplas combinações são encontradas. Você pode fazer esse processo iterativamente, construindo categorias ou grupos de códigos gradualmente mais complexos. Entretanto, diferentemente da análise estatística, você não pode usar as próprias saídas (*outputs*) do *software* como se fossem o final de sua análise.

Em vez disso, você deverá estudar as saídas para determinar se estão emergindo padrões significativos. Muito provavelmente, qualquer padrão – como a frequência ou as combinações dos códigos – ainda será mais primitivo (inferior), conceitualmente, do que as questões de pesquisa iniciais "como" e "por que", que podem ter levado ao estudo de caso em primeiro lugar. Em outras palavras, o desenvolvimento de uma explicação rica e completa, ou mesmo de

> **Sugestão:** *Como começo a analisar meus dados do estudo de caso?*
>
> Você pode começar com as questões (por exemplo, as questões em seu protocolo do estudo de caso), não com os dados. Comece com uma questão pequena, depois identifique sua evidência que aborda a questão. Tire uma conclusão experimental baseada no peso da evidência, também perguntando como poderia apresentar a evidência de forma que os leitores pudessem verificar sua investigação. Continue para uma questão maior e repita o procedimento. Continue até achar que abordou a(s) principal(is) questão(ões) da pesquisa.
>
> **Você poderia ter começado com os dados em vez das questões?**

uma boa descrição de seu caso, em resposta às questões iniciais "como" e "por que", exigirá da sua parte muito raciocínio e análise pós-computador.

Recapitulando, você também necessitará ter esclarecido as razões para a definição dos códigos iniciais ou subsequentes, assim como a sua conexão ao projeto de pesquisa original (você, não o *software*, os criou). De que maneira os códigos ou conceitos refletem, exatamente, o significado das palavras e das frases recuperadas e por quê? A resposta a essas questões exige sua própria justificativa analítica.

Sob algumas circunstâncias, as funções computadorizadas podem ser, apesar de tudo, extremamente úteis (ver Tutorial 5-1). As condições mínimas incluem quando

a) as palavras ou relatórios verbais representam registros palavra por palavra e são a parte central de sua evidência de estudo de caso;
b) você tem uma grande coleção desses dados.

Essas condições ocorrem, comumente, na pesquisa que usa estratégias de *teoria fundamentada* (por exemplo, Corbin & Strauss, 2007), onde o surgimento de um novo conceito ou tema pode ser altamente valorizado. No entanto, mesmo sob as melhores circunstâncias, quase todos os estudiosos expressam fortes objeções sobre qualquer uso de ferramentas auxiliadas por computador quando se lida com os dados do estudo de caso (por exemplo, Patton, 2002, p. 442): você deve, ainda assim, estar preparado para ser o principal analista e dirigir as ferramentas; elas são os auxiliares, não você.

Sem dúvida, a maioria dos estudos de caso impõe um desafio sério nos esforços para o uso de ferramentas auxiliadas pelo computador: os registros palavra por palavra, como as respostas dos entrevistados, são, provavelmente, apenas uma parte da série total de evidência de estudo de caso. O estudo de caso será tipicamente sobre comportamentos complexos, ocorrendo em um contexto de mundo real complexo. Exceto se você converter toda sua evidência – inclusive suas anotações de campo e os documentos de arquivo coletados – em um formulário textual necessário, as ferramentas computadorizadas não podem lidar facilmente com essa série diversa de evidências. Ainda assim, como enfatizado no Capítulo 4, essa série deve representar um ponto forte importante para seu estudo de caso. Para um conjunto diversificado de evidências, você precisa desenvolver, portanto, suas próprias estratégias analíticas.

Começando uma estratégia analítica. Um ponto de partida interessante é "brincar" com seus dados. Você está procurando padrões, *insights* ou conceitos que pareçam promissores. Eles podem emergir enquanto você manipula os dados, por exemplo, justapondo os dados de dois entrevistadores diferentes. Outras manipulações incluem (ver Miles e Huberman, 1994):

- Colocar a informação em séries diferentes
- Fazer uma matriz de categorias e colocar a evidência nessas categorias
- Criar modos de apresentação dos dados – fluxogramas e outros gráficos – para o exame dos dados

- Tabular a frequência dos diferentes eventos
- Colocar a informação em ordem cronológica ou usar algum outro esquema temporal

Outra forma de começar é escrevendo bilhetes ou anotações para si mesmo, como já mencionado no Capítulo 4, sobre o que você observou nos seus dados. Os estudiosos memorando que praticam a *teoria fundamentada* promoveram por muito tempo o uso de memorando (Corbin & Strauss, 2007). A elaboração de texto e dos diagramas do memorando começa durante o trabalho de campo e prossegue até o estágio de análise. Os memos podem conter conselhos, dicas e sugestões que simplesmente colocam de forma escrita qualquer interpretação preliminar de parte dos seus dados – basicamente, conceituando-os (Lempert, 2011). Para começar um memo, pense na ideia original como aquela que surgiu repentinamente enquanto estava tomando banho.

Algumas dessas criações preliminares – como matrizes, representações, tabulações, notas ou diagramas – irão ajudá-lo a seguir em direção a uma estratégia analítica geral. A estratégia necessária deve seguir um ciclo (ou ciclos repetidos) envolvendo suas questões de pesquisa originais, os dados, seu manuseio e sua interpretação justificáveis dos dados e sua capacidade de expor algumas descobertas e tirar algumas conclusões. Na verdade, você pode tentar ir para frente ou para trás nesse ciclo, forçando o surgimento de uma estratégia. Por exemplo, você pode ir para trás perguntando-se o que você pensa que deveria concluir a partir do seu estudo de caso – e, então, examinar seus dados de forma justa para ver como eles podem (ou não) apoiar a conclusão. Uma vez que você tenha feito uma conexão experimental, você deve entender melhor o que precisa para analisar seus dados.

A estratégia necessária deve guiá-lo ao longo de sua análise. Além do que você pode produzir por conta própria, considere as quatro estratégias descritas a seguir, após as quais são revisadas cinco técnicas específicas para a análise dos dados dos estudos de caso. Essas estratégias e técnicas não são mutuamente exclusivas. Você pode usar qualquer uma delas em qualquer combinação. Um alerta constante é ter conhecimento dessas opções *antes* de coletar os dados, para ajudar a garantir que eles serão analisáveis.

Quatro estratégias gerais

Contando com proposições teóricas. Uma estratégia é seguir as proposições teóricas que levaram ao seu estudo de caso. Os objetivos originais e o projeto para o estudo de caso foram baseados, presumidamente, nessas proposições que, por sua vez, refletiam um conjunto de questões de pesquisa, revisões da literatura e novas hipóteses ou proposições.

As proposições teriam dado forma ao seu plano de coleta de dados e, por isso, teriam dado origem a prioridades analíticas. Como um exemplo, um estudo de relacionamentos intergovernamentais começou com a proposição de que os fundos federais têm efeitos de redistribuição de dólares, mas também criam novas mudanças orga-

Análise da evidência do estudo de caso 141

nizacionais no nível local (Yin, 1980). A proposição básica – a criação de uma "burocracia de contrapartida" na forma de organizações de planejamento local, grupos de ação de cidadania e outros serviços dentro do próprio governo local, mas todos harmonizados aos programas federais específicos – foi traçada nos estudos de caso de várias cidades. Para cada cidade, a finalidade do estudo de caso era mostrar como ocorreram a formação e a modificação nas organizações locais, *após* as mudanças nos programas federais relacionados e como essas organizações locais agiram em nome dos programas federais, mesmo podendo ter sido agências dentro do governo local.

A proposição anterior mostra como uma orientação teórica guiou a análise do estudo de caso. A proposição ajudou a organizar toda a análise, apontando condições relevantes a serem descritas, bem como explicações a serem examinadas (o Quadro 5.1 traz exemplos adicionais).

Tratando seus dados "a partir do zero". Uma segunda estratégia contrasta diretamente com a primeira. Em vez de pensar sobre proposições teóricas, deixe-se levar livremente pelos seus dados. Seja como resultado da sua "brincadeira com os dados" ou percebendo um padrão pela primeira vez, agora você pode descobrir que alguma parte dos seus dados sugere um ou dois conceitos úteis. Esse *insight* pode ser o início de um caminho analítico, levando-o mais adiante e possivelmente sugerindo relações adicionais (ver Quadro 5.2).

Essa estratégia indutiva pode gerar consideráveis benefícios, com uma observação. É provável que pesquisadores mais experientes tenham conceitos relevantes em mente por causa de sua compreensão mais rica do seu campo de estudo. Eles também podem ter seguido uma estratégia indutiva em algum estudo anterior. Por outro lado, novatos podem estar menos familiarizados com as questões, em primeiro lugar, e podem ser desafiados a estabelecer ligações úteis com os dados.

QUADRO 5.1
Utilização da teoria para analisar estudos de caso em políticas comparativas

Os estudos de caso em políticas comparativas mostram como a análise de estudo de caso pode prosseguir ao tratar teorias pré-existentes. Rogowsky (2010) descreve cinco estudos de caso clássicos, explicando como eles se beneficiaram de teorias pré-existentes "precisas o suficiente para dar origem a implicações para observações únicas ou muito poucas observações" (p. 95). Cada estudo de caso primeiramente forneceu evidência empírica, mostrando importantes anomalias na teoria pré-existente e, então, procedeu a uma "inteligente conjectura sobre uma teoria geral mais satisfatória que poderia evitar tais anomalias" (p. 95). Três dos estudos de caso tinham casos únicos (a Holanda e suas clivagens religiosa e social; uma única cidade alemão de porte médio e sua vida associativa, como clubes, sociedades e grupos religiosos, antes da Segunda Guerra Mundial; e o desenvolvimento de um Estado na Europa Central até se tornar o Estado mais forte no início da Idade Moderna). Os outros dois estudos de caso tinham múltiplos casos (o progresso econômico de países na África pós-independência; e o sucesso de muitos pequenos Estados europeus em mercados internacionais).

> **QUADRO 5.2**
> **Surgimento de uma tipologia de caso tratando dados a partir do zero**
>
> Um estudo de patrulhas de cidadão em áreas residenciais ilustra a estratégia indutiva (Yin, 2012, Cap. 5). Conceitos-chave surgiram com a análise atenta dos dados, e não de proposições teóricas anteriores. O objetivo do estudo foi compreender as circunstâncias sob as quais as patrulhas poderia se tornar suscetíveis a comportamentos indesejados de vigilante. Os principais critérios para selecionar casos foram que uma patrulha tinha que ser implementada por um grupo de cidadãos (não um serviço de segurança particular) e direcionada a áreas residenciais, não comerciais. Somente após se fazerem estudos de caso de 32 patrulhas similares, três tipos tornaram-se evidentes: patrulhas limitadas a prédios e complexos residenciais (patrulhas de *prédios*), patrulhas supervisionando ruas do bairro em geral (patrulhas de *bairro*) e patrulhas oferecendo escolta e outros serviços comunitários (patrulhas de *serviços*). As patrulhas de bairro pareceram mais inclinadas ao comportamento de vigilante, porque, diferentemente das outras patrulhas, os membros da patrulha não conseguiam distinguir prontamente os moradores do bairro de pessoa estranhas – e eram mais propensos a apresentar comportamento de vigilante quando confrontavam pessoas que pareciam suspeitas (mesmo moradores do bairro).

Na pesquisa qualitativa, os criadores da *teoria fundamentada* (Corbin & Strauss, 2007; Glaser & Strauss, 1967) forneceram muita orientação ao longo dos anos para seguir uma abordagem indutiva para a análise de dados. Os procedimentos atribuem vários tipos de códigos aos dados, cada código representando um conceito ou uma abstração de potencial interesse. A orientação resultante pode ser relevante para todos os estudos de caso, não apenas para os estudos baseadas na *teoria fundamentada*.

Nos estudos de caso, uma estratégia indutiva oferece garantias adicionais se for necessário coletar dados quantitativos, o que pode ser relevante por, pelo menos, duas razões. Em primeiro lugar, os dados podem cobrir o comportamento e os eventos que o seu estudo de caso está tentando explicar – tipicamente, os "resultados" em um estudo de caso avaliativo. Em segundo lugar, os dados podem estar relacionados a uma unidade integrada de análise dentro do seu estudo de caso, mais amplo. Em qualquer uma das situações, seus dados qualitativos podem ser cruciais na explicação, ou, de outra forma, no teste das proposições-chave do seu estudo de caso. Dessa forma, imagine um estudo de caso sobre um escola, um bairro, uma organização, uma comunidade, uma prática médica ou outro tópico comum de estudo de caso. Para esses tópicos, os resultados de um estudo de caso avaliativo podem ser, respectivamente, conquistas dos alunos (para o estudo de caso sobre a escola), preços da habitação (para os bairros), salários dos funcionários (para a organização), vários índices de criminalidade (para a comunidade) ou a incidência de uma doença (para a prática médica). Alternativamente, as unidades integradas podem ser alunos (ou professores), blocos de censo (ou habitação unifamiliar), funcionários (para a organização), pessoas detidas (para a comunidade) ou pacientes (para a prática médica).

Todos os resultados ilustrativos ou as unidades integradas podem ser a ocasião para coletar dados quantitativos detalhados. Ainda, as questões principais do estudo de caso podem estar em um nível superior: uma única escola (não seus alunos), o bairro (não suas unidades de habitação), uma empresa de negócios (não seus funcionários), uma comunidade (não seus moradores) ou uma nova prática médica (não os pacientes). Para explorar, descrever ou explicar eventos nesse nível superior, você precisa coletar e utilizar dados qualitativos. Assim, seu estudo de caso deliberadamente usa tanto dados qualitativos como quantitativos.

> **Exercício 5.1** Uso de dados quantitativos em um estudo de caso
>
> Selecione um dos seus próprios estudos empíricos – mas *não* um estudo de caso – no qual você analisou dados quantitativos (ou escolha um estudo assim na literatura). Descreva como os dados foram analisados nesse estudo. Discuta se essa mesma análise, praticamente da mesma forma, poderia ser encontrado como uma parte ou mais da análise de um estudo de caso. Você acha que dados quantitativos são menos relevantes para estudos de caso do que dados qualitativos?

Desenvolvimento da descrição do caso. Uma terceira estratégia analítica geral é organizar seu estudo de caso de acordo com um quadro descritivo (ver Quadro 5.3). Essa estratégia tem não só seu próprio mérito em termos de aplicação, mas também serve como uma alternativa se existirem dificuldades usando as duas primeiras estratégias. Em outras palavras, você pode, de alguma forma, ter coletado muitos dados sem ter estabelecido um conjunto inicial de questões de pesquisa ou proposições (impedindo que você possa contar com a primeira estratégia) e também não ter trazido à tona conceitos úteis a partir de seus dados (tornando difícil seguir a segunda estratégia, a indutiva).

> **QUADRO 5.3**
> **Organização de um estudo de caso conforme uma estrutura descritiva**
>
> Um estudo de caso único examinou a experiência do conselho de uma vila na Tanzânia em exercer o controle local sobre a gestão de recursos naturais (Nathan, Lund, Gausset & Andersen, 2007). A meta era promover eficácia, justiça e democracia no código florestal. As descobertas de um estudo de caso foram organizadas de acordo com quatro tópicos sobre a experiência do conselho: a relação do conselho com níveis superiores do governo; com outras vilas; com os próprios moradores da vila; e os limites das capacidades do conselho. Uma vez que os quatro tópicos parecem refletir um conjunto lógico de domínios políticos, o uso de uma estrutura descritiva deu crédito à conclusão principal do estudo de caso – de que a devolução do controle, por si só, não poderia superar todas as restrições na gestão de recursos naturais.

Algumas vezes, a finalidade original e explícita do estudo de caso pode ter sido descritiva. Este foi o objetivo do famoso estudo sociológico *Middletown* (Lynd & Lynd, 1929), um estudo de caso de uma cidade do meio-oeste dos Estados Unidos. O que é interessante sobre *Middletown*, além de seu valor clássico como um caso rico e histórico, é sua estrutura composicional, refletida pelos seus capítulos:

- Capítulo I: Ganhando a vida
- Capítulo II: Estabelecendo um lar
- Capítulo III: Educando os jovens
- Capítulo IV: Aproveitando o lazer
- Capítulo V: Envolvendo-se em práticas religiosas
- Capítulo VI: Envolvendo-se em atividades comunitárias

Esses capítulos cobrem uma variedade de tópicos relevantes para a vida comunitária no início do século XX, quando Middletown foi estudada. Observe como a estrutura descritiva organiza a análise do estudo de caso, mas também presume que tenham sido coletados dados sobre cada tópico em primeiro lugar. Neste sentido, você deve pensar (ao menos um pouco) sobre sua estrutura descritiva antes de projetar seus instrumentos de coleta de dados. Como sempre, as ideias para sua estrutura devem ter vindo da revisão inicial da literatura, que talvez revele falhas ou tópicos atraentes para você, despertando seu interesse em realizar um estudo de caso. Outra sugestão é observar a estrutura dos estudos de caso existentes (por exemplo, examinando mais detalhadamente os casos citados nos Quadros ao longo deste livro) e, ao menos, observar suas tabelas de conteúdo como uma indicação implícita para as diferentes abordagens descritivas.

Em outras situações, o objetivo original do estudo de caso pode não ter sido descritivo, mas uma abordagem descritiva, posteriormente, talvez ajude a identificar a explicação apropriada a ser analisada – mesmo a quantitativa. Um notável estudo de caso tinha como interesse a complexidade de implementar programas locais de trabalhos públicos em Oakland, Califórnia (Pressman & Wildavssky, 1973). Essa complexidade, como os autores perceberam, poderia ser *descrita* em termos da multiplicidade das decisões das autoridades públicas que tinham que ocorrer para que a implementação tivesse êxito. Essa interpretação descritiva levou, mais tarde, à enumeração, à tabulação e, portanto, à quantificação das várias decisões. Nesse sentido, a abordagem descritiva foi usada para identificar um padrão geral de complexidade que os autores usaram para "explicar" por que a implementação tinha falhado. Esse estudo de caso veio a ser considerado uma importante contribuição para a pesquisa inicial sobre implementação (Yin, 1982b).

Examinando explicações rivais plausíveis. A quarta estratégia analítica geral, que tenta definir e testar explicações rivais, geralmente funciona em combinação com as três anteriores: as proposições teóricas iniciais (a primeira estratégia acima) podem ter incluído hipóteses rivais; as perspectivas contrastantes dos participantes e dos acionistas podem produzir estruturas descritivas rivais (segunda estratégia); trabalhar a partir do zero (a segunda estratégia) pode produzir quadros indutivos rivais; e as descrições de caso (a terceira estratégia) podem envolver descrições alternativas do caso.

Por exemplo, a hipótese típica em uma avaliação é que os resultados observados sejam a consequência de uma intervenção planejada. A explicação rival simples ou direta seria que os resultados observados tenham sido, de fato, a consequência de alguma outra influência além da intervenção planejada, e que o investimento de recursos dentro da intervenção talvez não fosse realmente necessário. Tendo conhecimento (antecipadamente) dessa explicação rival direta, a coleta de dados do estudo de caso deveria ter incluído, então, tentativas para coletar evidências sobre as "outras influências" possíveis. Além disso, a coleta de dados sobre essas influências deve ser desempenhada vigorosamente – como se estivesse tentando provar, de fato, a potência das outras influências, e não tentando encontrar uma razão para rejeitá-las (Patton, 2002, p. 553; Rosenbaum, 2002, p. 8-10). Caso tivesse encontrado evidência insuficiente, então teria menos probabilidade de ser acusado de manipulação em favor da hipótese original.

A rival direta – que o investimento original não foi a razão para os resultados observados – é apenas um dos vários tipos de explicações rivais plausíveis. A Figura 5.1 classifica e lista muitos tipos de rivais (Yin, 2000b). Para cada tipo, um descritor informal e mais compreensível (entre parênteses e aspas na Figura 5.1) acompanha a categorização formal da ciência social, tornando mais claro o ponto essencial do raciocínio rival.

A lista lembra-nos de três rivais "de ofício" subjacentes a toda nossa pesquisa de ciência social, e os livros-texto têm dado muita atenção a elas. No entanto, a lista também define seis rivais do mundo real ou substanciais, que não receberam praticamente nenhuma atenção dos outros livros-texto (infelizmente, a maioria dos textos não discute muito os desafios e os benefícios do raciocínio rival ou o uso de explicações rivais). As rivais do mundo real são as que você deve identificar, cuidadosamente, antes da sua coleta de dados (ao mesmo tempo em que não ignora as rivais de ofício). Algumas rivais da vida real também podem não se tornar aparentes até a metade de sua coleta de dados, e considerá-las neste ponto é aceitável e desejável. Em geral, quanto mais rivais a sua análise abordar e rejeitar, mais confiança será atribuída às suas constatações.

As explicações rivais foram uma parte crítica de vários estudos de caso já contidos nos Quadros citados (por exemplo, consulte os Quadros 1.1, p.7, e 2.8, p. 61, nos Capítulos 1 e 2). Os autores desses estudos de caso usaram as explicações rivais para impulsionar toda a análise do estudo de caso. Exemplos adicionais – cobrindo casos de desenvolvimento de economia local e o legado de uma empresa da *Fortune 50* (ver também o Quadro 6.8, p. 198), mas deliberadamente focando a essência da evidência sobre explicações rivais – são encontrados em Yin (2012, Cap. 10).

Tipo de rival	Descrição ou exemplos
Rivais artesanais:	
1. a hipótese nula	A observação é apenas o resultado de circunstâncias do acaso
2. Ameaças à validade	Por exemplo, história, maturação, instabilidade, testagem, instrumentação, regressão, seleção, mortalidade experimental e interação da maturação da seleção
3. Viés do pesquisador	Por exemplo, "efeito experimentador"; reatividade na pesquisa de campo
Rivais do mundo real:	
4. Rival direta (prática ou política)	Uma intervenção ("suspeito 2") que não a intervenção-alvo ("suspeito 1") é responsável pelos resultados ("foi o mordomo")
5. Rival mista	Outras intervenções e a intervenção-alvo (prática ou política) contribuem para os resultados ("não fui só eu")
6. Rival de implementação	O processo de implementação, não a intervenção substantiva, é responsável pelos resultados ("será que fizemos certo?")
7. Teoria rival	Teoria diferente da original explica melhor os resultados ("elementar, meu caro Watson")
8. Super-rival	Uma força maior, mas incluindo a intervenção, responde pelos resultados ("é maior do que nós dois")
9. Rival social	As tendências sociais, não qualquer força particular ou intervenção, respondem pelos resultados ("os tempos estão mudando")

Figura 5.1 Breves descrições dos diferentes tipos de explicações rivais.
Fonte: Yin (2000b).

Resumo. Possuir uma estratégia analítica geral é a melhor preparação para a condução da análise do estudo de caso. O propósito da estratégia analítica é ligar os dados do seu estudo de caso a conceitos de interesse, para que esses forneçam a você uma orientação na análise dos dados. Você pode desenvolver sua própria estratégia, mas também pode considerar as quatro descritas há pouco: basear-se em proposições teóricas, tratar seus dados a partir do zero, desenvolver descrições de caso e examinar explicações rivais.

Dentro de qualquer estratégia geral, incluindo uma que você pode desenvolver por conta própria, você deve considerar utilizar uma das cinco técnicas analíticas que serão descritas em breve. Como será mostrado, as técnicas têm, em especial, o objetivo de lidar com problemas observados anteriormente sobre o desenvolvimento da *validade interna* e da *validade externa* (ver Capítulo 2) durante a pesquisa de estudo de caso. As técnicas específicas são:

(1) combinação de padrão;
(2) construção de explicação;
(3) análise de séries temporais;
(4) modelos lógicos; e
(5) síntese cruzada dos casos.

Análise da evidência do estudo de caso **147**

> **Exercício 5.2** Criação de uma estratégia analítica geral
>
> Presuma que você tenha começado a analisar seus dados do estudo de caso, mas ainda não tenha a estratégia analítica geral. Em vez de permanecer parado neste passo analítico, passe ao passo seguinte e especule como poderia organizar seu relatório do estudo de caso (posterior) em capítulos ou seções separadas. Em cada capítulo ou seção, crie títulos e cabeçalhos substantivos (por exemplo, em vez de "introdução", faça com que o título informe o que é a introdução, mesmo que seja necessário mais do que algumas palavras). Tente sequências diferentes de títulos e cabeçalhos, observando como essas diferenças poderiam ditar a criação de estratégias analíticas diferentes. Agora, escolha uma sequência e comece a separar seus dados designando-os aos capítulos ou seções. Você deve estar se dirigindo à análise dos dados do estudo de caso.

CINCO TÉCNICAS ANALÍTICAS

Nenhuma das técnicas analíticas deve ser considerada fácil de usar e todas necessitarão de muita prática para serem utilizadas com eficácia. Seu objetivo deve ser iniciar modestamente, trabalhar minuciosa e introspectivamente e construir seu próprio repertório analítico ao longo do tempo. A recompensa emergirá, finalmente, na forma de análises robustas de estudos de caso e, fundamentalmente, em estudos de caso robustos.

1. Combinação de padrão

Para a análise de estudo de caso, uma das técnicas mais desejáveis é o uso da lógica de combinação de padrão. Essa lógica (Trochim, 1989) compara um padrão baseado em empirismo – isto é, um padrão baseado nas descobertas do seu estudo de caso – com um padrão previsto antes da sua coleta de dados (ou com várias previsões alternativas). Na pesquisa de ciências políticas, uma técnica semelhante à combinação de padrão foi chamada de *método da congruência* (ver George & Bennett, 2004, Cap.9). Se os padrões empírico e previsto parecerem semelhantes, os resultados podem ajudar o estudo de caso a fortalecer sua *validade interna*.

Se o estudo de caso for explicativo, os padrões podem estar relacionados com as variáveis dependentes ou independentes do estudo, discutidas a seguir. Se o estudo de caso for descritivo, a combinação de padrão ainda é relevante, desde que o padrão previsto de condições descritivas importantes seja definido antes da coleta de dados.

Variáveis dependentes não equivalentes como padrão. O padrão de variáveis dependentes pode ser derivado de um dos projetos mais potentes de pesquisa quase-experimental, rotulado de "projeto de variáveis dependentes não equivalentes" (Cook & Campbell, 1979, p.118). De acordo com este projeto, um experimento ou quase-experimento pode ter múltiplas variáveis dependentes – isto é, uma variedade de resultados relevantes. Nos estudos de saúde pública, por exemplo, pode ser previsto que alguns resultados sejam afetados pelo tratamento, enquanto outros resultados *não* sejam afetados (Rosenbaum, 2002, p. 210-211). A combinação de padrão ocorre da seguinte maneira: Se os valores inicialmente previstos para cada resultado foram encontrados e, ao mesmo tempo, "padrões" alternativos aos valores previstos (incluindo os derivados dos artefatos metodológicos, ou das "ameaças" à validade) não foram encontrados, podem ser feitas fortes inferências causais.

Como um exemplo específico, considere um caso único em que está estudando os efeitos de um sistema computadorizado de um escritório recentemente descentralizado. Sua proposição mais importante é que – como cada peça periférica do equipamento pode funcionar independentemente de qualquer provedor – será produzido um certo padrão de mudanças e tensões organizacionais. Entre essas mudanças e tensões, você especifica o seguinte, com base nas proposições derivadas do seu conhecimento da teoria de descentralização prévia:

- os empregados criarão *novas aplicações* para o sistema do escritório, e essas aplicações serão idiossincráticas a cada empregado;
- as *ligações de supervisão* tradicionais serão ameaçadas, assim como será diminuído o controle administrativo sobre as tarefas do trabalho e o uso de fontes centrais de informação;
- os *conflitos organizacionais* aumentarão devido à necessidade de coordenar recursos e serviços nas unidades descentralizadas; mas, apesar disso,
- a *produtividade* aumentará acima dos níveis anteriores à instalação do novo sistema.

Nesse exemplo, cada um desses quatro resultados representa diferentes variáveis dependentes, e cada uma é investigada com medidas quantitativas ou qualitativas diferentes. Nesse sentido, você tem um estudo que especificou variáveis dependentes *não equivalentes*. Você também previu um padrão geral de resultados cobrindo cada uma dessas variáveis. Se os resultados forem como o previsto, você pode tirar uma sólida conclusão sobre os efeitos da descentralização. No entanto, se os resultados não mostrarem todo o padrão como previsto – ou seja, mesmo se um resultado não se comportar como o previsto – sua proposição inicial terá que ser questionada (ver Quadro 5.4 para outro exemplo).

QUADRO 5.4
Combinação de padrão em cada um dos múltiplos resultados

Tanto os pesquisadores quanto os políticos reconhecem que as bases militares norte-americanas localizadas em todo o país contribuem significativamente para a economia habitacional, empregatícia e de outros mercados locais. Quando ocorre o fechamento dessas bases, a crença correspondente é que a comunidade sofrerá de maneira quase catastrófica (tanto econômica quanto socialmente).

(Continua)

> *(Continuação)*
>
> Para testar a última proposição, Bradshaw (1999) conduziu um estudo de caso sobre o fechamento ocorrido em uma comunidade de tamanho modesto na Califórnia. Ele identificou, primeiramente, uma série de setores (por exemplo, as vendas habitacionais, o emprego civil, o desemprego, o movimento e a estabilidade da população e os mercados varejistas), nos quais resultados catastróficos poderiam ser temidos e coletou, então, dados sobre cada setor antes e depois do fechamento da base. um procedimento de combinação de padrão, examinando os padrões de resultados pré e pós em todos os setores e também em comparação com outras comunidades e com as tendências estaduais, mostrou que os resultados eram muito menos graves do que tinha sido antecipado. alguns setores nem mesmo mostraram qualquer declínio. Bradshaw também apresentou evidência para explicar o padrão dos resultados, produzindo, dessa forma, um argumento robusto para suas conclusões.

Continuando o mesmo exemplo, o primeiro caso de sistemas computacionais de escritório poderia ser aumentado, então, por um segundo no qual outro novo sistema de escritório tivesse sido instalado, mas de natureza centralizada – ou seja, o equipamento em todas as estações de trabalho individuais estava em rede. Agora, você faria a previsão de um padrão diferente de resultados, usando as mesmas quatro variáveis dependentes enumeradas acima. Então, caso os resultados mostrem que o sistema descentralizado (Caso A) tenha realmente produzido o padrão previsto e que este primeiro padrão era diferente do previsto e produzido pelo sistema centralizado (Caso B), será possível tirar uma conclusão ainda mais forte sobre os efeitos da descentralização. Nessa situação, foi feita uma *replicação teórica* ao longo dos casos. (Em outras situações, teria sido procurada uma *replicação literal*, identificando e estudando dois ou mais casos de sistemas descentralizados.)

Finalmente, você pode ter conhecimento da existência de determinadas ameaças à validade desta lógica (ver Cook & Campbell, 1979, para uma lista completa dessas ameaças). Por exemplo, como uma condição contextual coberta pelo seu estudo de caso, você descobriu que um novo executivo de uma corporação assumiu o posto no Caso A, deixando lugar para um contra-argumento: que os efeitos aparentes da descentralização eram, na realidade, atribuíveis à indicação desse executivo, não ao sistema recentemente instalado. Para lidar com essa ameaça teria que ser identificado algum subconjunto das variáveis dependentes iniciais, mostrando que o padrão teria sido diferente (no Caso A) se o executivo tivesse sido a verdadeira razão para os efeitos. Se houvesse apenas um estudo de caso único, este tipo de procedimento seria essencial; os mesmos dados estariam sendo usados para eliminar os argumentos baseados em uma ameaça potencial à validade. Devido à existência de um segundo caso, como no exemplo hipotético, também poderia ser mostrado que o argumento sobre o executivo corporativo não explicava certas partes do padrão encontrado no Caso B (no qual a ausência do executivo teria sido associada a determinados resultados opostos). Essencialmente, seu objetivo é identificar todas as ameaças razoáveis à validade e conduzir comparações repetidas, mostrando como essas ameaças não podem ser responsáveis pelos padrões duplos nos dois casos hipotéticos.

> **QUADRO 5.5**
> **Combinação de padrão para explicações rivais e replicação nos casos múltiplos**
>
> Um problema comum de política é entender as condições sob as quais novas descobertas de pesquisa podem se tornar úteis para a sociedade. Este tópico foi o assunto de um estudo de casos múltiplos de diferentes projetos de pesquisa de catástrofes naturais(Yin, 2012, Capítulo 3, p. 46-48). O estudo de caso proporcionou primeiramente evidência definitiva de que importantes descobertas de pesquisa tinham sido postas em uso prático em cada projeto, abrangendo desde mortes devido a terremotos a novos métodos de irrigação.
> A principal investigação da pesquisa lidou, então, com o "como" e o "por que" esses resultados tinham ocorrido. os investigadores compararam três teorias ("rivais") da literatura prevalente:
> a) os pesquisadores selecionam seus próprios tópicos para estudo e, depois, disseminam seus achados, com sucesso, para o mundo prático (tecnologia do "empurrão");
> b) o mundo prático identifica os problemas que atraem a atenção dos pesquisadores e que levam, então, à solução bem-sucedida dos problemas ("puxar" a demanda);
> c) os pesquisadores e os profissionais trabalham juntos, customizando um processo alongado de identificação de problemas e de teste de soluções ("interação social").
>
> Cada teoria prevê um padrão diferente de eventos rivais que devem preceder o resultado pré-estabelecido. por exemplo, a teoria de "puxar" a demanda exige a existência de um problema anterior como prelúdio para o início do projeto de pesquisa, mas a mesma condição não está presente nas outras duas teorias.
> Para os nove casos, os eventos acabaram combinando melhor a segunda e a terceira teorias. O estudo de casos múltiplos tinha combinado, portanto, o padrão dos eventos em cada caso com previsões teóricas diferentes e tinha usado também uma lógica de replicação entre os casos.

Variáveis rivais independentes como padrão. O uso de explicações rivais, além de ser uma boa estratégia analítica geral, também proporciona um bom exemplo de combinação de padrão para variáveis *in*dependentes. Nessa situação (para um exemplo, veja o Quadro 5.5), vários casos são conhecidos por apresentarem um determinado tipo de resultado, e sua investigação focou como e por que esse resultado ocorreu em cada caso.

A análise exige o desenvolvimento de proposições teóricas rivais, articuladas em termos operacionais. A característica desejável dessas explicações rivais é que cada uma envolva um padrão de variáveis independentes e mutuamente exclusivas: se uma explicação for válida, as outras não podem ser. Isso significa que a presença de certas variáveis independentes (prevista pela explicação original) exclui a presença de outras variáveis independentes (prevista pela explicação rival). As variáveis independentes podem envolver diversos ou muitos tipos diferentes de características ou eventos, cada um deles investigado com medidas e instrumentos distintos. A preocupação da análise do estudo de caso, no entanto, é com o padrão geral de resultados e com o grau em que o padrão baseado em empirismo combina com o previsto.

Esse tipo de combinação de padrão de variáveis independentes também pode ser feito tanto com um caso único quanto com casos múltiplos. Com o caso único, a combinação bem-sucedida seria uma evidência para se concluir que a explicação original era a melhor (e que as outras explicações eram menos aceitáveis). Novamente, mesmo no caso único, as ameaças à validade – constituindo, basicamente, outro grupo de explicações rivais – devem ser identificadas e eliminadas. Além disso, se este resultado idêntico fosse obtido, adicionalmente, sobre os casos múltiplos, a *replicação literal* dos casos únicos teria sido realizada e os resultados cruzados dos casos poderiam ser declarados ainda mais assertivamente. Portanto, caso este mesmo resultado também deixasse de ocorrer em um segundo grupo de casos, devido às circunstâncias previsivelmente diferentes, a *replicação teórica* teria sido realizada e o resultado inicial se manteria de uma forma ainda mais robusta. Seja ao lidar com um único caso ou com casos múltiplos, outras ameaças à validade – basicamente, constituir outro grupo de explicações rivais – também devem ser identificadas e eliminadas.

Precisão da combinação de padrão. Nesse ponto do desenvolvimento, o procedimento real de combinação de padrão não envolve comparações precisas. Caso você esteja prevendo um padrão de variáveis dependentes não equivalentes ou um padrão baseado em variáveis rivais independentes, a comparação fundamental entre o padrão previsto e o verdadeiro pode não envolver critérios quantitativos ou estatísticos. (As técnicas estatísticas disponíveis são provavelmente irrelevantes porque cada uma das variáveis no padrão representará um único ponto dos dados e, portanto, nenhuma terá a variância necessária para satisfazer a necessidade estatísitica.) O resultado mais numérico ocorrerá provavelmente se o estudo tiver definido indicadores pré-estabelecidos (por exemplo, a produtividade aumentará em 10% ou mais) e o valor do resultado verdadeiro for comparado, então, com este indicador.

Baixos níveis de precisão podem permitir algum arbítrio interpretativo por parte do pesquisador, que pode ser excessivamente restritivo ao alegar que um padrão foi violado, ou excessivamente tolerante ao decidir que o padrão foi combinado. Seu estudo de caso pode ser fortalecido com o desenvolvimento de medidas mais precisas. Não havendo essa precisão, uma sugestão importante é evitar a postulação de padrões muito sutis, para que sua combinação de padrão lide com grosseiras paridades ou disparidades cujas interpretações têm menos probabilidade de ser ameaçadas.

2. Construção da explicação

A segunda técnica analítica é, na realidade, um tipo especial de combinação de padrão, mas o procedimento é mais difícil e, portanto, merece maior atenção. Aqui, o objetivo é analisar os dados do estudo de caso construindo uma explicação sobre o caso. (Novamente, uma contraparte da construção de explicação na pesquisa de ciências políticas tem sido chamada de *rastreamento de processo* – ver Bennett, 2010; George & Bennett, 2004.)

Como usado neste capítulo, o procedimento é relevante principalmente para os estudos de caso explicativos. Um procedimento paralelo, para os estudos de caso exploratórios, tem sido citado comumente como parte de um processo gerador de hipóteses (ver Glaser & Strauss, 1967), mas seu objetivo não é concluir um estudo, mas desenvolver as ideias para um estudo posterior.

Elementos da explicação. "Explicar" um fenômeno é estipular um conjunto presumido de elos causais sobre ele, ou "como" ou "por que" algo aconteceu. Os elos causais podem ser complexos e difíceis de medir de uma maneira precisa (ver Quadro 5.6).

QUADRO 5.6
Construção de explicação em um estudo de caso único

Por que os negócios têm êxito ou fracassam continua a ser um tópico de interesse popular, assim como de interesse da pesquisa. As explicações são necessárias, definitivamente, quando do ocorre o fracasso em uma empresa que, tendo crescido com sucesso durante 30 anos, transformou-se no segundo fabricante de computadores em todo o país e estava entre as 50 principais corporações em tamanho entre todos os setores. O estudo de caso único de Edgar Schein (2003) assumiu exatamente este desafio e contém muita documentação e dados de entrevistas (ver também o Quadro 6.8, Capítulo 6, p. 198).

Schein, professor no MIT, tinha atuado como consultor, para os administradores seniores da empresa, durante aproximadamente toda sua história. seu estudo de caso tenta explicar como e por que a companhia tinha a "falta de um gene" – um gene aparentemente crítico para a sobrevivência dos negócios. O autor argumenta que o gene era necessário para superar as outras tendências da empresa que enfatizavam a qualidade excelente e criativa de suas operações técnicas. Em vez disso, a empresa deveria ter dado mais atenção às suas operações de negócios e de marketing. Ela poderia, então, ter superado sua incapacidade de abordar as dispensas que podariam o pessoal inútil de maneira mais oportuna e de estabelecer prioridades entre os projetos inernos rivais (por exemplo, a empresa desenvolveu três computadores pessoais diferentes, não apenas um).

Na maioria dos estudos de caso, a construção da explicação ocorre de forma narrativa. Como essas narrativas não podem ser precisas, os melhores estudos de caso são aqueles cujas explicações refletem algumas proposições teoricamente significativas, das quais as magnitudes podem começar a compensar a carência de precisão. Por exemplo, os elos causais podem refletir os *insights* críticos ao processo de política pública ou à teoria da ciência social. As proposições de política pública, se corretas, podem levar a recomendações para futuras ações políticas (ver Quadro 5.7A para um exemplo); as proposições da ciência social, se corretas, podem levar a contribuições importantes à construção de teorias, tal como a transição dos países das sociedades agrárias para as sociedades industriais (ver Quadro 5.7B para um exemplo).

Análise da evidência do estudo de caso   **153**

QUADRO 5.7
Construção de explicação em estudos de casos múltiplos

5.7A. Estudo de múltiplas comunidades

Em um estudo de casos múltiplos, um objetivo é construir uma explicação geral que se ajuste a cada caso individual, mesmo que os casos apresentem detalhes variados. o objetivo é análogo à criação de uma explicação geral na ciência para os achados de experimentos múltiplos.

New Towns In-Town: Why a Federal program Failed, de Martha Derthick (1972) é um livro sobre um programa habitacional sob a administração do presidente Lyndon Johnson. O governo federal deveria dar suas terras excedentes – localizadas nas áreas centrais das cidades – ao governo local para o desenvolvimento habitacional. no entanto, passados quatro anos, pouco progresso tinha sido feito nos sete locais – San Antonio, Texas; New Bedford (Massachusetts); San Francisco, Califórnia; Washington, D.C.; Atlanta, Geórgia; Louisville, Kentucky; e Clinton Township (Michigan) – e o programa foi considerado um fracasso.

A obra de Derthick (1972) analisa, primeiramente, os eventos em cada um dos sete locais. depois, a explicação geral – de que os projetos fracassaram em gerar apoio local suficiente – é considerada insatisfatória porque a condição não era dominante em todos os locais.

De acordo com Derthick, existia o apoio local, mas as "autoridades federais tinham, apesar disso, estabelecido objetivos tão ambiciosos que um grau de fracasso era certo" (p.91). Em consequência, Derthick formula uma explicação modificada e conclui que "o programa de terras excedentes fracassou porque o governo federal tinha influência limitada em nível local e estabeleceu objetivos impossíveis de atingir" (p.93).

5.7B. Estudo de sociedades múltiplas

Uma abordagem analítica similar à de Derthick é usada por Barrington Moore (1966) em sua história sobre *Social Origins of Dictatorship and Democracy*. o livro serve como outra ilustração da construção de explicação nos estudos de casos múltiplos, mesmo que os casos sejam exemplos históricos reais.

O livro de Moore (1966) cobre as transformações das sociedades agrárias para as industriais em seis países diferentes – Inglaterra, França, Estados Unidos, China, Japão e Índia – e a explicação geral do papel das classes superiores e do campesinato é um tema básico que emerge e que se tornou uma contribuição significativa para o campo da história.

Natureza iterativa da construção de explicações. O processo de construção de explicação, para os estudos de caso explicativos, não foi bem documentada em termos operacionais. No entanto, a explicação final é, provavelmente, o resultado de uma série de iterações:

- Realização de uma declaração teórica inicial ou uma proposição explicativa inicial
- Comparação das descobertas de *um caso inicial* com essa declaração ou proposição
- Revisão da declaração ou da proposição
- Comparação dos outros detalhes do caso com a revisão

- Comparação da revisão com as descobertas de um *segundo, terceiro ou mais casos*
- Repetição deste processo tantas vezes quanto necessário

Nesse sentido, a explicação final pode não ter sido totalmente estipulada no início do estudo e, portanto, difere das abordagens de combinação de padrão previamente descritas. Em vez disso, ao passo que a evidência do estudo de caso é examinada, proposições explicativas são revisadas e a evidência é novamente examinada a partir de uma nova perspectiva neste modo iterativo. Se você estiver fazendo em estudo de caso único, o procedimento não terminaria de forma conclusiva, mas poderia se tornar mais convincente se você pudesse aplicar a explicação revisada a casos adicionais, como parte de um estudo de casos múltiplos.

A construção gradual de uma explicação é similar ao processo de refinamento de um conjunto de ideias, em que um aspecto importante é, novamente, considerar outras *explicações plausíveis ou rivais*. Como antes, o objetivo é mostrar como essas explicações rivais não podem ser sustentadas, dado ao conjunto verdadeiro de eventos do estudo de caso.

Problemas potenciais na construção de explicação. Outras pessoas já apontaram para os desafios e as armadilhas deste processo iterativo, como na competente, equilibrada e útil interpretação de Diane Vaughan sobre a "elaboração de teorias" (Vaughan, 1992). Você deve ser avisado antecipadamente que esta abordagem à análise do estudo de caso é carregada de perigos. São exigidos muito *insight* analítico e sensibilidade do construtor de explicação. À medida que o processo iterativo progride, por exemplo, o pesquisador pode começar lentamente a se desviar do tópico de interesse original. Ainda pior, um viés seletivo indesejado pode penetrar no processo, levando a uma explicação que encobre dados-chave.

Para reduzir as ameaças, você deve verificar com frequência a finalidade original da investigação, usar colegas externos como "amigos críticos" e examinar continuamente as possíveis explicações alternativas. Outras salvaguardas já foram cobertas pelos Capítulos 3 e 4 – ou seja, o uso do protocolo do estudo de caso (indicando quais os dados a serem coletados), o estabelecimento de um banco de dados para o estudo de cada caso (estocando formalmente toda a série de dados que foi coletada, disponível para a inspeção por terceiros) e o encadeamento de evidências.

Exercício 5.3 Construção da explicação

Identifique algumas mudanças que ocorreram em seu bairro (ou em torno dessa área). Desenvolva uma explicação para essas mudanças e indique o conjunto crítico de evidências que coletaria para apoiar ou desafiar esta explicação. Se essas evidências estivessem disponíveis, a sua explicação estaria completa? Estaria robusta? Seria útil para a investigação de mudanças similares em outro bairro?

3. Análise de séries temporais

Uma terceira técnica analítica é a condução de uma análise de séries temporais, diretamente análoga à análise de séries temporais conduzida nos experimentos e nos quase-experimentos. Essa análise pode seguir muitos padrões intrincados, que têm sido o assunto de diversos livros-texto importantes na psicologia experimental e clínica com *sujeitos* únicos (por exemplo, ver Kratochwill, 1978); o leitor interessado é encaminhado a esses trabalhos para orientação mais detalhada. Quanto mais intrincado e preciso o padrão, mais a análise de séries temporais também proporcionará uma base firme para as conclusões do estudo de caso.

Séries temporais simples. Comparado com a análise da combinação de padrão mais geral, o projeto de séries temporais pode ser muito mais simples em um sentido: nas séries temporais, pode haver apenas uma única variável dependente ou independente. Nessas circunstâncias, quando a variável única é representada por um grande número de pontos de dados temporais relevantes, os testes estatísticos podem ser usados até mesmo para analisar os dados (ver Kratochwill, 1978).

No entanto, o padrão pode ser mais complicado, em outro sentido, porque o ponto inicial e o ponto final apropriados para esta variável única podem não ser claros. Como uma possível consequência, os pontos de dados disponíveis podem apenas ser um segmento truncado de uma tendência mais ampla (e oposta). Apesar desse problema, a capacidade de rastrear mudanças ao longo do tempo é um ponto forte importante dos estudos de caso – que não são limitados a investigações transversais ou estáticas de uma determinada situação. Se os eventos ao longo do tempo foram rastreados em detalhes e com precisão, algum tipo de análise de séries temporais pode ser possível, mesmo que a análise do estudo de caso envolva também algumas outras técnicas (ver Quadro 5.8).

QUADRO 5.8
Uso da análise de séries temporais em um estudo de caso único

Na cidade de Nova York, junto com uma campanha para tornar o metrô da cidade mais seguro, o departamento de polícia municipal deu início a várias ações para reduzir o crime na cidade. As ações incluíram a fiscalização das violações menores ("restauração e manutenção da ordem") com a instalação de técnicas de controle do crime baseadas em computador e a reorganização do departamento visando a responsabilizar os policiais pelo controle do crime.

Kelling e Coles (1997) descreveram, primeiramente, todas essas ações com detalhes suficientes para tornar compreensível e plausível seu efeito potencial sobre a redução do crime. O estudo de caso apresenta, então, séries temporais dos índices anuais de tipos específicos de crimes durante um período de sete anos. durante esse período, o crime cresceu durante alguns anos, inicialmente, e depois declinou no período remanescente. O estudo de caso explica como a cronologia das ações relevantes do departamento de polícia coincide com as mudanças nas tendências do crime. Os autores citam a plausibilidade dos efeitos das ações, combinada com a cronologia das ações em relação às mudanças nas tendências do crime, para apoiar sua explicação para a redução dos índices de crime na cidade de Nova York naquele período.

A lógica essencial subjacente ao projeto de séries temporais é a paridade entre a tendência observada (empírica) e uma das seguintes:

a) tendência teoricamente significativa especificada antes do surgimento da investigação;
b) alguma tendência rival, também especificada anteriormente.

No mesmo estudo de caso único, por exemplo, dois padrões temporais opostos podem ter constituído as hipóteses. Isto é o que Campbell (1969) fez em seu agora famoso estudo da mudança na lei de limite de velocidade, em Connecticut, reduzindo o limite para 55 milhas por hora, em 1955. O padrão previsto de séries temporais foi baseado na proposição de que a nova lei (uma "interrupção" na série temporal) tinha reduzido substancialmente o número de fatalidades, enquanto o outro padrão de séries temporais baseou-se na proposição de que tal efeito não ocorrerá. O exame dos pontos de dados reais – ou seja, o número anual de fatalidades durante um período de tempo anterior e posterior à aprovação da lei – determinou, então, qual das séries temporais alternativas coincidia melhor com a evidência empírica. Essa comparação da "série temporal interrompida" no mesmo caso pode ser usada em muitas situações diferentes.

A mesma lógica também pode ser usada na realização de um estudo de casos múltiplos, com padrões de séries temporais contrastantes, postulados para os diferentes casos. Por exemplo, um estudo de caso sobre o desenvolvimento econômico nas cidades pode examinar as razões para uma cidade com base manufatureira ter tendências de emprego mais negativas do que uma cidade com base nos serviços. Os dados dos resultados pertinentes podem ter consistido em dados sobre o emprego anual durante um período especificado de dez anos. Na cidade com base manufatureira, a tendência de emprego prevista seria declinante, enquanto na cidade com base nos serviços, a tendência prevista seria de elevação. Análises similares podem ser imaginadas com relação ao exame das gangues de jovens ao longo do tempo nas cidades individuais, às mudanças na situação de saúde (por exemplo, na mortalidade infantil), às tendências na classificação das universidades e a muitos outros indicadores. Novamente, com dados temporais apropriados, a análise das tendências pode ser submetida à análise estatística. Por exemplo, você pode computar os "declives" para cobrir tendências de tempo sob diferentes condições (comparando as tendências de desempenho dos estudantes nas escolas com diferentes tipos de currículos, por exemplo) e depois comparar os declives para determinar se as diferenças são estatisticamente significativas (ver Yin, Schmidt, & Besag, 2006). Como outra abordagem, você pode usar a análise da descontinuidade da regressão para testar a diferença nas tendências anteriores e posteriores a um evento crítico, como a aprovação de uma nova lei sobre o limite de velocidade (ver Campbell, 1969).

Séries temporais complexas. Os projetos de séries temporais podem ser mais complexos quando as tendências, em um determinado caso, são postuladas para serem mais complexas. Por exemplo, você pode postular não simplesmente as tendências em elevação ou em declínio (ou planas), mas também uma elevação seguida de um declínio em um mesmo caso. Esse tipo de padrão misto, com o tempo, seria o início de uma série temporal mais complexa. As técnicas estatísticas relevantes exigiriam, então, o uso de modelos não lineares. Como sempre, a força da estratégia da pesquisa de estudo de caso não estaria meramente na investigação deste tipo de série temporal (com ou sem estatística), mas também no desenvolvimento de uma explicação rica para a complexa série temporal.

Maiores complexidades também surgem quando um conjunto múltiplo de variáveis – não apenas uma única – é relevante para o estudo de caso e quando cada variável pode ter um diferente padrão previsto ao longo do tempo. Essas condições podem estar presentes, especialmente, nos estudos de caso integrados: o estudo de caso talvez seja sobre um único caso, mas os dados extensivos cobrem também uma unidade de análise integrada (ver Capítulo 2, Figura 2.3). O Quadro 5.9 contém dois exemplos. O primeiro (ver Quadro 5.9A) foi um estudo de caso único sobre um sistema escolar, mas foram usados modelos hierárquicos lineares para analisar um conjunto detalhado de dados sobre o desempenho dos estudantes. O segundo (ver Quadro 5.9B) foi sobre uma estratégia de revitalização de um único bairro ocorrida em vários bairros; os autores usaram modelos de regressão estatística para analisar as tendências de tempo nos preços de venda de casas unifamiliares nas vizinhanças-alvo e nas vizinhanças de comparação para investigar, por meio disso, os resultados da estratégia única.

QUADRO 5.9
Análises de séries temporais mais complexas:
uso de métodos quantitativos
Quando os estudos de caso único têm uma unidade de análise integrada

5.9A. Avaliação do impacto da reforma sistêmica na educação

Supovitz e Taylor (2005) conduziram um estudo de caso do Duval County School District, na Flórida, com os estudantes do distrito servindo como uma unidade de análise integrada. A análise quantitativa dos escores de desempenho dos estudantes em um período de quatro anos, usando modelos hierárquicos lineares ajustados aos fatores de confusão, mostrou "pouca evidência de impactos sistêmicos sustentados sobre o aprendizado dos estudantes, em comparação com outros distritos."

O estudo de caso inclui uma série rica de observações de campo e levantamentos de diretores, rastreando as dificuldades na implementação de novas mudanças sistêmicas antes e durante o período de quatro anos. Os autores também discutem com muitos detalhes seus próprios *insights* sobre a reforma sistêmica e as implicações para os avaliadores – que tal "intervenção" dificilmente é autocontida e que sua avaliação talvez precise envolver o ambiente institucional mais amplamente, além dos trabalhos do próprio sistema escolar.

(Continua)

> *(Continuação)*
> **5.9B. Avaliação da estratégia de revitalização de uma vizinhança**
> Galster, Tatian e Accordino (2006) não apresentam seu trabalho como um estudo de caso. O alvo de seu estudo foi, apesar de tudo, avaliar uma estratégia de revitalização de um único bairro (como em um estudo de caso único), em Richmond, Virginia. O artigo apresenta a justificativa da estratégia e parte da história de sua implementação, além das principais conclusões sobre a estratégia de revitalização. No entanto, o foco analítico diferenciado está sobre o que poderia ser considerada uma unidade de análise integrada: os preços de venda das casas unifamiliares. O projeto de avaliação geral é plenamente aplicável a uma ampla variedade de estudos de caso integrados.
> Para testar a eficácia da estratégia de revitalização, os autores usaram os modelos de regressão para comparar as tendências pré e pós-intervenção (série temporal) entre os preços habitacionais nas vizinhanças-alvo e nas vizinhanças de comparação. Os achados mostraram que a estratégia de revitalização tinha "produzido apreciação substancialmente maior nos valores de mercado das casas unifamiliares nas áreas-alvo, quando comparados com os das casas semelhantes nas vizinhanças igualmente problemáticas".

Em geral, embora a série temporal mais complexa crie maiores problemas para a coleta de dados, ela também leva a uma tendência mais elaborada (ou a um conjunto de tendências) que pode levar a uma análise mais forte. Qualquer coincidência de uma série temporal prevista com uma série temporal real, quando ambas forem complexas, produzirá evidências melhores para a proposição teórica inicial.

Sequências cronológicas. A análise de eventos cronológicos é uma técnica frequente nos estudos de caso, podendo ser considerada uma forma especial da análise de séries temporais. A sequência cronológica foca diretamente no principal ponto forte dos estudos de caso citados – que os estudos de caso permitem que os eventos sejam rastreados ao longo do tempo.

Você não deve pensar no alinhamento dos eventos em uma cronologia apenas como um recurso descritivo. O procedimento pode ter uma finalidade analítica importante – investigar os eventos causais presumidos – porque a sequência básica de uma causa e seu efeito não pode ser temporalmente invertida. Além disso, a cronologia provavelmente cobre muitos tipos diferentes de variáveis e não fica limitada a uma única variável independente ou dependente. Nesse sentido, a cronologia pode ser mais rica e discernível do que as abordagens gerais de séries temporais. A meta analítica é comparar a cronologia com aquela prevista por alguma teoria explicativa – em que a teoria tinha especificado um ou mais dos seguintes tipos de condições:

- Alguns eventos devem sempre ocorrer antes de outros eventos, com a *sequência* reversa sendo impossível.
- Alguns eventos devem sempre ser seguidos por outros eventos, em uma base de *contingência*.

- Alguns eventos podem seguir outros eventos somente após um *intervalo de tempo* pré-determinado.
- Certos *períodos de tempo*, em um estudo de caso, podem ser marcados por classes de eventos que diferem substancialmente daqueles de outros períodos de tempo.

Se os eventos verdadeiros de um estudo de caso, conforme documentados e determinados cuidadosamente pelo pesquisador, seguiram uma sequência prevista de eventos e não os de uma sequência rival convincente, o estudo de caso único pode tornar-se novamente a base inicial para as inferências causais. A comparação com outros casos, assim como a consideração explícita das ameaças à validade interna, fortalecerão ainda mais esta inferência.

Condições resumidas para a análise de séries temporais. Qualquer que seja a natureza estipulada da série temporal, o objetivo importante do estudo de caso é examinar algumas questões relevantes de "como" e "por que" sobre o relacionamento dos eventos ao longo do tempo, não é simplesmente observar as tendências de tempo isoladas. Uma interrupção em uma série temporal será a ocasião para postular os relacionamentos causais potenciais; da mesma forma, a sequência cronológica deve conter postulados causais.

Nessas ocasiões em que o uso da análise de séries temporais é relevante para o estudo de caso, um aspecto essencial é identificar o indicador específico a ser rastreado ao longo do tempo, assim como os intervalos de tempo específicos a serem cobertos e os relacionamentos temporais presumidos entre os eventos, *antes* da coleta dos dados verdadeiros. Apenas em consequência dessa especificação prévia, os dados relevantes têm a probabilidade de ser coletados em primeiro lugar, e certamente menos analisados de forma adequada e com parcialidade mínima.

Em contraste, se um estudo for limitado apenas à análise das tendências de tempo, como no modo descritivo em que as inferências causais não são importantes, uma estratégia de não estudo de caso seria provavelmente mais relevante – por exemplo, a análise econômica das tendências de preço ao consumidor ao longo do tempo.

Observe, também, que sem qualquer hipótese ou proposição causal, as cronologias têm o risco de se tornar *crônicas* – interpretações descritivas valiosas de eventos, mas que que carecem de valor explicativo.

> **Exercício 5.4** Análise das tendências de séries temporais
>
> Identifique uma série temporal simples – por exemplo, o número de estudantes inscritos na sua universidade, anualmente, nos últimos 20 anos. Como você poderia comparar um período de tempo com o outro durante os 20 anos? Se as políticas de admissão da universidade mudaram durante esse tempo, como seriam comparados os efeitos de tais políticas? Como esta análise poderia ser considerada parte de um estudo de caso mais amplo da sua universidade?

4. Modelos lógicos

Esta quarta técnica tornou-se cada vez mais útil nos anos recentes, especialmente na realização das avaliações dos estudos de caso (por exemplo, Mulroy & Lauber, 2004) e no estudo de teorias da mudança (por exemplo, Funnell & Rogers, 2011). O modelo lógico estipula e operacionaliza um encadeamento complexo de acontecimentos ou eventos durante um período longo de tempo. Os eventos são estagiados em padrões repetidos de causa-efeito-causa-efeito, pelos quais uma variável dependente (evento), em um estágio anterior, torna-se a variável independente (evento causal) para o estágio seguinte (Peterson & Bickman, 1992; Rog & Huebner, 1992). Os pesquisadores também demonstram os benefícios quando os modelos lógicos são desenvolvidos em colaboração – ou seja, quando os pesquisadores e as autoridades que implementam um programa sendo estudado, trabalham juntos para definir o modelo lógico desse programa (ver Nesman, Batsche, & Hernandez, 2007). O processo pode ajudar o grupo a definir mais claramente sua visão e suas metas, assim como a sequência de ações programáticas irá (teoricamente) atingir as metas.

Como técnica analítica, o uso dos modelos lógicos consiste em combinar eventos empiricamente observados com eventos teoricamente previstos. Conceitualmente, pode-se considerar, portanto, a técnica do modelo lógico como outra forma de combinação de padrão. Devido aos estágios sequenciais, no entanto, os modelos lógicos merecem ser diferenciados como uma técnica analítica distinta da combinação de padrão.

Joseph Wholey (1979) foi o pioneiro no desenvolvimento de modelos lógicos como técnica analítica. Ele promoveu primeiramente a ideia de um modelo de "programa" lógico, rastreando os eventos quando uma intervenção de programa público pretendia produzir um determinado resultado ou uma sequência de resultados. A *intervenção* poderia produzir, inicialmente, atividades com seus próprios resultados *imediatos*; esses resultados imediatos poderiam, por sua vez, produzir alguns resultados *intermediários*; e os resultados intermediários produziriam, supostamente, os resultados finais ou *definitivos*.

Para ilustrar a estrutura de Wholey (1979) com um exemplo hipotético, considere uma intervenção em uma escola que visa melhorar o desempenho acadêmico dos alunos. A intervenção hipotética envolve um novo conjunto de atividades em sala de aula, durante uma hora extra no dia escolar (*intervenção*). Essas atividades proporcionam tempo para os alunos trabalharem com os colegas em exercícios conjuntos (*resultado imediato*). A consequência desse resultado imediato é a evidência de maiores compreensão e satisfação com o processo educacional, por parte dos alunos, colegas e professores participantes (*resultado intermediário*). No final, os exercícios e a satisfação levam ao aumento do aprendizado de determinados conceitos-chave pelos estudantes e eles demonstram seu conhecimento com notas mais altas nos testes (*resultado definitivo*).

O exemplo inteiro mostra como um modelo lógico ajuda a explicar o resultado definitivo, excedendo a capacidade do projeto experimental comum, o qual essencialmente (mas sempre) testa a relação entre a presença da intervenção da escola e o acontecimento das notas mais altas em testes. Por causa da incapacidade de explicar como a intervenção produz o resultado definitivo, esse projeto experimental é comumente considerado uma avaliação "caixa-preta" (por exemplo, Rogers, 2000, p. 213). Utilizando modelos lógicos, a pesquisa de estudo de caso pode "abrir" a caixa-preta.

Indo além da abordagem de Wholey (1979) e usando a estratégia das explicações rivais plausíveis mencionadas ao longo deste livro, a análise também poderia contemplar sequências rivais de eventos, assim como a importância potencial de eventos externos espúrios. Agora, voltando ao exemplo anterior, se os dados apoiassem o papel da hora extra de escolaridade, e se nenhum rival fosse substanciado, a análise poderia alegar um efeito causal entre a intervenção escolar inicial e as posteriores notas nos testes. Alternativamente, a conclusão alcançada poderia ser que a série especificada de eventos era *ilógica* – por exemplo, que a intervenção escolar tinha envolvido alunos durante o semestre anterior ao em que o aprendizado tinha sido investigado. Nessa situação, o modelo lógico teria ajudado a explicar um achado espúrio.

Os modelos lógicos de programa podem ser aplicados a uma variedade de situações, como pesquisa sobre mudança organizacional (por exemplo, Burke, 2007) ou sobre desenvolvimento comunitário e econômico (por exemplo, Phillips & Pittman, 2009), não apenas naquelas em que uma intervenção é o tópico de um estudo de caso. O ingrediente-chave é a existência alegada de sequências repetidas de causa-e-efeito de eventos, todas vinculadas. Dependendo do número de casos em seu próprio estudo de caso, você pode analisar os vínculos qualitativa *ou* quantitativamente.

Uma análise qualitativa, em primeiro lugar, compararia a coerência entre a sequência observada e a sequência originalmente estipulada para cada caso, confirmando (ou rejeitando ou modificando) a sequência original. A análise completa seguiria, então, para fornecer dados qualitativos adicionais, explicando, de forma razoável, por que a sequência foi confirmada (ou rejeitada ou modificada). Uma análise quantitativa seguiria a mesma estratégia analítica, mas seria baseada em um grande número de casos. Com o grande número de casos, a comparação inicial poderia ser feita usando um modelo de trajetória, como um modelo de equação estrutural (por exemplo, Bryk, Bebring, Kerbow, Rollow & Easton, 1998). Após confirmar (ou rejeitar ou modificar) a sequência original, a análise iria novamente adicionar novos dados, potencialmente assumindo a forma de diferentes variáveis, sendo adicionada ao modelo de equação estrutural inicial, a fim de explicar por que a sequência foi confirmada (ou rejeitada ou modificada).

Essas estratégias analíticas qualitativas e quantitativas se aplicam aos três tipos de modelos lógicos descritos a seguir. Os três tipos variam de acordo com o tipo de caso no seu estudo de caso – isto é, sua unidade de análise.

Para fins ilustrativos, todos os gráficos ilustram uma sequência ou progressão linear de eventos ao longo do tempo. Essa interpretação direta pode, graficamente, servir às necessidades da maioria dos estudos de caso, apesar de os eventos do mundo real certamente serem mais complexos. Contudo, para aqueles que desejam ir mais a fundo nas complexidades gráficas, o Tutorial 5-2 ilustra um modelo lógico mais complicado e não linear. Mais importante do que os gráficos em si é o crescimento do reconhecimento de que uma análise de estudo de caso pode examinar interdependências e inter-relações não lineares, como descrito no uso de estudos de caso na assistência médica (por exemplo, Anderson, Crabtree, Steele & McDaniel, 2005; Anaf, Drummon, Sheppard, 2007) e em negócios (por exemplo, Dubois & Gadde, 2002).

Modelo lógico do nível individual. O primeiro tipo pressupõe que seu estudo de caso seja sobre um indivíduo, com a Figura 5.2 descrevendo o curso de eventos comportamentais de um jovem hipotético. Os eventos fluem ao longo de uma série de caixas e setas lidas da esquerda para a direita na figura. Ela sugere que o jovem pode estar em risco de tornar-se membro de uma gangue, pode finalmente juntar-se à gangue e se envolver com a violência e as drogas, e mais tarde até mesmo participar em atos criminosos relacionados com a gangue. Este modelo lógico também tem um conjunto de 11 números associados com as várias setas na figura. Cada um dos 11 representa uma oportunidade, através de algum tipo de intervenção planejada (por exemplo, um programa comunitário ou público), para prevenir que o jovem continue no curso de eventos. Por exemplo, os programas de desenvolvimento comunitário (número 1) podem trazer empregos e melhores condições habitacionais para o bairro e reduzir as chances de risco do jovem, em primeiro lugar.

Desconsiderando as intervenções por um momento, seu estudo de caso pode simplesmente ter rastreado o caminho de um jovem por meio de sequência estipuladas de caixas na Figura 5.2, terminando com o jovem cometendo um delito relacionado a uma gangue (você pode ter rastreado a sequência de frente para trás, coletando, retrospectivamente, dados sobre um jovem que já cometeu esse delito). Seu estudo de caso pode ter descoberto que a sequência não era precisa e, após analisar as trajetórias tomadas por muitos jovens diferentes (isto é, replicações), seu estudo de caso pode ter chegado a uma nova sequência. Se ele forneceu novos *insights* sobre o desenvolvimento de jovens, suas descobertas teriam feito uma contribuição para um novo conhecimento, tanto para fins de pesquisa como de prática.

Alternativamente, seu estudo de caso pode ter focado as 11 intervenções na Figura 5.2. A análise teria examinado como um jovem específico pode ter encontrado e lidado com elas, tanto confirmando como chegando a novas conclusões sobre o papel das intervenções. Seja lidando com a trajetória de um jovem somente por meio da sequência de caixas, seja com as intervenções, você pode ver como o modelo lógico representa uma teoria inicial sabre seu(s) caso(s) e, então, fornece um quadro para analisar seus dados.

Modelo lógico do nível organizacional ou empresarial. Um segundo tipo de modelo lógico rastreia os eventos que ocorrem em uma organização individual, como uma empresa de manufatura. A Figura 5.3 (p. 164) mostra como as mudanças na empresa (Itens 5 e 6 na Figura 5.3) levam, alegadamente, à melhoria na produção (Item 8) e, finalmente, ao melhor desempenho do negócio (Itens 10 e 11). O fluxo de Quadros também reflete a hipótese de que as mudanças iniciais tenham sido o resultado de intermediação externa e de serviços de assistência técnica (Itens 2 e 3). Dada esta hipótese, o modelo lógico também contém, portanto, explicações rivais

Análise da evidência do estudo de caso **163**

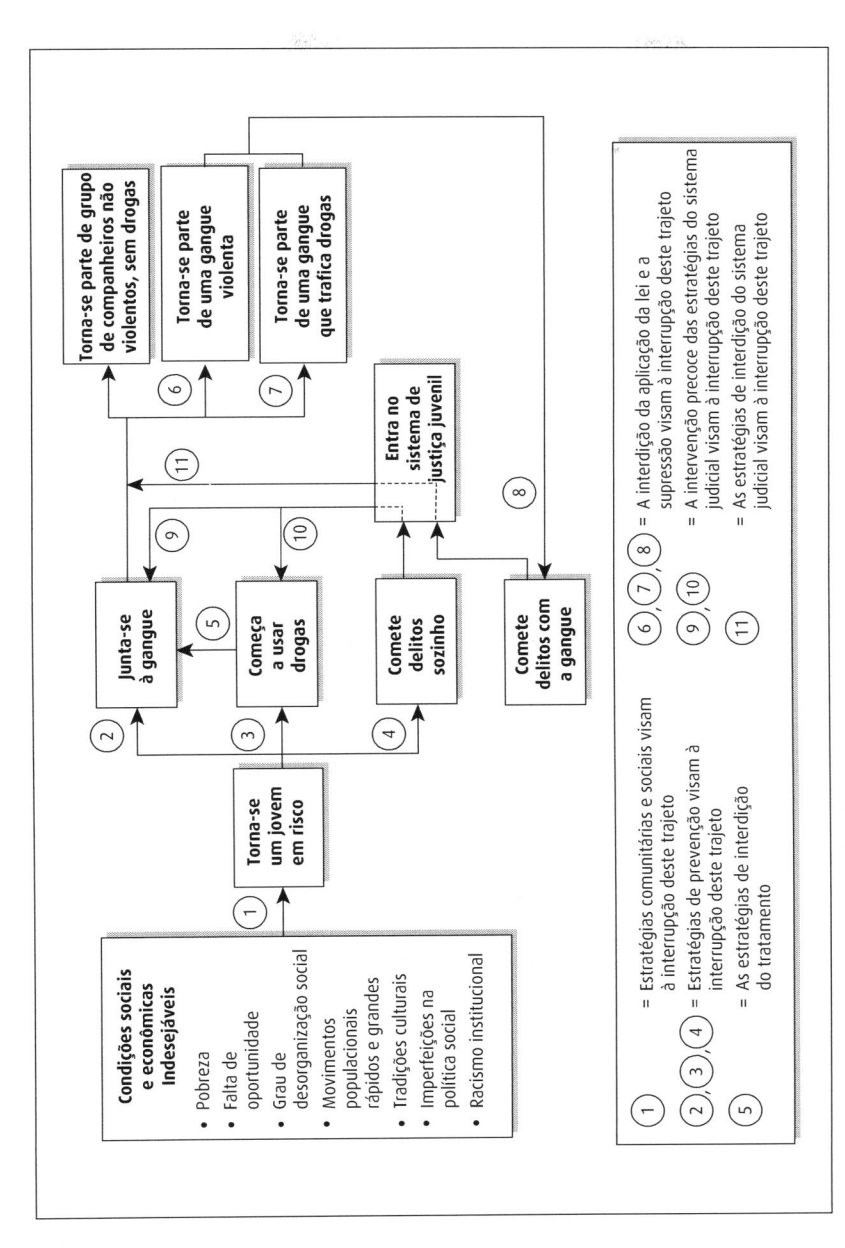

Figura 5.2 Comportamento de jovens e 11 possíveis intervenções.

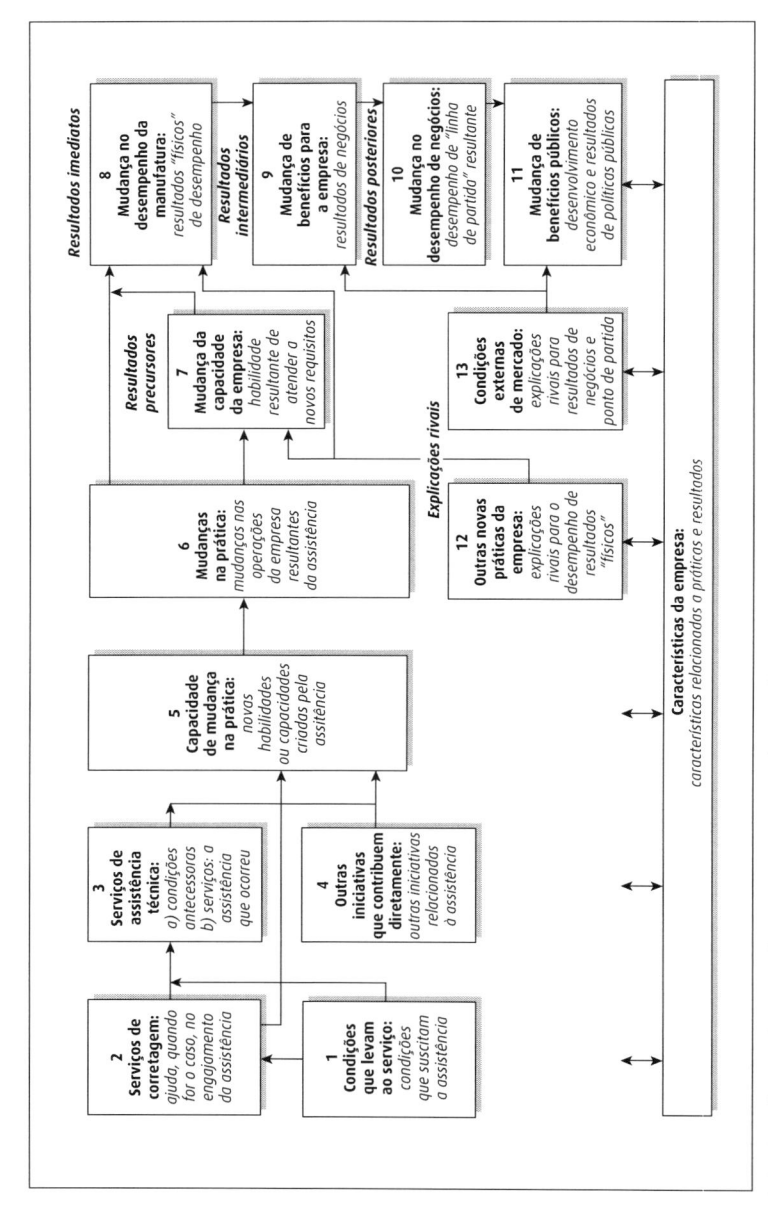

Figura 5.3 Desafios no desempenho em uma empresa de manufatura.
Fonte: Yin e Oldsman (1995).

Análise da evidência do estudo de caso **165**

ou excludentes (Itens 12 e 13). A análise de dados para este estudo de caso consistiria, então, em rastrear os eventos reais ao longo do tempo, dando grande atenção à sua sequência cronológica, no mínimo. A coleta de dados também deveria tentar identificar as maneiras nas quais os Quadros eram realmente vinculados na vida real, corroborando, dessa forma, a disposição das setas que conectam os Quadros.

Modelo lógico de nível de programa. A Figura 5.4 contém um terceiro tipo de modelo lógico. Aqui, o modelo descreve a justificativa subjacente a um programa público, visando à redução da incidência do HIV/AIDS por meio do apoio às iniciativas de planejamento e prevenção da comunidade. O programa retratado proporciona financiamento e assistência técnica a 65 departamentos de saúde locais e estaduais ao redor dos Estados Unidos. O modelo foi usado para organizar e analisar os dados de oito estudos de caso, incluindo a coleta de dados sobre as explicações rivais cujo papel potencial também é mostrado no modelo (ver Yin, 2012, Cap. 15 para todo o estudo de casos múltiplos). Da mesma forma, você poderia desenvolver um modelo lógico em nível de programa para estudar qualquer outro programa público em qualquer outro país.

Aprimorando o uso de modelos lógicos. Os exemplos até aqui forneceram a você os princípios básicos para utilizar modelos lógicos como ferramentas analíticas, indo além do seu papel comum no projeto de novos estudos (textos dedicados unicamente a modelos lógicos podem enfatizar o começo de um novo estudo e somente dar uma pequena atenção à fase analítica (por exemplo, Knowlton & Phillips, 2009). Os dois tópicos a seguir, ilustrados pelas Figuras 5.5 e 5.6, agora podem aprimorar seu uso de modelos lógicos em um nível ainda maior.

As duas partes da Figura 5.5 ilustram o primeiro tópico: ressaltando *as transições, não apenas as atividades*, em modelos lógicos. Ambas as partes da figura repetem o mesmo modelo lógico, o qual estipula como o trabalho de uma parceria de educação pode apoiar atividades apropriadas que, eventualmente, poderia produzir resultados desejáveis de estudantes do ensino fundamental. Contudo, a parte inferior da Figura 5.5 acentua as "flechas" entre as caixas, alertando-o sobre a necessidade de estudos de caso para dar explicações reais para como os eventos transitam de um estágio para outro. Em outras palavras, os dados da maioria dos estudos de caso tendem a abordar apenas as "caixas", tratando a ocorrência dos eventos de forma inter-relacional, mas negligenciando as transições.

Por exemplo, os dados qualitativos podem ter coberto a sequência cronológica de eventos, a qual, então, pode ter sido equivalente (ou não) à sequência no modelo lógico original. Quantitativamente, um modelo de equação estrutural, da mesma forma, pode ter avaliado a força e a sequência entre as caixas. Contudo, nem as situações qualitativas nem as quantitativas podem ter tentado explicar as transições – por exemplo, como e por que um evento (em uma caixa) parece ter produzido um evento subsequente (na próxima caixa). Tais explicações produzem um teste mais convincente e mais forte de um modelo lógico, de modo que a lição aqui é coletar e apresentar os dados sobre as transições, não apenas os eventos.[1]

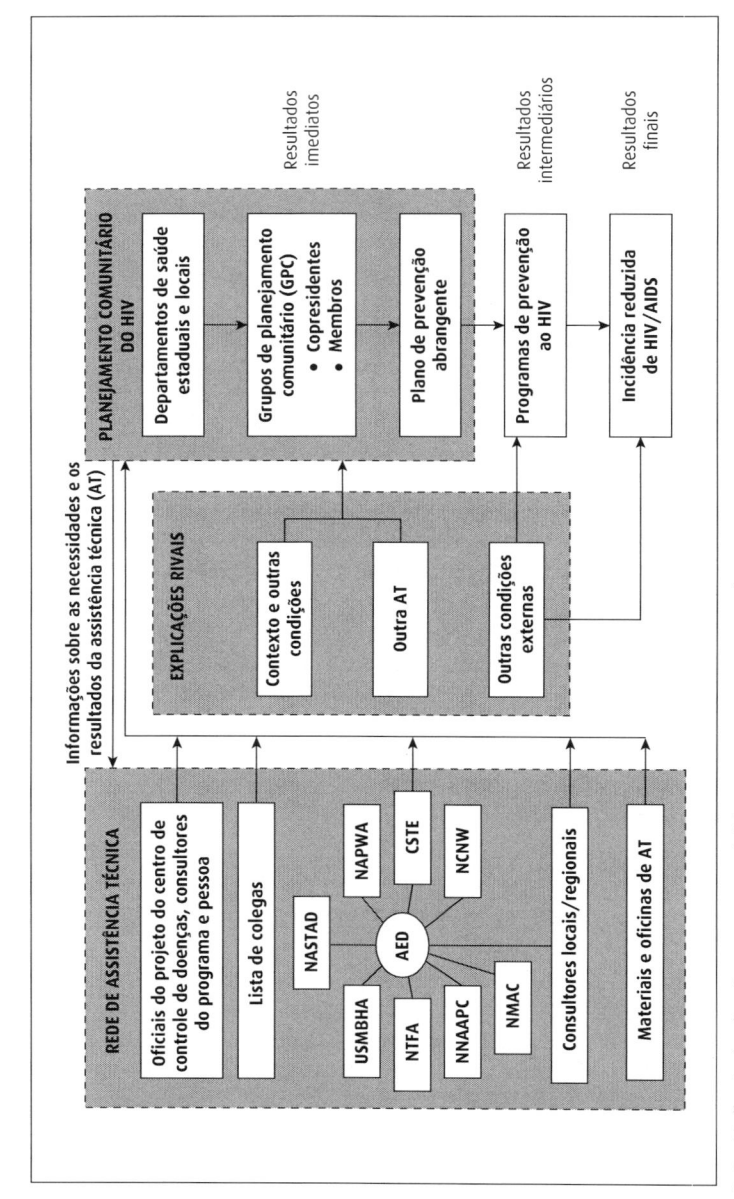

Figura 5.4 Melhoria do planejamento comunitário para a prevenção a HIV/AIDS.
Fonte: Yin (2003, Cap. 8).

Análise da evidência do estudo de caso   **167**

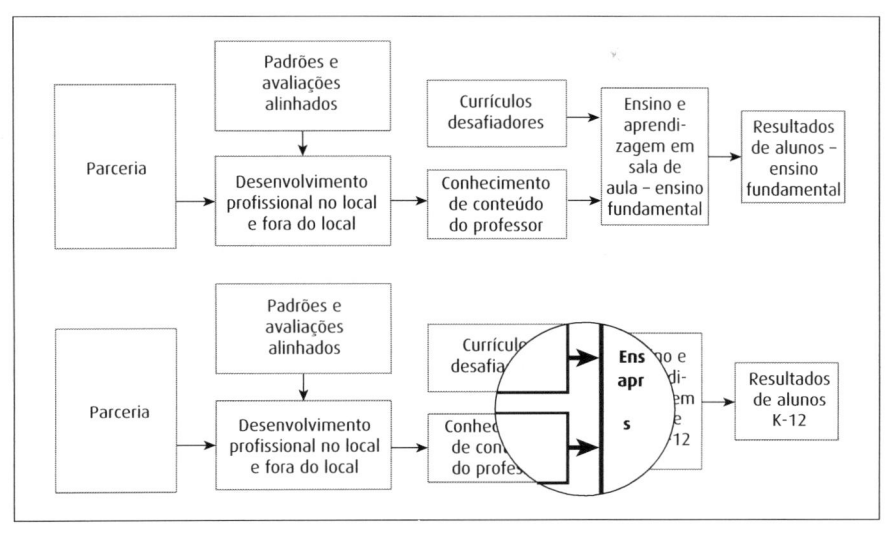

Figura 5.5   Destacando transições, não apenas atividades.

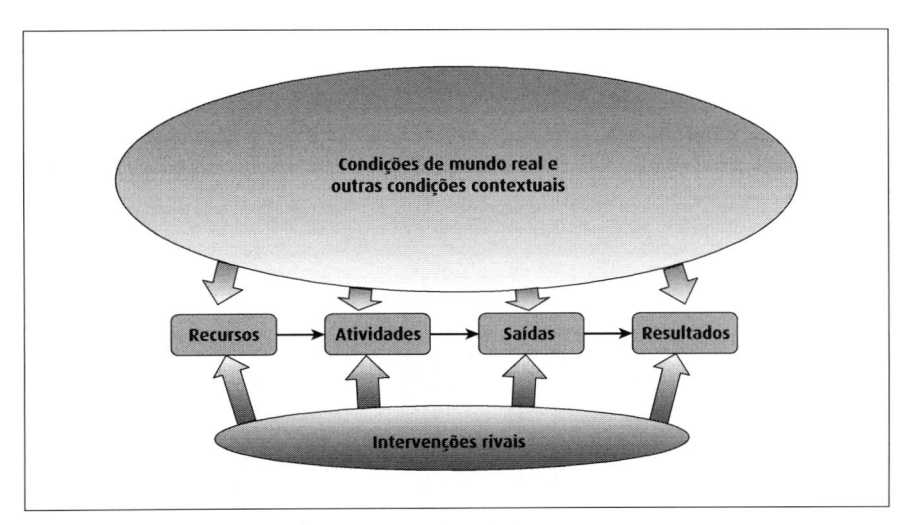

Figura 5.6   Atendendo às condições contextuais e rivais.

A Figura 5.6 ilustra o segundo tópico: atender às *condições contextuais* como parte integral de modelos lógicos. Muitos modelos lógicos, como os apresentados anteriormente, atendem muito pouco às condições contextuais. Essas condições não são apenas potencialmente uma parte importante de todos os estudos de caso; em algumas situações, elas podem superar o "caso" sendo estudado. Negligenciar essas condições, portanto, pode fornecer a um estudo de caso uma compreensão incompleta, senão errônea, do caso.

Por exemplo, o modelo lógico na Figura 5.6 retrata uma intervenção genérica com uma progressão assumida, desde o investimento de "recursos" até a ocorrência de "resultados". Essa intervenção pode servir como o caso em um estudo de caso, e – com uma exceção – o modelo lógico compartilha uma estrutura semelhante com os modelos lógicos apresentados anteriormente nas Figuras 5.1 e 5.2. A exceção é que, ao contrário dos modelos lógicos anteriores, o da Figura 5.6 expande propositalmente o escopo potencial do estudo de caso explicitamente chamando atenção à possibilidade de um grande número de condições de mundo real e outras condições contextuais, incluindo intervenções rivais. Apesar de externas ao caso, essas condições e as rivais podem, na verdade, influenciar muito os resultados de intervenção, possivelmente excedendo os efeitos dos recursos e as atividades apoiadas pela intervenção.

As condições contextuais específicas que precisam ser especificadas e monitoradas em um estudo de caso vão variar de caso para caso. Por exemplo, estudos de caso de pessoas individuais devem atentar às condições familiares, de colegas e da comunidade – os quais podem ter enriquecido uma compreensão da progressão do jovem hipotético na Figura 5.1. Da mesma forma, estudos de caso e organizações como as de negócios devem estar cientes do papel dos competidores, das condições na indústria de forma geral e das condições regulatórias – novamente, pouco presentes na Figura 5.2.

Resumo. O uso dos modelos lógicos, seja para examinar uma teoria da mudança (isto é, uma sequência presumida de eventos, como no processo de revitalização de um bairro) seja para avaliar uma intervenção, representa a quarta técnica para a análise dos dados do estudo de caso. A análise pode utilizar dados qualitativos ou quantitativos (ou ambos), e três tipos de modelos ilustrativos foram discutidos. Cada um difere em relação ao tipo de caso sendo estudado (um indivíduo, uma organização ou um programa). Foram apresentados quatro tipos de modelos lógicos, aplicáveis a diferentes unidades de análise e situações. Você deve definir seu modelo lógico antes de coletar os dados e, então, "testar" o modelo, vendo o quanto os dados o sustentam (ver Yin, 2003, para vários exemplos de estudos de caso usando modelos lógicos).

5. Síntese cruzada dos casos

A quinta técnica aplica-se somente à análise dos casos múltiplos (as quatro técnicas prévias podem ser usadas tanto com casos únicos quanto com casos múltiplos). A técnica é especialmente relevante se, como foi recomendado no Capítulo 2, um estudo de caso consistir em ao menos dois casos (para uma síntese de seis casos, ver Ericksen & Dyer, 2004). A análise é provavelmente mais fácil e as constatações são mais robustas do que havendo apenas um caso único. O Quadro 5.10 apresenta um exemplo excelente da importante pesquisa e dos tópicos de pesquisa que podem ser abordados tendo-se um estudo de caso de "dois casos". Novamente, a existência de mais de dois casos poderá fortalecer ainda mais as descobertas.

> **QUADRO 5.10**
> **Uso de um estudo de caso de "dois casos" para testar uma teoria de orientação política**
>
> O mercado internacional nos anos de 1970 e 1980 foi marcado pela proeminência do Japão. Grande parte de sua força foi atribuída ao papel do planejamento centralizado e do apoio de um ministério governamental especial – considerado por muitos como um viés competitivo injusto, comparado com outros países. Os Estados Unidos, por exemplo, foram considerados sem estruturas de apoio como contrapartida. o excelente estudo de caso de Gregory Hooks (1990) aponta uma contraparte frequentemente ignorad pelos defensores: o papel do departamento de defesa americano na implementação de uma política de planejamento industrial entre as indústrias relacionadas com a defesa.
>
> Hooks (1990) proporciona dados quantitativos sobre dois casos – a indústria aeronáutica e a indústria microeletrônica (pioneira de todo o mercado de *chips* de computadores e suas tecnologias, como o computador pessoal). A indústria (aeronáutica) é tradicionalmente conhecida como dependente do apoio do governo federal, mas a outra não. nos dois casos, a evidência de Hooks mostra como o departamento de defesa apoiou o desenvolvimento crítico inicial dessas indústrias por meio de recursos financeiros, apoio da P&D e criação de uma base inicial de clientes para os produtos da indústria – portanto, mostrando que os EUA tiveram uma competitividade como a do Japão. A existência de dois casos, não apenas o da indústria aeronáutica, torna todo o argumento do autor poderoso e persuasivo.

As sínteses de casos cruzados podem ser realizadas caso os estudos de caso individuais tenham sido previamente conduzidos como estudos de pesquisa independente (com a autoria de pessoas diferentes) ou como uma parte pré-projetada do mesmo estudo. Em qualquer situação, a técnica não difere das outras sínteses de pesquisa – totalizando as descobertas ao longo de uma série de estudos individuais (ver Quadro 5.11). Se houver um grande número de estudos de caso individuais disponíveis, a síntese pode incorporar técnicas quantitativas comuns a outras sínteses de pesquisa (por exemplo, Cooper & Hedges, 1994) ou meta-análises (por exemplo, Lipsey, 1992). Além disso, o Tutorial 5-3 discute duas técnicas desenvolvidas especialmente para estudos de caso com um grande número de casos. No entanto, se apenas um número modesto de estudos de caso estiver disponível, são necessárias táticas alternativas.

> **QUADRO 5.11**
> **Onze avaliações de programas e uma análise cruzada de casos**
>
> Dennis Rosenbaum (1986) coletou 11 avaliações de programas como capítulos separados na edição de um livro. As 11 avaliações foram conduzidas por diferentes pesquisadores, usaram métodos variados e não eram estudos de caso. Cada avaliação era sobre uma intervenção comunitária diferente na prevenção de crimes, e algumas apresentavam ampla evidência
>
> *(Continua)*

> *(Continuação)*
> quantitativa e empregavam análises estatísticas. As avaliações foram deliberadamente selecionadas porque quase todas tinham mostrado resultados positivos. Uma análise entre os casos foi conduzida pelo autor (Yin, 1986), tratando cada avaliação como se fosse um "caso" separado. A análise dissecou e listou as evidências das 11 avaliações na forma de tabelas de palavras. As generalizações sobre a prevenção bem-sucedida do crime na comunidade, independentemente de qualquer intervenção específica, foram derivadas, então, com o uso da lógica de replicação, pois todas as avaliações tinham mostrado resultados positivos.

Uma possibilidade inicia com a criação de tabelas de palavras que apresentam os dados dos casos individuais de acordo com alguma estrutura uniforme. A Figura 5.7 apresenta um exemplo simplificado dessa tabela de palavras, captando os achados de 14 centros organizacionais (COSMOS Corporation, 1998). Dos 14 centros, sete tinham recebido apoio programático e eram considerados centros de "intervenção"; os outros sete foram selecionados como centros de "comparação".

Para cada um dos centros, a categoria importante abordou o acordo de colocalização do centro (ou compartilhamento de instalações) com sua(s) organização(ões) parceira(s). Essa colocalização foi um dos muitos resultados de interesse no estudo original: fez-se a hipótese de que os centros com apoio programático empreendem uma colocalização compartilhada, ao passo que não se esperou que os centros de comparação mostrassem qualquer colocalização. Os resultados na Figura 5.7 não mostraram grandes diferenças entre os dois grupos, de modo que o apoio programático não pareceu ter sido associado com qualquer impacto sobre esse resultado. Tabelas adicionais de palavras, abordando como e por que os 14 centros formaram (ou não) colocações, foram examinadas da mesma maneira. Uma análise qualitativa de toda a coleta de tabelas de palavras permitiu que o estudo tirasse conclusões cruzadas dos casos sobre os dois grupos de centros, e, em especial, por que centros com apoio programático falharam em desenvolver uma colocalização compartilhada.

Seu estudo de caso pode não ter começado com agrupamentos predefinidos, como dois grupos de centros organizacionais. Além disso, você pode ter criado tabelas de palavras mais complexas, indo além de categorias únicas, organizando um conjunto completo de categorias ou características, mapeando o perfil de cada caso de forma eficiente – ainda que o fazendo de caso em caso. Essa organização agora permite que sua análise examine se casos diferentes parecem compartilhar perfis semelhantes e merecem ser considerados exemplos (replicações) do mesmo "tipo" de caso geral. Alternativamente, os perfis podem ser suficientemente diferentes, de modo que os casos merecem ser considerados casos contrastantes. Uma similaridade ou um contraste previstos podem ter sido parte do projeto original do estudo de caso. Se assim for, as descobertas baseadas nos perfis observados irão confirmar ou negar as expectativas originais e se associar à pesquisa anterior que foi revisada no desenvolvimento do projeto original.

O exemplo anterior ilustra a condução de uma síntese cruzada dos casos, quando um estudo de caso tento explorar se os casos sendo estudados replicaram ou

Análise da evidência do estudo de caso

CENTROS ORGANIZACIONAIS (*n* = 14)	Características de colocalização com centro parceiro
Centros de intervenção (*n* = 7)	
1	A equipe parceira está localizada nas mesmas instalações do centro 1 e segue políticas existentes antes da parceria. O centro 1 recebe 25.000 dólares anualmente do orçamento da parceria para software e periféricos, comunicação e suprimentos.
2	Como unidade de negócio do centro 2, a equipe parceira está abrigada nos escritórios do centro 2. A organização matriz do centro 2 contribui com 2.500 dólares pelo espaço e com 23.375 dólares para despesas indiretas anualmente para o orçamento da parceria.
3	Cinco escritórios da parceria estão colocalizados na equipe do centro 3.
4	O centro 4 e seu parceiro compartilham o espaço do escritório.
5	A equipe do centro 5 e a equipe parceira estão localizadas no mesmo prédio, mas não compartilham o espaço do escritório.
6	As duas organizações não estão colocalizadas.
7	A equipe da parceria está localizada nos escritórios do centro 7.
Centros de comparação (*n* = 7)	
8	O centro 8 e seu parceiro compartilham o espaço do escritório em oito locais em todo o estado.
9	Alguns locais são colocalizados.
10	O centro 10 e seu parceiro não são colocalizados.
11	A parceria e a equipe central compartilham o espaço do escritório.
12	O centro 12 e sua equipe parceira estão localizados no mesmo prédio.
13	O centro 13 e sua equipe parceira estão localizados no mesmo escritório.
14	O centro 14 compartilha o espaço do escritório com três parceiros regionais.

Figura 5.7 Colocalização de parceiros interorganizacionais (14 centros e suas organizações parceiras).
Fonte: COSMOS Corporation (1998).

contrastaram uns em relação aos outros. Um importante aviso na condução deste tipo de síntese de caso cruzado é que o exame das tabelas de palavras, quanto aos padrões de casos cruzados, contará fortemente com a interpretação argumentativa, não com tabulações numéricas. O Capítulo 2, no entanto, apontou previamente que esse método é diretamente análogo às interpretações de experimentos cruzados, que também não têm propriedades numéricas quando apenas um pequeno número de experimentos estiver disponível para análise. Um desafio que você deve estar preparado para enfrentar enquanto conduz o estudo de caso é saber como desenvolver argumentos fortes, plausíveis e imparciais apoiados pelos dados.

As sínteses cruzadas dos casos têm, ao menos, mais uma variação: diferentemente da discussão anterior, um estudo de caso pode ter sido projetado para se expandir a um nível superior – isto é, além da síntese cruzada dos casos. Nessa situação, o estudo de caso principal pode ser sobre um caso ou uma unidade de análise mais amplos, com os estudos de casos múltiplos (e a síntese cruzada de casos) servindo como unidades integradas. As descobertas e conclusões requereriam dados separados da unidade de análise mais ampla que serve como caso principal, em adição aos dados cruzados de casos dos estudos de casos múltiplos (ainda analisados no padrão de replicação, como discutido anteriormente). Os dados de ambos os níveis (unidades de análise mais amplas e os casos integrados) sustentariam o estudo de caso final (ver Quadro 5.12).

> **QUADRO 5.12**
> **Estudos de caso dentro de um estudo de caso**
>
> Em alguns estudos de casos múltiplos, uma síntese cruzada de casos é apenas parte do quadro. Em uma avaliação conduzida pelas Nações Unidas (Programa de Desenvolvimento das Nações Unidas, 2010), quatro países – Botsuana, Paraguai, Togo e Arábia Saudita – foram os tópicos de estudos de caso separados. O objetivo era avaliar como esses países trabalharam suas metas de desenvolvimento nacional. Contudo, esses quatro estudos de caso, na verdade, serviram como unidades integradas de análise, uma vez que o estudo de caso mais amplo era sobre o papel desempenhado por uma única organização – o Programa de Desenvolvimento das Nações Unidas (United Nations Development Programme – UNDP) – no fornecimento de assistência individual ao desenvolvimento dos países. Por causa da investigação em nível duplo, a análise final incluiu dados sobre cada país, mas também incluiu dados separados de casos únicos sobre as políticas, as práticas, o grupo de trabalho e o UNDP como a organização de assistência. O produto final foi, na realidade, um estudo de caso do UNDP, baseado (somente) em parte em uma síntese cruzada de casos dos quatro países.

A seção de conclusão deste capítulo oferece algumas ideias para você independentemente de estar fazendo um síntese cruzada de casos ou seguindo uma das outras técnicas analíticas discutidas neste capítulo. Essas ideias podem ajudar a melhorar a qualidade de toda a sua análise de estudo de caso.

EXIGINDO UMA ANÁLISE DE ALTA QUALIDADE

Não importa qual a estratégia ou a técnica específica escolhida, você deve fazer tudo para garantir que sua análise seja da mais alta qualidade. Ao menos quatro princípios são subjacentes a toda boa pesquisa de ciência social (Yin, 1994a, 1994b, 1997, 1999) e merecem sua atenção.

Em primeiro lugar, sua análise deve mostrar que você se baseou em *todas as evidências*. Suas estratégias analíticas, incluindo o desenvolvimento de hipóteses rivais, devem cobrir exaustivamente suas questões-chave de pesquisa (agora você pode avaliar melhor a importância de definir questões pontuais em oposição às vagas). Sua análise deve mostrar como você procurou usar toda a evidência disponível e suas interpretações devem dar conta de toda essa evidência sem deixar pontas soltas. Sem atingir este padrão, sua análise pode ficar vulnerável às interpretações alternativas, baseadas nas evidências que tinham sido (inadvertidamente) ignoradas.

Em segundo lugar, sua análise deve abordar, se possível, *todas as interpretações rivais plausíveis*. Se alguém mais tiver uma interpretação alternativa para uma ou mais das suas descobertas, faça dessa alternativa uma rival. Existe evidência para abordar a rival? Se existir, quais são os resultados? Se não existirem, a rival deve ser reafirmada como uma ponta solta a ser investigada nos estudos futuros?

Em terceiro lugar, sua análise deve abordar *o aspecto mais significativo* do seu estudo de caso. Sendo um estudo de caso único ou múltiplo, você demonstrará suas melhores habilidades analíticas se a análise focar o assunto mais importante (seja definido no início do estudo de caso seja tratando seus dados "a partir do zero"). Evitando um desvio excessivo para assuntos menores, sua análise será menos vulnerável à acusação de que você está negligenciando o assunto principal devido a potenciais descobertas negativas.

Em quarto lugar, você deve usar seu próprio *conhecimento prévio de especialista*, em seu estudo de caso. A forte preferência aqui é que você demonstre conhecer o raciocínio e o discurso atual sobre o tópico do estudo de caso. Se você conhece seu assunto em consequência de sua pesquisa e publicações anteriores, tanto melhor.

O estudo de caso no Quadro 5.13 foi feito por uma equipe de pesquisa com credenciais acadêmicas, assim como uma forte e relevante experiência prática. Neste trabalho, os autores demonstram cuidado com a investigação empírica, cujo espírito merece ser considerado em todos os estudos de caso. O cuidado reflete-se na apresentação dos próprios casos, não pela existência de uma seção de metodologia rígida cujos princípios podem não ter sido seguidos totalmente no estudo de caso real. Se você puder emular o espírito destes autores, sua análise de estudo de caso também receberá o respeito e o reconhecimento apropriados.

QUADRO 5.13
Qualidade analítica em um estudo de casos múltiplos sobre a competição internacional no comércio

A qualidade da análise do estudo de caso não é dependente, unicamente, das técnicas usadas, embora elas sejam importantes. Igualmente importante é que o investigador demonstre destreza na realização da análise. Esta destreza foi refletida no livro de Magaziner e Patinkin (1989), *The Silent War: Inside the Global Business Battles Shaping America's Future*.

Os autores organizaram seus nove casos de modo excelente. Entre os casos, temas importantes relacionados com as vantagens competitivas dos Estados Unidos (e as desvantagens) foram cobertos em um projeto de replicação. Em cada caso, os autores proporcionaram entrevistas extensas e outras documentações, mostrando as fontes de suas descobertas. (para manter a leitura narrativa agradável, grande parte dos dados – nas tabelas de palavras, notas de rodapé e tabulações quantitativas – foi relegada às notas de rodapé e aos apêndices.) além disso, os autores mostraram que tinham exposição pessoal extensa aos assuntos sendo estudados, em consequência de inúmeras consultas dentro do país e no exterior.

Tecnicamente, uma seção metodológica mais explícita poderia ter sido útil. No entanto, o trabalho cuidadoso e detalhado, mesmo com a ausência dessa seção, ajuda a ilustrar o que todos os investigadores deveriam lutar para atingir (ver também Quadro 2.1, Capítulo 2, p.33).

> **Exercício 5.5 Análise do processo analítico**
>
> Selecione e obtenha um dos estudos de caso descritos nos Quadros deste livro. Encontre um dos capítulos do estudo de caso (geralmente na metade do estudo) no qual a evidência é apresentada, mas as conclusões também estão sendo alcançadas. Descreva como ocorre a vinculação da evidência citada com as conclusões. Os dados são apresentados em tabelas ou em outros formatos? Estão sendo feitas comparações?

RESUMO

Este capítulo apresentou várias maneiras de analisar os estudos de caso. Em primeiro lugar, as potenciais dificuldades analíticas podem ser reduzidas se você tiver uma estratégia geral para analisar os dados – seja essa estratégia baseada nas proposições teóricas, nas explicações rivais, seja nas estruturas descritivas. Na ausência dessas estratégias, você talvez tenha que "brincar com os dados" no sentido preliminar, como um prelúdio para o desenvolvimento da sistematização do que merece ser analisado e de como deve ser analisado.

Em segundo lugar, de acordo com a estratégia geral, várias técnicas analíticas específicas são relevantes. Destas, cinco (combinação de padrão, construção da explicação, análise de séries temporais, modelos lógicos e sínteses cruzadas de casos) podem ser eficazes para a fundamentação dos estudos de caso de alta qualidade. Nas cinco técnicas, deve ser aplicada uma lógica de replicação similar, se o estudo envolver casos múltiplos. As comparações com as proposições rivais e as ameaças à validade interna também devem ser realizadas em cada caso individual.

Nenhuma dessas técnicas é de uso fácil. Nenhuma pode ser aplicada mecanicamente, seguindo um procedimento simples. Não surpreendentemente, a análise do estudo de caso é o estágio mais difícil na realização do estudo de caso, e os pesquisadores iniciantes provavelmente terão uma experiência problemática. Novamente, uma recomendação é a de iniciar com um estudo de caso simples e direto (ou, preferencialmente, com um projeto de "dois casos"), mesmo que as questões de pesquisa não sejam tão sofisticadas ou inovadoras como seria desejado. A experiência obtida ao completar esses estudos de caso diretos o capacitará para o enfrentamento dos tópicos mais difíceis nos estudos de caso subsequentes.

NOTA

1. A falta de atenção às transições possivelmente surgiu da confusão gráfica entre um modelo lógico e um fluxograma. Em um fluxograma, as linha indicam apenas que uma caixa é seguida de outra. Em um modelo lógico, as linhas pressupõem uma relação de acionamento – aquela caixa *produz* a próxima caixa. Para entender como o acionamento ocorre na transição, é necessária uma explicação ao se usarem modelos lógicos.

Tutorial 5.1:
Mais sobre o uso de *software* CAQDAS para a análise de dados de estudo de caso

O Capítulo 5 deve fornecer apoio suficiente, mas também advertir sobre o uso de ferramentas CAQDAS. Se você planeja usar essas ferramentas, pode ser útil distinguir entre as três funções CAQDAS (Yin, 2011):

(1) *compilação de dados* (pesquisar e contabilizar palavras e termos específicos das suas anotações);
(2) *desmontagem de dados* (deslocar-se metodicamente para um nível conceitual superior designando códigos para palavras e termos semelhantes); e
(3) *remontagem de dados* (interpretar as relações entre códigos, suas combinações e padrões conceitualmente superiores).

Considerando as três funções, diferentes ferramentas têm diferentes pontos fortes. Contudo, esteja ciente de que, apesar de a maioria das ferramentas poder ajudar na compilação e na desmontagem dos seus dados (por exemplo, Saldaña, 2009), é provável que você tenha que direcionar atentamente as ferramentas para a remontagem dos dados. Ainda, esteja ciente de que o resultado final pode não justificar os grandes tempo e esforço que você dedicou na compilação ou na desmontagem dos dados.

Para prever possíveis problemas, você pode pegar uma parte dos seus dados e praticar as três funções manualmente antes de usar qualquer ferramenta de *software*. Se você decidir usar uma ferramenta CAQDAS (especificamente, se você tiver muitos dados), consulte um guia bastante abrangente (por exemplo, Hahn, 2008; Lewins & Silver, 2007) que possa ajudá-lo a selecionar uma ferramenta de *software* específica e a usá-la de forma eficaz. Então confira orientações especializadas que abranjam as ferramentas mais popularmente utilizadas (por exemplo, Friese, 2012).

Expectativas exageradas sobre as ferramentas CAQDAS podem surgir como resultado das experiências de todos com análise *quantitativa* assistida por computador. Nessas situações, as rotinas de computador seguem algoritmos estatísticos complexos e pré-estabelecidos, como o analista fornecendo um conjunto de dados de entrada e o computador chegando à saída, ou resultado. Em contraste, com ferramentas CAQDAS, você deve definir os algoritmos complexos por conta própria, incluindo o nível de granularidade (por exemplo, codificar palavras únicas, expressões, frases ou parágrafos), as combinações que merecem atenção e a rotina analítica para compilar os resultados finais (Fielding & Warnes, 2009, p. 278). Sem sua orientação explícita, e ao contrário da experiência com análise quantitativa, o computador não pode chegar a saídas utilizáveis sozinho.

Referências do Tutorial 5.1

Fielding, N., & Warnes, R. (2009). Computer-based qualitative methods in case study research. In D. Byrne & C. C. Ragin (Eds.), *The Sage handbook of case-based methods* (pp. 270–288). London:

Sage. Provides a conceptual overview—but not specific steps as in the following three works—on how CAQDAS tools and functions apply to case study data.

Friese, S. (2012). *Qualitative data analysis with ATLAS.ti*. London: Sage. Covers ATLAS.ti.

Hahn, C. (2008). *Doing qualitative research using your computer: A practical guide*. Thousand Oaks, CA: Sage. Gives step-by-step guidance for using three common tools: Word, Excel, and Access.

Lewins, A., & Silver, C. (2007). *Using software in qualitative research: A step-by-step guide*. London: Sage. Discusses three leading CAQDAS packages individually: ATLAS.ti5, MAXqda2, and NVivo7.

Saldaña, J. (2009). *The coding manual for qualitative researchers*. London: Sage. Presents a wide array of coding choices and practices.

Yin, R. K. (2011). *Qualitative research from start to finish*. New York: Guilford. Gives operational guidance for compiling, disassembling, and reassembling qualitative data.

Tutorial 5.2: Retratando um modelo lógico não linear

Os modelos lógicos em todo o Capítulo 5 ilustram sequências lineares de eventos. Contudo, eventos do mundo real oscilam e se entrelaçam de forma mais complexa. O modelo de lógica linear ainda pode ter seu mérito, porque uma sequência pode ser linear no longo prazo, aplanando-se ao longo de oscilações de curto prazo. No entanto, a Figura 5.A pode ajudá-lo se você quiser ilustrar a complexidade não linear explicitamente (Yin & Davis, 2006, 2007).

A figura apresenta quatro painéis, cada um com um título no topo e um intervalo de tempo, de *t1* a *t4*, no canto inferior direito. Em cada painel, o grupo de círculos concêntricos representa um organização cujo *status* de reforma varia verticalmente de painel para painel. Assim, em *t1*, os círculos estão no ponto mais baixo, representando uma organização no seu *status* de reforma mais baixo, ao passo que *t3* mostra a organização em seu status mais alto. A flexibilidade ao longo da dimensão vertical permite que o *status* da reforma seja representado de forma não linear, de modo que, para propósitos ilustrativos, um status regressivo de reforma é mostrado em *t4*. Dessa maneira, as mudanças progressivas e regressivas podem ser ilustradas ao longo de qualquer quantidade de tempo e, até mesmo, mostradas em movimento graficamente.

Nesse exemplo, a organização é um sistema escolar. Os diversos elementos dentro do sistema escolar aparecem como objetos com letras dentro de cada grupo de círculos concêntricos (os objetos com letras são identificados pela legenda na parte inferior da Figura 5.A). A teoria da reforma educacional estabelece que a reforma do sistema avançará ao passo que os elementos se alinharem (ilustrado pela sua mudança da parte periférica para o centro dos círculos concêntricos ao longo do tempo). A escala vertical é o desempenho do aluno, com a teoria afirmando que as maiores reformas sejam associadas com uma melhoria do desempenho dos alunos. Como resultado, a teoria também estipula que a reforma desejada precisa afetar um número cada vez maior de unidades dentro da organização; no caso, as escolas (representadas pelas bandeiras) dentro do sistema escolar.

Análise da evidência do estudo de caso **177**

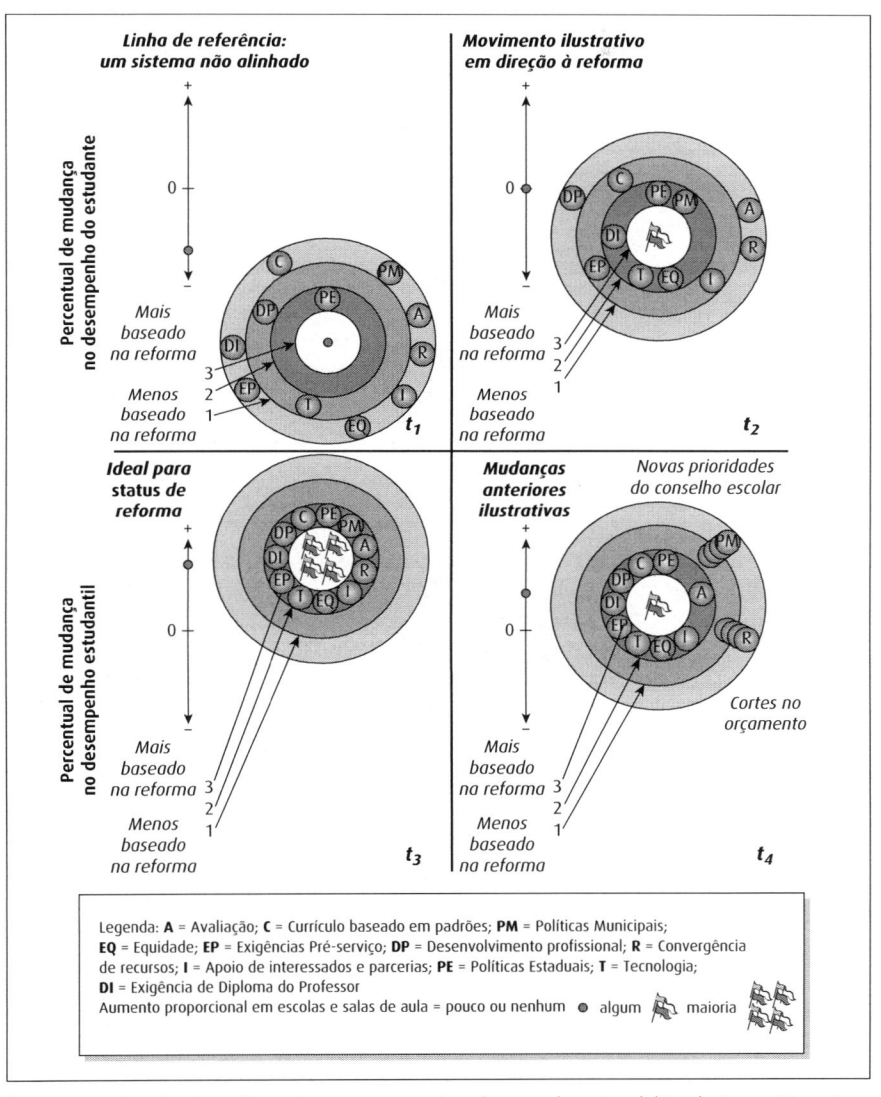

Figura 5.A Estados hipotéticos de um sistema de reforma educacional (K-12). Fonte: Yin e Davis (2007).

Um modelo lógico não linear semelhante pode representar negócios ou qualquer outra organização conduzindo mudanças operacionais coordenadas visando a transformar a organização e sua cultura – e, nos negócios, até mesmo seu nome (ver Yin, 2012, Caps. 9 e 12, para um estudo de caso de uma única empresa e, depois, a análise cruzada de casos de um grupo de empresas transformadas).

Referências do Tutorial 5.2

Yin, R. K. (2012). *Applications of case study research* (3rd ed.). Thousand Oaks, CA: Sage. Contains case studies on comprehensive transformation within business firms.

Yin, R. K., & Davis, D. (2006). State-level education reform: Putting all the pieces together. In K. Wong & S. Rutledge (Eds.), *Systemwide efforts to improve student achievement* (pp. 1–33). Greenwich, CT: Information Age Publishing. Describes comprehensive education reform.

Yin, R. K., & Davis, D. (2007). Adding new dimensions to case study evaluations: The case of evaluating comprehensive reforms. In G. Julnes & D. J. Rog (Eds.), *Informing federal policies for evaluation methodology* (New Directions in Program Evaluation, No. 113, pp. 75–93). San Francisco: Jossey-Bass. Discusses the education issues related to the illustrative nonlinear logic model.

Tutorial 5.3: Quando um estudo de caso tem muitos casos

A maioria dos estudos de caso terá apenas alguns ou um único estudo de caso. Contudo, ter um estudo de caso com muitos casos – por exemplo, de 15 a 20 ou mais – torna possíveis estratégias analíticas adicionais (além daquelas já destacadas no Capítulo 5). Tendo um número tão grande de casos, você pode considerar, pelo menos, duas estratégias analíticas.

A primeira é decompor cada caso em um conjunto de variáveis comuns. Diferentemente de uma regressão ou outra análise estatística multivariada, na qual os dados são agrupados por variáveis (e, portanto, através dos casos), a ordem desejada preserva a integridade de cada caso e sua combinação potencialmente única de variáveis – incluindo variáveis importantes que não são necessariamente parte do conjunto comum de variáveis. Somente então esses padrões internos aos casos podem ser rastreados ao longo do conjunto de cases, como na técnica de "análise comparativa qualitativa (*comparative qualitative analysis* – QCA)" de Charles Ragin (Ragin, 1987; Rihoux & Lobe, 2009). Cada combinação de variáveis de casos pode ser calculada, criando uma análise quantitativa cruzada de casos. Ao mesmo tempo, você precisa prosseguir com cautela: os aspectos únicos de cada caso também precisam ser levados em conta ao longo de algumas análises qualitativas (por exemplo, replicação) que complementarão cálculos quantitativos e que podem levar a advertências sobre eles. Usando a lógica de replicação, cada caso poderia sequencialmente construir apoio para a proposição teórica apropriada (por exemplo, Small, 2009).

Análise da evidência do estudo de caso   **179**

A segunda estratégia presume um número de casos ainda maior – normalmente mais de 100 estudos de caso que podem ter sido conduzidos anteriormente por diferentes pesquisadores (por exemplo, Wolf, 1997; Yin & Yates, 1975). O método analítico se volta para uma abordagem estritamente quantitativa – um "levantamento" dos estudos de caso (por exemplo, Bingham & Heald, 1976; Yin e Heald, 1975). Tais levantamentos requerem que você desenvolva e use um questionário formal no qual você investiga cada estudo de caso para produzir respostas codificadas e fechadas. Nesse método de "levantamento de caso", você analisaria os dados codificados como faria com qualquer outro banco de dados de levantamentos.

Referências do Tutorial 5.3

Ragin, C. C. (1987). *The comparative method: Moving beyond qualitative and quantitative strategies*. Berkeley: University of California Press. Describes qualitative comparative analysis (QCA) as a new method.

Rihoux, B., & Lobe, B. (2009). The case for qualitative comparative analysis (QCA): Adding leverage for thick cross-case comparison. In D. Byrne & C. C. Ragin (Eds.), *The Sage handbook of case- -based methods* (pp. 222–242). London: Sage. Describes and explains QCA procedures.

Small, M. L. (2009). "How many cases do I need?" On science and the logic of case selection in field-based research. *Ethnography*, 10, 5–38. Poses a thoughtful article on key issues in designing field-based research, including the challenge of generalizing from field situations.

Wolf, P. (1997). Why must we reinvent the federal government? Putting historical developmental claims to the test. *Journal of Public Administration Research and Theory*, 3, 358–388. Analyzes 170 case studies of federal agencies.

Yin, R. K., Bingham, E., & Heald, K. (1976). The difference that quality makes. *Sociological Methods and Research*, 5, 139–156. Examines 140 case studies of technological innovation in local services, highlighting the differences between high- and low-quality case studies.

Yin, R. K., & Heald, K. (1975). Using the case survey method to analyze policy studies. *Administrative Science Quarterly*, 20, 371–381. Describes the techniques used in the case survey method.

Yin, R. K., & Yates, D. T. (1975). Street-level governments: *Assessing decentralization and urban services*. Lexington, MA: Lexington Books. Analyzes 269 case studies of neighborhood services.

Capítulo 6:
Compartilhamento

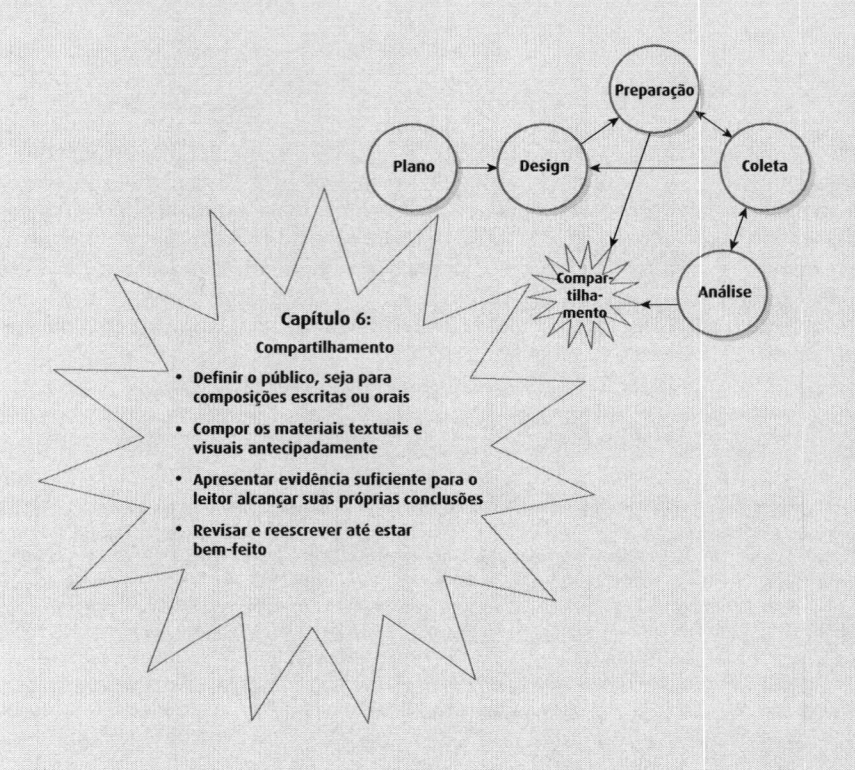

- Definir o público, seja para composições escritas ou orais
- Compor os materiais textuais e visuais antecipadamente
- Apresentar evidência suficiente para o leitor alcançar suas próprias conclusões
- Revisar e reescrever até estar bem-feito

VISÃO GERAL

Compartilhar as conclusões de um estudo, seja em forma escrita ou oral, significa trazer seus resultados e constatações ao encerramento. Independentemente da forma do relatório, passos similares são subjacentes ao processo de compartilhamento, incluindo a identificação do público para o relatório, a definição do seu formato composicional e a revisão dos rascunhos por outros. No entanto, indo além dos lembretes padrão que você pode encontrar em outras orientações sobre a elaboração de relatórios, este capítulo também discute as escolhas específicas com as quais você pode se deparar durante a criação do seu estudo de caso.

Por exemplo, seis estruturas composicionais alternativas específicas dos estudos de caso são sugeridas: analítica linear, comparativa, cronológica, de construção de teoria, de "suspense" e de estruturas não sequenciais. Também são descritas as partes do seu relatório dedicadas à terminologia e à revisão da literatura.

O estudo de caso final pode aparecer independentemente ou como parte de um estudo mais amplo, com métodos mistos. Em qualquer uma dessas situações, criar um relatório de estudo de caso é um dos aspectos mais gratificantes de se fazer um estudo de caso. A melhor recomendação geral é começar a esboçar preliminarmente partes do seu estudo de caso (são identificadas quatro possibilidades), e não esperar até o final do processo de análise dos dados. O relatório do estudo de caso também apresenta uma opção relacionada com a revelação ou com o anonimato das identidades do caso. Um conjunto final de sugestões tenta definir o que pode tornar seu estudo de caso um estudo exemplar, e não apenas um estudo mediano.

6
Relatório dos estudos de caso
Como e o que compor

Tendo talento

Como regra geral, a fase de relatório faz grandes exigências ao pesquisador de estudo de caso. Um estudo de caso não segue uma forma estereotipada, como um artigo de periódico na psicologia. Devido a essa natureza incerta, os pesquisadores que não gostam de compor talvez precisem questionar, em primeiro lugar, seu interesse na realização dos estudos de caso. A maioria dos estudiosos notáveis de estudos de caso é formada por aqueles que gostam de compor e, também, por aqueles que têm talento para redigir ou para apresentar resultados oralmente. Você tem?

Naturalmente, a maioria dos pesquisadores pode, no final, aprender a compor facilmente e bem, e a inexperiência na composição não deve deter a realização dos estudos de caso. No entanto, muita prática será necessária. Além disso, para realizar bons estudos de caso, é desejável tornar-se bom na composição – e não simplesmente tolerá-la. Um indicador do sucesso, nesta fase da tarefa, é ter considerado os trabalhos da escola ou da universidade fáceis ou difíceis de fazer. Quanto mais difíceis eles foram, mais difícil será elaborar um estudo de caso. Outro indicador é se a elaboração é vista como uma oportunidade ou como uma carga. O pesquisador bem-sucedido geralmente percebe a fase composicional como uma oportunidade de realizar uma contribuição significativa para o conhecimento ou para a prática e de compartilhar suas contribuições com outros.

O que a "composição" abrange

Este capítulo é sobre "composição", não apenas escrita, porque um relatório de estudo de caso pode incluir formas textuais e não textuais. A forma não textual mais óbvia seriam tabelas, figuras, gráficos, desenhos e outras formas gráficas. Você pode criar um *slide show*, por exemplo, para apresentar um estudo de caso completo (por exemplo, Naumes & Naumes, 1999, Cap. 10). Outros estudos de caso podem ter

> **Sugestão:** *Qual é a melhor maneira de terminar meu relatório de estudo de caso, com o mínimo incômodo e tempo?*
>
> Todo investigador é diferente, portanto, você tem que desenvolver seu próprio estilo e preferências. A melhora ocorre com cada estudo de caso redigido. Por isto, não fique surpreso se o primeiro relatório for o mais difícil. Uma estratégia possível é pensar em escrever de "dentro para fora" e "do fim para o começo". *De dentro para fora*: inicie seu relatório com uma tabela, exposição, vinheta ou citação a ser mencionada na narrativa de seu estudo de caso (mas ainda não tente redigir a narrativa). Da mesma maneira, agora reúna todas as tabelas, exposições, vinhetas ou citações, ordenando-as na sequência em que devem aparecer no texto final. *Do fim para o início*: agora, inicie a redação da narrativa para a parte final do estudo de caso antes do restante, depois redija a narrativa analítica que levou à parte final, e assim por diante.
>
> **Se seguisse com sucesso as sugestões precedentes, você teria terminado ou teria apenas um primeiro rascunho que agora precisaria ser recomposto para um melhor resultado?**

um componente audiovisual – apesar de ser um grande risco tentar relatar seu primeiro estudo de caso se você nunca tiver feito uma produção audiovisual antes.

Antes da atividade composicional há uma atividade cognitiva: o *pensamento*. Sem ideias específicas em mente, você terá dificuldades com a composição. Essa observação mundana, no entanto, vem com um *insight* útil: quando você sabe que não tem muito a desenvolver cognitivamente se tentar começar a compor naquele momento (por exemplo, deparar-se com um prazo externo), você pode experimentar uma grande frustração. Na realidade, você tem que deixar sua mente fluir à frente. Uma maneira é lendo uma pesquisa de estudo importante diretamente relacionada ao seu estudo de caso. Outra maneira é revisar suas anotações. Como um estudioso experiente, você provavelmente conhece outras formas de manter suas ideias em movimento antes de começar a redigir.

Um comentário adicional sobre relatórios de estudo de caso: apesar de este capítulo encorajá-lo a escrever de forma criativa e com algum talento, você não deve pensar ou falar sobre a redação de estudos de caso como se estivesse escrevendo um romance. Qualquer referência à "narração", "dramatização" ou outras características da boa ficção – seja lá de qual forma – pode levar os leitores a questionar a integridade, senão a validade, da sua pesquisa e suas interpretações. Em vez disso, pense sobre a *não ficção*. Há muitos trabalhos sobre não ficção criativa e eficiente (por exemplo, Caulley, 2008), e você pode verificar essa literatura para uma orientação adicional.

Da mesma forma, você deve se sentir confortável consultando outros livros-texto que abordem a redação de relatórios de pesquisa nas ciências sociais de forma mais geral (por exemplo, Barzun & Graff, 1985; Becker, 1986; Wolcott, 2009). Esses textos oferecem dicas e conselhos valiosos sobre as anotações, a elaboração dos resumos, o uso de palavras simples, a redação de sentenças claras, o estabelecimento de etapas para compor e o combate à disposição comum de não compor. Espera-se que tudo isso ajude-o a melhorar sua composição e a evitar uma "mão nervosa" durante o processo.

A finalidade deste capítulo não é repetir essas lições gerais. Elas são aplicáveis a todas as formas de redação de pesquisa, incluindo estudos de caso. Contudo, todos os trabalhos gerais tendem a enfatizar "quando" e "como" compor de forma mais confortável. Os trabalhos tendem a não fornecer ideias concretas sobre "o que" você pode considerar compor, bem como outras questões que podem surgir enquanto se produz especificamente um relatório de estudo de caso. Para preencher essa lacuna, o presente capítulo consiste nas seguintes seções:

- público-alvo dos relatórios de estudo de caso;
- variedades das composições de estudo de caso;
- procedimentos para a composição de um relatório de estudo de caso; e, em conclusão,
- especulações sobre as características de um estudo de caso exemplar (avançando além do próprio relatório e cobrindo o projeto e o conteúdo do caso).

> **Exercício 6.1** Redução das barreiras à composição
>
> Todos têm dificuldades na composição de relatórios, de estudos de caso ou não. Para ter sucesso na composição, os pesquisadores devem dar determinados passos durante a condução do estudo para reduzir as barreiras à composição. Cite cinco passos que daria – tal como iniciar uma parte da composição em um estágio precoce. Você já seguiu algum desses cinco passos anteriormente?

Um lembrete do Capítulo 4 é que o relatório de estudo de caso não deve ser a principal maneira de registrar ou estocar a base de evidências do seu estudo de caso. Ao contrário, o Capítulo 4 defende o uso de um banco de dados de estudo de caso para este fim (ver Capítulo 4, Princípio 2) e os esforços composicionais descritos neste capítulo têm a intenção primária de servir aos objetivos dos relatórios, não aos da documentação.

PÚBLICO-ALVO DOS RELATÓRIOS DE ESTUDO DE CASO

Públicos potenciais

Pense, inicialmente, em seu público provável ou preferencial e nos formatos de relatórios como um bom ponto de partida para a elaboração do seu estudo de caso. Compartilhar um estudo de caso e suas descobertas pode envolver um conjunto mais diversificado de públicos potenciais do que a maioria dos outros tipos de pesquisa. Os públicos-alvo potenciais do estudo de caso incluem:

1) colegas acadêmicos;
2) políticos, profissionais, líderes comunitários e outros profissionais não especializados no estudo de caso ou em outras pesquisas da ciência social;
3) grupos especiais, como o comitê de dissertação ou tese;
4) a instituição financiadora da pesquisa.[1]

Ao compartilhar os resultados da pesquisa, baseando-se em outros métodos, como experimentos, o segundo público não é normalmente relevante, pois não seria esperado que as descobertas de um experimento de laboratório fosse dirigido a não especialistas. Para os estudos de caso, no entanto, esse segundo tipo de público pode ser o alvo frequente de um relatório de estudo de caso. Da mesma forma, o terceiro tipo de público raramente seria relevante para certos tipos de pesquisa – como as avaliações – porque elas não são adequadas, geralmente, como teses ou dissertações. Entretanto, para os estudos de caso, este terceiro tipo de público também é um usuário frequente do relatório, devido ao grande número de teses e dissertações que contam com estudos de caso nas ciências sociais.

Como os estudos de caso têm maior público potencial do que os outros tipos de pesquisa, uma das tarefas essenciais no projeto de relatórios gerais de estudo de caso é identificar os públicos específicos para o relatório. Cada público tem necessidades diferentes e nenhum relatório único servirá a todos simultaneamente.

Exemplificando, os relacionamentos entre o estudo de caso, seus achados e a teoria ou a pesquisa prévia são provavelmente muito importantes para os *colegas acadêmicos* (ver Quadro 6.1). Para os *não especialistas*, os elementos descritivos que retratam uma determinada situação do mundo real, assim como as implicações para a ação, são provavelmente mais importantes. Para uma *banca de tese* é importante o domínio da metodologia e dos aspectos teóricos, juntamente com a indicação do cuidado com que a pesquisa foi conduzida. Finalmente, para a *instituição financiadora da pesquisa*, o significado das descobertas do estudo de caso, lançados em termos acadêmicos ou em termos práticos, é provavelmente mais importante do que como você descreve seus métodos de pesquisa. A comunicação bem-sucedida com mais de um público pode significar a necessidade de mais de uma versão do relatório do estudo de caso. Os pesquisadores têm considerado e devem considerar seriamente atender tal necessidade (ver Quadro 6.2).

QUADRO 6.1
Reimpressão de um famoso estudo de caso

Durante muitos anos, *TVA and The Grass Roots* (1949/1980), de Philip Selznick, tem se mantido um clássico sobre as organizações públicas. O caso tem sido citado em muitos estudos subsequentes sobre agências federais, comportamentos políticos e descentralização organizacional.

Passados 30 anos de sua publicação original, este caso foi reimpresso, em 1980, como parte da Library Reprint Series, pela University of California Press, a editora original. Este tipo de relançamento permitiu que inúmeros outros pesquisadores tivessem acesso a este famoso estudo de caso e refletiu sua contribuição substancial ao campo.

> **QUADRO 6.2**
> **Duas versões do mesmo estudo de caso**
>
> O escritório de planejamento urbano de Broward County, Flórida, implementou um sistema de automação iniciado em 1982 ("The Politics of Automating a Planning Office", Standerfer & Rider, 1983). As estratégias de implementação foram inovadoras e significativas – especialmente em relação às tensões com o departamento de computação do governo local. Em consequência, o estudo de caso é interessante e informativo, uma versão popularizada – surgida em um periódico profissional –, divertida e fácil de ler.
> Como este tipo de implementação também cobre aspectos técnicos complexos, os autores disponibilizaram informações suplementares ao leitor interessado. A versão popular forneceu um nome, endereço e número de telefone para que o leitor pudesse obter informações adicionais. Este tipo de disponibilidade dupla dos relatórios de estudo de caso é apenas um exemplo de como relatórios diferentes, de um *mesmo* estudo de caso, podem ser úteis para a comunicação com diferentes públicos.

> **Exercício 6.2** Definição do público
>
> Cite os públicos alternativos para o estudo de caso que poderia elaborar. Para cada público, indique as características do relatório do estudo de caso que deveriam ser salientadas ou não enfatizadas. O mesmo relatório serviria a todos os públicos? Por quê?

Orientação do relatório de um estudo de caso às necessidades do público-alvo

De forma geral, as preferências do público-alvo ditam a forma do relatório do seu estudo de caso. Apesar de os procedimentos de pesquisa e a metodologia deverem seguir as diretrizes sugeridas nos Capítulos 1 a 5, sua composição final deve refletir ênfases, detalhes, formas composicionais e mesmo uma extensão compatível com as necessidades do público-alvo. A importância do público sugere que você pode querer coletar as informações formais sobre as necessidades dos públicos e seus estilos preferenciais de compartilhamento de informação (Morris, Fitz-Gibbon & Freeman, 1987, p. 13). Temos frequentemente chamado a atenção de alunos que estão escrevendo teses ou dissertações para o fato de que a comissão que julgará seu trabalho pode ser seu *único* público. O estudo de caso final, sob essas condições, deve tentar se comunicar diretamente com a comissão. Uma tática recomendada é integrar a pesquisa anterior dos membros da comissão na tese ou na dissertação, criando uma maior sobreposição conceitual (e metodológica) e, portanto, aumentando a potencial comunicabilidade da tese ou da dissertação com o público específico.

Seja qual for o público, o maior erro que você pode cometer é compor um estudo de caso a partir de uma perspectiva egocêntrica. Esse erro ocorrerá se você concluir seu estudo de caso sem identificar um público específico ou sem compreender as necessidades específicas desse público. A fim de evitar esse erro, você deve identificar o público, como observado anteriormente. Uma segunda e igualmente importante sugestão é examinar outros estudos de caso que foram bem-sucedidos em compartilharam suas descobertas com o público. Esses estudo de caso podem oferecer dicas úteis para compor um novo estudo de caso. Por exemplo, considere novamente o aluno que está escrevendo a tese ou a dissertação. Ele deve consultar teses e dissertações anteriores que foram aprovados no regime acadêmico – ou que são reconhecidos como trabalhos exemplares. A verificação desses trabalhos pode gerar *insights* sobre as normas departamentais (e as prováveis preferências dos revisores) para o projeto de uma nova tese ou dissertação.

Comunicação com estudos de caso

Uma diferença adicional entre o estudo de caso e outros tipos de pesquisa é que o relatório de estudo de caso pode ser um recurso de comunicação significativo. Para muitos não especialistas, a exposição a um único estudo de caso forte e persuasivo pode conscientizar, fornecer *insight* ou mesmo sugerir soluções para uma dada situação. Esse estudo de caso pode ser melhorado por materiais simples, porém atrativos, como vinhetas, imagens e gráficos. Toda essa informação pode ajudar outras pessoas a entender um fenômeno quando uma sequência densa ou abstrata de estatística – não importando quão convincente para um público de pesquisa – não der conta do trabalho.

Uma situação relacionada, muitas vezes menosprezada, ocorre com o testemunho perante um comitê legislativo. Se uma pessoa idosa, por exemplo, testemunha sobre os serviços de saúde perante o comitê, seus membros podem presumir que obtiveram um *insight* inicial sobre o atendimento de saúde aos idosos – com base neste "caso". Apenas, então, os membros talvez se disponham a revisar as estatísticas mais amplas sobre a prevalência de casos similares. Posteriormente, o comitê poderá investigar sobre a natureza representativa do caso inicial, antes de propor uma nova legislação. Entretanto, ao longo de todo este processo, o "caso" inicial – representado por uma testemunha – talvez tenha sido o estímulo essencial que chamou a atenção a essa questão do atendimento de saúde em primeiro lugar.

Dessa e de outras maneiras, o estudo de caso pode comunicar informação baseada na pesquisa sobre um fenômeno a uma série de não especialistas. A utilidade de um estudo de caso, portanto, pode ir bem além do papel do relatório de pesquisa típico, geralmente dirigido aos colegas de pesquisa, não aos não especialistas. Obviamente, os estudos de caso descritivos, assim como os explicativos, podem ser importantes neste papel, e não se deve deixar de considerar o impacto descritivo de um estudo de caso bem apresentado (ver Quadro 6.3).

> **QUADRO 6.3**
> **Uso da metáfora para organizar a teoria e a apresentação em outro campo**
>
> O famoso estudo histórico de Crane Brinton (1938), *The Anatomy of a Revolution,* discute se as colônias americanas, a Rússia, a Inglaterra e a França percorreram cursos similares de eventos durante suas importantes revoluções políticas. O rastreamento e a análise desses eventos são feitos de maneira descritiva, pois o objetivo do autor não é explicar as revoluções, mas determinar se elas seguiram cursos similares (ver também Quadro 6.6B, posteriormente neste capítulo).
> A análise "entre os casos" revela importantes similaridades: todas as sociedades estavam no auge economicamente; havia amargos antagonismos de classe; os intelectuais desertaram seus governos; a máquina do governo era ineficiente; e a classe dominante demonstrava comportamento imoral, dissoluto ou inepto (ou os três). No entanto, em vez de contar unicamente com a abordagem desses "fatores" na descrição, o autor também desenvolveu a metáfora do corpo humano febril como modo de descrever o padrão de eventos ao longo do tempo. O autor usa competentemente o padrão cíclico de febre e calafrios, elevando-se até um ponto crítico, seguido por uma falsa tranquilidade para descrever o refluxo e o fluxo de eventos nas quatro revoluções.

VARIEDADES DE COMPOSIÇÕES DE ESTUDO DE CASO

Os relatórios de estudo de caso podem abarcar muitas formas de composição. Algumas dessas formas podem lembrar aquelas usadas em relatórios baseados em outros métodos de pesquisa. Contudo, quando você estiver compondo um estudo de caso, encontrará um grupo útil de escolhas especialmente relacionadas a estudos de caso, as quais se enquadram nas categorias abordadas no restantes desta seção:

1) formatos de relatório;
2) estruturas ilustrativas gerais para composições de estudo de caso;
3) as partes de métodos e literatura da pesquisa do relatório de um estudo de caso; e
4) estudos de caso como parte de estudos maiores e de métodos mistos.

Formatos de relatório

Os formatos de relatórios de estudo de caso se enquadram em quatro categorias.

Estudo de caso único. A primeira é o clássico estudo de caso único. Um único texto é usada para descrever e analisar o caso. O texto pode ser aumentado com tabelas, assim como com gráficos, figuras e mapas. Dependendo da profundidade do estudo de caso, esses estudos clássicos de casos únicos podem ser ampliados para a extensão de um livro, aparentemente limitando suas opções de publicação. Ao mesmo tempo, muitas revistas acadêmicas, incluindo as melhores baseadas em disciplinas, agora publicam artigos com extensão suficiente para acomodar estudos de caso bem concebidos. Você deve verificar as revistas no seu campo antes de presumir que seu estudo de caso pode ser publicado apenas no formato de um livro.

Lembre-se também de que um estudo de caso único pode ter seguido um projeto integrado (ver Capítulo 2, Figura 2.4). Seguindo esse projeto, você pode ter coletado dados sobre uma unidade de análise integrada utilizando outros métodos (por exemplo, levantamentos ou análises quantitativas de dados de arquivos, como indicadores de estado de saúde). Nessa situação, seu relatório completo de estudo de caso incorporaria o relato dos dados desses outros métodos (por exemplo, ver Capítulo 4, Quadro, 4.3, p. 117).

Estudo de casos múltiplos. O segundo formato de relatório é a versão de casos múltiplos do estudo de caso único clássico. Seu relatório completo de casos múltiplos consistirá nos casos únicos, geralmente separados em capítulos ou seções. Além desses casos, o relatório completo conterá um capítulo ou uma seção adicional cobrindo as análises entre os casos e os resultados. Como outra variante comum, o material de casos cruzados pode formar o volume do relatório principal (especialmente apropriado para um artigo da extensão de um artigo de revistas), com os casos individuais apresentados como um conjunto de apêndices (ou disponibilizados separadamente por você se relacionados a um artigo da extensão de um artigo de revistas). Em um formato mais extenso, um relatório de estudo de casos múltiplos pode exigir vários capítulos ou seções de casos cruzados, criando uma parte de casos cruzados suficientemente grande para justificar um volume inteiro, separado de um segundo volume que, então, traz os casos individualmente (ver Quadro 6.4).

QUADRO 6.4
Relatório de caso múltiplo

Os estudos de casos múltiplos contêm, muitas vezes, tanto estudos de caso individuais quanto alguns capítulos entre os casos. a composição desse estudo de casos múltiplos pode ser compartilhada entre vários autores.

Este tipo de organização foi usado em um estudo de oito inovações no ensino da matemática e da ciência, editado por Raizen e Britton (1997). O estudo, intitulado *Bold Ventures*, aparece em três volumes longos e separados (com aproximadamente 250, 350 e 650 páginas, respectivamente). Os estudos de caso individuais aparecem nos dois últimos volumes, enquanto os sete capítulos do Volume 1 cobrem os aspectos entre os casos. muitos autores diferentes conduziram tanto os estudos de caso individuais quanto os capítulos entre os casos, embora todo o estudo tenha sido orquestrado e coordenado como um empreendimento único.

Opção de estudo de caso único ou de casos múltiplos. O terceiro formato de relatório cobre um estudo de caso único ou casos múltiplos, mas não faz uso do texto convencional. Ao contrário, a composição para cada caso segue uma série de perguntas e respostas, baseadas nas perguntas e respostas da base de dados do seu estudo de caso (ver Capítulo 4). Para a finalidade de relatório, você encurtaria o conteúdo da base de dados original e agora o editaria, visando à legibilidade, com o produto final assumindo, mesmo assim, o formato de um exame abrangente analogamente. (Em comparação, o texto convencional do estudo de caso pode ser considerado similar ao formato do trabalho de conclusão.) O formato de pergunta e resposta pode não refletir todo o seu talento criativo, mas ajuda a reduzir os problemas das "licenças literárias" no relatório. Isto ocorre porque se pode prosseguir, imediatamente, para as respostas ao conjunto de perguntas exigidas. (Novamente, o exame abrangente tem uma vantagem similar sobre o trabalho de conclusão.)

Se for usado este formato de pergunta-e-resposta para o relatório de um estudo de casos múltiplos, repetindo o mesmo conjunto de questões na cobertura de cada estudo de caso individual, as vantagens são potencialmente enormes: o leitor precisará examinar apenas as respostas para a mesma questão ou questões, em cada estudo de caso, para começar a fazer suas próprias comparações entre os casos. Como cada leitor pode estar interessado em questões diferentes, todo o formato facilita o desenvolvimento de uma análise entre os casos, elaborada para os interesses específicos de cada leitor (ver Quadro 6.5). Yin (2012, Cap. 6) contém um estudo de caso completo demonstrando este formato.

QUADRO 6.5
Formato pergunta e resposta: estudos de caso sem a narrativa tradicional

A evidência do estudo de caso não precisa ser apresentada na forma narrativa tradicional. Um formato alternativo para apresentar a mesma evidência é a redação da narrativa na forma de pergunta e resposta. Uma série de perguntas pode ser formulada, com as respostas tendo um espaço razoável – por exemplo, três ou quatro parágrafos cada uma. Cada resposta pode conter toda a evidência relevante e até mesmo ser aumentada com apresentações tabulares e citações.

Esta alternativa foi seguida em 40 estudos de caso de organizações comunitárias produzidos pela U.S. National Commission on Neighborhoods (1979), *People, Building Neighborhoods*. O mesmo formato de pergunta e resposta foi usado em cada caso, para que o leitor interessado pudesse fazer sua própria análise entre os casos, seguindo a mesma pergunta em todos os casos. O formato permitia que os leitores apressados encontrassem, com exatidão, as porções relevantes de cada caso. Para as pessoas ofendidas com a ausência da narrativa tradicional, cada caso também apresenta um resumo, sem restrições em sua forma (mas não ocupando páginas demais), permitindo que o autor exercite seus talentos mais literários.

Opção apenas de estudo de casos múltiplos. O quarto e último formato aplica-se apenas aos estudos de casos múltiplos. Nesta situação, pode *não* haver capítulos separados ou seções destinadas aos casos individuais. Ao contrário, todo o relatório pode consistir na análise entre os casos puramente descritiva ou cobrindo também os tópicos explicativos. Em tal relatório, cada capítulo ou seção seria destinado a um aspecto distinto entre os casos, e a informação dos casos individuais estaria dispersa ao longo de cada capítulo ou seção. Com este formato, pode-se apresentar informações resumidas sobre os casos individuais, se não forem totalmente ignoradas (ver Quadro 6.6, assim como o Capítulo 1, p.19, Quadro 1.3B), em vinhetas abreviadas. Especialmente para versões orais do seu estudo de casos múltiplos, essas vinhetas, integradas à apresentação principal abordando as questões entre os casos, funcionam bem.

QUADRO 6.6
Redação de um relatório de casos múltiplos

Em um estudo de casos múltiplos, os estudos de caso individuais não precisam ser apresentados sempre no manuscrito final. Os casos individuais, em um sentido, servem apenas como base de evidências para o estudo e podem ser citados, esporadicamente, na análise entre os casos (ver também Quadro 1.3B, Capítulo 1).

6.6A. Exemplo em que não são apresentados casos únicos

Esta abordagem foi usada em um livro sobre seis chefes de departamento, de Herbert Kaufman (1981), *The Administrative Behavior of Federal Bureau Chiefs*. Kaufman despendeu períodos de tempo intensivos com cada chefe de departamento para entender a sua rotina do dia a dia. Ele os entrevistou, escutou suas ligações telefônicas, participou de reuniões e estava presente durante as discussões da equipe nos escritórios dos chefes de departamento.

A finalidade do livro, no entanto, não era retratar nenhum dos chefes de departamento. Em vez disso, o livro sintetiza as lições de todos eles e é organizado em torno de tópicos como: o modo em que os diretores tomam decisões, como recebem e revisam a informação e como motivam suas equipes. Sob cada tópico, Kaufman tira exemplos apropriados dos seis casos, mas nenhum dos seis é apresentado como um estudo de caso único.

6.6B. Outro exemplo (de outro campo) em que não são apresentados casos únicos

Um projeto similar ao de Kaufman é usado em outro campo – a história – no famoso livro de Crane Brinton (1938), *The Anatomy of a Revolution*. O livro de Brinton é baseado em quatro revoluções: a inglesa, a americana, a francesa e a russa (ver também Quadro 6.3, anteriormente neste capítulo). O livro é uma análise e uma teoria dos períodos revolucionários, com exemplos pertinentes tirados de cada um dos quatro "casos"; no entanto, como no livro de Kaufman, não existe a tentativa de apresentar cada revolução como casos individuais.

Como observação final, o tipo específico de composição do estudo de caso, envolvendo a escolha entre, no mínimo, estas quatro alternativas, deve ser identificado durante o *projeto* do estudo de caso. A escolha inicial sempre pode ser alterada, pois podem surgir condições inesperadas, e um tipo diferente de composição talvez passe a ser mais relevante do que o selecionado originalmente. No entanto, a seleção precoce facilitará tanto o projeto quanto a condução do estudo de caso. Essa seleção inicial deve ser parte do protocolo do estudo de caso, alertando-o quanto à provável natureza do formato final e suas exigências.

Estruturas ilustrativas gerais para a composição dos estudos de caso

Dentro de um único relatório, os capítulos, as seções, os subtópicos e outros componentes devem ser organizados de alguma maneira, e isto constitui a estrutura composicional do relatório do estudo de caso. Tratar dessa estrutura tem sido um tópico de atenção em outras metodologias. Por exemplo, Kidder e Judd (1986, p. 430-431) escrevem sobre a forma de ampulheta de um relatório para estudos quantitativos. Na etnografia, John Van Maanen (1988) identificou uma variedade de formas para relatar os resultados do trabalho de campo, as quais ele define como abrangendo perspectivas realistas, confessionais, impressionistas, críticas, formais, literárias e contadas em conjunto. Esses tipos diferentes podem ser usados em diferentes combinações no mesmo relatório.

Também existem alternativas para a estruturação dos relatórios de estudo de caso. Esta seção sugere seis estruturas ilustrativas (ver Figura 6.1). As ilustrações são descritas principalmente em relação à composição do estudo de caso único, embora os princípios sejam prontamente traduzíveis para os relatórios de casos múltiplos. Outra observação, e conforme indicado na Figura 6.1, as primeiras três estruturas são aplicáveis aos estudos de caso descritivos, exploratórios e explicativos. A quarta é aplicável principalmente aos estudos de caso explicativos e exploratórios, a quinta aos casos explicativos e a sexta aos casos descritivos.

Estruturas analíticas lineares. Esta é a abordagem padrão para a composição de relatórios de pesquisa. A sequência de subtópicos inicia com o aspecto ou o problema sendo estudado e com uma revisão da literatura anterior relevante. Os subtópicos prosseguem, então, para cobrir os métodos usados, os dados coletados, a análise de dados e as descobertas, terminando com as conclusões e suas implicações para a questão ou o problema original estudado.

TIPO DE ESTRUTURA COMPOSICIONAL	Finalidade do estudo de caso		
	Explicativa	Descritiva	Exploratória
1. Analítica linear	X	X	X
2. Comparativa	X	X	X
3. Cronológica	X	X	X
4. Construção de teoria	X		X
5. De "suspense"	X		
6. Não sequencial		X	

Figura 6.1 Seis estruturas e suas aplicações aos diferentes propósitos dos estudos de caso.

A maioria dos artigos de periódicos, na ciência experimental, reflete este tipo de estrutura, assim como muitos estudos de caso. A estrutura é confortável para a maioria dos pesquisadores e é, provavelmente, a mais vantajosa quando o público principal do estudo de caso consiste em colegas de pesquisa ou de uma banca de tese ou dissertação. Observe que a estrutura é aplicável aos estudos de caso explicativos, descritivos ou exploratórios. Um caso exploratório, por exemplo, pode cobrir o aspecto ou o problema sendo explorado, os métodos de exploração, os achados da exploração e as conclusões (para pesquisa posterior).

Estruturas comparativas. Uma estrutura comparativa repete o mesmo material de estudo de caso duas ou mais vezes, comparando as descrições ou as explicações alternativas do mesmo caso. Como uma vantagem distintiva, essa estrutura pode se aplicar igualmente bem a estudos de caso baseados tanto em investigações realistas quando relativistas.

O famoso estudo de caso de Graham Allison (1971) sobre a crise dos mísseis cubanos (ver Capítulo 1) ilustra uma aplicação realista. Neste livro, o autor repete o conjunto único de "fatos" da crise três vezes. Contudo, cada repetição ocorre em relação a um diferente modelo conceitual. A finalidade de cada repetição é mostrar o grau em que os mesmos fatos ajustam-se a cada modelo. As repetições e suas interpretações, aparecendo em três capítulos separados do livro, ilustram, realmente, a técnica de combinação de padrão em funcionamento.

A aplicação relativista surge quando um estudo de caso repete um conjunto semelhante de episódios, mas a partir da perspectiva de diferentes participantes, acomodando abordagens relativistas ou construtivistas e a apresentação de múltiplas realidades. Um livro de Frederick Wertz e seus coautores (Wertz et al., 2011) ilustra uma situação análoga, na qual capítulos separados são usados para apresentar cinco interpretações diferentes de uma única entrevista intensiva. Na entevista, uma jovem mulher descreve uma doença extremamente lamentável e como ela sobreviveu a isso. Após isso, cada interpretação propositalmente ilustra uma forma diferente de analisar os mesmo dados da entrevista. Observe que tanto os estudos de caso realistas como os relativistas podem ser usados se o estudo de caso estiver servindo a uma finalidade descritiva, e não a uma explicativa. Por exemplo, o mesmo caso pode ser descrito repetidamente, de diferentes pontos de vista ou com diferentes modelos, para se entender como o mesmo caso (isto é, a realidade) pode ser categorizado de múltiplas maneiras – seja o objetivo convergir a uma única interpretação ou não. A principal característica é que o mesmo estudo de caso (ou suas interpretações) é repetido duas ou mais vezes, de modo explicitamente comparativo.

Estruturas cronológicas. Como os estudos de caso geralmente cobrem eventos ao longo do tempo, uma terceira abordagem é a apresentação da evidência do estudo de caso em ordem cronológica. Aqui, a sequência de capítulos ou de seções pode seguir as fases iniciais, intermediárias e finais de um caso. Essa abordagem pode servir a uma finalidade importante na realização dos estudos de caso porque as sequências causais presumidas devem ocorrer linearmente ao longo do tempo. Se a causa presumida de um evento ocorrer após o evento ter ocorrido, haveria razão para se questionar a proposição causal inicial.

Seja usada para estudos de caso explicativos, descritivos ou exploratórios, uma abordagem cronológica tem um defeito a ser evitado: atenção desproporcional dada aos eventos iniciais e atenção insuficiente aos eventos posteriores. Comumente, um pesquisador despende demasiado esforço para elaborar a introdução de um caso, incluindo sua história inicial e seus antecedentes, e destina tempo insuficiente para escrever sobre a situação atual do caso. No entanto, grande parte do interesse no caso pode estar relacionada com os eventos mais recentes. Portanto, uma recomendação ao usar a estrutura cronológica é *rascunhar* o estudo de caso do *fim para o início*. Os capítulos ou as seções sobre a situação atual do caso devem ser esboçados em primeiro lugar, e apenas depois de eles estarem completos os antecedentes do caso devem ser rascunhados. Uma vez que todos os rascunhos tenham sido completados, pode-se retornar à sequência cronológica normal, refinando a versão final do estudo de caso.

Estruturas de construção da teoria. Nesta abordagem, a sequência de capítulos ou de seções seguirá alguma lógica de construção de teoria. A lógica dependerá do tópico e da teoria específica, mas cada capítulo ou seção deve revelar uma parte nova do argumento teórico sendo feito. Se for bem estruturada, toda a sequência e seu desdobramento de ideias-chave podem produzir um estudo de caso convincente e impressivo.

A abordagem é relevante tanto para os estudos de caso explicativos quanto para os exploratórios, ambos podendo ser concernentes à construção da teoria. Os casos explicativos examinarão as várias facetas de um argumento causal; os casos exploratórios debaterão o valor de se investigar ainda mais as várias hipóteses ou proposições.

Estruturas de suspense. Esta estrutura inverte a abordagem analítica descrita previamente. O principal resultado do estudo de caso e sua significação substantiva são, paradoxalmente, apresentados no capítulo ou na seção inicial. O restante do estudo de caso – e suas partes de maior suspense – dedica-se, então, ao desenvolvimento de uma explicação do resultado, com as explicações alternativas consideradas nos capítulos ou seções subsequentes.

Esse tipo de abordagem é relevante principalmente para os estudos de caso explicativos, pois o estudo de caso descritivo não tem um resultado especialmente importante. Quando usada corretamente, a abordagem de suspense é muitas vezes uma estrutura composicional envolvente.

Estruturas não sequenciais. Uma estrutura não sequencial é aquela na qual a sequência de seções ou de capítulos não assume importância especial. Esta estrutura é suficiente, muitas vezes, para os estudos de caso descritivos, como no exemplo de

Middletown (Lynd & Lynd, 1929). Basicamente, poderia mudar-se a ordem dos seis capítulos do livro, como listado anteriormente, no Capítulo 5, sem alterar seu valor descritivo.

Os estudos de caso descritivos usam capítulos ou seções separados para cobrir a gênese e a história da organização, seus proprietários e empregados, sua linha de produtos, suas linhas formais de organização e sua situação financeira. A ordem particular em que esses capítulos ou seções são apresentados não é crítica e pode ser encarada, portanto, como uma abordagem não sequencial (ver Quadro 6.7 para outro exemplo).

QUADRO 6.7
Capítulos não sequenciais, mas em um *best seller*

Um dos livros mais vendidos, atraente tanto para o público popular quanto para o acadêmico, foi *In Search of Excellence*, de Peters e Waterman (1982). Embora o livro seja baseado em mais de 60 estudos de caso das maiores empresas de sucesso nos Estados Unidos, o texto contém apenas as análises entre os casos, com cada capítulo cobrindo um conjunto discernível de características gerais associadas à excelência organizacional. a sequência determinada dos capítulos, no entanto, é alterável. O livro teria feito uma contribuição significativa mesmo que os capítulos estivessem em outra ordem.

Se for usada uma estrutura não sequencial, o pesquisador precisa estar atento a outro problema: o teste de completude. Assim, mesmo que a ordem dos capítulos ou das seções possa não importar, sua coleta geral importa. Se determinados tópicos-chave são deixados sem cobertura, a descrição pode ser considerada incompleta. Um pesquisador deve conhecer o tópico suficientemente bem – ou ter modelos de estudos de caso relacionados para consultar – para evitar essa desvantagem. Se o estudo de caso não apresentar uma descrição completa, o pesquisador pode ser acusado de ser tendencioso – mesmo que o estudo de caso tenha sido apenas descritivo.

Métodos e pesquisa na literatura para o relatório de um estudo de caso

Como parte das estruturas composicionais recém-descritas, todo relatório de estudo de caso abrangerá, ao menos, dois outros tópicos, seja de forma abrangente ou mesmo informal: os métodos usados e a literatura pesquisada. Você pode consultar outros trabalhos para orientações relevantes para abordar esses dois tópicos, uma vez que os relatórios de estudo de caso normalmente não exigem estilos ou formas não convencionais. No entanto, os estudos de caso podem levantar algumas questões adicionais, discutidas a seguir.[2]

Descrição dos métodos. A maioria dos leitores não terá um conhecimento detalhado dos métodos específicos usados em um estudo de pesquisa. Contudo, e isso não é incomum em pesquisas de estudo de caso, alguns leitores podem não estar familiarizados com os métodos de estudo de caso *em geral*. Por essa razão, a descrição dos seus métodos tem uma função além da rotineira, convencendo o leitor acerca da qualidade dos seus métodos. Você deve se certificar de usar um tom equilibrado e transparente: você quer que os leitores saibam o que você fez e como conduziu seu estudo de caso: com grande cuidado e consciência metodológica, reduzindo as armadilhas e visando a resultados de alta qualidade.

Sua descrição poder ser longa ou curta, dependendo das preferências do público. Por exemplo, alguns públicos podem estar mais interessados nas suas descobertas e não estar muito interessados nos seus métodos. Se for assim, você ainda deve considerar incluir uma seção de métodos mais detalhada como um documento complementar. Se bem executado, esse documento complementar pode levar a uma publicação adicional (ver Tutorial 6-1).

Desconsiderando sua extensão, a composição deve abranger muitos subtópicos (ver Figura 6.2). Neles, você deve se certificar de que questões importantes dos estudos de caso se destaquem, como:

(a) um texto cuidadoso sobre suas questões de pesquisa, mostrando como elas levam de forma lógica para a necessidade de conduzir um estudo de caso em vez de utilizar outro método (ver Item 2, Figura 6.2);
(b) a definição e seleção dos seus casos (ver Item 3);
(c) um perfil de coleta de dados, retratando de forma convincente os dados gerando informações detalhadas e em profundidade sobre o caso (Item 5); e
(d) uma estratégia analítica explícita e clara (Item 6).

Você deve estabelecer padrões altos na descrição de seus métodos, como se estivesse descrevendo a parte mais importante do seu relatório em vez de uma rotineira e necessariamente enfadonha. A legibilidade, a credibilidade e a preocupação com a confirmabilidade são importantes. Esforce-se para personalizar sua descrição com características excepcionais. Por exemplo, se seu relatório de estudo de caso contiver vinhetas e pequenos relatos, a maioria das seções de métodos não identifica ou descreve o conjunto maior das quais elas foram escolhidas (por exemplo, Bachor, 2002). Em uma linha semelhante, os leitores apreciarão especialmente seus esforços para tornar seu trabalho mais fácil, como uma visão geral que permita que os leitores pulem muitos detalhes, se assim desejarem (ver Item 4, Figura 6.2), e até mesmo um glossário dos acrônimos, abreviações e termos especializados (isto é, jargões) que aparecem no seu estudo de caso.

Cobertura da literatura pesquisada. Descrever a literatura pesquisada tem dois propósitos – mostrar seu domínio sobre o tópico de estudo e usar a literatura

TÓPICO METODOLÓGICO	Conteúdo ilustrativo
1. TOM GERAL	• um tom equilibrado e transparente; escrito de forma metódica, mas também atraente
2. QUESTÕES DE PESQUISA	• deve se adaptar à pesquisa de estudo de caso: por exemplo, dominado por questões "como" e "por que"
3. PROJETO	• definição do(s) caso(s) e como foi/foram selecionado(s) • a conexão (lógica) entre a(s) questão(ões) de pesquisa e os dados a serem coletados • rivais que foram considerados
4. VISÃO GERAL DO RESTANTE DA SEÇÃO DE METODOLOGIA	• um breve resumo da coleta de dados e dos métodos de análise (permite ao leitor evitar ler o restante da seção de metodologia se ele assim desejar)
5. DADOS COLETADOS	• ênfase em como os dados forneceram uma cobertura detalhada e em profundidade do(s) casos • apresentação do protocolo de estudo de caso e como foi usado • lista de fontes em ordem de importância; mais detalhes sobre itens específicos em cada fonte (por exemplo, perfil numérico dos entrevistados em forma de tabela ou uma lista anexa de documentos revisados) • como os dados foram verificados (por exemplo, métodos de triangulação) • dificuldades inesperadas que foram encontradas e como elas podem ter afetado a coleta de dados
6. MÉTODOS DE ANÁLISE	• descrição da abordagem analítica: por exemplo, correspondência de padrões, construção de explicação, etc. • identificação de software CAQDAS e como ele foi usado
7. RESSALVAS SOBRE O ESTUDO	• deficiências inerentes no projeto, na análise e em como essas deficiências podem ter influenciado as descobertas

Figura 6.2 Esboço para uma seção de metodologia em um relatório de estudo de caso.

relevante para apoiar a importância das suas questões de pesquisa e do seu estudo de caso. Novamente, a extensão da sua descrição variará e poderá não atingir o *status* formal de uma revisão de literatura, dependendo das circunstâncias do seu público.

Duas sugestões devem complementar a orientação que você pode obter se você verificar outras fontes sobre como descrever literaturas de pesquisa relevantes. Em primeiro lugar, não compare domínio com uma revisão extensa de literatura com um grande número de citações. Em vez disso, faça seu melhor para identificar as citações-chave e para tratá-las de forma justa. Em segundo lugar, ao usar a literatura para apoiar seu trabalho de estudo de caso, não hesite em discutir pesquisas anteriores que podem ter usado métodos alternativos. O reconhecimento aos outros métodos, no entanto, também indica como suas descobertas podem ter deixado uma lacuna que apenas um bom estudo de caso poderá preencher.

Estudos de caso como parte de estudos maiores e de métodos mistos

Uma situação totalmente nova surge quando seu estudo de caso foi projetado para ser parte de um estudo maior e de métodos mistos (Yin, 2006b). Nessa situação, *o estudo maior engloba o estudo de caso*. O estudo maior conterá seu estudo de caso completo, mas também deve relatar separadamente as descobertas sobre os dados a partir de outros métodos. O relatório geral do estudo maior, então, seria baseado no padrão de evidências tantos do estudo de caso como dos outros métodos.

Essa situação de métodos mistos merece um pouco mais de atenção, de modo que você entenda suas implicações para seu estudo de caso, apesar de a composição do seu estudo de caso poder ser igual ao que seria no caso de um relatório "sozinho". Ao menos três lógicas diferentes podem ter motivado o estudo maior a usar métodos mistos.

Em primeiro lugar, o estudo de caso maior pode ter exigido os métodos mistos simplesmente para determinar se uma evidência convergente (triangulação) pode ser obtida quando métodos diferentes foram usados (Datta, 1997). Nesse cenário, seu estudo de caso teria compartilhado as mesmas questões de pesquisa iniciais que guiam os outros métodos, mas você provavelmente teria conduzido, analisado e relatado seu estudo de caso independentemente. Parte da avaliação do estudo maior seria, assim, comparar os resultados do estudo de caso com os baseado em outros métodos.

Em segundo lugar, o estudo maior pode ter sido baseado em um levantamento ou uma análise quantitativa de dados de arquivos – por exemplo, um estudo de situações financeiras familiares sob diferentes condições de imposto de renda. O estudo maior pode, então, ter desejado que os estudos de caso ilustrassem, em maior profundidade, as experiências de famílias individuais. Nesse cenário, as questões para seu estudo de caso podem ter apenar ter vindo à tona *após* o levantamento de dados de arquivos ter sido analisado, e a seleção de casos pode vir do conjunto dos que passaram por levantamento ou que estão contidos dentro dos registros de arquivos. As implicações principais para o empenho de seu estudo de caso são que tanto seu *timing* como sua orientação podem depender do progresso e das descobertas das outras investigações.

Em terceiro lugar, o estudo maior pode conscientemente ter exigido que os estudos de caso elucidassem um processo subjacente e usassem outro método (como um levantamento) para definir a prevalência ou frequência desses processos. Nesse cenário de complementaridade, em oposição à convergência, as questões de estudo de caso são passíveis de ser coordenadas com as dos outros métodos, e as investigações complementares podem ocorrer simultaneamente ou sequencialmente. No entanto, a análise e os relatórios iniciais de cada investigação devem ser conduzidos independentemente (apesar de a análise final poder juntar descobertas de todos os métodos diferentes). O Quadro 6.8 contém dois exemplo de estudos maiores feitos sob este terceiro cenário.

> **QUADRO 6.8**
> **Integração de evidências de estudo de caso e de levantamento: complementaridade das descobertas**
>
> Estudos de métodos múltiplos podem estabelecer questões complementares que devem ser tratadas por diferentes métodos. Mais comumente, os estudos de caso são usados para gerar *insights* em processos explicativos, ao passo que os levantamentos fornecem uma indicação da prevalência de um fenômeno. Dois estudos ilustram essa combinação.
> O primeiro é um estudo de projetos educacionais financiado pelo Departamento de Educação dos Estados Unidos (Berman & McLaughlin, 1974-1978). O estudo combinou estudos de caso de 29 projetos com um levantamento de 293 projetos, revelando informações inestimáveis sobre processo de implementação e seus resultados. O segundo estudo (Yin, 1981c) combinou estudos de caso de 19 locais com um levantamento de 90 outros locais. As descobertas contribuíram para a compreensão do ciclo de vida de inovações tecnológicas em serviços públicos locais.

Essas três situações diferentes mostram como seu estudo de caso e seu relato podem ter que ser coordenados dentro de um contexto mais amplo. Esteja ciente de que, quando seu estudo de caso não é independente, você pode ter que coordenar prazos e orientações técnicas, e o relatório do seu estudo de caso pode não suceder como você pode ter esperado inicialmente. Além disso, avalie cuidadosamente sua boa vontade e sua capacidade de ser parte de uma equipe maior antes de se comprometer.

PROCEDIMENTOS NA REALIZAÇÃO DO RELATÓRIO DO ESTUDO DE CASO

Todo pesquisador deve ter um conjunto bem-desenvolvido de procedimentos para a composição de um relatório empírico. Inúmeros textos, citados ao longo do capítulo, oferecem bons conselhos sobre como desenvolver seus próprios procedimentos personalizados. Um aviso comum é que escrever significa reescrever – uma função não praticada comumente pelos estudantes e, portanto, subestimada durante os primeiros anos da carreira do pesquisador (Becker, 1986, p. 43-47). Quanto mais reescrito for o relatório, especialmente em resposta aos comentários de outros, melhor ele provavelmente será. Quanto a isso, o relatório de estudo de caso não é muito diferente dos outros relatórios de pesquisa.

No entanto, três procedimentos importantes pertencem, especificamente, aos estudos de caso e merecem ser mencionados. O primeiro trata das táticas específicas para o início de uma composição, o segundo cobre o problema da identificação ou do anonimato, e o terceiro descreve um procedimento de revisão para o aumento da *validade do constructo* do estudo de caso.

Quando e como iniciar a composição

O primeiro procedimento é começar a composição durante os estágios iniciais do seu estudo de caso. Desenvolver essa prática ajudará a compor qualquer relatório de ciências sociais, mas especialmente um estudo de caso. Uma vez que as elaborações de estudo de caso não seguem qualquer padrão pré-estabelecido, sua liberdade de personalizar sua composição – como na adoção de alguma das seis estruturas discutidas na seção anterior – vem, correspondentemente, com um grande risco de encontrar um bloqueio de escrita. O lembrete geral de que "você não deve começar a escrever cedo demais" (Wolcott, 2009, p. 20), portanto, tem um significado extra quando se faz um estudo de caso.

Seguindo esse conselho, seu objetivo é esboçar partes do relatório antes mesmo de completar a coleta de dados. Apesar de você poder deixar essas partes incompletas até um período posterior, o esboço por si só servirá como uma realização importante, porque você já terá começado a composição.

Tomemos alguns exemplos de onde e quando você pode começar. Por exemplo, suas atividades iniciais de pesquisa incluirão a revisão da literatura e o projeto do seu estudo de caso. Após essas atividades, você ainda pode começar definindo muitas partes do relatório do estudo de caso: a bibliografia, os métodos, a discussão de pesquisas anteriores e descrições iniciais de caso.

Sua *bibliografia* inicial pode ser aumentada posteriormente, se necessário, mas, em geral, o conjunto principal de referências relevantes terá sido coberto. Este é o momento, portanto, de formalizar cada referência para garantir que esteja completa e construir o rascunho da lista de referências. Se algumas referências estiverem incompletas, você pode rastreá-las enquanto o estudo de caso prossegue. Essa multitarefa evitará a prática habitual entre os pesquisadores de apenas dar atenção às suas bibliografias ao final do estudo de caso, gastando assim muito tempo no estágio final, em vez de se dedicarem às tarefas mais importantes (e agradáveis) de escrever, reescrever e editar o material dos seus relatórios.

Da mesma forma, você pode começar esboçando seus *métodos* neste estágio inicial, porque os procedimentos antecipados para a coleta e, possivelmente, até mesmo a análise dos dados devem ser parte do seu projeto do estudo de caso. Você não poderá completar a descrição até se aproximar do final da sua análise, mas, começando seu esboço, você se lembrará de alguns dos procedimentos de projeto e coleta de dados com mais precisão. Uma possibilidade, dependendo da sua experiência com revisão e da aprovação pelo seu conselho de revisão institucional (CRI – ver Capítulo 3), seria começar a esboçar a parte de métodos logo após ter recebido a aprovação do CRI. Você ficará surpreso com quão bem se lembrará de alguns detalhes metodológicos, ao menos se pretender implementá-los, durante esta ocasião.

A terceira parte inicial discute a literatura da pesquisa e como ela levou às questões de pesquisa e às proposições sendo estudadas ou as complementou. Como seu projeto de estudo de caso já estará estabelecido sobre essas questões e proposições, com a finalidade de prosseguir com o desenvolvimento do protocolo e com a coleta dos dados, você terá pensado seriamente sobre a conexão do seu estudo de caso com a literatura. Embora talvez seja necessário revisar novamente esta versão inicial, depois de completar a coleta e a análise dos dados, a presença de um rascunho preliminar nunca é prejudicial.

Você ainda pode começar uma quarta parte após a coleta de dados, mas antes do início da análise, abrangendo os *dados descritivos sobre o(s) caso(s) que você estudou*. Enquanto os métodos devem ter incluído os aspectos relativos à seleção do caso, os dados descritivos agora devem cobrir a descrição ou o perfil de cada caso. Neste estágio no processo de pesquisa, as ideias sobre o tipo de formato de estudo de caso a ser usado e o tipo de estrutura de composição a ser seguido podem ainda não estar finalizadas. No entanto, os perfis descritivos provavelmente são úteis, independentemente do formato ou da estrutura. Além disso, o rascunho das descrições iniciais do caso, mesmo em forma preliminar, pode estimular o raciocínio sobre o formato e a estrutura geral.

Se for possível rascunhar estas quatro partes antes de a análise estar completa, um grande progresso terá sido feito. Essas partes também podem exigir documentação substancial (por exemplo, cópias do protocolo final do estudo de caso como parte da sua metodologia), e, portanto, a ocasião oportuna para colocar essa documentação em forma apresentável ocorre neste estágio da pesquisa. Também será vantajoso se, durante a coleta de dados, você tiver registrado precisamente todos os detalhes – citações, referências, títulos organizacionais e grafia dos nomes e títulos das pessoas – relacionados ao seu estudo (Wolcott, 2009, p. 52-53).

Neste estágio – isto é, antes de a análise estar completa –, você pode adicionar mais informações ao rascunho da sua seção de métodos. Você saberá mais detalhes sobre os procedimentos de coleta de dados ao passo que eles ocorrerem, e você pode saber mais sobre suas estratégias de análise planejadas. Essa informação rapidamente melhorará a metodologia inicial que você esboçou.

Se você iniciar o processo de esboço cedo e continuar a implementá-lo à medida que seu estudo de caso progride, você poderá focar seus pensamentos de forma mais clara na análise, bem como nas descobertas experimentais e conclusões. Em outras palavras, ter uma noção de por onde você esteve pode ajudá-lo a ver de forma mais clara para onde você está indo. Começar a composição cedo também serve à outra importante função psicológica: acostumar-se ao processo composicional como uma prática permanente (possivelmente até diária) e ter a chance de transformá-lo em rotina antes que a tarefa torne-se verdadeiramente apavorante. Assim, se for possível identificar outras partes que podem ser esboçadas nos estágios iniciais, deve-se esboçá-las também.

Identidades nos casos: reais ou anônimas?

Quase todos os estudos de caso apresentam ao pesquisador a opção do anonimato no caso: o estudo de caso e seus informantes devem ser corretamente identificados ou os nomes envolvidos no caso e de seus participantes devem ser fictícios? Observe que o aspecto do anonimato pode ser examinado em dois níveis: o do caso inteiro (ou casos inteiros) e o de uma pessoa em particular do caso (ou dos casos).

A opção mais desejável é revelar as identidades, tanto do caso quanto dos indivíduos, dentro das restrições para a proteção dos indivíduos, discutidas no Capítulo 3. A revelação produz dois resultados úteis. O primeiro, o leitor tem a oportunidade de lembrar-se de qualquer outra informação prévia aprendida sobre o mesmo caso – da pesquisa anterior ou de outras fontes – ao ler e interpretar o estudo de caso. Esta capacidade de familiarizar-se com um novo estudo de caso, à luz de conhecimento anterior, é de grande valor, similar à capacidade de recordar resultados experimentais prévios na leitura de um novo conjunto de experimentos. O segundo, a inexistência de nomes disfarçados, facilitará para você a revisão do caso, de modo que as citações e as notas de rodapé possam ser verificadas, se necessário, e possam ser feitas críticas apropriadas sobre o caso publicado.

Apesar de tudo, o anonimato é necessário em algumas ocasiões. A justificativa mais comum ocorre quando o estudo de caso é sobre um tópico controverso. O anonimato serve, então, para proteger o caso real e seus verdadeiros participantes. Uma segunda ocasião ocorre caso o lançamento do relatório final do caso possa afetar as ações subsequentes daqueles que foram estudados. Esta justificativa foi usada no estudo de caso original de Whyte (1943/1993), *Street Corner Society*, sobre um bairro anônimo, "Cornerville" (apesar de a verdadeira identidade do bairro ter sido divulgada anos depois). Como terceira situação ilustrativa, a finalidade do estudo de caso pode ser a de retratar um "tipo ideal" e então não há razão para revelar as verdadeiras identidades. Esta justificativa foi usada pelos Lynd em seu estudo *Middletown* (Lynd & Lynd, 1929), no qual os nomes da pequena cidade, seus residentes e suas indústrias foram disfarçados (apesar, novamente, de terem sido divulgados anos depois).

Nas ocasiões em que o anonimato pode parecer justificável, no entanto, ainda devem ser buscadas outras compensações. Em primeiro lugar, deve ser determinado se apenas o anonimato dos indivíduos pode ser suficiente, deixando, por isso, o próprio caso ser identificado corretamente.

Uma segunda compensação seria nomear os indivíduos como parte de uma lista maior de todas as suas fontes, mas evitar a atribuição de qualquer ponto de vista ou comentário particular a um único indivíduo. No entanto, a falta de atribuição pode não ser sempre uma proteção completa – os comentários talvez tenham que ser disfarçados para que nenhum participante (ou outro leitor) possa inferir sua fonte provável.

Para os estudos de casos múltiplos, uma terceira compensação seria evitar a elaboração de qualquer relatório de caso único, relatando apenas a análise entre os casos. Essa última situação seria, grosso modo, paralela ao procedimento usado nos levantamentos, no qual as respostas individuais não são reveladas e o relatório do levantamento publicado limita-se à evidência agregada.

Apenas se essas compensações forem impossíveis, deve-se considerar a manutenção do anonimato de todo o estudo de caso e de seus informantes. No entanto, o anonimato não deve ser considerado uma opção desejável. Ele não apenas elimina algumas importantes informações antecedentes sobre o caso, mas também dificulta a mecânica da sua composição. O caso e seus componentes devem ser convertidos, sistematicamente, de suas verdadeiras identidades para as fictícias, e deve ser feito um esforço considerável para acompanhar as conversões. O custo da realização desse procedimento não deve ser subestimado.

> **Exercício 6.3** Manutenção do anonimato nos estudos de caso
>
> Identifique um estudo de caso cujo "caso" tenha recebido uma denominação fictícia (ou verifique alguns Quadros neste livro para um exemplo). Quais são as vantagens e as desvantagens do uso desta técnica? Que abordagem você usaria ao relatar seu próprio estudo de caso e por quê?

Revisão da minuta do estudo de caso: Um procedimento de validação

O terceiro procedimento a ser seguido na realização do relatório do estudo de caso melhorará a qualidade geral do estudo. O procedimento consiste na revisão do relatório, não apenas pelos colegas do pesquisador (como seria feito para qualquer manuscrito de pesquisa), mas também pelos participantes e informantes no caso. Quando os comentários forem excepcionalmente úteis, os pesquisadores podem até tê-los incluído como parte de todo o estudo de caso (ver Quadro 6.9).

> **QUADRO 6.9**
> **Revisão dos estudos de caso – e impressão dos comentários**
>
> Uma maneira importante de melhorar a qualidade dos estudos de caso e assegurar sua validade de constructo é por meio da revisão das minutas dos casos pelos sujeitos do estudo. Este procedimento foi seguido em grau exemplar no conjunto de cinco estudos de caso de Alkin, Daillak e White (1979).
>
> Cada estudo de caso tratou de um distrito escolar e da maneira em que ele usou a informação na avaliação do desempenho dos alunos. como parte do procedimento analítico e do relatório, a minuta de cada caso foi revista pelos informantes do distrito em questão. Os comentários foram obtidos em parte como resultado de um questionário aberto elaborado pelos pesquisadores unicamente para esta finalidade. Em alguns casos, as respostas foram tão discerníveis e úteis que os pesquisadores modificaram seu material original e imprimiram também as respostas como parte de seu trabalho.
>
> Com esta apresentação de evidência suplementar e de comentários, qualquer leitor pode chegar às suas próprias conclusões sobre a adequação dos casos – uma oportunidade que ocorre, infelizmente, muito raramente na pesquisa tradicional de estudo de caso.

Essa revisão é mais do que um assunto de cortesia profissional. O procedimento tem sido identificado, corretamente, como um meio de corroborar os fatos essenciais e a evidência apresentada no relatório do caso (Schatzman & Strauss, 1973, p. 134). Os informantes e os participantes podem até discordar das conclusões e das interpretações do pesquisador, mas eles devem ter a oportunidade de desafiar as descobertas-chave do estudo. Caso surjam discordâncias durante o processo formal de revisão, você pode ter que considerar que o relatório do estudo de caso não foi finalizado e que tais discordâncias devem ser solucionadas por meio de busca de mais evidências.

Muitas vezes, a oportunidade de revisar a minuta também produz mais evidências, pois os informantes e os participantes podem lembrar-se de novos materiais esquecidos durante o período inicial de coleta de dados.

Este tipo de revisão deve ser realizado mesmo que o estudo de caso ou algum de seus componentes tenha que permanecer anônimo. Alguma versão inicial, mas ainda reconhecível, da minuta deve ser compartilhada com os informantes ou participantes do estudo de caso. Após terem revisado essa minuta inicial e ter sido solucionada qualquer diferença nos fatos, você pode disfarçar as identidades para que apenas os informantes ou os participantes conheçam as verdadeiras. Quando Whyte (1943/1993) completou pela primeira vez *Street Corner Society*, seguiu este procedimento compartilhando os rascunhos do livro com "Doc", seu principal informante. Ele observa,

> À medida que eu escrevia, mostrava as várias partes para Doc e as percorria com ele em detalhes. Suas críticas foram valiosas na minha revisão. (p. 341)

Do ponto de vista metodológico, as correções feitas durante este processo favorecerão a exatidão do estudo de caso, aumentando assim a *validade do constructo* do estudo. A probabilidade de relato falso de um evento ou a deturpação de uma perspectiva relativista deve ser reduzida. Além disso, quando as diferenças persistirem, os procedimentos devem ajudar a identificar as várias perspectivas, que podem ser representadas, então, no relatório do estudo de caso. Ao mesmo tempo, não é necessário responder a todos os comentários feitos sobre o rascunho. Por exemplo, cada um tem o direito à sua própria interpretação da evidência e não deve incorporar, automaticamente, as reinterpretações de seus informantes. A esse respeito, suas opções criteriosas não são diferentes de como responderia aos comentários feitos no processo convencional de revisão pelos pares.

A revisão da minuta do estudo de caso pelos informantes estenderá, claramente, o período de tempo necessário para o término do relatório. Os informantes, diferentemente dos revisores acadêmicos, podem usar o ciclo de revisão como uma oportunidade para o início de um novo diálogo sobre as várias facetas do caso, prolongando, dessa forma, ainda mais o período de revisão. Esse prolongamento deve ser antecipado, e não utilizado como desculpa para evitar totalmente o processo de revisão. Quando o processo recebeu atenção cuidadosa, o resultado potencial será a produção de um estudo de caso de alta qualidade (ver Quadro 6.10).

> **QUADRO 6.10**
> **Revisões formais de estudos de caso**
>
> Como em qualquer outro produto de pesquisa, o processo de revisão desempenha um papel importante no fortalecimento e na garantia de qualidade dos resultados finais. Para o estudo de caso, esse processo de revisão deve incluir, no mínimo, uma revisão da minuta.
>
> Um conjunto de estudos de caso que seguiu este procedimento, em grau exemplar, foi patrocinado pelo U.S. Office of Technology Assessment (1980-1981), órgão de governo americano. Cada um dos 17 estudos de caso sobre tecnologias médicas foi "revisado por ao menos 20, e alguns por 40 ou mais revisores externos". Além disso, os revisores representavam diferentes perspectivas, incluindo as das agências governamentais, grupos profissionais, grupos de consumidores e de interesse público, profissionais da área médica, professores universitários da medicina e representantes da área econômica e de ciências da decisão.
>
> Em um dos estudos de caso, uma visão contrária do caso – apresentada por um dos revisores – foi incluída como parte da versão final publicada do caso, assim como uma resposta pelos autores do estudo de caso. Esse tipo de interação impressa, aberta, acrescenta à capacidade do leitor de interpretar as conclusões do estudo de caso e, portanto, à qualidade geral da evidência do estudo de caso.

> **Exercício 6.4** Antecipação das dificuldades do processo de revisão
>
> Os relatórios de estudo de caso melhoram, provavelmente, após alguma revisão pelos informantes – ou seja, por aqueles que foram os participantes mais envolvidos no estudo de caso. Discuta os prós e contras dessas revisões. Que vantagem específica é obtida em termos de controle de qualidade? Quais são as desvantagens? No geral, essas revisões valem a pena?

O QUE TORNA EXEMPLAR UM ESTUDO DE CASO?

Em toda a pesquisa de estudo de caso, uma das tarefas mais desafiadoras é definir um estudo de caso exemplar. Embora não exista evidência direta disponível, algumas especulações parecem uma maneira apropriada de concluir este livro.[3]

O estudo de caso exemplar vai além dos procedimentos metodológicos já destacados ao longo do texto. Mesmo que o pesquisador de estudo de caso tenha seguido a maioria dos procedimentos básicos – usado o protocolo do estudo de caso, mantido o encadeamento de evidências, estabelecido um banco de dados do estudo de caso, e assim por diante – pode ainda não ter produzido um estudo de caso *exemplar*. O domínio desses procedimentos torna-o um bom técnico, mas não necessariamente um cientista social conceituado. Usando apenas uma analogia, pense na diferença entre um cronista e um historiador: o primeiro é tecnicamente correto, mas não produz *insights* aos processos humanos ou sociais proporcionados pelo último.

Relatório dos estudos de caso 205

Cinco características gerais de um estudo de caso exemplar são descritas a seguir. Elas pretendem auxiliar o seu estudo de caso a ser uma contribuição duradoura para a área da pesquisa.

> **Exercício 6.5** Definição de um bom estudo de caso
>
> Selecione um estudo de caso que você considera ser um dos melhores que conhece (novamente, a seleção pode ser dos Quadros deste livro). O que o torna um bom estudo de caso? Por que essas características são encontradas tão raramente nos outros estudos de caso? Que esforços específicos você faria para emular um estudo de caso tão bom?

O estudo de caso deve ser significativo

A primeira característica geral pode estar além do controle de muitos pesquisadores. Se o pesquisador tiver acesso a apenas alguns "casos", ou se os recursos forem extremamente limitados, o estudo de caso subsequente talvez tenha que ser sobre um tópico de significação apenas mediana. Essa situação provavelmente não produzirá um estudo de caso exemplar. No entanto, quando houver uma opção, o estudo de caso exemplar provavelmente será aquele que:

- o caso ou casos individuais são incomuns e de interesse público geral (ver Quadro 6.11);
- os aspectos subjacentes são nacionalmente importantes – tanto em termos teóricos quanto em termos políticos ou práticos, ou
- seu estudo de caso preencher as duas condições precedentes.

> **QUADRO 6.11**
> **Exame de eventos mundiais significativos**
>
> As revoluções do Leste Europeu em 1989, que resultaram no fim da União Soviética, tornaram-se eventos mundiais significativos, alterando as relações entre grandes poderes. Por que a União Soviética não interveio militarmente nas revoluções de 1989 permanece uma questão importante na busca de explicações. Andrew Bennett (2010) resume e considera as explicações mais importantes, incluindo as perdas militares da União Soviética no Afeganistão; a redução nas taxas de crescimento da economia da União Soviética; e a política interna dentro da coalizão governista da União Soviética. O relatório de Bennett, apesar de não ter sido composto como um estudo de caso, mostra como os métodos de estudo de caso podem tratar esse tipo de eventos mundiais significantes.

Por exemplo, um estudo de caso único pode ter sido escolhido por ser um caso revelador – ou seja, um caso que reflita alguma situação do mundo real que os cientistas não tinham sido capazes de estudar anteriormente. Este caso revelador tem a probabilidade de ser considerado em si mesmo uma descoberta e de proporcionar uma oportunidade para a realização de um estudo de caso exemplar. Alternativamente, o caso importante pode ter sido escolhido com o objetivo de comparar duas proposições rivais; se as proposições estiverem no núcleo de um debate conhecido na literatura – ou refletirem importantes diferenças nas crenças públicas – o estudo de caso provavelmente será significativo. Finalmente, imagine uma situação em que, tanto a descoberta quanto o desenvolvimento da teoria são encontrados no mesmo estudo de caso, como no estudo de caso múltiplo em que cada caso individual revela uma descoberta, mas no qual a replicação entre os casos também dá sentido a uma novidade teórica significativa. Esta situação se prestaria, verdadeiramente, à produção de um estudo de caso exemplar.

Contrastando com essas situações promissoras, muitos estudantes selecionam casos não diferenciados ou aspectos teóricos ultrapassados como tópicos para seus estudos de caso. Esta situação pode ser evitada, em parte, com a investigação minuciosa do corpo de pesquisa existente. Antes de selecionar um estudo de caso, a contribuição a ser feita deve ser descrita em detalhes, presumindo que o estudo de caso pretendido seja completado com sucesso. Se houver apenas uma resposta fraca, talvez deva ser planejado um estudo de caso alternativo.

O estudo de caso deve ser "completo"

Esta característica é extremamente difícil de descrever operacionalmente. No entanto, o sentido de totalização é tão importante na realização do estudo de caso quanto na definição de uma série completa de experimentos laboratoriais (ou na finalização de uma sinfonia ou no término de uma pintura). Todos têm o problema de definir os pontos finais desejados do esforço, mas poucas diretrizes estão disponíveis.

Para os estudos de caso, a completude pode ser caracterizada de três maneiras, no mínimo. Primeiramente, o caso completo é aquele em que um pesquisador dá clara atenção aos seus limites – ou seja, a distinção entre o fenômeno sendo estudado e seu contexto.

Os limites de amostra devem incluir seus tempo e limites geográficos (ou organizacionais) designados para o caso, as atividades a serem concluídas no caso, e apontamentos explícitos sobre as condições contextuais que existem fora do caso (Baxter & Jack, 2008). Se você definir os limites apenas mecanicamente – por exemplo, limitando o escopo do seu caso para poucos participantes que estiverem disponíveis para você, apesar de outras pessoas deverem ser incluídas como participantes – o resultado será provavelmente um estudo de caso não exemplar. A melhor maneira de defender seus limites designados é mostrar, por meio do argumento lógico ou da apresentação de evidência que, à medida que uma periferia analítica é alcançada, a informação é de relevância decrescente para o caso. Esse teste dos limites pode ocorrer durante os passos analíticos e o relatório na realização dos estudos de caso.

Uma segunda maneira envolve a coleta da evidência. O estudo de caso completo deve demonstrar, convincentemente, que o pesquisador fez um esforço exaustivo na coleta de evidências relevantes. A documentação dessa evidência não precisa ser colocada no texto do estudo de caso, obscurecendo, dessa forma, o seu conteúdo. As notas de rodapé, os apêndices e outros similares farão isso. O objetivo geral, de qualquer modo, é convencer o leitor de que a evidência pouco relevante permaneceu intocada, devido aos limites do estudo de caso. Isso não significa que você deva coletar, literalmente, toda a evidência disponível – uma tarefa impossível – mas que você deu atenção total às partes importantes. Essas peças críticas, por exemplo, seriam as representantes das proposições rivais.

Uma terceira maneira refere-se à ausência de determinados artefatos humanos. Provavelmente, o estudo de caso não estará completo, se terminou apenas porque os recursos foram exauridos, porque você ficou sem tempo (isto é, com o encerramento do semestre) ou porque enfrentou outras limitações externas à pesquisa. Quando uma limitação de tempo ou de recursos for conhecida no início de um estudo, você deve projetar um estudo de caso que possa ser confortavelmente completado dentro dessas limitações, em vez de ser artificialmente limitado por elas. Este tipo de projeto exige muita experiência e um pouco de sorte. Apesar disso, essas são condições sob as quais um estudo de caso exemplar será provavelmente produzido. Infelizmente, se, ao contrário, uma limitação severa de tempo e de recursos emergir repentinamente no meio de um estudo de caso, é improvável que ele se torne exemplar.

O estudo de caso deve considerar as perspectivas alternativas

Para os estudos de caso explicativos, uma abordagem valiosa é a consideração das proposições rivais e a análise da evidência em termos dessas rivais (ver Capítulo 5). A citação de alegações rivais ou das perspectivas alternativas também deve ser parte de um bom *abstract* para seu estudo de caso (Kelly & Yin, 2007). Mesmo na realização de um estudo de caso exploratório ou descritivo, o exame da evidência a partir de diferentes perspectivas aumentará as chances de que o estudo de caso torne-se exemplar.

Um estudo de caso descritivo que deixa de levar em conta as diferentes perspectivas, por exemplo, pode levantar suspeita para um leitor crítico. O pesquisador pode não ter coletado toda a evidência relevante, pode ter considerado apenas a evidência sustentada por um único ponto de vista. Mesmo que o pesquisador não tenha sido intencionalmente parcial, as interpretações descritivas diferentes talvez não tenham sido levadas em conta produzindo, por isso, um caso unilateral. Até hoje este tipo de problema persiste, sempre que os estudos das organizações parecem representar as perspectivas dos administradores e não as dos trabalhadores, ou quando os estudos dos grupos sociais parecem insensíveis às questões de gênero ou de multiculturalismo, ou quando os estudos dos programas de jovens parecem representar as perspectivas dos adultos, ignorando as dos jovens.

Para representar diferentes perspectivas adequadamente, o pesquisador deve procurar as alternativas que desafiam mais seriamente os pressupostos do estudo de caso. Essas perspectivas podem ser encontradas nas visões culturais alternativas, nas diferentes teorias, nas variações entre as partes interessadas ou os tomadores de decisão que são parte do estudo de caso, ou em alguns contrastes similares. Se forem suficientemente importantes, as perspectivas alternativas podem aparecer como interpretações alternativas que cobrem o mesmo caso, usando a estrutura comparativa de composição, descrita neste capítulo como uma das seis estruturas possíveis. Menos proeminente, porém ainda valiosa, seria a apresentação de visões alternativas como capítulos separados ou seções do estudo de caso principal (ver Quadro 6.12).

QUADRO 6.12
Acréscimo de perspectivas alternativas, escritas pelos participantes do estudo de caso, como suplemento ao estudo de caso

O estudo de caso único de Edgar Schein (2003) tentou explicar o desaparecimento de uma empresa de computadores que tinha estado entre as 50 principais corporações dos Estados Unidos em tamanho (ver Quadro 5.3, Capítulo 5, p.143). A natureza contemporânea do estudo de caso significou que os antigos executivos da empresa ainda estavam disponíveis para oferecer sua própria interpretação do destino do negócio. Schein apoiou sua própria explicação com muita documentação e dados de entrevistas, mas tornou seu estudo de caso diferenciado de outra maneira: também incluiu capítulos suplementares, cada um dando uma oportunidade para um dos principais executivos apresentar suas próprias explicações contrárias.

Muitas vezes, se o pesquisador descrever o estudo de caso a um ouvinte crítico, este oferecerá, imediatamente, uma interpretação alternativa das descobertas do caso. Sob essas circunstâncias, o pesquisador assumirá uma posição defensiva, provavelmente, e defenderá a interpretação original como a única relevante ou correta. Na realidade, o estudo de caso exemplar antecipa essas alternativas "óbvias", até mesmo defende suas posições tão vigorosamente quanto possível, e mostra – empiricamente – a base sobre a qual tais alternativas podem ser rejeitadas.

O estudo de caso deve apresentar evidências suficientes

Embora o Capítulo 4 tenha o incitado fortemente a criar um banco de dados do estudo de caso, as partes críticas de evidência ainda devem estar contidas no relatório. O estudo de caso exemplar apresenta a evidência de forma mais relevante, criteriosa e eficaz, incluindo "como a investigação foi conduzida e como a coleta de evidências foi tratada e interpretada" (Bachor, 2002, p. 21). Em outras palavras, a apresentação desejada deve permitir ao leitor do relatório do estudo de caso (sem fazer referências ao banco de dados) alcançar um juízo independente em relação aos méritos do seu estudo de caso e suas descobertas.

Essa seletividade não significa que a evidência deva ser citada de maneira parcial – incluindo apenas, por exemplo, a evidência que sustenta as suas conclusões.

Pelo contrário, a evidência deve ser apresentada com neutralidade, com dados que apoiam e dados que desafiam. O leitor deve ser capaz, então, de chegar a conclusões independentes sobre a validade de uma determinada interpretação. Uma seletividade aceitável pode limitar o relatório à evidência mais notável (incluindo rivais) sem sobrecarregar a apresentação com informação de apoio, porém secundária. Essa seletividade exige muita disciplina entre os pesquisadores novatos, que, geralmente, desejam apresentar toda a sua base de evidências na esperança (falsa) de que o volume ou o peso influenciará o leitor. (Na verdade, o volume e o peso aborrecerá o leitor.)

Outra meta é apresentar evidência suficiente para que o leitor confie que o pesquisador "conhece" o assunto. Ao realizar um estudo de campo, por exemplo, a evidência apresentada deve convencer o leitor de que o pesquisador realmente esteve por tempo suficiente no campo, fez investigações penetrantes enquanto estava lá e se saturou nos aspectos do caso. Existe uma meta paralela nos estudos de casos múltiplos: o relatório deve mostrar ao leitor que todos os casos únicos foram tratados imparcialmente e que as conclusões entre os casos não foram parciais devido à atenção indevida a um ou a alguns dos casos da série.

Finalmente, a apresentação da evidência adequada deve ser acompanhada por alguma indicação de que o pesquisador observou a sua validade – mantendo seu encadeamento de evidências, por exemplo. Isso não significa que todos os estudos de caso devam ser sobrecarregados com tratados metodológicos. Umas poucas notas de rodapé sensatas servirão a essa finalidade. Por outro lado, algumas palavras no prefácio de um estudo de caso podem cobrir os passos críticos da validação. As anotações às tabelas ou às figuras também serão de ajuda. Como exemplo negativo, uma figura ou tabela que apresenta evidência, sem citar sua fonte, é uma indicação de desleixo na pesquisa e um alerta ao leitor para a observação mais crítica dos outros aspectos do estudo de caso. Esta não é uma situação que produza estudos de caso exemplares.

O estudo de caso deve ser elaborado de maneira envolvente

Uma última característica global refere-se à elaboração do relatório do estudo de caso. Independentemente da mídia usada (relatório escrito, apresentação oral ou alguma outra forma), o relatório deve ser envolvente.

Para os relatórios escritos, isso significa um estilo de redação claro, mas que estimule, constantemente, o leitor a continuar a leitura. Um bom manuscrito é o que "seduz". Ao ler esse manuscrito, os olhos não abandonam a página e a leitura continuará parágrafo após parágrafo, página após página, até a exaustão. Qualquer um que leia boa ficção já teve essa experiência. Este tipo de sedução, da forma como pode ser aplicada à não ficção, deve ser uma meta na composição de qualquer relatório de estudo de caso.

A produção dessa redação sedutora exige talento e experiência. Desafie-se a "iniciar com um texto vívido e cheio de energia" (Caulley, 2008, p. 424) – e até mesmo a tornar o texto "cheio de ação". A clareza da redação também aumenta com a reescrita, o que é altamente recomendável.

O envolvimento, a atração e a sedução são características incomuns nos estudos de caso. Produzir este tipo de estudo de caso exige que o pesquisador seja entusiástico sobre a pesquisa e queira comunicar os resultados amplamente. Na realidade, o bom pesquisador pode até pensar que o estudo de caso contém conclusões de importância fundamental. Este tipo de inspiração deve permear toda a investigação e resultará em um estudo de caso realmente exemplar.

NOTAS

1. Foi ignorado aqui um público frequente dos estudos de caso: alunos de um curso que usa os estudos de caso como material curricular. Esse uso dos estudos de caso, como indicado no Capítulo 1, tem a finalidade de ensino, não de pesquisa, e toda a estratégia do estudo de caso pode ser definida e perseguida diferentemente sob essas condições.
2. Muitas das informações vêm da minha experiência na revisão de numerosos manuscritos de estudo de caso ao longo dos anos, bem como de comentários enviados para dezenas de doutorandos desde 2010, cada um dos quais teve que compor um projeto de tese que incluísse as seções de metodologia e de revisão de literatura.
3. As especulações também são baseadas em algumas descobertas empíricas. Como parte de uma investigação anterior, 21 cientistas sociais proeminentes foram solicitados a citar as melhores qualidades dos estudos de caso (ver COSMOS Corporation, 1983). Algumas dessas qualidades são refletidas nesta discussão dos estudos de caso exemplares.

Tutorial 6.1:
Relato da metodologia do estudo de caso como um artigo de pesquisa independente

Como discutido no Capítulo 6, o relatório formal de estudo de caso inclui descrições dos seus métodos de estudo de caso. Mesmo que seu público queira apenas uma versão reduzida dessa descrição, você pode elaborar uma versão mais extensa, a qual pode, então, vir na forma de um apêndice do relatório ou, ainda melhor, ser submetida para publicação como um artigo de pesquisa separado. Esse esforço produziria um benefício, contribuindo para o trabalho de outros pesquisadores e preservando os procedimentos de forma detalhada para pesquisa futura. Fazer um estudo de caso de qualidade não seria nada mau para sua reputação.

Christine Benedichte Meyer (2001) produziu um tratado desse tipo que foi publicado na revista *Field Methods*. Meyer integrou uma discussão sobre seus próprios métodos – usados em um estudo de caso de duas fusões empresariais na indústria financeira da Noruega – à gama mais ampla de escolhas e preocupações metodológicas que surgem quando se faz um estudo de caso. Em outras palavras, ela usou seus casos para ilustrar importantes princípios metodológicos, portanto, justificando o trabalho como um artigo independente.

Por exemplo, Meyer discutiu as vantagens de utilizar o método de estudo de caso, porque ele permitiu que sua investigação explorasse questões como as disputas de poder entre as organizações que estão se fundindo, a complexidade do processo de integração dessas empresas e a integração cultural ao longo de um extenso período de tempo. Nenhum desses tópicos teria sido tratado facilmente utilizando outros métodos. Ela também examinou como "uniu" os casos, incluindo sua decisão de se concentrar nos negócios centrais e sua exclusão das unidades de negócios menos afetadas pela fusão, bem como seus critérios detalhados para definir as pessoas a serem entrevistadas dentro dessas empresas. De forma analítica, Meyer mostrou como utilizou a generalização analítica para interpretar o significado das descobertas, também reconhecendo que algumas descobertas "não podiam ser explicadas pela literatura de fusões e aquisições empresariais ou pelas quatro perspectivas teóricas" [que foram apresentadas como parte de seu estudo] (p. 343). Os problemas que ela encontrou não foram desconsiderados, incluindo sua impossibilidade de ter acesso a todos os documentos que requisitou. No todo, as questões gerais levantadas pelo seu artigo, juntamente com as experiências ilustrativas concretas, contribuíram para um artigo metodológico valioso e altamente legível.

Referências do Tutorial 6.1

Meyer, C. B. (2001). A case in case study methodology. *Field Methods*, 13, 329–352. Illustrates how the methods used in a case study can become the topic of a separate research article.

Apêndice A
O uso do estudo de caso na psicologia

Na psicologia, como em outros campos, toda pesquisa de estudo de caso começa do mesmo ponto: o desejo de produzir uma compreensão detalhada ou profunda de um único "caso" ou de um pequeno número deles (Bromley, 1986, p. 1). Além de assumir essa perspectiva proximal, a pesquisa de estudo de caso foca a totalidade ou a integridade do caso, estabelecendo-o dentro de um contexto real. Uma vez que as condições contextuais podem interagir de formas sutis com o caso, um bom estudo de caso deve, assim, conduzir a uma compreensão profunda de um caso e da sua complexidade interna e externa.

Esclarecimento do nicho para uma pesquisa de estudo de caso: três comparações

1. Pesquisa de estudo de caso comparada com outros usos dos estudos de caso. O estudo de caso, como método de pesquisa, difere do outro uso popular dos estudos de caso como ferramenta de ensino. As ferramentas de ensino são inestimáveis, mas os dados de um caso de ensino podem ser manipulados para fins instrucionais, e os casos não são parte da literatura de pesquisa. Já a pesquisa de estudo de caso deve aderir aos procedimentos metodológicos formais, ligando todas as descobertas a evidências explícitas. Para exemplos de casos de ensino na psicologia, veja Golden (2004) e Dunbar (2005). Para uma discussão mais ampla de casos de ensino em administração, direito e medicina, veja Garvin (2003).

O estudo de caso como método de pesquisa também difere dos registros de caso – por vezes, utilizados ou referidos como "estudos de caso" – mantidos por agências de serviços. Bromley (1986) observou que tais registros, embora pareçam estudos de caso, podem ser influenciados pelas "expectativas de fornecedores de serviços, considerando responsabilidades em vez de dados fatuais" (p. 69) e são, assim, "sujeitos a uma variedade de omissões e distorções acidentais ou deliberadas" a partir de uma perspectiva de pesquisa (p. 90).

2. Pesquisa de estudo de caso comparada com outros métodos das ciências sociais. Dentre os métodos de pesquisa das ciências sociais, o Capítulo 1 deste livro identificou a pesquisa de estudo de caso como um grupo de métodos que inclui experimentos, quase-experimentos (também conhecidos como "estudos observacionais" – ver Rosenbaum, 2002), levantamentos, análises de arquivos e pesquisas históricas. Apesar de todos os métodos de pesquisa se sobreporem em certa medida, o Capítulo 1 afirma que a pesquisa de estudo de caso, como os outros, é um método separado, com seus próprios projetos, coleta de dados e técnicas de análise. Por exemplo, e como discutido no Capítulo 2, os estudos de caso não devem ser considerados uma linha de outro método de pesquisa, como os quase-experimentos (ver p. 32).

Na psicologia, a pesquisa de estudo de caso também pode ser considerada separadamente da pesquisa qualitativa – o que é evidenciado pelo fato de que os livros-texto de psicologia sobre pesquisa qualitativa têm, geralmente, ignorado a pesquisa de estudo de caso. Dois deles dedicam o conjunto de seus textos a uma variedade de "métodos de pesquisa qualitativa" na psicologia, como a análise do discurso, a teoria fundamentada, a análise fenomenológica e a pesquisa narrativa (ver Forrester, 2010; Wertz et al., 2011). Apesar dessa ampla cobertura, um livro ignora os estudos de caso em seu grupo de métodos contemporâneos, mesmo reconhecendo a proeminência dos estudos de caso na longa história dos métodos psicológicos; o outro livro menciona muito brevemente os casos únicos, mas em momento algum fala da pesquisa de estudo de caso.

Outros dois livros-texto consistem de uma coleção editada de artigos sobre a pesquisa qualitativa na psicologia (Camic, Rhodes & Yardley, 2003; Smith, 2008). No primeiro livro-texto, um dos artigos se refere à terapia psicanalítica como estudo de caso, mas nenhum dos artigos discute a pesquisa de estudo de caso. No segundo livro-texto, cada artigo cobre uma linha diferente da pesquisa qualitativa (por exemplo, fenomenologia, teoria fundamentada, psicologia narrativa, análise conversacional, análise do discurso, grupos focais e pesquisa-ação). A pesquisa de estudo de caso não é mencionada em momento algum e não aparece no índice do livro-texto, muito menos existe capítulo sobre o assunto.

Em consonância com esses quatro livros-texto, o trabalho de referência de Bromley (1986) sobre a pesquisa de estudo de caso, citado muitas vezes neste apêndice, oferece pouco espaço para a pesquisa qualitativa. De modo geral, a ausência de qualquer tentativa de integrar a pesquisa qualitativa à pesquisa de estudo de caso na psicologia parece provar a separação da pesquisa de estudo de caso de outros métodos das ciências sociais.

3. Pesquisa de estudo de caso comparada com três outros métodos de pesquisa na psicologia. O contraste entre a pesquisa de estudo de caso e três outros métodos também é pertinente à psicologia, dos quais os dois primeiros têm nomes semelhantes:

(A) *pesquisa de sujeito único*, encontrada na neuropsicologia e em pesquisas comportamentais em geral (por exemplo, ver Barlow & Nock, 2009; Kazdin, 1982, 2003;Kratochwill, 1978; Morgan & Morgan, 2009), bem como na educação especial (por exemplo, Tawney & Gast, 1984);

(B) *estudos de caso-controle*, frequentemente usados em pesquisa epidemiológica (por exemplo, ver Schlesselman, 1982); e

(C) *experimentos*, dos quais os projetos de grupo são a base para os métodos mais frequentemente utilizados na pesquisa em psicologia (por exemplo, ver Murray, 1998).

A Figura A.1 ilustra a relação entre todos os quatro métodos, apesar de – como com todos os métodos de pesquisa – as quatro escolhas também poderem se sobrepor, de modo que a ilustração na Figura A.1 representa uma classificação ideal. As relações são mostradas considerando-se duas dimensões:

1) se um estudo é baseado em dados de um grupo de sujeitos ou de um sujeito único; e
2) se um estudo envolve uma intervenção – isto é, uma manipulação comportamental.

	Intervenção(ões) manipulada(s) por um pesquisador	
	SIM	NÃO
DADOS REUNIDOS	Projetos experimentais convencionais	Estudos de caso-controle
DADOS INDIVIDUAIS	Pesquisa de sujeito único	Estudo de caso (único ou múltiplos)

Figura A.1 Pesquisa de estudo de caso comparada com três outros tipos de pesquisa comportamental.

Examinando a Figura A.1 horizontalmente, e entre os dois tipos de métodos que enfatizam dados individuais (linha 2), a *pesquisa de sujeito único* difere da pesquisa de estudo de caso, por empregar intervenções formais, como um tipo de padrão de triagem repetida, com diferentes combinações de estímulos (incluindo a ausência de qualquer estímulo). O pesquisador pode deliberadamente projetar esse padrão para desenvolver uma base forte para inferir relações causais, e os estudos de caso não têm essa capacidade. Ao mesmo tempo, a pesquisa de sujeito único tem alguma semelhança com a pesquisa de estudo de caso, envolvendo casos únicos ou múltiplos – isto é, uma pesquisa de sujeito único também pode incluir múltiplos sujeitos únicos (por exemplo, Chassan, 1960).

Examinando a Figura A.1 verticalmente, e entre os dois tipos de métodos, cada um com a capacidade de criar uma intervenção (coluna 1), os *projetos experimentais convencionais* podem fornecer uma base de evidências mais firme do que a *pesquisa de sujeito único* – enquanto houver um número suficiente de sujeitos para formar um grupo do tamanho necessário (Robertson, Knight, Rafal & Shimamura, 1993). Infelizmente, para os pesquisadores, alguns fenômenos psicológicos importantes são raros demais para prover o tamanho necessário do grupo.

Mais relevante para a pesquisa de estudo de caso é a comparação entre os dois tipos de métodos que não possuem a capacidade de intervir (coluna 2). Os *estudos de caso-controle* diferem da pesquisa de estudo de caso ao cobrir dados reunidos, normalmente um grupo de indivíduos que já exibiram uma condição comportamental de interesse (por exemplo, tabagistas). Os estudos, então, prosseguem para estimar as diferenças entre a média do grupo e a média de um grupo controle previamente selecionado (por exemplo, não tabagistas). A princípio, a pesquisa de estudo de caso também poderia fazer essa comparação – isto é, se um estudo de caso único contiver dois grupos suficientemente grandes de casos múltiplos. Contudo, exceto em situações pouco usuais – e também quando um estudo de caso tiver sacrificado muito da investigação "em profundidade" de cada estudo de caso ou quando um estudo de caso envolver uma quantidade exaustiva de recursos e tempo –, o número de casos provavelmente não será grande o suficiente para sustentar uma comparação significativa entre os dois grupos.

Em resumo, dadas as duas dimensões na Figura A.1, a pesquisa de estudo de caso ocupa a célula distintiva por meio da qual um estudo foca dados individuais (não reunidos) e é limitado pela impossibilidade de manipular qualquer intervenção.

Estudos de caso: condições que levam a ter mais variáveis do que pontos de dados

Assumindo que cada caso é um único ponto de dados, o Capítulo 1 deste livro ofereceu anteriormente uma parte da definição de pesquisa de estudo de caso como algo que envolve investigações nas quais o número de variáveis de interesse ultrapassará de longe o número de pontos de dados disponíveis (ver p. 18). Três condições levam a um número maior de variáveis em qualquer dado do estudo de caso: fazer uma investigação em profundidade, estudar condições ao longo do tempo e cobrir condições contextuais. Os estudos de caso na psicologia ilustram apropriadamente todas as três condições.

Investigação em profundidade. Em primeiro lugar, um estudo de caso envolve uma investigação em profundidade do caso. As múltiplas características de um caso se traduzem em um número maior de variáveis.

Na psicologia, o caso pode focar o comportamento de um indivíduo. Em uma era inicial na pesquisa em psicologia, esse indivíduo poderia ter servido tanto como investigador quanto como sujeito de estudo, produzindo os famosos estudos sobre memória, percepção e aprendizagem por Ebbinghaus, Stratton e Galton, respectivamente (ver Garmezy, 1982), bem como o legado criado pelos testes de segurança de Fase I na medicina, durante os quais o primeiro compromisso dos cientistas médicos era testar novos remédios em seu próprio corpo. Esse tipo de estudos, nos quais os indivíduos eram os pesquisadores ou seus colegas pesquisadores (Jadad, 1998,p. 14), também parece fazer parte da tradição da pesquisa de estudo de caso na linguística aplicada (Duff, 2008, p. 37).

Em contextos atuais, os indivíduos de interesse podem vir de uma ampla gama de situações, incluindo casos clínicos, estudos de desenvolvimento ou aprendizagem individual, como no estudo de Piaget sobre o desenvolvimento cognitivo, e as preparações de um único animal na psicologia comparada.[1] Um dos estudos de caso mais notáveis na neurologia, referido por um analista como "o caso neurológico mais famoso do mundo" (Rolls, 2005, p. 51), envolveu o caso de "H. M.", sobre quem mais de 30 artigos foram publicados somente entre 1957 e 1968 (Scoville & Milner, 1957; Sidman, Soddard & Mohr, 1968) – veja também o Quadro A.1.

QUADRO A.1
Estudos de caso clássicos na psicologia

Ao longo dos anos, alguns psicólogos estudaram muitos indivíduos incomuns. Alguns se comportam de forma diferente como resultado de lesões cerebrais únicas (por exemplo, os casos de H. M e Phineas Gage). Outras pessoas sofrem de transtornos psiquiátricos, como o de múltiplas personalidades, representado pelas três faces de Eva. Ainda, outras pessoas tiveram o azar de encontrar condições ambientais ou sociais estranhas, como no caso de Kitty Genovese, em Queens, Nova York, ou do assim chamado garoto selvagem de Aveyron, França. Todos esses casos foram objeto de estudos formais da psicologia, e alguns chamaram a atenção da mídia e, portanto, tornaram-se conhecidos fora da psicologia.

Em um livro compacto intitulado *Classic Case Studies in Psychology*, Geoff Rolls (2005) compilou 16 desses casos em uma série de estudos de caso individuais. Cada estudo de caso tem um mínimo de jargão técnico, mas é acompanhado por referências-chave de pesquisas relacionadas. Se um leitor quiser ler mais sobre um caso, as referências ajudam a revelar a literatura de pesquisa.

Outros subcampos na psicologia (por exemplo, psicologias social, educacional, de gestão, ocupacional, ambiental e comunitária), bem como campos relacionados fora da psicologia, podem focar organizações ou outras entidades em vez de indivíduos (ver Quadro A.2). O estudo em profundidade dessas entidades também se traduzirá em um grande número de variáveis.

QUADRO A.2
Estudos de caso de entidades organizacionais na psicologia

Estudos de caso dentro e fora da psicologia podem focar organizações, eventos como decisões e outras entidades – não apenas indivíduos. Um contexto clínico, como um hospital, uma clínica ou um consultório de psicologia pode servir como o caso em um estudo de caso.

Como exemplo, um tipo de clínica colaborativa de cuidados médicos lida com o desafio de integrar serviços de saúde mental e de cuidados primários. Essas clínicas foram, assim, o assunto de uma coleta de mais de 30 artigos de pesquisa que contribuíram para o reprojeto

(Continua)

> *(Continuação)*
> da assistência médica, tentando criar "uma assistência médica mais eficiente, envolvida com o paciente e sensível ao custo" (Kessler & Stafford, 2008, p. 4). Muitos dos artigos apresentam estudos de caso de clínicas específicas. Um deles descreve um programa prolongado iniciado em 1994. O estudo de caso usa dados qualitativos e quantitativos – estes últimos representados por medições envolvendo as capacidades funcionais dos pacientes, bem como as respostas a uma pesquisa de satisfação de pacientes (Kates, 2008).

Condições ao longo do tempo. Uma segunda condição comum vem do fato de que o interesse em um caso normalmente cobre condições múltiplas que se estendem ao longo do tempo. A análise do padrão temporal pode ser tema de um estudo de caso, como no desdobramento de eventos-chave que podem explicar um evento culminante – ou como em um estudo de caso de desenvolvimento que traça o comportamento de humanos e animais ao longo de determinado período de tempo (por exemplo, Denenberg, 1982).

Mesmo que um padrão temporal não seja o tópico direto de investigação ou seja bastante curto (por exemplo, Bromley, 1986, p. 5), o padrão pode criar um fluxo contínuo de variáveis que pode ser relevante e que não pode ser ignorado. Nesse sentido, e desconsiderando a brevidade do período de tempo, os estudos de caso raramente servem como fotografias instantâneas – como se tudo ocorresse exatamente ao mesmo tempo. Eventos importantes, incluindo a repetição de um comportamento aparentemente semelhante (mas não exatamente iguais), ocorrem em pontos diferentes no tempo. Esses eventos trazem outro grande grupo de variáveis, que pode ser uma parte essencial da compreensão de um caso.

Condições contextuais. Um terceiro conjunto de condições vem de fora do caso. Assim, além da investigação de um caso em profundidade e ao longo do tempo, um estudo de caso incluirá dados sobre as condições contextuais que envolvem o caso. Sem dúvida, um dos pontos fortes da pesquisa de estudo de caso é a possibilidade de examinar condições contextuais tanto quanto parecer relevante. Por exemplo, se o caso for sobre um indivíduo, dados sobre a família, o trabalho e outros ambientes do indivíduo podem ser componentes comuns de um estudo de caso completo. Se o caso for sobre um pequeno grupo ou organização, dados sobre as condições culturais, econômicas, sociais e políticas e tendências seriam componentes de contraparte.

Além disso, a fronteira entre um caso e seu contexto não deve ser forte, porque os negócios do mundo real não se enquadram tão facilmente em categorias claramente divididas. A capacidade de reconhecer essas indefinições como parte de um estudo de caso é considerada um ponto forte da pesquisa de estudo de caso. As condições contextuais podem até mesmo levar a uma compreensão completamente nova de um caso – uma compreensão que não necessariamente era reconhecida ao início do estudo de caso.

Em comparação, outros métodos provavelmente tratarão qualquer indefinição entre o foco do estudo e seu contexto como, na melhor das possibilidades, um incômodo. Na verdade, outros métodos não abordam as condições contextuais com muita facilidade. Por exemplo, exceto por um pequeno número de covariações, os experimentos tentam minimizar o papel das condições contextuais, controlando-as. De forma semelhante, os levantamentos não podem incluir muitas questões sobre o contexto por causa de uma limitação similar sobre os graus de liberdade. Com esses métodos, graus adequados de liberdade são essenciais para conduzir análises estatísticas – isto é, ter múltiplos pontos de dados para qualquer dado variável.

Resumo de três condições. No total, três condições explicam por que o número de variáveis de interesse em um estudo de caso pode, potencialmente, ser enorme. Em contraste, o número de pontos de dados, conforme representado pelos casos individuais, é potencialmente pequeno. De forma prática, nenhum estudo de caso único, mesmo que consista de casos múltiplos, poderá ter um número de casos igual, muito menos superior, ao número de variáveis.

Essa situação tem implicações de longo alcance para o projeto e a análise do estudo de caso. Os projetos pertencem a uma família própria e não podem ser considerados parte de outra família de projetos, como projetos de pesquisa quase-experimental ou pesquisa qualitativa. Da mesma forma, os métodos analíticos não podem empregar a maioria dos métodos estatísticos convencionalmente utilizados com outros tipos de métodos, porque os pontos de dados do estudo de caso terão uma pequena ou nenhuma variação.

Motivos para utilizar a pesquisa de estudo de caso na psicologia

Dadas as restrições anteriores, a pesquisa de estudo de caso pode, à primeira vista, parecer ter um valor limitado. Na verdade, no entanto, os estudos de caso são comuns na pesquisa em psicologia e em campos relacionados há bastante tempo. Mas por quê?

Exploração. Uma resposta rápida, mas excessivamente limitada, considera que a pesquisa de estudo de caso serve a apenas um propósito *exploratório* – por exemplo, coletar dados para determinar se vale a pequena dedicar mais investigação a um tópico e, se for o caso, as questões de pesquisa ou os procedimentos de coleta de dados que podem ser mais relevantes na pesquisa subsequente. Neste modo exploratório, o único papel para a pesquisa de estudo de caso é servir como um prelúdio para um estudo subsequente, o qual pode utilizar um método diferente, como um levantamento ou um experimento.

Tal hierarquia antiquada dos métodos de pesquisa certamente está incorreta (por exemplo, Bromley, 1986, p. 15). Dentre outros problemas com a visão hierárquica está o fato de que levantamentos e experimentos também têm modos exploratórios. De outro modo, a pesquisa de estudo de caso pode ser usada de modos *descritivo*, *explicativo* e *avaliativo*, em adição ao seu uso em um modo exploratório.

A pesquisa de estudo de caso pode, portanto, produzir suas próprias descobertas e conclusões, sem apelar ou engajar-se a outros métodos.

Descrição e explicação. Os estudos de caso descritivos podem servir a muitos propósitos, como apresentar uma situação raramente encontrada ou normalmente não acessível aos pesquisadores. Por exemplo, voltando aos estudos clínicos e neurológicos, um tipo frequente de estudo de caso descritivo que aparece na literatura focará um único indivíduo que exibiu uma síndrome ou um comportamento incomum que merece observação e investigação contínua (ver Quadro A.3).

QUADRO A.3
Estudos de caso descritivos de pessoas que são incapazes de reconhecer rostos humanos

Os estudos de caso sobre síndromes incomuns são especialmente valiosos na psicologia, como a *prosopagnosia* – uma condição, normalmente induzida por uma lesão cerebral incomum, na qual uma pessoa é incapaz de reconhecer ou diferenciar rostos de diferentes pessoas. Cerca de 20 pessoas com prosopagnosia foram sujeitos de estudos de caso publicados ao longo das últimas décadas (Busigny, Graf, Mayer & Rossion, 2010. O desafio dos estudos de caso é mostrar se a prosopagnosia é uma deficiência específica ou simplesmente parte de uma dificuldade mais ampla de reconhecimento visual. A descoberta mais comum dos estudos de caso, apesar de ainda ainda descritiva, tem sido a demonstração de que pacientes com prosopagnosia podem, no entanto, realizar outras tarefas de reconhecimento (por exemplo, Busigny & Rossion, 2011). Os estudos de caso, junto com pesquisas que usam o método experimental com adultos e pacientes normais com lesões cerebrais profundas (Yin, 1978), em estudos contemporâneos de neuroimagiologia (McKone, Kanwisher & Duchaine, 2007), e com sujeitos não humanos, como macacos (Leopold, Bondar & Giese, 2006), começaram a apoiar a possibilidade de uma habilidade neurológica que é aparentemente específica, e não parte de uma síndrome maior. Ao mesmo tempo, os pesquisadores ainda não sabem explicar como funciona o reconhecimento facial e por que ele existe.

Quanto ao modo explicativo de estudos de caso, um exemplo comum vem do campo da psicologia educacional. O exemplo também aponta para as relações complementares entre diferentes métodos de pesquisa (ver Quadro A.4).

QUADRO A.4
Utilização de estudos de caso em um modo explicativo

Na educação de ensino fundamental, a eficácia de um currículo pode ser estudada utilizando um projeto experimental (ou quase-experimental) que compare dois grupos de alunos, sob condições de tratamento e controle. A conclusão bem-sucedida desse estudo abordaria a significância estatística das diferenças entre os dois grupos. No entanto, os dados provavelmente não

(Continua)

> *(Continuação)*
> explicarão como e por que o tratamento realmente produziu os resultados observados. Buscar essa explicação exigiria um estudo de caso (National Research Council, 2004, pp. 167-168).
> O estudo de caso desejado examinaria cuidadosamente como o tratamento funcionou em contextos reais de sala de aula. O estudo cobriria os eventos relevantes, incluindo a implementação do tratamento e como o tratamento pareceu ter alterado o ensino e a aprendizagem em sala de aula. Cobrir essa amplitude de tópicos provavelmente exigiria uma variedade de evidências baseadas em campo, como observações de sala de aula, entrevistas de professores sobre suas estratégias instrucionais, entrevistas de alunos sobre suas estratégias de aprendizagem e dados sobre condições escolares e comunitárias potencialmente relevantes. A explicação necessária seria especialmente inestimável para a replicação posterior do estudo experimental original ou para a disseminação da prática do currículo para outras escolas.

Muitos outros exemplos de estudos de caso descritivos e explicativos podem ser citados, sejam os objetos de estudo indivíduos, pequenos grupos, organizações ou entidades mais abstratas, como "decisões".

Avaliação. A avaliação pode ser considerada um quarto motivo para fazer pesquisa de estudo de caso na psicologia (ver também o Apêndice B deste livro). Um estudo de caso avaliou diferentes estratégias de ensino no trabalho com alunos com um tipo especial de deficiência. O estudo de caso consistiu de múltiplos casos e, portanto, foi um estudo de casos múltiplos (ver Quadro A.5).

> **QUADRO A.5**
> **Um estudo de caso avaliativo baseado em um estudo de casos múltiplos**
>
> Um estudo de casos múltiplos na psicologia avaliou a eficácia de estratégias de ensino estudando sete duplas de professores e alunos (Miyahara & Wafer, 2004). A estratégia de ensino pretendia lidar com uma condição comportamental entre os alunos, o *transtorno do desenvolvimento da coordenação*, e cada dupla professor-aluno foi definida como um caso separado. O estudo de caso utilizou uma lógica de replicação entre duplas para determinar a relação entre estratégias de ensino sistematicamente alternadas e o desempenho de um aluno. O desempenho do aluno foi avaliado quantitativamente – com uma variedade de medições psicométricas ao longo do tempo.

Em outro tópico de avaliação, os métodos de estudo de caso são frequentemente emulados na avaliação de ambientes acadêmicos, apesar de os esforços não serem formalmente organizados ou rotulados como pesquisa de estudo de caso (por exemplo, Wilson, 1982). Esses estudos de caso tomam a forma das avaliações conduzidas por comissões visitantes, como equipes de credenciamento e conselhos de coordenação estatais, que periodicamente revisam departamentos acadêmicos individuais. A comissão visitante foca o bem-estar e o progresso feito por um departamento e coleta uma variedade de evidências (observações, entrevistas e revisões de documentos pertinentes, como as publicações do departamento) para chegar tanto a julgamentos formativos como somativos.

As ilustrações anteriores mostram como a utilização de estudos de caso em qualquer um desses modos exploratórios, descritivos, explicativos ou avaliativos destaca o valor potencial da pesquisa de estudo de caso como uma parte importante do repertório metodológico completo de um pesquisador.

Advertências e preocupações na pesquisa de estudo de caso

Apesar de sua aparente aplicabilidade para estudar muitas situações relevantes do mundo real e para abordar importantes questões de pesquisa, a pesquisa de estudo de caso não é amplamente utilizada na psicologia. Na verdade, algumas pessoas pensam nela apenas como último recurso. Por que isso acontece?

Parte disso vem da falta de confiança nos procedimentos do pesquisador, os quais não parecem oferecer proteção suficiente contra vieses como pesquisador que parece encontrar ou que pretendia encontrar. Por exemplo, um pesquisador pode ter começado um estudo de caso com base em um certo projeto e descobri-lo intratável ou menos promissor do que originalmente pensou, após uma coleta inicial de dados. Assim como com experimentos de laboratório, a solução seria parar a coleta de dados sob o projeto original e revisá-lo, e então recomeçar. A crítica comum aos estudos de caso, infelizmente, é que os dados originais podem não ter sido descartados, mas reutilizados, criando, dessa forma, um viés indesejável e uma falha.

Outra razão para a pouca consideração à pesquisa de estudo de caso pode vir do uso de dados qualitativos, os quais devem ser baseados em medições menos robustas do que as usadas na coleta de dados quantitativos. Os dados qualitativos normalmente consistem de uma informação narrativa não numérica, e muitas pessoas podem se sentir desconfortáveis com esses dados por causa da falta de compreensão dos procedimentos para coleta e avaliação dos dados da narrativa, como discutido no Capítulo 5.

Ainda, outro desconforto quanto à pesquisa de estudo de caso vem da observada incapacidade de generalizar as descobertas de um estudo de caso para um nível mais amplo. O desafio da generalização a partir de estudos de caso também foi discutida ao longo do texto principal deste livro, com os *insights* essenciais sendo a necessidade de distinguir a *generalização analítica* da *generalização estatística* (ver Capítulo 2 deste livro).

Quando os estudos de caso são mal feitos, todas as advertências anteriores podem se reunir de forma negativa, potencialmente recriando os preconceitos contra a pesquisa de estudo de caso. Em contraste, o uso mais sistemático e cuidadoso da pesquisa de estudo de caso pode começar a superar, senão dissipar, as preocupações. Por exemplo, e como sugerido no Capítulo 4, os estudos de caso deveriam contar com múltiplas fontes de evidência em uma forma de triangulação que tente superar as deficiências e medições associadas a quaisquer dadas fontes (ver pp. 134-139). O Capítulo 4 também discute outras técnicas – como a criação de um bando de dados do estudo de caso e o estabelecimento de uma cadeia de evidências – que ajudarão a aumentar a confiabilidade desses dados.

As recomendações anteriores foram apenas alguns exemplos das formas nas quais as práticas do estudo de caso podem abordar as preocupações gerais com o método. Os procedimentos cobertos pelos seis capítulos deste livro, abrangendo projeto de pesquisa, coleta de dados, análise de dados e o papel da teoria na condução dos estudos de caso, foram todos planejados para encorajar o uso de estudos de caso na psicologia e minimizar as ameaças indicadas pelas advertências.

NOTA

1. Na psicologia comparativa, o grande número de variáveis também pode caracterizar estudos de pesquisa de sujeito único. Por exemplo, variáveis independentes podem ser deliberadamente manipuladas em diferentes idades do ciclo de vida de um animal (Denenberg, 1982). As descobertas significativas, assim, frequentemente ocorrem com a interação entre as variáveis independentes, produzindo ainda mais variáveis, desafiando a independência das variáveis e, portanto, também exigindo "um modelo mais complicado do que uma casualidade como um quadro para interpretar [as] descobertas" (Deneberg, 1982, p. 22).

Apêndice B
O uso do estudo de caso em avaliações

Livros-texto sobre avaliação têm dado uma atenção mista aos estudos de caso. Um livro-texto conhecido ignorou o tópico ao longo de suas sete edições (Rossi, Lipsey & Freeman, 2004). Ele não faz menções às avaliações de estudo de caso ou à pesquisa de estudo de caso, e *estudo de caso* não aparece no glossário ou no índice. Um segundo livro-texto conhecido (Mertens, 1020) omite as avaliações de estudo de caso na sua revisão inicial de um grande número de modelos e processos de avaliação (p. 47-87). O livro-texto menciona o estudo de caso, mas o relega a um *status* menor – citando-o não mais do que como um dos sete tipos sob o modelo de pesquisa qualitativa (p. 230) e um dos seis tipos de métodos de coleta de dados (Tabela 12.1, p. 352).

Em oposição a esses dois, um terceiro livro-texto, cujo primeiro autor também é um importante estudioso de avaliações, dá uma considerável atenção ao papel da avaliação de estudos de caso (Stufflebeam & Shinkfield, 2007). Em primeiro lugar, o livro-texto reconhece a avaliação de estudo de caso entre 26 escolhas de métodos de avaliação (p. 181-184). Então, após formalmente classificar todos os métodos de acordo com os padrões da American Evaluation Association, o livro-texto aponta as avaliações de estudo de caso como a quinta entre as oito melhores abordagens para projeto e condução de avaliações (p. 242-243).

Apesar de seu reconhecimento desigual por diferentes livros-texto de avaliação, a pesquisa de estudo de caso tem um papel funcional e legítimo nas avaliações. Três aplicações principais aparecem em avaliações publicadas. Primeira, um ou mais estudos de caso podem servir como parte de uma avaliação maior (por exemplo, Cronbach & associados, 1980, p. 222-223; Datta, 1997, p. 348-351). Segunda, a pesquisa de estudo de caso pode servir como o principal método de avaliação (por exemplo, Yin, 2000a). Terceira, a pesquisa de estudo de caso pode ser parte das disposições da avaliação de dois níveis. A primeira publicação é a mais comum e foi utilizada por um longo tempo, mas a segunda e a terceira têm sido as mais desafiadoras.

O propósito deste Apêndice é apresentar brevemente o papel da pesquisa de estudo de caso em avaliações e descrever as três aplicações em mais detalhes.

Pesquisa de estudo de caso como um método de avaliação

O uso da pesquisa de estudo de caso em avaliações origina-se da característica definidora da pesquisa de estudo de caso destacada no Capítulo 1 deste livro (ver p. 19): conseguir um exame em profundidade (e detalhado) de um "caso" dentro do seu contexto de mundo real. Comparada com outros métodos de avaliação, como levantamentos, experimentos e quase-experimentos, as avaliações de estudo de caso podem:

1) apreender a complexidade de um caso, incluindo mudanças relevantes ao longo do tempo; e
2) atender completamente a condições contextuais, incluindo aquelas que potencialmente interagem com o caso.

Apesar dessas vantagens, as primeiras referências à pesquisa de estudo de caso como método de avaliação tiveram uma recepção muito equivocada, incluindo uma confusão inicial com o projeto "apenas pós-teste" em quase experimentos – uma conexão inapropriada com a pesquisa de estudo de caso que foi posteriormente ratificada pelo autor original (ver Capítulo 2, p. 53, deste livro).

Quando aplicada a avaliações, a pesquisa de estudo de caso compartilha as outras características relevantes para qualquer outra forma de pesquisa de estudo de caso. Essas características são abordadas em detalhes no texto principal deste livro e são resumidas brevemente a seguir.

Em primeiro lugar, para cobrir a complexidade de um caso e de seu contexto, uma avaliação de estudo de caso deve contar com múltiplas fontes de evidência, as quais podem incluir entrevistas, documentos, observações de campo, registros de arquivos, artefatos físicos e observação participante. Uma avaliação de estudo de caso deve deliberadamente triangular a evidência dessas múltiplas fontes para confirmar e corroborar as descobertas. Em segundo lugar, a variedade de evidências pode incluir dados quantitativos e qualitativos (ou ambos) e pode cobrir as perspectivas *realista* ou *relativista* (ou *interpretativista*). Por exemplo, a parte quantitativa de uma avaliação de estudo de caso pode assumir uma orientação *realista* (por exemplo, apresentando as questões e interpretações do pesquisador sobre o caso sendo estudado), ao passo que a parte qualitativa pode assumir, em contraste, uma orientação *relativista* (ou *interpretativista*) (por exemplo, apresentando o caso a partir das múltiplas perspectivas e significados dos participantes – incluindo a possibilidade de desafiar as suposições iniciais do pesquisador).

Em terceiro lugar, uma avaliação de estudo de caso também pode se beneficiar com uma teoria inicial, porém experimental, sobre o caso. A teoria inicial pode ser descritiva (por exemplo, conjecturando sobre o "como" e o "por que" de um caso). Quando for explicativa, uma avaliação de estudo de caso deve explicitamente receber as explicações rivais como parte integral dos procedimentos de projeto e coleta de dados (ver a Apresentação de Donald Campbell a este livro e o Capítulo 2, p. 70, deste livro).

Todas essas características da pesquisa de estudo de caso serão relevantes na avaliação de estudo de caso, representadas pelas três aplicações discutidas a seguir.

Pesquisa de estudo de caso como parte de uma avaliação maior

Na primeira aplicação, um ou mais estudos de caso serão parte de uma avaliação maior. A avaliação maior focará uma iniciativa – uma intervenção planejada ou uma operação em andamento –, possivelmente avaliando a eficácia da iniciativa, utilizando um projeto experimental ou quase-experimental. Como parte do projeto, algumas avaliações podem até mesmo designar aleatoriamente entidades para *tratamento* e condições de *controle*.

Como parte da avaliação maior, os estudos de caso examinarão mais de perto uma ou mais das entidades dentro desse tratamento e condições de controle. Os estudos de caso complementarão o método de avaliação maior da seguinte maneira: enquanto a parte experimental ou quase-experimental avaliará a eficácia, determinando a *força* de uma relação entre uma iniciativa e seus resultados, a parte do estudo de caso oferecerá uma *explicação* sobre a relação, indicando como a iniciativa realmente funcionou (ou não) para produzir os resultados relevantes. Como observado em uma revisão oficial de numerosas avaliações dos currículos de ensino fundamental de matemática e dos resultados dos alunos (National Research Council, 2004, p. 167),

> Os estudos de caso fornecem *insight* sobre os mecanismos em causa que são omitidos de uma comparação dos [resultados, como] os êxitos dos alunos... uma vez que o tratamento real em um estudo [experimental] de larga escala é frequentemente mal definido.

Por exemplo, a avaliação maior pode cobrir um currículo inovador envolvendo muitas salas de aula. O projeto experimental para a avaliação maior pode designar grupos de salas de aula para tratamentos e condições de controle diferentes, e a análise compararia os resultados dessas condições em uma medida comum – como as notas dos alunos. Uma série de estudos de caso pode, assim, deliberadamente focar algumas salas de aula, selecionadas a partir de cada uma das condições experimentais, para examinar os processos específicos de ensino e aprendizagem nesse número menor de salas de aula. Dessa forma, os estudos de caso podem lançar luz sobre a forma como o currículo inovador funcionou (ou não).

As descobertas da parte de estudo de caso em uma avaliação maior podem ser apresentadas por caso, separadamente, ou consolidadas em uma síntese cruzada de casos. No entanto, o relato dos resultados do estudo de caso provavelmente será subordinado ao relato das descobertas da avaliação maior – no exemplo anterior, a análise das notas conseguidas pelos alunos em diferentes grupos de salas de aula.

Você pode imaginar muitos outros exemplos como este último. Na saúde pública, a avaliação de um novo programa de saúde pode apresentar dados de resultados clínicos sobre os resultados do tratamento em muitas clínicas e, então, usar a pesquisa de estudo de caso para apreender experiências em algumas clínicas individuais.

No desenvolvimento comunitário, a avaliação de um programa de moradia pode envolver um estudo econômico, examinando a relação entre uma nova iniciativa e os preços das unidades de moradia, com a pesquisa de estudo de caso cobrindo um pequeno grupo de famílias vivendo nessas unidades. Na pesquisa de negócios, uma avaliação pode ser sobre um programa de gestão executiva que visa ao desenvolvimento de novos líderes: a avaliação maior pode comparar grupos de participantes e não participantes por meio de um levantamento, com a pesquisa de estudo de caso focando um número seleto e pequeno de pessoas em ambos os grupos.

A diversidade dos exemplos facilmente ilustra por que esta primeira aplicação da pesquisa de estudo de caso tem sido comum em avaliações e provavelmente continuará sendo. A combinação do projeto da avaliação maior e o estudo de caso componente também pode ser considerada um exemplo de estudo de métodos mistos (Datta, 1997; Yin, 2006b).

Ao mesmo tempo, essa aplicação também vem com algumas observações. Uma observação anterior sobre as avaliações de estudo de caso era que os estudos de caso eram passíveis de incorrer em um alto custo por causa de seu intenso trabalho e do longo tempo empregado no trabalho de campo (por exemplo, U.S. Government Accountability Office, 1990, p. 10). Contudo, avaliações contemporâneas, utilizando fortes projetos experimentais, mostraram até agora, que seus custos podem facilmente exceder os do estudo de caso.

Outra observação surge da natureza da equipe e do trabalho em equipe de avaliação. Uma vez que a pesquisa de estudo de caso é uma parte subsidiária, e não a parte principal de uma avaliação, a pesquisa pode receber uma atenção inadequada com relação ao seu projeto e à sua condução. A(s) pessoa(s) realizando o estudo de caso também podem ser pouco experientes na pesquisa de estudo de caso, produzindo estudos mundanos e com poucos *insights*. Ou a(s) pessoa(s) pode(m) ser experiente(s) demais, produzindo estudos que podem assumir um caráter único não adequado à avaliação maior. Ainda em outras situações, a(s) pessoa(s) fazendo os estudos de caso podem não se comunicar bem o suficiente com aquelas que estão fazendo a avaliação maior, e os estudos de caso podem ser tratados (indesejavelmente) como parte de uma avaliação separada.

Pesquisa de estudo de caso como o principal método de avaliação

Na segunda aplicação, a iniciativa sendo avaliada torna-se o caso principal em uma avaliação de estudo de caso. A pesquisa sobre o caso principal pode ser complementada com dados de estudos de caso subordinados de unidades de análise menores (por exemplo, pessoas ou grupos individuais) ou com o uso de outros métodos, quantitativos ou qualitativos. Esta segunda aplicação pode ocorrer em, pelo menos, três situações diferentes, focando:

1) a iniciativa sendo avaliada;
2) os resultados da iniciativa; ou
3) tanto a iniciativa como seus resultados.

1. Foco na iniciativa. Por causa da força da pesquisa de estudo de caso na apreensão da complexidade de um caso, bem como as mudanças no caso ao longo do tempo, a pesquisa de estudo de caso é a forma convencional de fazer o processo de avaliações de *implementação*. Uma avaliação de estudo de caso seguiria o curso de eventos para implantar uma iniciativa, sendo especialmente útil quando a iniciativa tem características complexas de coordenação ou organizacionais. Em contraste, iniciativas como o teste de um novo medicamento podem apenas envolver a administração única de um medicamento a um paciente; nessas situações, a implementação seria considerada direta, e um estudo de caso do processo não seria informativo.

A avaliação do caso pode localizar o processo de implementação com um trabalho de campo conduzido ao longo do período de implementação. Alternativamente, os dados de avaliação podem vir de perguntas com respostas abertas aos entrevistados e da consulta de documentos que, em retrospecto, cobrem períodos de tempo iniciais, de modo que o estudo de caso pode cobrir um período no calendário que exceda o tempo decorrido dedicado a qualquer trabalho de campo.

A avaliação de estudo de caso começaria apreendendo a complexidade da iniciativa, observando as unidades de análise principal e subordinadas, bem como os indivíduos, grupos ou organizações executando a iniciativa. O estudo de caso, então, prosseguiria para o exame e a explicação do "como" e do "por que" do processo de implementação – localizando as ações ao longo do tempo, bem como fornecendo *insights* sobre os prováveis força, *timing* e fidelidade da iniciativa.

Essa avaliação de estudo de caso pode ser a totalidade de uma avaliação quando a localização dos resultados for prematura. Em tal circunstância, a avaliação de estudo de caso pode desempenhar um papel *formativo*, com as descobertas da avaliação ajudando a refinar ou redirecionar a iniciativa. Por exemplo, uma iniciativa principal pode levar um ou mais anos para a implementação. Uma avaliação de estudo de caso que é finalizada durante o primeiro ano pode fornecer um útil *feedback* formativo.

Uma avaliação de estudo de caso pode ser a totalidade de uma avaliação quando seu objetivo principal for esclarecer se muitas iniciativas com nomes semelhantes são, na verdade, exemplos da mesma intervenção ou apenas tipos relacionados (ver Quadro B.1). Essa avaliação pode estabelecer as bases para avaliações subsequentes fazendo-as esclarecer explicitamente o tipo de iniciativa sendo avaliada.

QUADRO B.1
Utilização de um estudo de caso como prelúdio para avaliações subsequentes

Um problema comum de avaliação surge quando intervenções com denominações semelhantes ou que lembram muito umas as outras, na verdade, são diferentes e não devem ser

(Continua)

> *(Continuação)*
> confundidas na mesma avaliação. Moradores de muitas comunidades organizaram-se para fazer patrulhas de cidadãos visando a prevenir crimes. Compreender como essas patrulhas voluntárias funcionam e se elas podem desenvolver seus próprios problemas, como se tornar "grupos de vigilantes", foi o tópico de uma avaliação abrangendo muitas dessas patrulhas em uma variedade de contextos comunitários (ver também o Quadro 5.2, Capítulo 5, p. 142).
> Estudos de caso de 32 dessas patrulhas revelaram que, apesar de terem nomes semelhantes, havia, na verdade, três tipos distintos de patrulhas: patrulhas limitadas a prédios ou complexos residenciais (*patrulhas de prédios*), patrulhas de ruas de bairro em geral (*patrulhas de bairro*) e patrulhas oferecendo escolta, entregas ou outros serviços comunitários (*patrulhas de serviços*). Das três, as patrulhas de bairros tiveram mais reclamações quanto ao comportamento de vigilante, porque os membros na patrulha não conseguem distinguir prontamente as pessoas que moram no bairro daquelas que não moram (ver Yin, 2012, pp. 59-66). As descobertas estabeleceram importantes bases para avaliações posteriores de patrulhas, advertindo o avaliador sobre a necessidade de esclarecer o tipo da patrulha quando selecionada para a avaliação.

2. Foco em resultados. Em uma segunda situação, uma avaliação de estudo de caso pode focar completamente nos resultados esperados de uma iniciativa. A avaliação de estudo de caso pode receber a tarefa de revelar todo o conjunto de resultados, definindo as medições de desempenho e os indicadores relevantes para avaliar os serviços de uma agência pública específica (Wholey, 1997, pp. 131-132).

A avaliação de resultados de estudos de caso também pode ser útil quando os resultados de interesse já tiverem sido identificados. Agora, a tarefa mais desafiadora seria coletar os dados de resultados e tirar conclusões sobre a orientação ou a magnitude das tendências dos resultados (por exemplo, Schwandt, 2009, p. 202). Por exemplo, uma avaliação da *escolha da escola pública* – uma iniciativa que permite aos alunos escolher suas próprias escolas em vez de serem designados a elas – avaliou dois conjuntos de resultados: as tendências de êxito dos alunos e se a iniciativa ampliou as oportunidades educacionais para todos os pais e alunos, não apenas para um grupo seleto deles (Teske, Schneider, Roch & Marschall, 2000)[1] – ver Quadro B.2.

> **QUADRO B.2**
> **Condução de uma análise de resultados quantitativos como parte de uma avaliação de estudo de caso**
>
> Uma avaliação de uma iniciativa de escolha da escola pública (o "caso") contou com uma análise estatística que examinou as notas anuais de estudantes da 10ª série em um mesmo distrito escolar ao longo de um período de 22 anos (Teske et al., 2000). A análise comparou as
>
> *(Continua)*

> *(Continuação)*
> notas do distrito com as dos outros 32 distritos da cidade, descobrindo que elas aumentaram significativamente em comparação com as médias de toda a cidade tanto em matemática como em leitura.
> Nenhum dos outros distritos implementou uma iniciativa de escolha. A avaliação completa, portanto, foi além da análise das notas dos alunos, contando com dados importantes vindo também de entrevistas de funcionários públicos de outros distritos e a consulta de evidências documentais. Esses dados garantiram uma descrição detalhada da iniciativa, incluindo o *timing* se sua implementação completa, para definir o ano em que se poderia esperar que as notas da 10ª série melhorariam em comparação com as notas de outros distritos.

Além da revelação dos resultados ou a coleta e a interpretação dos dados sobre tendências de resultados anteriormente identificados, a avaliação de estudo de caso pode tentar explicar os resultados. Por exemplo, em outra avaliação de educação, uma descoberta importante foi que os pais não colaboravam suficientemente com os filhos nas tarefas escolares em casa (Yin, 2011, p. 188-192). Os pais seriam ocupados ou distraídos demais, seja porque trabalhavam, tinham que cuidar de outros filhos seja porque estavam atarefados demais com trabalhos domésticos. No entanto, uma análise intensiva dos dados do estudo de caso baseado em campo sugeriu uma explicação alternativa. Ela surgiu do reconhecimento do contexto completo que envolvia as famílias – contexto rural com economia, população e oportunidades de emprego em queda durante décadas: os pais temiam que, se seus filhos se destacassem na escola, eles pudessem deixar a comunidade após terminar os estudos. Os pais, assim, não queriam ajudar seus filhos com as tarefas escolares.

3. *Foco na iniciativa e nos resultados.* Na terceira situação, as avaliações de estudo de caso podem tentar explicar as ligações entre uma iniciativa e seus resultados (Mark, 2008,p. 125; Shavelson & Towne, 2002, p. 99-110).

Quanto a isso, o papel de um estudo de caso contrasta com o de avaliações usando projetos experimentais – incluindo aqueles com estudos randomizados controlados (ERCs). O ponto principal de um ERC é fazer uma inferência causal sobre a eficácia de uma iniciativa (por exemplo, Bickman & Reich, 2009). No entanto, o ERC permanece um avaliação de "caixa-preta" (Labin, 2008, p. 101), porque ele não revela os processos ou mecanismos por meio dos quais uma iniciativa pode ter produzido seus resultados (por exemplo, Julnes & Rog, 2009, pp. 102-103). Uma avaliação de estudo de caso abordaria essa lacuna.

Nessa situação, o uso de modelos lógicos (ver Capítulo 5, p. 178, deste livro) pode assumir um papel fundamental no projeto da avaliação de estudo de caso necessária. Ao início da avaliação, um modelo lógico pode ser especificado em termos hipotéticos – isto é, definindo as relações conceitualmente ligadas por meio das quais se assume que uma iniciativa (*entrada*) preceda um resultado imediato de interesse (*saída*), o qual, por sua vez, assume-se que preceda um resultado posterior desejado (*impacto*). Apesar de os modelos lógicos serem amplamente retratados de forma linear, a realidade para entradas, saídas e impactos relevantes é que eles podem envolver relações mais complexas e interativas ao longo do tempo. Assim, um modelo recursivo e mais dinâmico, em vez de um modelo linear, pode precisar ser elaborado, tornando-se o objeto da coleta e da análise de dados (por exemplo, ver Dyehouse, Bennett, Harbor, Childress & Dark, 2009; ver também o Tutorial 5.2 neste livro).

Os modelos lógicos relevantes devem operacionalizar as ligações – isto é, especificar "como" as ações podem produzir o resultado imediato de interesse, e assim em diante, não apenas citá-las como correlações.[2] Modelos lógicos ainda mais fortes conteriam explicações rivais para competir com as ligações sobre as quais, inicialmente, fizeram-se hipóteses. Essas rivais podem ser especialmente importantes porque, "quanto maior for a latência entre o começo de uma intervenção e as mudanças nos resultados medidos, mais difícil será excluir explicações causais alternativas" (Julnes & Rog, 2009, p. 110).

Apesar de as avaliações de estudo de caso que tentam explicar como as iniciativas produzem seus resultados serem difíceis de conduzir, bons exemplos dessas avaliações podem ser citadas, incluindo:

- o impacto criado pelo fechamento de uma base militar em uma pequena comunidade (Bradshaw, 1999);
- os resultados de uma única iniciativa de revitalização em um bairro (Galster et al., 2006);
- os resultados da implementação de um amplo sistema de saúde mental para crianças (Bickman & Mulvaney, 2005); e
- tendências de êxito de alunos associadas com uma iniciativa de reforma educacional em um grande distrito escolar urbano (Supovitz & Taylor, 2005).[3]

Exemplos adicionais são encontrados nos Capítulo 13 a 15 de Yin (2012), cobrindo as ações de prevenção às drogas de uma coalizão comunitária, uma iniciativa de aplicação de lei e uma iniciativa de assistência técnica ao HIV/AIDS.

Pesquisa de estudo de caso como parte das disposições de uma avaliação de dois níveis

Qualquer uma das duas aplicações da pesquisa de estudo de caso pode aparecer em disposições de avaliação de dois níveis – aquelas nas quais uma única avaliação consiste de uma ou mais subavaliações. Mais comumente, uma iniciativa programática ampla, porém única (em uma área política ou prática, como promoção da saúde, educação, serviços de saúde mental, revitalização de bairros ou serviços sociais coordenados), pode consistir de um grupo de projetos consolidados separadamente, cada um operando em uma localidade diferente. Além disso, cada projeto pode até mesmo ser conduzido por duas ou mais organizações colaboradoras, trabalhando como uma parceria que opera muitas iniciativas próprias, e, dessa forma, criando uma iniciativa multifacetada.

A iniciativa programática ampla pode exigir uma única *avaliação de programa*, ao passo que os projetos menores, mas relacionados, podem exigir múltiplas *avaliações de projeto*. O programa e as avaliações de projeto combinados tipicamente representam uma disposição de dois níveis ou múltiplas camadas (por exemplo, Chaskin, 2003). Nessa disposição, a avaliação de programa único é passível de ser um estudo de caso. De uma forma, ela pode revisar e sintetizar o trabalho de avaliação de projetos múltiplos (ver Quadro B.3). De outras formas, a avaliação de estudo de caso pode tirar conclusões sobre o programa como um todo, reunindo e analisando uma amostra dos dados das avaliações do projeto, com cada avaliação do projeto ainda atendendo a e analisando seu próprio conjunto completo de dados, seguindo seus próprios métodos de escolha – estudos de caso ou outros. Ou a avaliação do programa pode colaborar com as avaliações do projeto, definindo juntas a coleta de dados e os instrumentos a serem usados palas avaliações de projeto.

Uma versão ainda mais complicada da disposição de dois níveis ou em múltiplas camadas pode seguir uma abordagem dividida em fases, com a primeira fase consistindo de um grupo de avaliações de projeto sobre os processos de implementação e a segunda fase consistindo de uma avaliação de programa orientada por resultado (por exemplo, Rog & Randolph, 2002). Nessa disposição, apenas a avaliação de programa coletaria dados de saída, e apenas sobre os projetos que implementaram satisfatoriamente suas iniciativas. A avaliação de programa único, portanto, suportaria o peso de avaliar a eficácia e o impacto em longo prazo do programa completo. Exemplos dessa última disposição apareceram especialmente na Administração de Abuso de Substâncias e Serviços de Saúde Mental no Departamento Norte-Americano de Saúde e Serviços Humanos nas décadas de 1980 e 1990.

QUADRO B.3
Avaliação de dois níveis

O Reino Unido começou uma grande iniciativa, Sure Start, em 1999 (ver Allen & Black, 2006). Essa complexa iniciativa comunitária exigia uma mudança de coordenação no serviços locais – para fornecer melhores serviços de fonoaudiologia, saúde e apoio social a famílias com crianças com menos de 4 anos, beneficiando as crianças, as famílias e as comunidades. De um ponto de vista avaliativo, uma característica importante da iniciativa foi que ela envolveu cerca de 500 projetos Sure Start ao redor da Inglaterra. Como resultado, uma avaliação de estudo de caso em nível "nacional" revisou o projeto e as descobertas de 56 das avaliações "locais". Entre outras descobertas, a avaliação nacional mostrou que, apesar de as avaliações locais concluírem pelo sucesso das iniciativas locais, apenas metade das avaliações locais coletou dados de resultados e, em um número ainda menor, coletou dados de comparação.

Resumo

As aplicações anteriores mostraram como as avaliações de estudo de caso podem ser usadas em uma variedade de situações. Na verdade, a diversidade de situações quer dizer que julgamentos sobre a utilidade, a relevância e a qualidade das avaliações de estudo de caso precisam ser cuidadosamente diferenciados entre as situações. Por exemplo, as avaliações de estudo de caso podem não ser devidamente reconhecidas quando a única aplicação é servir como uma parte menor de uma avaliação maior. Em contraste, quando a pesquisa de estudo de caso representa o método principal de avaliação, ela pode fornecer informações úteis e utilizáveis. Assim, apesar do tratamento discrepante em diferentes livros-texto, a pesquisa de estudo de caso permanece à parte de um portfólio mais amplo de métodos de avaliação.

NOTAS

1. Um longo excerto do artigo original aparece em uma antologia de estudos de caso sobre educação (Yin, 2005, p. 277-304).
2. Modelos lógicos geralmente são apresentados graficamente como uma série de caixas, com flechas conectando essas caixas. Apesar de os avaliadores tipicamente definirem o conteúdo das caixas (normalmente, um conjunto de variáveis), eles raramente operacionalizam as flechas – as quais são explicações (ver Yin, 2000a). Dessa forma, as flechas representam os *mecanismos* ou *processos* por meio dos quais diferentes entradas produzem as saídas, as saídas produzem os resultados, e assim em diante. O desafio às avaliações de estudo de caso é, portanto, definir esses mecanismos e processos (ver também Capítulo 5, Figura 5.5, no texto principal deste livro).
3. Os autores das avaliações de revitalização de bairro e de saúde mental de crianças não identificam seus estudos como avaliações de estudo de caso. Contudo, em ambos os estudos, bem como ou outros dois exemplos citados, as avaliações coletaram dados de campo sobre a iniciativa principal (essencialmente tratando-a como o principal "caso" de interesse), e todos os quatro estudos tiraram suas conclusões principais nesse nível. Uma vez que todos os quatro estudos se engajaram em análises extensas de dados quantitativos em um nível menor, de subunidade (indicadores econômicos no estudo da base militar, espaços de moradia no estudo de revitalização de bairro, comportamento do paciente no estudo de serviços de saúde mental e êxito do aluno no estudo de reforma educacional), os métodos usados nesses níveis menores tomaram a maior parte dos relatórios dos autores.

Apêndice C
Índice dos estudos de caso individuais (citados nos Quadros ou de materiais ampliados de estudos de caso)

Este índice permite aos leitores utilizar um índice de 14 categorias para encontrar estudos de caso específicos relacionados com o tópico de interesse do leitor. Os estudos de caso específicos são aqueles citados nos Quadros, bem como certos materiais de estudo de caso citados no texto principal do livro. O apêndice, portanto, contém:

1) o índice;
2) uma lista completa dos estudos de caso nos Quadros; e
3) uma lista de citações no texto principal que fazem referência aos materiais ampliados de estudos de caso, encontrados em dois livros relacionados a este.

ÍNDICE DE ESTUDOS DE CASO

(Contidos nos Quadros ou nos materiais ampliados encontrados em dois livros relacionados a este, *Applications of Case Study Research* e *Case Study Anthology*.)

Negócios e indústria   7, 35-36, 55, 57–58, 61-62, 99-100, 145-147, 148-149, 152-153, 168-169, 173-174, 194, 207-208

Cidades   46, 84, 141-142

Organizações comunitárias   7, 67-68, 100-101, 131-132, 189, 232-233

Computadores e tecnologia   34-35, 101-102, 118-119, 185

Prevenção de crimes   7, 112, 141-142, 155, 169-170, 229-230, 232-233

Educação   7, 54, 61-62, 67-68, 111-112, 113, 118-119, 157-158, 159-160, 188, 198, 202, 220-221, 230-231

Ambiente   143-144, 149-150

Agências governamentais   46, 79, 120-121, 123-124, 124, 129-130, 152-154, 184, 190

Assuntos internacionais   7, 23, 46-47, 141-142, 153-154, 171-172, 187, 190, 205

Vizinhança   8, 55, 119-120, 157-158, 189

Psicologia   217, 219-220, 221-222

Conflito racial 112
Planejamentos urbano e regional 46, 61-62, 116-117

LISTA DE QUADROS

Capítulo 1

1.1 Estudo de caso único, explicativo, um *best-seller* (*assuntos internacionais*) 7
1.2 Dois famosos estudos de caso descritivos 8
    A Cena da vizinhança (*bairros*) 8
    B Crise nacional (*serviços de saúde e sociais*) 8
1.3 Estudos de casos múltiplos: estudos de caso contendo "casos" múltiplos 19
    A Análise de casos cruzados acompanhando a apresentação de casos únicos separados (*serviços de saúde e sociais*) 19
    B Um livro cujo texto é inteiramente dedicado à análise de casos múltiplos ("casos cruzados") (*serviços de saúde e sociais*) 19
1.4 Complementaridade entre a pesquisa de estudo de caso e a pesquisa estatística (*assuntos internacional*) 23

Capítulo 2

2.1 "Exploração" como uma analogia para um estudo de caso exploratório (*estudo exploratório*) 32
2.2 Definição da unidade de análise (*computadores e tecnologia*) 35
    A O que é a unidade de análise? 35
    B Uma opção mais clara entre as unidades de análise 35
2.3 Generalização a partir de estudos de caso únicos: mais quatro exemplos 46
    A Uma sociologia de "erros" (*agências governamentais*) 46
    B As origens da classe social (*cidades*) 46
    C Contribuição ao planejamento urbano (*planejamentos urbano e regional*) 46
    D Gestão governamental da identidade nacional "mimada" (*assuntos internacionais*) 47
2.4 O estudo de caso único como o caso decisivo (*educação*) 54
2.5 O caso revelador como estudo de caso único (*bairros*) 55
2.6 Estudo de caso único integrado (*negócios e indústria*) 57

2.7 Projeto de replicação de casos múltiplos (*planejamentos urbano e regional*) 61
2.8 Dois estudos de caso de "dois casos" 68
   A Contrastando casos para a construção da comunidade (*organizações comunitárias*) 68
   B Contrastando estratégias para a responsabilidade educacional (*educação*) 68

Capítulo 3

3.1 Adaptabilidade no projeto do estudo de caso (*agências governamentais*) 79
3.2 A logística da pesquisa de campo, aproximadamente 1924-1925 84
3.3 Revisão dos instrumentos e métodos usados em outros estudos de caso no século XXI (*cidades*) 84
3.4 Um procedimento metódico para a seleção de casos (organizações comunitárias) 100

Capítulo 4

4.1 Combinação da participação pessoal com a documentação jornalística extensa (*educação*) 112
4.2 Comparação da evidência de duas fontes de arquivos para cobrir os mesmos eventos da comunidade (*conflito racial*) 112
4.3 Estudo de caso englobando um levantamento (*desenvolvimentos urbano e regional*) 117
4.4 Uso de evidência observacional 118
   A Relato da observação de campo (*computadores e tecnologia*) 118
   B Combinação das observações de campo com outros tipos de evidência do estudo de caso (*educação*) 119
4.5 Observação participante na vizinhança próxima à "Street Corner Society" (*bairros*) 120
4.6 Estudo de observador participante em um ambiente do "dia a dia" (*agências governamentais*) 120
4.7 Estudo de caso combinando a experiência pessoal com a pesquisa de campo extensa (*agências governamentais*) 123
4.8 Triangulação a partir de fontes múltiplas de evidência (*agências governamentais*) 124
4.9 Variedades de notas de campo (estudos de caso variados) 129

Capítulo 5

5.1 Utilização da teoria para analisar estudos de caso em políticas comparativas (*assuntos internacionais*) 141

5.2 Surgimento de uma tipologia de caso tratando dados a partir do zero (*prevenção de crimes*) 142

5.3 Organização de um estudo de caso conforme uma estrutura descritiva (*ambiente*) 143

5.4 Combinação de padrão em cada um dos múltiplos resultados (*negócios e indústria*) 148

5.5 Combinação de padrão para explicações rivais e replicação nos casos múltiplos (*ambiente*) 150

5.6 Construção de explicação em um estudo de caso único (*negócios e indústria*) 152

5.7 Construção de explicação em estudos de casos múltiplos 153

   A Estudo de múltiplas comunidades (*agências governamentais*) 153

   B Estudo de sociedades múltiplas (*assuntos internacionais*) 153

5.8 Uso da análise de séries temporais em um estudo de caso único (*prevenção de crimes*) 155

5.9 Análises de séries temporais mais complexas: uso de métodos quantitativos 157

   A Avaliação do impacto da reforma sistêmica na educação (*educação*) 157

   B Avaliação da estratégia de revitalização de uma vizinhança (*bairros*) 158

5.10 Uso de um estudo de caso de "dois casos" para testar uma teoria de orientação política (*negócios e indústria*) 169

5.11 Onze avaliações de programas e uma análise cruzada de casos (*prevenção de crimes*) 169

5.12 Estudos de caso dentro de um estudo de caso (*assuntos internacionais*) 172

5.13 Qualidade analítica em um estudo de casos múltiplos sobre a competição internacional no comércio (*negócios e indústria*) 173

Capítulo 6

6.1 Reimpressão de um famoso estudo de caso (*agências governamentais*) 184

6.2 Duas versões do mesmo estudo de caso (*computadores e tecnologia*) 185

6.3 Uso da metáfora para organizar a teoria e a apresentação em outro campo (*assuntos internacionais*) – mesmo que o Quadro 6.6B   190

6.4 Relatório de caso múltiplo (*educação*)   188

6.5 Formato pergunta e resposta: estudos de caso sem a narrativa tradicional (*bairros*)   189

6.6 Redação de um relatório de casos múltiplos   190

    A Exemplo em que não são apresentados casos únicos (*agências governamentais*)   190

    B Outro exemplo (de outro campo) em que não são apresentados casos únicos (*assuntos internacionais*)   190

6.7 Capítulos não sequenciais, mas em um *best seller* (*negócios e indústria*)   194

6.8 Integração de evidências de estudo de caso e de levantamento: Complementaridade das descobertas (*educação*)   198

6.9 Revisão dos estudos de caso – e impressão dos comentários (*educação*)   202

6.10 Revisões formais de estudos de caso (*serviços de saúde e sociais*)   204

6.11 Exame de eventos mundiais significativos (*assuntos internacionais*)   205

6.12 Acréscimo de perspectivas alternativas, escritas pelos participantes do estudo de caso, como suplemento ao estudo de caso (negócios e indústria) – mesmo que o Quadro 5.6   152

Apêndice A

A.1 Estudos de caso clássicos na psicologia (*psicologia*)   217

A.2 Estudos de caso de entidades organizacionais na psicologia (*serviços de saúde e sociais*)   217

A.3 Estudos de caso descritivos de pessoas que são incapazes de reconhecer rostos humanos (*psicologia*)   220

A.4 Utilização de estudos de caso em um modo explicativo (*educação*)   220

A.5 Um estudo de caso avaliativo baseado em um estudo de casos múltiplos (*psicologia*)   221

Apêndice B

B.1 Utilização de um estudo de caso como prelúdio para avaliações subsequentes (*prevenção de crimes*)   229

B.2 Condução de uma análise de resultados quantitativos como parte de uma avaliação de estudo de caso (*educação*)   230

B.3 Avaliação de dois níveis (*serviços de saúde e sociais*)   233

REFERÊNCIAS A MATERIAIS AMPLIADOS DE ESTUDOS DE CASO

Localização da citação	Área de interesse do estudo de caso ilustrativo	Referência ao material ampliado (ver legenda ao final da tabela)
CAPÍTULO 1: Introdução		
Quadro 1.1, p. 7	Assuntos internacionais	CSA-2
texto, p. 7	Educação	ACSR-7
texto, p. 7	Serviços de saúde e sociais	ACSR-8
texto, p. 7	Negócios e indústria	ACSR-9
texto, p. 7	Educação	ACSR-4
texto, p. 7	Prevenção de crimes	ACSR-5
texto, p. 7	Organizações comunitárias	ACSR-6
Quadro 1.2B, p. 8	Serviços de saúde e sociais	CSA-1
CAPÍTULO 2: Projeto dos estudos de caso		
Quadro 2.2B, p. 33	Negócios e indústria	CSA-6
texto, p. 39	Cinco estudos de caso diferentes	ACSR-3
Quadro 2.3B, p. 43	Cidades	CSA-4
Quadro 2.4, p. 51	Educação	CSA-9
texto, p. 52	Negócios e indústria	ACSR-9
Quadro 2.6, pp. 54-55	Negócios e indústria	CSA-10
texto, p. 58	Educação	ACSR-11
texto, p. 58	Negócios e indústria	ACSR-12
texto, p. 58	Serviços de saúde e sociais	ACSR-15
CAPÍTULO 3: Preparação para a coleta da evidência do estudo de caso		
Quadro 3.2, p. 80	Cidades	CSA-3
texto, p. 95	Negócios e indústria	ACSR-3 (pp. 32-39)
texto, p. 97	Computadores e tecnologia	ACRS-3 (pp. 29-32)
CAPÍTULO 4: Coleta da evidência do estudo de caso		
Quadro 4.1, p. 107	Educação	CSA-19
Quadro 4.2, p. 108	Prevenção de crimes	CSA-13
texto, p. 109	Educação	ACSR-11

(continua)

Localização da citação	Área de interesse do estudo de caso ilustrativo	Referência ao material ampliado (ver legenda ao final da tabela)
Quadro 4.4A, p. 114	Computadores e tecnologia	CSA-12
Quadro 4.4B, p. 114	Educação	CSA-9
Quadro 4.7, p. 119	Serviços de saúde e sociais	CSA-15
Quadro 4.9, p. 125	Agências governamentais	ACSA-2
texto, p. 127	Organizações comunitárias	ACSA-6
CAPÍTULO 5: Análise da evidência do estudo de caso		
texto, p. 137	Cidades	CSA-3
texto, p. 142	Negócios e indústrias	ACSR-10
Quadro 5.4, p. 144	Negócios e indústrias	ACSR-10
Quadro 5.5, p. 145	Ambiente	ACSR-3 (pp. 45-48)
Quadro 5.6, p. 152	Negócios e indústrias	ACSR-10
Quadro 5.7A, pp. 148-149	Agências governamentais	CSA-8
Quadro 5.8, p. 151	Prevenção de crimes	CSA-17
texto, p. 155	Educação	CSA-11
texto, p. 159	Serviços de saúde e sociais	ACSR-15
Quadro 5.10, p. 164	Negócios e indústrias	CSA-7
Quadro 5.13 p. 169	Negócios e indústrias	CSA-6
CAPÍTULO 6: Relatório dos estudos de caso		
texto, p. 185	Organizações comunitárias	ACSR-2
Quadro 6.12, p. 204	Negócios e indústrias	ACSR-10
APÊNDICE A: O uso do estudo de caso na psicologia		
nenhum		
APÊNDICE B: O uso do estudo de caso em avaliações		
Quadro B.1, p. 223	Prevenção de crimes	ACSR-5
texto, p. 226	Organizações comunitárias	ACSR-13
texto, p. 226	Prevenção de crimes	ACSR-14
texto, p. 226	Serviços de saúde e sociais	ACSR-15

CSA = *Case Study Anthology*, Yin, 2004 (o número indica o número do capítulo no livro).
ACSR = *Applications of Case Study Research*, Yin, 2012 (idem).

Breve glossário de termos diretamente relacionados à pesquisa de estudo de caso

análise de série temporal: análise dos dados de um estudo de caso ordenando os dados de acordo com marcadores de tempo e comparando as tendências com as originalmente estipuladas anteriormente à coleta de dados; análises mais fortes teriam dados suficientes para acolher tendências rivais plausíveis.

banco de dados: o arquivo sistemático de todos os dados (notas de campo, documentos, registros de arquivos, etc.) de um estudo de caso, reunidos para permitir consulta posterior de partes específicas das evidências, se necessário, e suficientemente bem organizados para que o arquivo completo possa ser revisado por um leitor externo, se desejado. Ver também *notas de campo*.

banco de dados do estudo de caso: ver *banco de dados*.

cadeia de evidências: as ligações – mostrando como as descobertas vêm dos dados que foram coletados e, por sua vez, das orientações no protocolo de estudo de caso e das questões de pesquisa originais – que fortalecem a confiabilidade dos procedimentos de uma pesquisa de estudo de caso.

caso: o principal objeto de estudo em um estudo de caso – normalmente, uma entidade concreta (por exemplo, uma pessoa, uma organização, uma comunidade, um programa, um processo, uma política, uma prática ou uma instituição, ou um acontecimento, como uma decisão); "casos" totalmente abstratos (por exemplo, argumentos, reivindicações ou proposições) podem fazer parte de todos os métodos das ciências sociais e ser menos distintivos como casos para estudos de caso.

combinação de padrão: análise dos dados do estudo de caso pela comparação ou combinação do padrão dentro dos dados coletados com um padrão definido anteriormente à coleta de dados; análises mais fortes teriam dados suficientes para acolher combinações rivais plausíveis.

confiabilidade: a coerência e a repetibilidade dos procedimentos de pesquisa utilizados em um estudo de caso.

construção de explicação: análise de dados de estudo de caso utilizando os dados para desenvolver uma explicação sobre os acontecimentos em um caso; análises mais fortes teriam dados suficientes para acolher explicações rivais plausíveis.

entrevista: o modo de coleta de dados que envolve informação verbal de um participante de estudo de caso; a entrevista normalmente é de natureza conversacional e guiada pela agenda mental do pesquisador, uma vez que as questões da entrevista não seguem exatamente a mesma verbalização com cada participante entrevistado. Também conhecidas como "entrevistas intensivas", "entrevistas em profundidade" ou "entrevistas não estruturadas". Ver também *linha de investigação mental* e *linha de investigação verbal*.

entrevista de estudo de caso: ver *entrevista*.

estruturas de tabelas (table shell): o *layout* para uma tabela com as linhas e colunas definidas, mas com dados (numéricos ou narrativos) ainda não inseridos nas células; útil como ferramenta para identificar os dados a serem coletados em um estudo de caso.

estudo de caso: um estudo que investiga um fenômeno contemporâneo em profundidade e em seu contexto de mundo real.

estudo de caso de ensino: um estudo de caso usado para fins de ensino; não deve ser confundido com um estudo de caso para fins de pesquisa.

estudo de caso descritivo: um estudo de caso cujo propósito é descrever um fenômeno (o "caso") em seu contexto de mundo real. Ver também *estudo de caso explicativo* e *estudo de caso exploratório*.

estudo de caso explicativo: um estudo de caso cujo propósito é explicar como ou por que uma condição ocorreu (por exemplo, como ou por que uma sequência de eventos ocorreu ou não). Ver também *estudo de caso descritivo* e *estudo de caso exploratório*.

estudo de caso exploratório: um estudo de caso cujo propósito é identificar as questões ou os procedimentos de pesquisa a serem usados em um estudo de pesquisa subsequente, o qual pode ou não ser um estudo de caso. Ver também *estudo de caso descritivo* e *estudo de caso explicativo*.

estudo de caso único: um estudo de caso organizado em volta de um único caso; o caso pode ter sido escolhido porque era um caso importante, comum, peculiar, revelador ou longitudinal. Ver também *estudo de casos múltiplos*.

estudo de caso-piloto: um estudo de caso preliminar que visa ao desenvolvimento, ao teste ou ao refinamento das questões e dos procedimentos de pesquisa planejados que serão posteriormente utilizados no estudo de caso formal; os dados do estudo de caso-piloto não devem ser utilizados novamente no estudo de caso formal.

estudo de casos múltiplos: um estudo de caso organizado em torno de dois ou mais casos. Ver também *estudo de caso único*.

estudo de métodos mistos: um único estudo que abarca tanto componentes qualitativos como quantitativos, com um estudo de caso potencialmente sendo um dos componentes.

explicação rival: uma alternativa plausível – diferente das proposições originalmente estipuladas de um estudo – para interpretar os dados ou as descobertas em um estudo de caso.

ferramentas de análise qualitativa de dados computadorizada (CAQDAS – computer-assisted quantitative data analysis software*):* um *software* projetado para a codificação e a análise de dados qualitativos (por exemplo, narrativos), incluindo dados de estudo de caso.

fontes múltiplas de evidência: dados que vêm de diferentes fontes de coleta de dados (por exemplo, entrevistas, documentos, observações diretas, arquivos e observação participante), com o objetivo de fortalecer as descobertas por meio da convergência dos dados.

generalização analítica: a lógica por meio da qual as descobertas do estudo de caso podem ser estendidas a situações fora do estudo de caso original, baseando-se na relevância de conceitos ou princípios teóricos semelhantes. Ver também *validade externa*. Contrastar com *generalização estatística*.

generalização estatística: a lógica por meio da qual afirma-se que as descobertas de uma amostragem aplicam-se ao seu universo, normalmente envolvendo inferência estatística; normalmente, não é relevante para a generalização de estudos de caso. Contrastar com *generalização analítica*.

informante: um participante do estudo de caso é um sujeito do estudo de caso, mas também fornece informações ou interpretações importantes sobre o caso e pode sugerir outras fontes de evidência para o pesquisador verificar. Ver também *participante*.

limites do caso: o período de tempo, os grupos sociais, as organizações, as localizações geográficas ou outras condições que se encaixam dentro (em oposição ao que é de fora) do caso do estudo de caso, compreendendo que os limites podem ser pouco claros.

linha de investigação mental: as questões e os tópicos do protocolo que guiam o pensamento (ou a "agenda mental") do pesquisador no estudo de caso. Contrastar com *linha de investigação verbal*.

linha de investigação verbal: as palavras realmente utilizadas para inquirir uma pessoa durante uma entrevista de estudo de caso. Contrastar com *linha de investigação mental*.

lógica de replicação: a lógica para selecionar os dois ou mais casos em um estudo de casos múltiplos. Ver também *replicação literal* e *replicação teórica*.

modelos lógicos: análise dos dados de um estudo de caso comparando o esquema conceitual baseado em empirismo (isto é, o modelo lógico) com o esquema conceitual especificado anteriormente à coleta de dados; análises mais fortes teriam dados suficientes para acolher esquemas conceituais rivais plausíveis.

notas de campo: as notas do pesquisador feitas durante o trabalho de campo; as notas podem variar em termos de formalidade de breves anotações a narrativas formais e podem incluir desenhos e outros materiais não escritos produzidos pelo pesquisador. Ver também *banco de dados* e *trabalho de campo*.

observação participante: o modo de coleta de dados pelo qual o pesquisador de um estudo de caso envolve-se nas atividades do caso sendo estudado.

Participante: uma pessoa da qual são coletados dados do estudo de caso, normalmente por meio de entrevistas; pode-se pedir que um ou mais participantes revisem a minuta do relatório do estudo de caso. Ver também *informante*.

projeto de pesquisa: um plano que liga de forma lógica as questões de pesquisa com a evidência a ser coletada e analisada em um estudo de caso, em última análise, estabelecendo os tipos de descobertas que podem surgir.

projetos de estudo de caso: quatro tipos de estudos de caso, encaixando-se em uma tipologia 2 × 2 (seja o estudo de caso um estudo de caso único ou de casos múltiplos e seja ele holístico ou consista de unidades integradas de análise).

protocolo: o guia de procedimentos para a coleta de dados para um estudo de caso, incluindo um conjunto de questões de campo a serem abordadas pelo pesquisador, representando a "agenda mental" do pesquisador. Ver também *linha de investigação mental*.

protocolo de estudo de caso: ver *protocolo*.

questões de pesquisa: a força motriz para a maioria dos estudos empíricos; para os estudos de caso, as questões de pesquisa mais apropriadas provavelmente começarão com "como" ou "por que".

registro de caso: um arquivo administrativo, normalmente mantido na medicina, no serviço social, no direito e em outras práticas, mas não no estudo de caso em si.

Breve glossário de termos **247**

replicação literal: a seleção de dois (ou mais) casos dentro de um estudo de casos múltiplos por causa da previsão de que os casos produzirão descobertas semelhantes. Ver também *lógica de replicação*. Contrastar com *replicação teórica*.

replicação teórica: a seleção de dois (ou mais) casos em um estudo de casos múltiplos porque prevê-se que esses casos terão descobertas contrastantes, mas por razões antecipáveis. Ver também *lógica de replicação*. Contrastar com *replicação literal*.

síntese cruzada de casos: uma compilação de dados para um estudo de casos múltiplos, examinando os resultados para cada caso individual e, então, observando o padrão dos resultados ao longo dos casos; sínteses mais fortes teriam dados suficientes para acolher padrões rivais de casos cruzados plausíveis.

trabalho de campo: um modo comum de coleta de dados em um estudo de caso por meio do qual as entrevistas, a evidência documental e as observações diretas são reunidos no contexto de mundo real de um caso sendo estudado. Ver também *notas de campo*.

treinamento (para fazer um estudo de caso): preparação para compreender os conceitos-chave e a metodologia para fazer um estudo de caso planejado – chegando-se a um nível de perícia suficiente para lidar com as escolhas arbitrárias que podem surgir durante a coleta de dados e as outras fases da pesquisa.

triangulação: a convergência de dados coletados de diferentes fontes para determinar a coerência de uma descoberta.

unidade de análise: o caso em um estudo de caso. Ver também *unidade de análise integrada*.

unidade de análise integrada: uma unidade menor do que a unidade de análise principal, da qual dados do estudo de caso também são coletados (por exemplo, dados de uma família dentro de um estudo de caso sobre um bairro, dados de um funcionário dentro de um caso sobre uma organização ou dados de projeto dentro de um estudo de caso de programa). Ver também *unidade de análise*.

validade do constructo: a precisão com a qual as medidas de um estudo de caso refletem os conceitos sendo estudados.

validade externa: o quanto as descobertas de um estudo de caso pode ser generalizadas analiticamente para outra situações que não eram parte do estudo de caso original. Ver também *generalização analítica*.

validade interna: a força de uma ligação causa-efeito feita por um estudo de caso, determinada em parte pela indicação de ausência de relações falsas e a rejeição de hipóteses rivais.

Referências

Abercrombie, N., Hill, S., & Turner, B. S. (2006). *The Penguin dictionary of sociology* (5th ed.). London: Penguin.
Agranoff, R., & Radin, B. A. (1991). The comparative case study approach in public administration. *Research in Public Administration, 1,* 203–231.
Alkin, M., Daillak, R., & White, P. (1979). *Using evaluations: Does evaluation make a difference?* Beverly Hills, CA: Sage.
Allen, M., & Black, M. (2006). Dual level evaluation and complex community initiatives: The local evaluation of Sure Start. *Evaluation, 12,* 237–249.
Allison, G. T. (1971). *Essence of decision: Explaining the Cuban missile crisis.* Boston: Little, Brown.
Allison, G. T., & Zelikow, P. (1999). *Essence of decision: Explaining the Cuban missile crisis* (2nd ed.). New York: Addison Wesley Longman.
American Anthropological Association. (1998). *Code of ethics of the American Anthropological Association.* Washington, DC: Author.
American Association of University Professors. (2006). *Research on human subjects: Academic freedom and the institutional review board.* Washington, DC: Author.
American Educational Research Association. (2000). *Ethical standards of the American Educational Research Association.* Washington, DC: Author.
American Evaluation Association. (2004). *Guiding principles for evaluators.* Washington, DC: Author.
American Political Science Association Committee on Professional Ethics, Rights, and Freedom. (2008). *A guide to professional ethics in political science* (2nd ed.). Washington, DC: Author.
American Psychological Association. (2010). *Ethical principles of psychologists and code of conduct.* Washington, DC: Author.
American Sociological Association. (1999). *Code of ethics and policies and procedures of the ASA committee on professional ethics.* Washington, DC: Author.
Anaf, S., Drummon, C., & Sheppard, L. A. (2007). Combining case study research and systems theory as a heuristic model. *Qualitative Health Research, 17,* 1309–1315.
Anderson, R., Crabtree, B. F., Steele, D. J., & McDaniel, R. R., Jr. (2005). Case study research: The view from complexity science. *Qualitative Health Research, 15,* 669–685.
Auerbach, C. F., & Silverstein, L. B. (2003). *Qualitative data: An introduction to coding and analysis.* New York: New York University Press.
Bachor, D. G. (2002). Increasing the believability of case study reports. *The Alberta Journal of Educational Research, XLVIII,* 20–29.
Barlow, D. H., & Nock, M. (2009). Why can't we be more idiographic in our research? *Perspectives on Psychological Science, 4,* 19–21.

Barzun, J., & Graff, H. (1985). *The modern researcher* (4th ed.). New York: Harcourt Brace Jovanovich.

Basu, O. N., Dirsmith, M. W., & Gupta, P. P. (1999). The coupling of the symbolic and the technical in an institutionalized context. *American Sociological Review, 64,* 506–526.

Baxter, P., & Jack, S. (2008). Qualitative case study methodology: Study design and implementation for novice researchers. *The Qualitative Report, 13,* 544–559.

Becker, H. S. (1958). Problems of inference and proof in participant observation. *American Sociological Review, 23,* 652–660.

Becker, H. S. (1967). Whose side are we on? *Social Problems, 14,* 239–247.

Becker, H. S. (1986). *Writing for social scientists: How to start and finish your thesis, book, or article.* Chicago: University of Chicago Press.

Becker, H. S. (1998). *Tricks of the trade: How to think about your research while you're doing it.* Chicago: University of Chicago Press.

Bennett, A. (2010). Process tracing and causal inference. In H. Brady & D. Collier (Eds.), *Rethinking social inquiry: Diverse tools, shared standards* (2nd ed., pp. 207–219). Lanham, MD: Rowman & Littlefield.

Berends, M., & Garet, M. S. (2002). In (re)search of evidence-based school practices: Possibilities for integrating nationally representative surveys and randomized field trials to inform educational policy. *Peabody Journal of Education, 77*(4), 28–58.

Berman, P., & McLaughlin, M. (1974–1978). *Federal programs supporting educational change* (8 vols.). Santa Monica, CA: RAND.

Beverland, M., & Lindgreen, A. (2010). What makes a good case study? A positivist review of qualitative case research published in *Industrial Marketing Management,* 1971–2006. *Industrial Marketing Management, 39*(1), 59–63.

Bickman, L. (1987). The functions of program theory. In L. Bickman (Ed.), *Using program theory in evaluation* (pp. 5–18). San Francisco: Jossey-Bass.

Bickman, L., & Mulvaney, S. (2005). Large scale evaluation of children's mental health services: The Ft. Bragg and Stark County studies. In R. Steele & M. Roberts(Eds.), *Handbook of mental health services for children, adolescents, and families* (pp. 371–386). New York: Kluwer Academic/Plenum.

Bickman, L., & Rog, D. J. (Eds.). (2009). *The Sage handbook of applied research methods.* (2nd ed.). Thousand Oaks, CA: Sage.

Blau, P. M. (1955). *The dynamics of bureaucracy.* Chicago: University of Chicago Press.

Boruch, R. (2007, October 12). *The flight of error: Scientific questions, evidential answers, and STEM education research.* Presentation at workshop on STEM Education Research Designs: Conceptual and Practical Considerations for Planning Experimental Studies, Arlington, VA, sponsored by the University of California, Irvine.

Boruch, R., & Foley, E. (2000). The honestly experimental society. In L. Bickman (Ed.), *Validity & social experimentation: Donald Campbell's legacy* (pp. 193–238). Thousand Oaks, CA: Sage.

Bouchard, T. J., Jr. (1976). Field research methods. In M. D. Dunnette (Ed.), *Industrial and organizational psychology* (pp. 363–413). Chicago: Rand McNally.

Bourgois, P. (2003). *In search of respect: Selling crack in El Barrio* (2nd ed.). Cambridge, England: Cambridge University Press.

Bradshaw, T. K. (1999). Communities not fazed: Why military base closures may not be catastrophic. *Journal of the American Planning Association, 65,* 193–206.

Brinton, C. (1938). *The anatomy of a revolution*. Englewood Cliffs, NJ: Prentice Hall.
Bromley, D. B. (1986). *The case-study method in psychology and related disciplines*. Chichester, England: Wiley.
Bruns, W. J., Jr. (1989). A review of Robert K. Yin's 'Case Study Research: Design and Methods'. *Journal of Management Accounting Research, 1*, 157–163.
Bryk, A. S., Bebring, P. B., Kerbow, D., Rollow, S., & Easton, J. Q. (1998). *Charting Chicago school reform: Democratic localism as a lever for change*. Boulder, CO: Westview.
Burawoy, M. (1991). The extended case method. In M. Burawoy, A. Burton, A. A. Ferguson, K. J. Fox, J. Gamson, N. Gartrell, et al. (Eds.), *Ethnography unbound: Power and resistance in the modern metropolis* (pp. 271–287). Berkeley: University of California Press.
Burke, W. W. (2007). *Organizational change: Theory and practice* (3rd ed.). Thousand Oaks, CA: Sage.
Busigny, T., Graf, M., Mayer, E., & Rossion, B. (2010). Acquired prosopagnosia as a face-specific disorder: Ruling out the general visual similarity account. *Neuropsychologia, 48*, 2051–2067.
Busigny, T., & Rossion, B. (2011). Holistic processing impairment can be restricted to faces in acquired prosopagnosia: Evidence from the global/local Navon effect. *Journal of Neuropsychology, 5*, 1–14.
Camic, P., Rhodes, J. E., & Yardley, L. (Eds.). (2003). *Qualitative research in psychology: Expanding perspectives in methodology and design*. Washington, DC: American Psychological Association.
Campbell, D. T. (1969). Reforms as experiments. *American Psychologist, 24*, 409–429.
Campbell, D. T. (1975). Degrees of freedom and the case study. *Comparative Political Studies, 8*, 178–193.
Campbell, D. T., & Stanley, J. (1966). *Experimental and quasi-experimental designs for research*. Chicago: Rand McNally.
Campbell, J. P., Daft, R. L., & Hulin, C. L. (1982). *What to study: Generating and developing research questions*. Beverly Hills, CA: Sage.
Carroll, J., & Johnson, E. (1992). Decision research: A field guide. *Journal of the Operational Research Society, 43*, 71–72.
Caulley, D. N. (2008). Making qualitative research reports less boring: The techniques of writing creative nonfiction. *Qualitative Inquiry, 14*, 424–449.
Caulley, D. N., & Dowdy, I. (1987). Evaluation case histories as a parallel to legal case histories. *Evaluation and Program Planning, 10*, 359–372.
Chaskin, R. J. (2001). Building community capacity: A definitional framework and case studies from a comprehensive community initiative. *Urban Affairs Review, 36*, 291–323.
Chaskin, R. J. (2003). The challenge of two-tiered evaluation in community initiatives. *Journal of Community Practices, 11*, 61–83.
Chassan, J. B. (1960). Statistical inference and the single case in clinical design. *Psychiatry, 23*, 173–184.
Cochran, W. G., & Cox, G. M. (1957). *Experimental designs* (2nd ed.). New York: John Wiley.
Cook, T. D., & Campbell, D. T. (1979). *Quasi-experimentation: Design and analysis issues for field settings*. Chicago: Rand McNally.
Cook, T. D., & Foray, D. (2007). Building the capacity to experiment in schools: A case study of the Institute of Educational Sciences in the US Department of Education. *Economics of Innovation and New Technology, 16*(5), 385–402.

Cook, T. D., & Payne, M. R. (2002). Objecting to the objections to using random assignment in educational research. In F. Mosteller & R. Boruch (Eds.), *Evidence matters: Randomized trials in education research* (pp. 150–178). Washington, DC: Brookings Institution Press.

Cooper, C. A., McCord, D. M., & Socha, A. (2011). Evaluating the college sophomore problem: The case of personality and politics. *Journal of Psychology, 145,* 23–37.

Cooper, H. M. (1984). *The integrative research review.* Beverly Hills, CA: Sage.

Cooper, H. M., & Hedges, L. V. (Eds.). (1994). *The handbook of research synthesis.* New York: Russell Sage Foundation.

Corbin, J., & Strauss, A. (2007). *Basics of qualitative research: Techniques and procedures for developing grounded theory* (3rd ed.). Thousand Oaks, CA: Sage.

COSMOS Corporation. (1983). *Case studies and organizational innovation: Strengthening the connection.* Bethesda, MD: Author.

COSMOS Corporation. (1998). *Evaluation of MEP-SBDC partnerships: Final report.* Report prepared for the National Institute of Standards and Technology, U.S. Department of Commerce, Gaithersburg, MD.

Crabtree, B. F., & Miller, W. L. (Eds.). (1999). *Doing qualitative research* (2nd ed.). Thousand Oaks, CA: Sage.

Crane, J. (Ed.). (1998). *Social programs that work.* New York: Russell Sage Foundation.

Creswell, J. W. (2007). *Qualitative inquiry & research design: Choosing among five approaches* (2nd ed.). Thousand Oaks, CA: Sage.

Creswell, J. W. (2012). *Qualitative inquiry & research design: Choosing among five approaches* (3rd ed.). Thousand Oaks, CA: Sage.

Crewe, K. (2001). The quality of participatory design: The effects of citizen input on the design of the Boston Southwest Corridor. *APA Journal, 67,* 437–455.

Cronbach, L. J. (1975). Beyond the two disciplines of scientific psychology. *American Psychologist, 30,* 116–127.

Cronbach, L. J., & Associates. (1980). *Toward reform of program evaluation: Aims, methods, and institutional arrangements.* San Francisco: Jossey-Bass.

Dabbs, J. M., Jr. (1982). Making things visible. In J. Van Maanen, J. M. Dabbs Jr., & R. R. Faulkner (Eds.), *Varieties of qualitative research* (pp. 31–63). Beverly Hills, CA: Sage.

Datta, L. (1997). Multimethod evaluations. In E. Chelimsky & W. R. Shadish (Eds.), *Evaluation for the 21st century* (pp. 344–359). Thousand Oaks, CA: Sage.

David, M. (Ed.). (2006a). *Case study research* (4 vols.). London: Sage.

David, M. (2006b). Editor's introduction. In M. David (Ed.), *Case study research* (pp. xxiii–xlii). London: Sage.

Denenberg, V. H. (1982). Comparative psychology and single-subject research. In A. E. Kazdin & A. H. Tuma (Eds.), *Single-case research designs* (No. 13, pp. 19–31). San Francisco: Jossey-Bass.

Denzin, N. K. (1978). The logic of naturalistic inquiry. In N. K. Denzin (Ed.), *Sociological methods: A sourcebook.* New York: McGraw-Hill.

Derthick, M. (1972). *New towns in-town: Why a federal program failed.* Washington, DC: The Urban Institute.

DeWalt, K. M., & DeWalt, B. (2011). *Participant observation: A guide for fieldworkers* (2nd ed.). Lanham, MD: Alamira Press.

Dion, D. (1998). Evidence and inference in the comparative case study. *Comparative Politics, 30,* 127–145.

Donmoyer, R. (1990). Generalizability and the single-case study. In E. W. Eisner & A. Peshkin (Eds.), *Qualitative inquiry in education: The continuing debate* (pp. 175–200). New York: Teachers College Press.

Drucker, P. F. (1986). The changed world economy. In P. F. Drucker (Ed.), *The frontiers of management* (pp. 21–49). New York: Dutton.

Dubois, A., & Gadde, L.-E. (2002). Systematic combining: An abductive approach to case research. *Journal of Business Research, 55,* 553–560.

Duff, P. A. (2008). *Case study research in applied linguistics.* New York: Routledge.

Dul, J., & Hak, T. (2008). *Case study methodology in business research.* Oxford, England: Butterworth-Heinemann.

Dunbar, G. (2005). *Evaluating research methods in psychology: A case study approach.* Malden, MA: Blackwell.

Duneier, M. (1999). *Sidewalk.* New York: Farrar, Straus, & Giroux.

Dyehouse, M., Bennett, D., Harbor, J., Childress, A., & Dark, M. (2009). A comparison of linear and systems thinking approaches for program evaluation illustrated using the Indiana Interdisciplinary GK-12. *Evaluation and Program Planning, 32,* 187–196.

Eckstein, H. (1975). Case study and theory in political science. In F. I. Greenstein & N. W. Polsby (Eds.), *Strategies of inquiry* (pp. 79–137). Reading, MA: Addison-Wesley.

Eilbert, K. W., & Lafronza, V. (2005). Working together for community health—a model and case studies. *Evaluation and Program Planning, 28,* 185–199.

Eisenhardt, K. M. (1989). Building theories from case study research. *Academy of Management Review, 14,* 532–550.

Ellet, W. (2007). *The case study handbook: How to read, discuss, and write persuasively about cases.* Boston: Harvard Business School Press.

Elmore, R. F., Abelmann, C. H., & Fuhrman, S. H. (1997). The new accountability in state education reform: From process to performance. In H. F. Ladd (Ed.), *Holding schools accountable* (pp. 65–98). Washington, DC: Brookings Institution.

Ericksen, J., & Dyer, L. (2004). Right from the start: Exploring the effects of early team events on subsequent project team development and performance. *Administrative Science Quarterly, 49,* 438–471.

Eriksson, P., & Kovalainen, A. (2008). *Qualitative methods in business research.* London: Sage.

Feagin, J. R., Orum, A. M., & Sjoberg, G. (Eds.). (1991). *A case for the case study.* Chapel Hill: University of North Carolina Press.

Fiedler, J. (1978). *Field research: A manual for logistics and management of scientific studies in natural settings.* San Francisco: Jossey-Bass.

Fielding, N., & Warnes, R. (2009). Computer-based qualitative methods in case study research. In D. Byrne & C. C. Ragin (Eds.), *The Sage handbook of case-based methods* (pp. 270–288). London: Sage.

Fielding, N. G., & Lee, R. M. (1998). *Computer analysis and qualitative research.* Thousand Oaks, CA: Sage.

Flyvberg, B. (2006). Five misunderstandings about case-study research. *Qualitative Inquiry, 12,* 219–245.

Forrester, M. (2010). Introduction. In M. Forrester (Ed.), *Doing qualitative research in psychology: A practical guide.* London: Sage.

Fowler, F. J., Jr. (1988). *Survey research methods* (Rev. ed.). Newbury Park, CA: Sage.
Friese, S. (2012). *Qualitative data analysis with ATLAS.ti*. London: Sage.
Funnell, S. C., & Rogers, P. J. (2011). *Purposeful program theory: Effective use of theories of change and logic models*. San Francisco: Jossey-Bass.
Galster, G., Tatian, P., & Accordino, J. (2006). Targeting investments for neighborhood revitalization. *Journal of the American Planning Association, 72*, 457–474.
Gans, H. J. (1962). *The urban villagers: Group and class in the life of Italian-Americans*. New York: Free Press.
Garmezy, N. (1982). The case for the single case in research. In A. E. Kazdin & A. H. Tuma (Eds.), *Single-case research designs* (No. 13, pp. 5–17). San Francisco: Jossey-Bass.
Garvin, D.A. (2003, September–October). Making the case: Professional education for the world of practice. *Harvard Magazine, 106*(1), 56–107.
Geertz, C. (1973). *The interpretation of cultures*. New York: Basic Books.
George, A. L., & Bennett, A. (2004). *Case studies and theory development in the social sciences*. Cambridge: MIT Press.
Gerring, J. (2004). What is a case study and what is it good for? *American Political Science Review, 98*, 341–354.
Gibbert, M., Ruigrok, W., & Wicki, B. (2008). What passes as a rigorous case study? *Strategic Management Journal, 29*, 1465–1474.
Gilgun, J. F. (1994). A case for case studies in social work research. *Social Work, 39*, 371–380.
Glaser, B., & Strauss, A. (1967). *The discovery of grounded theory: Strategies for qualitative research*. Chicago: Aldine.
Golden, L. B. (2004). *Case studies in marriage and family therapy* (2nd ed.). Upper Saddle River, NJ: Pearson.
Gomm, R., Hammersley, M., & Foster, P. (2000). Case study and generalization. In R. Gomm, M. Hammersley, & P. Foster (Eds.), *Case study method* (pp. 98–115). London: Sage.
Gordon, M. E., Slade, L. A., & Schmitt, N. (1986). The 'science of the sophomore' revisited: From conjecture to empiricism. *Academy of Management Review, 11*, 191–207.
Gottschalk, L. (1968). *Understanding history: A primer of historical method*. New York: Knopf.
Grinnell, R. M., & Unrau, Y. A. (Eds.). (2008). *Social work research and evaluation: Foundations of evidence-based practice*. New York: Oxford University Press.
Gross, N., Bernstein, M., & Giacquinta, J. B. (1971). *Implementing organizational innovations: A sociological analysis of planned educational change*. New York: Basic Books.
Hahn, C. (2008). *Doing qualitative research using your computer: A practical guide*. Thousand Oaks, CA: Sage.
Hamel, J. (Ed.). (1992). The case study method in sociology [Whole issue]. *Current Sociology, 40*.
Hammond, P. E. (1968). *Sociologists at work: Essays on the craft of social research*. Garden City, NY: Doubleday.
Hanna, K. S. (2000). The paradox of participation and the hidden role of information. *Journal of the American Planning Association, 66*, 398–410.
Hanna, K. S. (2005). Planning for sustainability. *Journal of the American Planning Association, 71*, 27–40.
Hedrick, T., Bickman, L., & Rog, D. J. (1993). *Applied research design*. Newbury Park, CA: Sage.

Henrich, J., Heine, S. J., & Norenzayan, A. (2010). The weirdest people in the world? *Behavioral and Brain Sciences, 33,* 61–83.

Herriott, R. E., & Firestone, W. A. (1983). Multisite qualitative policy research: Optimizing description and generalizability. *Educational Researcher, 12,* 14–19.

Hersen, M., & Barlow, D. H. (1976). *Single-case experimental designs: Strategies for studying behavior.* New York: Pergamon.

Hipp, J. R. (2007). Block, tract, and levels of aggregation: Neighborhood structure and crime and disorder as a case in point. *American Sociological Review, 72,* 659–680.

Hoaglin, D. C., Light, R. J., McPeek, B., Mosteller, F., & Stoto, M. A. (1982). *Data for decisions: Information strategies for policymakers.* Cambridge, MA: Abt Books.

Hooks, G. (1990). The rise of the Pentagon and U.S. state building: The defense program as industrial policy. *American Journal of Sociology, 96,* 358–404.

Jacobs, J. (1961). *The death and life of great American cities.* New York: Random House.

Jacobs, R. N. (1996). Civil society and crisis: Culture, discourse, and the Rodney King beating. *American Journal of Sociology, 101,* 1238–1272.

Jadad, A. (1998). *Randomised controlled trials.* London: BMJ Books.

Janesick, V. J. (2010). *Oral history for the qualitative researcher: Choreographing the story.* New York: Guilford.

Johnson, R. B., & Onwuegbuzie, A. J. (2004). Mixed methods research: A research paradigm whose time has come. *Educational Researcher, 33,* 14–26.

Johnston, W. J., Leach, M. P., & Liu, A. H. (2000). Using case studies for theory testing in business-to-business research: The development of a more rigorous case study methodology. *Advances in Business Marketing and Purchasing, 9,* 215–241.

Joint Committee on Standards for Educational Evaluation. (1981). *Standards for evaluations of educational programs, projects, and materials.* New York: McGraw-Hill.

Jorgensen, D. (1989). *Participant observation: A methodology for human studies.* Newbury Park, CA: Sage.

Julnes, G., & Rog, D. (2009). Evaluation methods for producing actionable evidence: Contextual influences on adequacy and appropriateness of method choice. In S. I. Donaldson, C. A. Christie, & M. M. Mark (Eds.), *What counts as credible evidence in applied research and evaluation practice?* (pp. 96–131). Thousand Oaks, CA: Sage.

Kates, N. (2008). Integrating mental health services into primary care: The Hamilton FHT mental health program. In R. Kessler & D. Stafford (Eds.), *Collaborative medicine case studies: Evidence in practice* (pp. 71–82). New York: Springer.

Kaufman, H. (1981). *The administrative behavior of federal bureau chiefs.* Washington, DC: Brookings Institution.

Kazdin, A. E. (1982). *Single-case research designs: Methods for clinical and applied settings.* New York: Oxford University Press.

Kazdin, A. E. (2003). Drawing valid inferences from case studies. In A. E. Kazdin (Ed.), *Methodological issues and strategies in clinical research* (3rd ed., pp. 655–669). Washington, DC: American Psychological Association.

Keating, W. D., & Krumholz, N. (Eds.). (1999). *Rebuilding urban neighborhoods: Achievements, opportunities, and limits.* Thousand Oaks, CA: Sage.

Kelling, G. L., & Coles, C. M. (1997). *Fixing broken windows: Restoring order and reducing crime in our communities.* New York: Simon & Schuster.

Kelly, A. E., & Yin, R. K. (2007). Strengthening structured abstracts for education research: The need for claim-based structured abstracts. *Educational Researcher, 36,* 133–138.
Kennedy, M. M. (1976). Generalizing from single case studies. *Evaluation Quarterly, 3,* 661–678.
Kessler, R., & Stafford, D. (Eds.). (2008). *Collaborative medicine case studies: Evidence in practice.* New York: Springer.
Kidder, L., & Judd, C. M. (1986). *Research methods in social relations* (5th ed.). New York: Holt, Rinehart & Winston.
Kidder, T. (1981). *The soul of a new machine.* Boston: Little, Brown.
Knowlton, L. W., & Phillips, C. C. (2009). *The logic model guidebook: Better strategies for great results.* Thousand Oaks, CA: Sage.
Kratochwill, T. R. (1978). *Single subject research.* New York: Academic Press.
Krueger, R. A., & Casey, M. A. (2009). *Focus groups: A practical guide for applied research* (4th ed.). Thousand Oaks, CA: Sage.
Labin, S. N. (2008). Research syntheses: Toward broad-based evidence. In N. L. Smith & P. R. Brandon (Eds.), *Fundamental issues in evaluation* (pp. 89–110). New York: Guilford.
Lavrakas, P. J. (1987). *Telephone survey methods.* Newbury Park, CA: Sage.
Lawrence-Lightfoot, S., & Davis, J. H. (1997). *The art and science of portraiture.* San Francisco: Jossey-Bass.
Lee, E., Mishna, F., & Brennenstuhl, S. (2010). How to critically evaluate case studies in social work. *Research on Social Work Practice, 20,* 682–689.
Lempert, L. B. (2011). Asking questions of the data: Memo writing in the grounded theory tradition. In A. Bryant & K. Charmaz (Eds.), *The Sage handbook of grounded theory* (pp. 245–264). Thousand Oaks, CA: Sage.
Leopold, D. A., Bondar, I. V., & Giese, M. A. (2006). Norm-based face encoding by single neurons in the monkey inferotemporal cortex. *Nature, 442,* 572–575.
Lewins, A., & Silver, C. (2007). *Using software in qualitative research: A step-by-step guide.* London: Sage.
Liebow, E. (1967). *Tally's corner.* Boston: Little, Brown.
Lijphart, A. (1975). The comparable-cases strategy in comparative research. *Comparative Political Studies, 8,* 158–177.
Lincoln, Y. S., & Guba, E. G. (1985). But is it rigorous? Trustworthiness and authenticity in naturalistic evaluation. In D. D. Williams (Ed.), *Naturalistic evaluation* (pp. 73–84). San Francisco: Jossey-Bass.
Lipset, S. M., Trow, M., & Coleman, J. (1956). *Union democracy: The inside politics of the International Typographical Union.* New York: Free Press.
Lipsey, M. W. (1990). *Design sensitivity: Statistical power for experimental research.* Thousand Oaks, CA: Sage.
Lipsey, M. W. (1992). Meta-analysis in evaluation research: Moving from description to explanation. In H. T. Chen & P. Rossi (Eds.), *Using theory to improve program and policy evaluations* (pp. 229–241). New York: Greenwood.
Llewellyn, K. N. (1948). Case method. In E. Seligman & A. Johnson (Eds.), *Encyclopedia of the social sciences.* New York: Macmillan.
Lynd, R. S., & Lynd, H. M. (1929). *Middletown: A study in modern American culture.* New York: Harcourt Brace Jovanovich.

Lynd, R. S., & Lynd, H. M. (1937). *Middletown in transition: A study in cultural conflicts*. New York: Harcourt Brace Jovanovich.

Magaziner, I. C., & Patinkin, M. (1989). *The silent war: Inside the global business battles shaping America's future*. New York: Random House.

Mark, M. M. (2008). Building a better evidence base for evaluation theory. In N. L. Smith &P. R. Brandon (Eds.), *Fundamental issues in evaluation* (pp. 111–134). New York: Guilford.

Markus, M. L. (1983). Power, politics, and MIS implementation. *Communications of the ACM, 26,* 430–444.

Marshall, C., & Rossman, G. B. (2011). *Designing qualitative research* (5th ed.). Newbury Park, CA: Sage.

Marwell, N. P. (2007). *Bargaining for Brooklyn: Community organizations in the entrepreneurial city*. Chicago: University of Chicago Press.

McAdams, D. R. (2000). *Fighting to save our urban schools . . . and winning! Lessons from Houston*. New York: Teachers College Press.

McClintock, C. (1985). Process sampling: A method for case study research on administrative behavior. *Educational Administration Quarterly, 21,* 205–222.

McKone, E., Kanwisher, N., & Duchaine, B. C. (2007). Can generic expertise explain special processing for faces? *Trends in Cognitive Science, 11,* 8–15.

McNemar, Q. (1946). Opinion-attitude methodology. *Psychological Bulletin, 43,* 289–374.

Mertens, D. (2010). *Research and evaluation in education and psychology* (3rd ed.). Thousand Oaks, CA: Sage.

Merton, R. K., Fiske, M., & Kendall, P. L. (1990). *The focused interview: A manual of problems and procedures* (2nd ed.). New York: Free Press.

Meyer, C. B. (2001). A case in case study methodology. *Field Methods, 13,* 329–352.

Michel, J.-B., Shen, Y. K., Aiden, A. P., Veres, A., Gray, M. K., The Google Books Team, et al. (2010). Quantitative analysis of culture using millions of digitized books. *Science, 331,* 176–182.

Miles, M. B., & Huberman, A. M. (1994). *Qualitative data analysis: An expanded sourcebook*. Thousand Oaks, CA: Sage.

Mills, A. J., Durepos, G., & Wiebe, E. (Eds.). (2010a). *Encyclopedia of case study research* (2 vols.). Los Angeles: Sage.

Mills, A. J., Durepos, G., & Wiebe, E. (2010b). Introduction. In A. J. Mills, G. Durepos, & E. Wiebe (Eds.), *Encyclopedia of case study research* (pp. xxxi–xxxvi). Thousand Oaks, CA: Sage.

Mitchell, J. C. (1983). Case and situation analysis. *Sociological Review, 31,* 187–211.

Miyahara, M., & Wafer, A. (2004). Clinical intervention for children with developmental coordination disorder: A multiple case study. *Adapted Physical Activity Quarterly, 21,* 281–300.

Moore, B., Jr. (1966). *Social origins of dictatorship and democracy: Lord and peasant in the making of the modern world*. Boston: Beacon.

Morgan, D. L., & Morgan, R. K. (2009). *Single-case research methods for the behavioral and health sciences*. Thousand Oaks, CA: Sage.

Morris, L. L., Fitz-Gibbon, C. T., & Freeman, M. E. (1987). *How to communicate evaluation findings*. Beverly Hills, CA: Sage.

Mosteller, F., & Wallace, D. L. (1984). *Applied Bayesian and classical inference: The case of "The Federalist" papers* (2nd ed.). New York: Springer Verlag.

Mulroy, E. A., & Lauber, H. (2004). A user-friendly approach to program evaluation and effective community interventions for families at risk of homelessness. *Social Work, 49,* 573–586.

Murphy, J. T. (1980). *Getting the facts: A fieldwork guide for evaluators and policy analysts.* Santa Monica, CA: Goodyear.

Murray, D. M. (1998). *Design and analysis of group-randomized trials.* New York: Oxford University Press.

Nachmias, D., & Nachmias, C. (1992). *Research methods in the social sciences.* New York: St. Martin's.

Nathan, I., Lund, J. F., Gausset, Q., & Andersen, S. K. (2007). On the promise of devolution: Overcoming the constraints of natural resource management in a village in Tanzania. *Journal of Transdisciplinary Environmental Studies, 6,* 1–20.

National Research Council. (2003). *Protecting participants and facilitating social and behavioral sciences research.* Washington, DC: National Academies Press.

National Research Council. (2004). *On evaluating curricular effectiveness: Judging the quality of K–12 mathematics evaluations.* Washington, DC: National Academies Press.

Naumes, W., & Naumes, M. J. (1999). *The art & craft of case writing.* Thousand Oaks, CA: Sage.

Nesman, T. M., Batsche, C., & Hernandez, M. (2007). Theory-based evaluation of a comprehensive Latino education initiative: An interactive evaluation approach. *Evaluation and Program Planning, 30,* 267–281.

Neuman, S. B., & Celano, D. (2001). Access to print in low-income and middle-income communities: An ecological study of four neighborhoods. *Reading Research Quarterly, 36,* 8–26.

Neustadt, R. E., & Fineberg, H. (1983). *The epidemic that never was: Policy-making and the swine flu affair.* New York: Vintage.

O'Reilly, K. (2005). *Ethnographic methods.* London: Routledge.

Patton, M. Q. (2002). *Qualitative research and evaluation methods* (3rd ed.). Thousand Oaks, CA: Sage.

Peters, T. J., & Waterman, R. H., Jr. (1982). *In search of excellence.* New York: Harper & Row.

Peterson, K. A., & Bickman, L. (1992). Using program theory in quality assessments of children's mental health services. In H. T. Chen & P. Rossi (Eds.), *Using theory to improve program and policy evaluations* (pp. 165–176). New York: Greenwood.

Peterson, R. K. (2001). On the use of college students in social science research: Insights from a second-order meta-analysis. *Journal of Consumer Research, 28,* 450–461.

Philliber, S. G., Schwab, M. R., & Samsloss, G. (1980). *Social research: Guides to a decision-making process.* Itasca, IL: Peacock.

Phillips, R., & Pittman, R. H. (2009). A framework for community and economic development. In R. Phillips & R. H. Pittman (Eds.), *An introduction to community development* (pp. 3–19). Abingdon, England: Routledge.

Piekkari, R., Welch, C., & Paavilainen, E. (2009). The case study as disciplinary convention: Evidence from international business journals. *Organizational Research Methods, 12,* 567–589.

Platt, J. (1992). "Case study" in American methodological thought. *Current Sociology, 40,* 17–48.

Prescott, H. M. (2002). Using the student body: College and university students as research subjects in the United States during the twentieth century. *Journal of the History of Medicine, 57,* 3–38.
Pressman, J. L., & Wildavsky, A. (1973). *Implementation: How great expectations in Washington are dashed in Oakland.* Berkeley: University of California Press.
Ragin, C. C. (1987). *The comparative method: Moving beyond qualitative and quantitative strategies.* Berkeley: University of California Press.
Ragin, C. C., & Becker, H. S. (Eds.). (1992). *What is a case? Exploring the foundations of social inquiry.* New York: Cambridge University Press.
Raizen, S. A., & Britton, E. D. (Eds.). (1997). *Bold ventures* (3 vols.). Dordrecht, The Netherlands: Kluwer Academic.
Randolph, J. J., & Eronen, P. J. (2007). Developing the Learner Door: A case study in youth participatory program planning. *Evaluation and Program Planning, 30,* 55–65.
Redman, E. (1973). *The dance of legislation.* New York: Simon & Schuster.
Rihoux, B., & Lobe, B. (2009). The case for qualitative comparative analysis (QCA): Adding leverage for thick cross-case comparison. In D. Byrne & C. C. Ragin (Eds.), *The Sage handbook of case-based methods* (pp. 222–242). London: Sage.
Rivera, L. A. (2008). Managing "spoiled" national identity: War, tourism, and memory in Croatia. *American Sociological Review, 73,* 613–634.
Robben, A. C. G. M., & Sluka, J. A. (Eds.). (2007). *Ethnographic fieldwork: An anthropological reader.* Malden, MA: Blackwell.
Robertson, L. C., Knight, R. T., Rafal, R., & Shimamura, A. P. (1993). Cognitive psychology is more than single-case studies. *Journal of Experimental Psychology, 19,* 710–717.
Rog, D. J., & Huebner, R. B. (1992). Using research and theory in developing innovative programs for homeless individuals. In H. T. Chen & P. Rossi (Eds.), *Using theory to improve program and policy evaluations* (pp. 129–144). New York: Greenwood.
Rog, D. J., & Randolph, F. I. (2002). A multisite evaluation of supported housing: Lessons from cross-site collaboration. *New Directions for Evaluation, 94,* 61–72.
Rogers, E. M., & Larsen, J. K. (1984). *Silicon Valley fever: Growth of high-technology culture.* New York: Basic Books.
Rogers, P. J. (2000). Program theory: Not whether programs work but how they work. In D. L. Stufflebeam, G. F. Madaus, & T. Kelleghan (Eds.), *Evaluation models: Viewpoints on educational and human services evaluation* (2nd ed., pp. 209–232). Boston: Kluwer.
Rogowski, R. (2010). How inference in the social (but not the physical) sciences neglects theoretical anomaly. In H. Brady & D. Collier (Eds.), *Rethinking social inquiry: Diverse tools, shared standards* (2nd ed., pp. 89–97). Lanham, MD: Rowman & Littlefield.
Rolls, G. (2005). *Classic case studies in psychology.* Abingdon, England: Hodder Education.
Rosenbaum, D. P. (Ed.). (1986). *Community crime prevention: Does it work?* Thousand Oaks, CA: Sage.
Rosenbaum, P. R. (2002). *Observational studies* (2nd ed.). New York: Springer.
Rosenthal, R. (1966). *Experimenter effects in behavioral research.* New York: Appleton-Century-Crofts.
Rossi, P., Lipsey, M. W., & Freeman, H. E. (2004). *Evaluation: A systematic approach* (7th ed.). Thousand Oaks, CA: Sage.
Rubin, A., & Babbie, E. (1993). *Research methods for social work.* Pacific Grove, CA: Brooks/Cole.

Rubin, H. J., & Rubin, I. S. (2011). *Qualitative interviewing: The art of hearing data* (3rd ed.). Thousand Oaks, CA: Sage.
Ruddin, L. P. (2006). You can generalize stupid! Social scientists, Bent Flyvbjerg, and case study methodology. *Qualitative Inquiry, 12,* 797–812.
Salda–a, J. (2009). *The coding manual for qualitative researchers.* London: Sage.
Schatzman, L., & Strauss, A. (1973). *Field research.* Englewood Cliffs, NJ: Prentice Hall.
Schein, E. (2003). *DEC is dead, long live DEC: Lessons on innovation, technology, and the business gene.* San Francisco: Berrett-Koehler.
Schlesselman, J. J. (1982). *Case-control studies: Design, conduct, analysis.* New York: Oxford University Press.
Schorr, L. B. (1997). *Common purpose: Strengthening families and neighborhoods to rebuild America.* New York: Anchor.
Schramm, W. (1971, December). *Notes on case studies of instructional media projects.* Working paper for the Academy for Educational Development, Washington, DC.
Schwandt, T. A. (2007). *The Sage dictionary of qualitative inquiry* (3rd ed.). Los Angeles: Sage.
Schwandt, T. A. (2009). Toward a practical theory of evidence for evaluation. In S. I. Donaldson, C. A. Christie, & M. M. Mark (Eds.), *What counts as credible evidence in applied research and evaluation practice?* (pp. 197–212). Thousand Oaks, CA: Sage.
Scoville, W. B., & Milner, B. (1957). Loss of recent memory in bilateral hippocampal lesions. *Journal of Neurology, Neurosurgery, and Psychiatry, 20,* 11–22.
Scriven, M. (2009). Demythologizing causation and evidence. In S. I. Donaldson, C. A. Christie, & M. M. Mark (Eds.), *What counts as credible evidence in applied research and evaluation practice?* (pp. 134–152). Thousand Oaks, CA: Sage.
Sears, D. O. (1986). College sophomores in the laboratory: Influences of a narrow database on social psychology's view of human nature. *Journal of Personality and Social Psychology, 51,* 515–530.
Selznick, P. (1980). *TVA and the grass roots: A study of politics and organization.* Berkeley: University of California Press. (Original work published 1949)
Shavelson, R., & Towne, L. (Eds.). (2002). *Scientific research in education.* Washington, DC: National Academies Press.
Sidman, M., Soddard, L. T., & Mohr, J. P. (1968). Some additional quantitative observations of immediate memory in a patient with bilateral hippocampal lesions. *Neuropsychologia, 6,* 245–254.
Sidowski, J. B. (Ed.). (1966). *Experimental methods and instrumentation in psychology.* New York: Holt, Rinehart & Winston.
Silverman, D. (2010). *Doing qualitative research: A practical handbook* (3rd ed.). Thousand Oaks, CA: Sage.
Small, M. L. (2004). *Villa Victoria: The transformation of social capital in a Boston barrio.* Chicago: University of Chicago Press.
Small, M. L. (2009). "How many cases do I need?" On science and the logic of case selection in field-based research. *Ethnography, 10,* 5–38.
Smith, J. (Ed.). (2008). *Qualitative psychology: A practical guide to research methods* (2nd ed.). London: Sage.
Speiglman, R., & Spear, P. (2009). The role of institutional review boards: Ethics: Now you see them, now you don't. In D. M. Mertens & P. E. Ginsberg (Eds.), *The handbook of social research ethics* (pp. 121–134). Thousand Oaks, CA: Sage.

Referências

Spilerman, S. (1971). The causes of racial disturbances: Tests of an explanation. *American Sociological Review, 36,* 427–442.
Stake, R. E. (2005). Qualitative case studies. In N. K. Denzin & Y. S. Lincoln (Eds.), *The Sage handbook of qualitative research* (3rd ed., pp. 443–466). Thousand Oaks, CA: Sage.
Stake, R. E. (2006). *Multiple case study analysis.* New York: Guilford.
Standerfer, N. R., & Rider, J. (1983). The politics of automating a planning office. *Planning, 49,* 18–21.
Stein, H. (1952). Case method and the analysis of public administration. In H. Stein (Ed.), *Public administration and policy development* (pp. xx–xxx). New York: Harcourt Brace Jovanovich.
Stoecker, R. (1991). Evaluating and rethinking the case study. *The Sociological Review, 39,* 88–112.
Stufflebeam, D. L., & Shinkfield, A. J. (2007). *Evaluation theory, models, and applications.* San Francisco: Jossey-Bass.
Sudman, S., & Bradburn, N. M. (1982). *Asking questions: A practical guide to questionnaire design.* San Francisco: Jossey-Bass.
Supovitz, J. A., & Taylor, B. S. (2005). Systemic education evaluation: Evaluating the impact of systemwide reform in education. *American Journal of Evaluation, 26,* 204–230.
Sutton, R. I., & Staw, B. M. (1995). What theory is *not*. *Administrative Science Quarterly, 40,* 371–384.
Szanton, P. (1981). *Not well advised.* New York: Russell Sage Foundation and The Ford Foundation.
Tawney, J. W., & Gast, D. L. (1984). *Single subject research in special education.* Columbus, OH: Merrill.
Teske, P., Schneider, M., Roch, C., & Marschall, M. (2000). Public school choice: A status report. In D. Ravitch & J. P. Viteritti (Eds.), *Lessons from New York City schools* (pp. 313–338). Baltimore: Johns Hopkins University Press.
Thacher, D. (2006). The normative case study. *American Journal of Sociology, 111,* 1631–1676.
Towl, A. R. (1969). *To study administrations by cases.* Boston: Harvard University Business School.
Trochim, W. (1989). Outcome pattern matching and program theory. *Evaluation and Program Planning, 12,* 355–366.
United Nations Development Programme. (2010). *Evaluation of UNDP contribution to strengthening national capacities.* New York: Evaluation Office.
U.S. Government Accountability Office, Program Evaluation and Methodology Division. (1990). *Case study evaluations.* Washington, DC: Government Printing Office.
U.S. National Commission on Neighborhoods. (1979). *People, building neighborhoods.* Washington, DC: Government Printing Office.
U.S. Office of Technology Assessment. (1980–1981). *The implications of cost-effectiveness analysis of medical technology: Case studies of medical technologies.* Washington, DC: Government Printing Office.
Van Maanen, J. (1988). *Tales of the field: On writing ethnography.* Chicago: University of Chicago Press.
Vaughan, D. (1992). Theory elaboration: The heuristics of case analysis. In C. C. Ragin & H. D. Becker (Eds.), *What is a case? Exploring the foundations of social inquiry* (pp. 173–202). Cambridge, England: Cambridge University Press.

Vaughan, D. (1996). *The Challenger launch decision: Risky technology, culture, and deviance at NASA*. Chicago: University of Chicago Press.

Veerman, J. W., & van Yperen, T. A. (2007). Degrees of freedom and degrees of certainty: A developmental model for the establishment of evidence-based youth care. *Evaluation and Program Planning, 30*, 212–221.

Vertue, F. M. (2011). Applying case study methodology to child custody evaluations. *Family Court Review, 49*, 336–347.

Vissak, T. (2010). Recommendations for using the case study method in international business research. *The Qualitative Report, 15*, 370–388.

Warner, W. L., & Lunt, P. S. (1941). *The social life of a modern community*. New Haven, CT: Yale University Press.

Wax, R. (1971). *Doing field work*. Chicago: University of Chicago Press.

Weiss, R. S. (1994). *Learning from strangers: The art and method of qualitative interview studies*. New York: The Free Press.

Wertz, F. J., Charmaz, K., McMullen, L. M., Josselson, R., Anderson, R., & McSpadden, E. (2011). *Five ways of doing qualitative analysis: Phenomenological psychology, grounded theory, discourse analysis, narrative research, and intuitive inquiry*. New York: Guilford.

Wholey, J. (1979). *Evaluation: Performance and promise*. Washington, DC: The Urban Institute.

Whyte, W. F. (1993). *Street corner society: The social structure of an Italian slum* (4th ed.). Chicago: University of Chicago Press. (Original work published 1943)

Wilford, J. N. (1992). *The mysterious history of Columbus*. New York: Vintage.

Wilson, R. F. (Ed.). (1982). *Designing academic program reviews* (New Directions for Higher Education, No. 37). San Francisco: Jossey-Bass.

Windsor, D., & Greanias, G. (1983). The public policy and management program for case/course development. *Public Administration Review, 26*, 370–378.

Wolcott, H. F. (2009). *Writing up qualitative research* (3rd ed.). Thousand Oaks, CA: Sage.

Wolf, P. (1997). Why must we reinvent the federal government? Putting historical developmental claims to the test. *Journal of Public Administration Research and Theory, 3*, 358–388.

Yardley, L. (2009). Demonstrating validity in qualitative psychology. In J. A. Smith (Ed.), *Qualitative psychology: A practical guide to research method* (pp. 235–251). Los Angeles: Sage.

Yin, R. K. (1978). Face perception: A review of experiments with infants, normal adults, and brain-injured persons. In R. Held, H. Liebowitz, & H.-L. Teuber (Eds.), *Handbook of sensory physiology: Vol. VIII. Perception* (pp. 593–608). New York: Springer-Verlag.

Yin, R. K. (1980). Creeping federalism: The federal impact on the structure and function of local government. In N. J. Glickman (Ed.), *The urban impacts of federal policies* (pp. 595–618). Baltimore: Johns Hopkins University Press.

Yin, R. K. (1981a). The case study as a serious research strategy. *Knowledge: Creation, Diffusion, Utilization, 3*, 97–114.

Yin, R. K. (1981b). The case study crisis: Some answers. *Administrative Science Quarterly, 26*, 58–65.

Yin, R. K. (1981c). Life histories of innovations: How new practices become routinized. *Public Administration Review, 41*, 21–28.

Yin, R. K. (1982a). *Conserving America's neighborhoods*. New York: Plenum.

Yin, R. K. (1982b). Studying the implementation of public programs. In W. Williams, R. F. Elmore, J. S. Hall, R. Jung, M. Kirst, S. A. MacManus, et al. (Eds.), *Studying implementation: Methodological and administrative issues* (pp. 36–72). Chatham, NJ: Chatham House.

Yin, R. K. (1986). Community crime prevention: A synthesis of eleven evaluations. In D. P. Rosenbaum (Ed.), *Community crime prevention: Does it work?* (pp. 294–308). Thousand Oaks, CA: Sage.

Yin, R. K. (1994a). Discovering the future of the case study method in evaluation research. *Evaluation Practice, 15,* 283–290.

Yin, R. K. (1994b). Evaluation: A singular craft. In C. Reichardt & S. Rallis (Eds.), *New directions in program evaluation* (pp. 71–84). San Francisco: Jossey-Bass.

Yin, R. K. (1997). Case study evaluations: A decade of progress? *New Directions for Evaluation, 76,* 69–78.

Yin, R. K. (1999). Enhancing the quality of case studies in health services research. *Health Services Research, 34,* 1209–1224.

Yin, R. K. (2000a). Case study evaluations: A decade of progress? In D. L. Stufflebeam, G. F. Madaus, & T. Kelleghan (Eds.), *Evaluation models: Viewpoints on educational and human services evaluation* (2nd ed., pp. 185–193). Boston: Kluwer.

Yin, R. K. (2000b). Rival explanations as an alternative to "reforms as experiments." In L. Bickman (Ed.), *Validity & social experimentation: Donald Campbell's legacy* (pp. 239–266). Thousand Oaks, CA: Sage.

Yin, R. K. (2003). *Applications of case study research* (2nd ed.). Thousand Oaks, CA: Sage.

Yin, R. K. (Ed.). (2004). *The case study anthology.* Thousand Oaks, CA: Sage.

Yin, R. K. (Ed.). (2005). *Introducing the world of education: A case study reader.* Thousand Oaks, CA: Sage.

Yin, R. K. (2006a). Case study methods. In J. Green, G. Camilli, & P. Elmore (Eds.), *Handbook of complementary methods in education research* (3rd ed., pp. 111–122). Washington, DC: American Educational Research Association.

Yin, R. K. (2006b). Mixed methods research: Are the methods genuinely integrated or merely parallel? *Research in the Schools, 13,* 41–47.

Yin, R. K. (2011). *Qualitative research from start to finish.* New York: Guilford.

Yin, R. K. (2012). *Applications of case study research* (3rd ed.). Thousand Oaks, CA: Sage.

Yin, R. K., Bingham, E., & Heald, K. (1976). The difference that quality makes. *Sociological Methods and Research, 5,* 139–156.

Yin, R. K., & Davis, D. (2006). State-level education reform: Putting all the pieces together. In K. Wong & S. Rutledge (Eds.), *Systemwide efforts to improve student achievement* (pp. 1–33). Greenwich, CT: Information Age Publishing.

Yin, R. K., & Davis, D. (2007). Adding new dimensions to case study evaluations: The case of evaluating comprehensive reforms. In G. Julnes & D. J. Rog (Eds.), *Informing federal policies for evaluation methodology* (New Directions in Program Evaluation, No. 113, pp. 75–93). San Francisco: Jossey-Bass.

Yin, R. K., & Heald, K. (1975). Using the case survey method to analyze policy studies. *Administrative Science Quarterly, 20,* 371–381.

Yin, R. K., & Oldsman, E. (1995). *Logic model for evaluating changes in manufacturing firms.* Unpublished paper prepared for the National Institute of Standards and Technology, U.S. Department of Commerce, Gaithersburg, MD.

Yin, R. K., Schmidt, R. J., & Besag, F. (2006). Aggregating student achievement trends across states with different tests: Using standardized slopes as effect sizes. *Peabody Journal of Education, 81*(2), 47–61.

Yin, R. K., & Yates, D. T. (1975). *Street-level governments: Assessing decentralization and urban services.* Lexington, MA: Lexington Books.

Zigler, E., & Muenchow, S. (1992). *Head Start: The inside story of America's most successful educational experiment.* New York: Basic Books.

Índice de autores

A

Abelmann, C. H., 67-68b
Abercrombie, N., 26
Accordino, J., 157-158b
Agranoff, R., 6-7, 18-19
Aiden, A. P., xiii, xxi-xxii
Alkin, M., 202b
Allen, M., 233-234b
Allison, G. T., 7, 7b, 44-45, 54, 192
Anaf, S., 161-162
Andersen, S. K., 143-144b
Anderson, R., 161-162, 192, 214
Auerbach, C. F., 138

B

Babbie, E., 108
Bachor, D. G., 196, 208-209
Barlow, D. H., 60-61, 214
Barzun, J., 108, 134-135n2, 183
Basu, O. N., 124b
Batsche, C., 159-160
Baxter, P., 6-7, 206-207
Bebring, P. B., 161-162
Becker, H. S., 33-34, 77, 80, 114, 121-122, 183, 198
Bennett, A., 6-7, 23b, 24-25n4, 147-148, 151-152, 206b, 231-232
Bennett, D., 231-232
Berends, M., 69-70
Berman, P., 198b
Bernstein, M., 54b, 118-119
Besag, F., 156-157
Beverland, M., 6-7
Bickman, L., 9-11, 42-43, 108, 159-160, 231-233
Bingham, E., 178

Black, M., 233-234b
Blau, P. M., 79b
Bondar, I. V., 220-221b
Boruch, R., 12-14
Bouchard, T. J., Jr., 107
Bourgois, P., 55, 55
Bradburn, N. M., 21
Bradshaw, T. K., 9-11, 48-49, 148-149b, 231-232
Brennenstuhl, S., 6-7
Brinton, C., 187, 187b, 190, 190b
Britton, E. D., 188b
Bromley, D. B., 5-7, 33-34, 72, 213, 214, 218-220
Bruns, W. J., Jr., 6-7
Bryk, A. S., 161-162
Burawoy, M., 6-7, 72
Burke, W. W., 160-161
Busigny, T., 220-221b

C

Camic, P., 214
Campbell, D. T., ix-xi, 6-7f, 11-14, 29, 30, 49-50, 147-150, 156-157
Campbell, J. P., 11-12
Carroll, J., 41-42
Casey, M. A., 116-117
Caulley, D. N., 5-6, 182, 209-210
Celano, D., 134-135n1, 159-160
Charmaz, K., 192, 214
Chaskin, R. J., 67-68b, 232-233
Chassan, J. B., 215
Childress, A., 231-232
Cochran, W. G., 29
Coleman, J., 22, 57, 58
Coles, C. M., 155b

Cook, T. D., xxii, 13-14, 23, 29, 30, 49-50, 147-150
Cooper, C. A., 71n2
Cooper, H. M., 14-15, 41-42, 169-170
Corbin, J., 39-40, 107, 130-131, 139-140, 142-143
Cox, G. M., 29
Crabtree, B. F., 108, 161-162
Crane, J., 18-19, 18-19b
Creswell, J. W., 20, 108
Crewe, K., 116-117
Cronbach, L. J., 20, 43-44, 225

D

Dabbs, J. M., Jr., 119-120
Daft, R. L., 11-12
Daillak, R., 202b
Dark, M., 231-232
Datta, L., 197, 225, 228-229
David, M., xiii, 26
Davis, D., 17, 176, 177
Davis, J. H., 24-25n3
Denenberg, V. H., 218-219, 222-223n1
Denzin, N. K., 126
Derthick, M., 152-154b
DeWalt, B., 22, 108, 119-120, 129-130b
DeWalt, K. M., 22, 108, 119-120, 129-130b
Dion, D., 18-19
Dirsmith, M. W., 124b
Donmoyer, R., 72
Dowdy, I., 5-6
Drucker, P. F., 33-34, 40-41
Drummon, C., 161-162
Dubois, A., 161-162
Duchaine, B. C., 220-221b
Duff, P. A., 216
Dul, J., 6-7
Dunbar, G., 213
Duneier, M., 55
Durepos, G., xiii, xiv-xv
Dyehouse, M., 231-232
Dyer, L., 168-169

E

Easton, J. Q., 161-162

Eckstein, H., 59
Eilbert, K. W., 67-68
Eisenhardt, K. M., 40-41
Ellet, W., 21
Elmore, R. F., 67-68b
Ericksen, J., 168-169
Eriksson, P., 104
Eronen, P. J., 85b

F

Feagin, J. R., 6-7, 22, 33-34
Fiedler, J., 107
Fielding, N. G., 138, 175
Fineberg, H., 8b, 44-45
Firestone, W. A., 60-61
Fiske, M., 115-116
Fitz-Gibbon, C. T., 185
Flyvberg, B., 48-49
Foley, E., 12-14
Foray, D., xxii
Forrester, M., 214
Foster, P., 72
Fowler, F. J., Jr., 42-43
Freeman, H. E., 225
Freeman, M. E., 185
Friese, S., 175
Fuhrman, S. H., 67-68b
Funnell, S. C., 159-160

G

Gadde, L.-E., 161-162
Galster, G., 157-158b, 232-233
Gans, H. J., 119-121
Garet, M. S., 69-70
Garmezy, N., 216
Garvin, D.A., 5-7, 21, 213
Gast, D. L., 214
Gausset, Q., 143-144b
Geertz, C., 20
George, A. L., 6-7, 23b, 24-25n4, 147-148, 151-152
Gerring, J., 6-7
Giacquinta, J. B., 54b, 118-119
Gibbert, M., 6-7, 47-48
Giese, M. A., 220-221b

Gilgun, J. F., 6-7
Glaser, B., 142-143, 151-152
Goffman, E., 46-47b
Golden, L. B., 213
Gomm, R., 72
Gordon, 71n2
Gordon, M. E., 71
Gottschalk, L., 21
Graf, M., 220-221b
Graff, 134-135n2, 183
Graff, H., 108, 134-135, 183
Gray, M. K., xiii, xxi-xxii
Greanias, G., 5-6
Grinnell, R. M., 104
Gross, N., 54b, 118-119b
Guba, E. G., 39-40
Gupta, P. P., 124b

H

Hahn, C., 175
Hak, T., 6-7
Hamel, J., 6-7
Hammersley, M., 72
Hammond, P. E., 6-7, 126
Hanna, K. S., 67-68, 116-117b
Harbor, J., 231-232
Heald, K., 178
Hedges, L. V., 169-170
Hedrick, T., 9-11
Heine, S. J., 71n2
Henrich, J., 71n2
Hernandez, M., 159-160
Herriott, R. E., 60-61
Hersen, M., 60-61
Hill, S., 26
Hipp, J. R., 48-49
Hoaglin, D. C., 23b
Hooks, G., 168-169, 168-169b
Huberman, A. M., 97-98, 130-131, 139-140
Huebner, R. B., 159-160
Hulin, C. L., 11-12

J

Jack, S., 6-7, 206-207
Jacobs, J., 46–46-47

Jacobs, R. N., 112, 112b
Jadad, A., 22, 216
Janesick, V. J., 12-13
Johnson, E., 41-42
Johnson, R. B., 68-69
Johnston, W. J., 6-7
Jorgensen, D., 108
Josselson, R., 192, 214
Judd, C. M., 15-16, 29, 47-48, 191
Julnes, G., 178, 231-232

K

Kanwisher, N., 220-221b
Kates, N., 217b
Kaufman, H., 190, 190b
Kazdin, A. E., 214
Keating, W. D., 48-49
Kelling, G. L., 155b
Kelly, A. E., 206-207
Kendall, P. L., 115-116
Kennedy, M. M., 21
Kerbow, D., 161-162
Kessler, R., 217b
Kidder, T., 29, 34-35, 34-35b, 191
Knight, R. T., 215
Knowlton, L. W., 162-165
Kovalainen, A., 104
Kratochwill, T. R., 154-155, 214
Krueger, R. A., 116-117
Krumholz, N., 48-49

L

Labin, S. N., 231-232
Lafronza, V., 67-68
Larsen, J. K., 118-119b
Lauber, H., 159-160
Lavrakas, P. J., 42-43
Lawrence-Lightfoot, S., 24-25n3
Leach, M. P., 6-7
Lee, E., 6-7
Lee, R. M., 138
Lempert, L. B., 139-140
Leopold, D. A., 220-221b
Lewins, A., 175, 176
Liebow, E., 34-35, 55, 55b

Light, R. J., 23b
Lijphart, A., 18-19, 59
Lincoln, Y. S., 39-40
Lindgreen, A., 6-7
Lipset, S. M., 22, 57, 58
Lipsey, M. W., 63-65, 169-170, 225
Liu, A. H., 6-7
Llewellyn, K. N., 5-6
Lobe, B., 178
Lund, J. F., 143-144b
Lunt, P. S., 46
Lynd, H., 84b
Lynd, H. M., 84b, 143-144, 193, 201
Lynd, R. S., 84b

M

Maanen, J. V., 191
Magaziner, I. C., 35-36, 173-174b
Mark, M. M., 231-232
Markus, M. L., 39-40
Marschall, M., 230-231
Marshall, C., 109
Marwell, N. P., 100-101b
Mayer, E., 220-221b
McAdams, D. R., 112b
McClintock, C., 56
McCord, D. M., 71n2
McDaniel, R. R., Jr., 161-162
McKone, E., 220-221b
McLaughlin, M., 198b
McMullen, L. M., 192, 214
McNemar, Q., 71n2
McPeek, B., 23b
Mertens, D., 225
Merton, R. K., 115-116
Meyer, C. B., 6-7, 211
Michel, J.-B., xiii, xxi-xxii
Miles, M. B., 97-98, 130-131, 139-140
Miller, W. L., 108
Mills, A. J., xiii-xv, 26
Milner, B., 216
Mishna, F., 6-7
Mitchell, J. C., 6-7, 72
Miyahara, M., 221-222b
Mohr, J. P., 216
Moore, B., Jr., 153-154b

Morgan, D. L., 214
Morgan, R. K., 214
Morris, L. L., 185
Mosteller, F., 23b, 134-135n2
Muenchow, S., 123-124b
Mulroy, E. A., 159-160
Mulvaney, S., 232-233
Murphy, J. T., 107
Murray, D. M., 215

N

Nachmias, C., 15-16, 30
Nachmias, D., 15-16, 30
Nathan, I., 143-144
Naumes, M. J., 182
Naumes, W., 182
Nesman, T. M., 159-160
Neuman, S. B., 134-135n1
Neustadt, R. E., 8b, 44-45
Nock, M., 214
Norenzayan, A., 71n2

O

Oldsman, E., 164
Onwuegbuzie, A. J., 68-69
O'Reilly, K., 22
Orum, A. M., 6-7, 22, 33-34

P

Paavilainen, E., 6-7
Patinkin, M., 35-36, 35-36b, 173-174b
Patton, M. Q., 20, 108, 124, 134-135n1, 139-140, 144-145
Payne, M. R., 23
Peters, T. J., 194b
Peterson, R. K., 31, 71n2, 159-160
Philliber, S. G., 31, 71n2, 159-160
Phillips, C. C., 162-165
Phillips, R., 160-161
Piekkari, R., 6-7
Pittman, R. H., 160-161
Platt, J., 6-7, 15-17, 33-34
Prescott, H. M., 71n2
Pressman, J. L., 144-145

Índice de autores   269

R

Radin, B. A., 6-7, 18-19
Rafal, R., 215
Ragin, C. C., 33-34, 178
Raizen, S. A., 188b
Randolph, F. I., 232-233
Randolph, J. J., 85b
Redman, E., 120-121, 120-121b
Rhodes, J. E., 214
Rider, J., 185b
Rihoux, B., 178
Rivera, L. A., 46-47b
Robben, A. C. G. M., 108
Robertson, L. C., 215
Roch, C., 230-231
Rog, D. J., 9-11, 42-43, 108, 159-160, 178, 231-233
Rogers, E. M., 118-119b
Rogers, P. J., 22, 159-161
Rogowski, R., 141-142b
Rollow, S., 161-162
Rolls, G., 216, 217, 217b
Rosenbaum, D. P., 169-170b
Rosenbaum, P. R., xvi-xvii, 13-14, 40-41, 71n5, 144-145, 147-148, 214
Rosenthal, R., 9-11, 21, 21
Rossi, P., 220-221, 225
Rossion, B., 220-221b
Rossman, G. B., 109
Rubin, H. J., 108, 114
Rubin, I. S., 108, 114
Ruddin, L. P., 48-49
Ruigrok, W., 6-7, 47-48

S

Samsloss, G., 31
Schatzman, L., 107, 203
Schein, E., 152-153, 152-153b, 207-208, 207-208b
Schlesselman, J. J., 214
Schmidt, R. J., 156-157
Schmitt, N., 71n2
Schneider, M., 230-231
Schorr, L. B., 18-19b
Schramm, W., 15-16

Schwab, M. R., 31
Schwandt, T. A., 24-25n2, 26, 230-231
Scoville, W. B., 216
Scriven, M., 4
Sears, D. O., 71n2
Selznick, P., 184, 184b
Shavelson, R., 22, 231-232
Shen, Y. K., xiii, xxi-xxii
Sheppard, L. A., 161-162
Shimamura, A. P., 215
Shinkfield, A. J., 20, 225
Sidman, M., 216
Sidowski, J. B., 29
Silver, C., 175, 176
Silverman, D., 108
Silverstein, L. B., 138
Sjoberg, G., 6-7, 22, 33-34
Slade, L. A., 71n2
Sluka, J. A., 108
Small, M. L., xvi-xvii, 55, 72, 178
Smith, J., 214
Socha, A., 71n2
Soddard, L. T., 216
Spear, P., 104
Speiglman, R., 104
Spilerman, S., 13-14
Stafford, D., 217b
Stake, R. E., 15-16, 24-25n3, 83
Standerfer, N. R., 185b
Stanley, J., 13-14, 29, 30, 49-50
Staw, B. M., 40-41
Steele, D. J., 161-162
Stein, H., 5-6
Stoto, M. A., 23b
Strauss, A., 39-40, 107, 130-131, 139-140, 142-143, 151-152, 203
Stufflebeam, D. L., 20, 225
Sudman, S., 21
Supovitz, J. A., 157-158b, 232-233
Sutton, R. I., 40-41
Szanton, P., 61-62, 61-62b

T

Tatian, P., 157-158b
Tawney, J. W., 214
Taylor, B. S., 157-158b, 232-233

Teske, P., 230-231b
Thacher, D., 103n1
Towl, A. R., 5-6, 147-148
Towne, L., 22, 231-232
Trochim, W., 147-148
Trow, M., 22, 57, 58
Turner, B. S., 26

U

Unrau, Y. A., 104

V

Van Maanen, J., 39-40, 191
Van Yperen, T. A., 23
Vaughan, D., 46, 46b, 154-155
Veerman, J. W., 23
Veres, A., xiii, xxi-xxii
Vertue, F. M., 5-6
Vissak, T., 6-7

W

Wafer, A., 221-222b
Wallace, D. L., 134-135n2
Warner, W. L., 46
Warnes, R., 175
Waterman, R. H., Jr., 194b
Wax, R., 108
Weiss, R. S., 108, 114
Welch, C., 6-7

Wertz, F. J., 192, 214
White, P., 202b
Wholey, J., 159-161, 230-231
Whyte, W. F., 8b, 34-35, 44-45, 55, 115-116, 120-121b, 201, 203
Wicki, B., 6-7, 47-48
Wiebe, E., xiii-xv
Wildavsky, A., 144-145
Wilford, J. N., 32b
Wilson, R. F., 221-222
Windsor, D., 5-6
Wolcott, H. F., 183, 198-200
Wolf, P., 178

Y

Yardley, L., 124, 214
Yates, D. T., 178
Yin, R. K., xvi-xvii, xix-xx, 6-7f, 7, 17, 41-42, 55, 61-62, 68-69, 71n4, 99-102, 113, 119-120, 129-130b, 131-132, 140-141, 141-142b, 144-147, 149-150b, 156-157, 162-165, 169-170b, 172-173, 175-178, 197, 198b, 206-207, 220-221b, 225, 228-229, 229-230b, 230-233, 233-234n2, 233-234n1

Z

Zelikow, P., 7, 44-45
Zigler, E., 123-124b

Índice

Nota: Nas referências de página, *b* indica quadros, *e* indica exercícios e *f* indica figuras.

A

Achados
   análises de alta qualidade e,
   avaliação de estudo de caso e, 172-173,
      226-227, 229-230
   confiança e, 51-52
   critérios para interpretação, 38-39
   desenvolvimento da teoria e, 40-41
   métodos de pesquisa e, 195-196
   relatórios de estudo de caso e, 197, 203
   replicação e, 60-61
Administração pública
   métodos de caso comparativos e, 18-19
   trabalhos dedicados a métodos do estudo de caso e, 6-7f
American Anthropological Association, 81
American Association of University Professors, 81
American Educational Research Association, 81
American Evaluation Association, 81, 225
American Political Science Association, 81
American Psychological Association, 81
American Society for Public Administration, 103n3
American Sociological Association, 81
Amostragem
   análise de poder para determinar, 63-65
   generalização estatística e, 42-43
   intencional, 44-47
   lógica, 28, 62-65, 67
   lógica da replicação e, 62-63
   projetos de caso múltiplo e, 60-61, 63-65, 67
   unidades integradas e, 56

Análise comparativa qualitativa (QCA), 178
Análise conversacional, 214
Análise de alta qualidade, 172-174
Análise de casos cruzados, 169-170*b*, 187*b*
   anonimato e, 201
   estudos de caso múltiplos e, 188
   modelos lógicos não lineares e, 176
   relatórios de estudo de caso e, 189, 190
Análise de séries temporais, 154-160, 243-247
   analisando, 159-160e
   condições resumidas para, 158-160
   estudo de caso único e, 155*b*
   sequências cronológicas e, 158-159
   séries temporais complexas e, 156-159
   séries temporais simples e, 155-157
   vinculação dos dados às proposições e, 38-39
Análise de séries temporais complexas, 156-159
Análise fenomenológica, 214
Análises do estudo de caso, 151-152, 174
   análise de séries temporais e, 154-160
   combinação de padrão e, 147-152
   construção de explicação e, 151-155
   estratégias analíticas para, 139-141, 145-147
   ferramentas auxiliadas por computador para, 138-140
   melhor preparação para condução, 145-147
   modelos lógicos e, 159-168
   técnicas analíticas para, 145-148
Anonimato, 200

Antropologia, 4
  livros-texto e, 107
  pesquisa de estudo de caso e, 4
  projetos de casos múltiplos/únicos e, 59-60
  trabalhos dedicados a métodos do estudo de caso e, 6f
Applications of Case Study Research, 235
Apresentação visual de seis círculos, xvi--xvii
Artefatos
  avaliações de estudo de caso e, 226
  evidência do estudo de caso, 107-109, 110 f, 122-123
Artefatos físicos
  avaliação de estudo de caso e, 226-227
  evidência de estudo de caso e, 106, 107, 109, 110f, 121-123
Assistência médica, 161-162, 186, 217*b*
Atribuições aleatorizadas, x-xi, xiii
Avaliação de programa, 108, 169-170*b*, 232-233
Avaliações
  caixa-preta, 160-161
  desenvolvimento da teoria e, 41-43
  dois níveis, 233-234b
  formativo, 229-230
  implementação, 228-229
  modelos lógicos e, 119-120
  organizações e, 232-234
  pesquisa de estudo de caso e, 15-16, 20, 225-234
  pesquisa de estudo de caso/psicologia e, 221-222
  processos, 228-229
  programa de orientação para resultados, 232-234
  programa/projeto, 232-233
  resultado, 230-231
  situação especial em, 13-14
  somativa, 221-222
  tipos de triangulação na realização, 124
  trabalhos dedicados a métodos do estudo de caso e, 6-7f

Avaliações do estudo de caso, 233-234
  análise quantitativa dos resultados como parte das, 230-231b
  focando na iniciativa/resultados e, 231-233

B

Banca de teses, 180, 185
Banco de dados, 243-247
Banco de dados do estudo de caso, 106, 109, 243-247
  confiança e, 52
  construção da explicação e, 154-155
  criação, 127-132
  documentos do estudo de caso e, 129-130
  materiais tabulados e, 130-131
  perguntas/respostas em, 189
  pesquisa do estudo de caso/psicologia e, 222-223
  praticando o desenvolvimento do, 131-132e
  relatórios do estudo de caso e, 130-131, 183
Bibliografia, 98-99, 129-130, 198-199
Bibliografia anotada, 98
Bloqueio do escritor, 198-199
Bold Ventures, 188*b*

C

Cadeia de evidência, 243-247
Carta de apresentação, 91*f*
Case Study Anthology, 213
Caso crítico, 54, 60-61, 206, 237
Caso incomum, 55, 68-69, 99-100
Caso longitudinal, 54, 56
Caso(s), 243-247
  anonimato do, 200-202
  compreensão profunda de, 213
  dados descritivos sobre, 200
  definição, 33-34, 36-37
  definição de estudos de caso e, 17
  definição de limites de, 36-37e
  delimitação, 35-37
  estudo de caso único e, 55
  exame de, 226-227

Índice **273**

métodos de pesquisa e, 195-196
pesquisa em interesse, 228-229
Casos integrados múltiplos, 65-66
Censo dos Estados Unidos, 113
Ciência política
    comparando métodos de pesquisa e, 7
    estudo de caso e, 33-34
    métodos congruentes e, 147-148
    métodos de caso comparativo e, 18-19
    pesquisa em estudo de caso e, 4
    projetos de caso único/múltiplo e, 59-61
    trabalhos dedicados a métodos do estudo de caso e, 6-7f
Citações, xv-xvi, xix-xx, 130-132, 132-133*f*, 196, 201
Classic Case Studies in Psychology, 217*b*
Colaboração, xx-xxi, 32, 84-86
Comitês de dissertação, 185, 192
Comportamento
    evidência do estudo de caso/observações diretas e, 118-120
    manipulação, 12-13
    múltiplas fontes de evidência e, 123
Conclusões
    analisando dados e, 140-141
    cadeia de evidência, 131-132
    confiança e, 51-52
    evidência e, 208-209
    projetos de pesquisa e, 31
    questões da coleta de dados e, 96-97, 96-97f, 97-98
    relatórios de estudo de caso e, 97-98, 203
    Veja também Relatórios de estudo de caso
Condições contextuais, 15-16, 53, 140-141, 165-167, 167-168*f*
    avaliações e, 226-227
    estudos de caso em psicologia e, 216, 218-219
    estudos de casos bons e, 213
    limites das amostras e, 206-207
Confiança, 243-247
    banco de dados de estudo de caso e, 128-129
    cadeia de evidência e, 131-132

    de evidência observacional, 119-120
    evidência de estudo de caso e, 108-109
    objetivo da, 52
    princípios da coleta de dados e, 122-123
    projeto de pesquisa e, 28, 47-49, 51-52
    protocolo de estudo de caso e, 87-88
    testes de projeto para, 47-49, 47-48f
Confidencialidade, 82, 83
Conselho de revisão institucional (CRI), 84, 104
    estudos de casos-piloto e, 100-101
    relatório de estudo de caso e, 198-199
    sujeitos humanos e, 82
Consentimento informado, 82, 83
Correspondência de padrões, 136, 147-152, 148-149*b*, 243-247
    estruturas comparativas e, 192
    modelos lógicos e, 159-160
    precisão da, 151-152
    variáveis independentes rivais e, 150-152
COSMOS Corporation, 9-10, 53, 170-171, 209-210n3
    fontes múltiplas de evidência e, 123-124
    métodos do estudo de caso e, 64f
    projetos de estudo de caso holístico e, 58
    tabelas de palavras e, 169-170
Credibilidade, 47-48, 81, 121-122, 196, 222-223
Crise dos mísseis Cubanos, 7*b*, 44-45, 192
Crise Rodney King, 112*b*

D

Dados, 5-6
    abordagem indutiva com, 142-143
    análise de arquivos, 42-43
    análise de séries temporais e, 158-160
    avaliações de estudo de caso e, 225, 228-232
    avaliações de projetos e, 232-233
    banco de dados de estudo de caso e, 127-132
    computadores e, 136
    criar um banco de dados do estudo de caso e, 127-132

definição de duas partes de estudos de casos e, 18
desenvolvimento da teoria e, 40-41
diferentes formas de analisar o mesmo, 192
escolha do caso e, 30b
estudo de caso-piloto e, 100-103
evidência do estudo de caso e, 106
evidência do estudo de caso/documentos e, 111-112
evidência do estudo de caso/observações diretas e, 117-120
evidência e, 208-209
examinador econômico, 11-12
experimentos de campo e, 14-15
ferramentas auxiliadas pelo computador para, 138-140
fidelidade, 47-48
fontes eletrônicas e, 131-132
fontes múltiplas de evidência e, 123-124, 126
formular boas questões e, 77-78
interpretação da informação e, 80
livros-textos e, 108
lógica da amostragem e, 62-63
mantendo a cadeia de evidência para, 131-133, 132-133f
métodos de pesquisa e, 195-196, 196f
muito/pouco, 38-39
não rotineiros, 76
novas revelações em, 68-69
organizando/documentando, 127-132
outros dispositivos para, 97-98
papel do desenvolvimento teórico e, 39-40
participação e observação, 120-122
pesquisa em estudo de caso/psicologia e, 214, 222-223
planos, 83
preparação para, 75
princípio de, 122-124
procedimentos, 92-93
projeto de estudo de caso integrado e, 58-59, 69-70
projeto versus, 96-97f

projetos de pesquisa e, 28, 30, 31, 38-40
proposições teóricas e, 141
propostas vinculadas aos, 38-39
protocolo do estudo de caso e, 87-88
questões de coleta de dados e, 94, 95
relatório do estudo de caso e, 97-98, 188, 197-200
reprodução de projetos e, 65-66
seleção de casos e, 99-100
seleção no relatório, 63-65
técnicas, 71n1, 126
técnicas para análise, 140-147
trabalhar a partir do zero com, 140-143, 141-142b, 145-147
treinamento para, 126
unidade de análise e, 34-35, 96-97
usando fontes múltiplas de evidência para, 122-127
validade do constructo e, 49-50
vídeo de, 138
Veja também Registros de arquivos; Dados qualitativos; Dados quantitativos.
Dados qualitativos
avaliações de estudo de caso e, 226-227
modelos lógicos e, 162-165
pesquisa de estudo de caso/psicologia e, 222-223
questões de coleta de dados e, 97-98
Veja também Dados
Dados quantitativos
avaliações de estudo de caso e, 226-227
estratégia indutiva e, 142-143
pesquisa de estudo de caso/psicologia e, 222-223
questões de coleta de dados e, 97-98
seleção de casos e, 99-100
Veja também Dados
Declarações teóricas, 39-40, 72
Delimitar o caso, 35-37
Densa descrição, 20
Descrições do caso, 143-147
Desenvolvimento econômico Internacional, 40-41
Documentação/documentos
avaliação de estudo de caso e, 226-227

estudo de caso, 129-130
evidência de estudo de caso e, 106, 107, 109-113, 110f
evidência de estudo de caso/participação, observação e, 121-122
participação pessoal/reportagens e, 111-112b
validade da, 111-112
Documentos do estudo de caso, 129-130
entrevistas e, 111-112, 129-130

E

Economia
  métodos de pesquisa para, 9-11
  pesquisa de estudo de caso e, 4
Educação
  pesquisa de estudo de caso e, 4-6
  trabalhos dedicados a métodos do estudo de caso e, 6-7f
Engano, 80-82
Entrevista intensiva, 114, 192
Entrevistados
  avaliação de dados e, 228-230
  evidência de estudo de caso/entrevistados e, 114-118
  ferramentas auxiliadas pelo computador e, 139-140
  questões de coleta de dados e, 94, 95
  Veja também Participantes
Entrevistas, 243-247
  avaliações de estudo de caso e, 226-227
  comparando métodos de pesquisa e, 9-12
  curta, 115-116
  documentos de estudo de caso e, 111-112, 129-130
  em profundidade, 114, 216-217
  evidência de estudo de caso e, 106, 107, 109, 110f, 111-112, 114-118
  fontes eletrônicas e, 133-134
  fontes múltiplas de evidência e, 124
  intensiva, 114, 192
  livros-texto e, 108
  não estruturada, 114
  notas de campo e, 128-129
  prolongada, 114-116

questões de coleta de dados e, 94
tipos de, 114-116
triangulação do investigador, 124
Equipes de estudo, 83, 92, 93
Equipes de estudo de caso, 83, 92, 93
  Veja também Treinamento
Equipes de pesquisa, 101-103
esboços do relatório de estudo de caso, 180, 193, 198-200, 202, 204
Escrita não fictícia, 182, 209-210
Essence of decision: Explaining the Cuban Missile Crisis, 7
Estratégia analítica, 139-140, 142-143
  criação geral, 147e
  métodos de pesquisa e, 196
  modelos lógicos e, 160
Estruturas comparativas, 180, 191f, 192
Estruturas cronológicas, 158-159, 180, 191f, 192-193
Estruturas de suspense, 180, 191f, 193
Estruturas de tabelas (table shells), 97-98, 243-247
Estruturas de tabelas vazias, 97-98
Estruturas não sequenciais, 180, 191f, 193
Estudo de caso de ensino, 21, 243-247
Estudo de caso exemplar, 204-210
Estudo de caso-piloto, 243-247
  escopo de investigação para, 101-103
  preparação para coleta de dados e, 75
  relatório de estudo de caso e, 102-103
  relatórios para, 102-103
  seleção de, 100-102, 102-103e
Estudo de dois casos e, 67-68, 67-68b, 168-169b
Estudos comunitários, 4, 13-15
Estudos de caso, 243-247
  a maior crítica dos, 58
  adaptabilidade no projeto, 79b
  agrupamentos predefinidos e, 170-171
  alta qualidade, 174
  analisando, 136, 173-174
  avaliação, 221-222b
  características dos, 18
  casos ilustrativos para, 37-38f
  casos-piloto para, 100-103

comparação de métodos de pesquisa e, 11-12
complementaridade de, 23b
completude e, 206-207
composição, 181-183
comunicação com, 186-187
condução do treinamento para a realização de, 87e
confiança e, 51-52
criação do projeto para fazer, 48-49
critério para interpretação dos achados de, 38-39
definição, 15-18, 26, 37-38e
definição de tipos diferentes de, 8-10e
definição de um bom, 205e
definição em duas partes de, 17-18
descoberta e análise de estudo de caso existente, 18e
descrição de métodos utilizados em, 195-196
descritivo, 219-221b
desenvolvimento teórico para, 39-42
documentando procedimentos seguidos no começo, 52
duas versões do mesmo, 185b
entrevista de levantamento em, 116-118
escolhendo, 30b
escopo dos, 17
escrita de não ficção e, 182, 209-210
escuta e, 78
estudo de dois casos e, 67-68, 67-68b, 168-169b
exemplos de concretos/menos concretos, 36-37, 37-38f
explicações rivais e, 145-147
famosos, 184b
famosos/descritivos, 8b
fase analítica de, 51
fazer inferências e, 43-44f
fenômeno de interesses e, 125-126
fontes da evidência para, 12-13
generalização analítica e, 44-45
generalização de, 21-22
grande número de variáveis em, 216
identificando fontes de evidência em outros, 109e
identificando tipos específicos de evidência em, 122-123e
índice individual de, 235-241
literatura prévia e, 36-37
lógica de amostragem e, 62-63
malfeito, 222-223
mantendo anonimato em, 200-202, 202e
material didático e, 21
métodos de pesquisa para, 9-11
modos alternativos de composição, 22
mudanças nos, 78
muitos casos e, 178
normativo, 103n1
orientação para a realização de, 52
ponto forte dos, 158-159
preparação para, 74
preparação/treinamento específico para, 81-87
problemas fundamentais na realização de, 35-36b
procedimentos de coleta de dados para, 92-93
projeto, 29-40
projeto de pesquisa e, 28, 52-67
publicação em periódicos acadêmicos, 97-99. Veja também Periódicos
qualidade dos, 202b, 203, 204b, 211
relatando metodologia como um artigo de pesquisa independente para, 211
repetição de estruturas comparativas, 192
repetido/redocumentado, 79
revisão, 49-50, 202b
revisão do rascunho para, 202-204
revisão formal dos, 204b
revisão/ferramentas/métodos utilizados em outros, 85b
revisões para, 85-87
selecionando, 99-101, 100-101b, 206
significância e, 205-206
tabela de conteúdo do protocolo para condução, 87-89f
tipos de projetos para, 53f
tópicos e, 33-34
treinamento e, 83-87, 84-85f
um bom, 23b, 204-210
um bom projeto de, 3

Índice **277**

unidade de coleção de dados para, 96-97
usados com a finalidade de ensino, 21e, 213
utilizando dados quantitativos em, 142-143e
utilizando em modo explicativo, 220-221b
utilizando teoria para analisar, 141-142b
validade do constructo e, 48-50
validade externa e, 51
validade interna e, 49-51
variações em, 15-20
visão geral de, 87-89f
voltando ao projeto, 193
Veja também Estudos de caso descritivos; Estudos de caso explicativos; Estudos de caso múltiplos; Estudo de caso-piloto; Estudo de caso único
Estudos de caso de alta qualidade, 174
Estudos de caso descritivos, 243-247
  estruturas analíticas lineares e, 192
  estruturas não sequenciais e, 193
  organizações de, 194
  relatório de estudo de caso e, 192-194
  Veja também Estudos de caso explicativos; Estudos de caso exploratórios
Estudos de caso explicativos, 243-247
  construção da explicação e, 153-154
  estruturas analíticas lineares e, 192
  estruturas de construção da teoria e, 193
  estruturas de suspense e, 193
  relatório de estudo de caso e, 192-193
  validade interna e, 49-50
  Veja também Estudos de caso descritivos; Estudos de caso exploratórios
Estudos de caso exploratórios, 243-247
  comparando métodos de pesquisa e, 7
  desenvolvimento de teoria e, 41-42
  estruturas analíticas lineares e, 192
  estruturas de construção da teoria e, 193
  proposições de estudo e, 32
  relatórios de estudos de casos e, 193
  Veja também Estudos de caso descritivos; Estudos de caso exploratórios
Estudos de caso-controle, 214-216

Estudos de casos múltiplos, 243-247
  abordagem de replicação para, 62-63, 64f
  análise de alta qualidade e, 172-173, 173-174b
  anonimato e, 201
  comparando métodos de pesquisa e, 11-12
  construção da explicação e, 152-154b, 153-155
  correspondência de padrões para explicações rivais e, 149-151b
  estabelecendo fundamentos para, 68-69e
  estudos de caso exemplares e, 206
  evidência e, 208-209
  exemplos de, 18-19b
  formatos de relatório de estudo de caso para, 189
  generalizações analíticas e, 44-45
  holístico/integrado, 65-67
  métodos de caso comparativos e, 18-19
  opções de formato para, 190-191
  padrões de séries temporais e, 156-157
  pesquisa de estudo de caso/psicologia e, 221-222
  projeto de pesquisa e, 28
  questões de casos cruzados para, 95
  questões de coleta de dados e, 94, 95
  relatório de estudo de caso e, 188, 190b
  síntese de casos cruzados e, 168-169, 171-172b
  unidade de análise e, 33-34
Estudos de métodos mistos, 68-70, 69-70f, 243-247
  como parte de um estudo de caso maior, 197-198
  pesquisa de estudo de caso e, 5-6
  pesquisa de estudo de caso/avaliações maiores e, 228-229
  pesquisa de métodos únicos e, 71
  projeto de pesquisa e, 28
  relatório de estudo de caso e, 180
Estudos painéis, 29
Estudos randomizados controlados (ERCs), 13-14, 22, 231-232
Ética
  conduzindo pesquisa e, 80-81
  sujeitos humanos e, 81-87

Etnografia, 22
  evidência de estudo de caso e, 109
  livros-texto e, 108
  papel do desenvolvimento da teoria e, 39-40
  relato de resultados do trabalho de campo e, 191
  trabalhos dedicados a métodos do estudo de caso e, 6-7f
Eventos causais, 158-160
Evidência
  analisando, 137
  análise de alta qualidade e, 172-173
  banco de dados do estudo de caso e, 128-129
  buscando convergência, 127e
  convergência/não convergência de, 125f
  em ordem cronológica, 192-193
  estabelecimento de um encadeamento de, 132-133e
  estudo de caso integrado/levantamento, 198b
  estudos de caso exemplares e, 206-209
  fonte única de, 109, 123-125
  fontes de, 106, 109-123, 110f, 122-123, 133-134
  fontes eletrônicas de, 109
  fontes múltiplas de, 109, 122-127, 226-227
  forças/fraquezas de fontes de, 110f
  justificativa para o uso de múltiplas fontes de, 123-127
  mantendo a cadeia de, 109, 131-133, 132-133f
  observações diretas e, 106, 107, 109, 110f, 117-120, 118-119b
  pesquisa em estudo de caso e, 213
  pré-requisito para o uso de múltiplas fontes de, 126-127
  princípios para o trabalho com fontes de, 107-109
  projeto de pesquisa e, 31
  questões de coleta de dados e, 94-97
  questões/formato de respostas para, 189b
  relatório de estudo de caso e, 197, 203
  triangulação a partir de fontes múltiplas de, 124b
  uso observacional, 118-119b
  validade do constructo e, 49-50
  validade do constructo/confiança de, 122-123
Experimentos
  análise de séries temporais e, 154-160
  estudos de casos adjuntos aos, 23
  estudos de casos únicos e, 54
  laboratório, 76
  múltiplas fontes de evidência e, 123-124
  pesquisa de estudo de caso/psicologia e, 213-215
  proposições de estudo e, 32
  relatórios de estudos de casos/público e, 180
  social, 12-13
  verdade, 22
Experimentos de campo
  alternativas aos aleatórios, 14-15
  com um grande número de entidades coletivas, 14-15
  comparando métodos de pesquisa e, 11-13
  logística de, 84b
  testes de campo aleatórios e, 13-14
Experimentos laboratoriais, 76
Experimentos verdadeiros, 22
Explicações, 151-155, 243-247
  construção, 154-155b
  definindo/testando rival plausível, 144-147, 145-146f
  em estudos de casos múltiplos, 152-154b
  em um estudo de caso único, 152-153b
  natureza iterativa das, 153-155
  plausível/rival, 154-155
  problemas potenciais em, 154-155
Explicações causais, 7, 261
Explicações rivais, 39-41, 243-247
  análises de alta qualidade e, 172-173
  correspondência de padrões para, 149-151b
  descrições breves de, 145-146f
  estudos de caso exemplares e, 206-207
  variáveis independentes e, 150-152

F

Facebook, 133-134
Fenômeno contemporâneo, 2, 17, 26, 82
Ferramentas auxiliadas pelo computador, 138-140
Financiamento, 3, 14-15, 180
Financiamento de pesquisa, 3, 14-15, 180
Fontes eletrônicas, xix-xx, 106, 109, 133-134

G

Generalização analítica, xix, 21, 243
   definição, 72
   estudo de caso e, 44
   objetivo da, 44
   papel da teoria, 43
   pesquisa de estudo de caso/psicologia e, 222
   projetos de pesquisa e, 28, 52, 53
   validade externa e, 51
   Veja também Generalizações estatísticas
Generalizações
   analítica/estatística, 42-43
   estudos de caso únicos e, 46-47b
   Veja também Generalizações analíticas; Generalizações estatísticas
Generalizações estatísticas, 22, 42-43, 71n2, 243-247
   generalizações analíticas e, 72
   pesquisa de estudo de caso/psicologia e, 222-223
   projetos de pesquisa e, 28
   validade externa e, 51
   Veja também Generalizações analíticas
Google Ngram Viewer, xiii-xv, xxi-xxii, 17
Gráficos, 139-140, 161-162, 176, 182, 186
   formatos de relatórios para, 187
Grande teoria, 40-41
Grass Roots, 184b
Grupo focal, 115-117

H

Habilidades
   pesquisadores de estudo de caso e, 76-81
   preparação para coleta de dados e, 75

Hermenêutica, ix
Hipóteses de trabalho, 42-44
Hipóteses nulas, 63-65, 145-146f

I

Identidade, 200-203
Implementing Organizational Innovations, 54b
In Search of Excellence, 194b
Índice
   avaliações de estudo de caso e, 225
   de estudos de caso individuais, 235-241
   documentos de estudo de caso e, 129-130
   pesquisa de estudo de caso/psicologia e, 214
Inferência de nível 1, 42-43, 43-44f, 71n1
Inferência de nível 2, 43-44f, 44-45, 51
Informantes, 114-116, 200-203, 243-247
Internet
   coleta de dados e, 133-134
   evidência de estudo de caso/documentos e, 111-113
Investigadores experientes, 95

J

Joint Committee on Standards for Educational Evaluation, 83

L

Legibilidade
   métodos de pesquisa e, 196
   relatório de estudo de caso e, 189
Levantamento, xiii, 17
   aberto e fechado, 96-97
   coleta de dados para, 76
   comparando métodos de pesquisa e, 6-7
   estudo de caso com muitos casos e, 178
   estudo de caso integrado e, 198b
   fontes múltiplas de evidência e, 123-124
   generalização estatística e, 42-43
   levantamento de campo, 9-11, 130-131
   lógica de amostragem e, 62-63
   pesquisa de estudo de caso/psicologia e, 214
   projeto de pesquisa e, 29

proposições de estudo e, 32
questões de estudo de caso e, 93-98
situações relevantes para, 9-16, 9-10f
treinamento para, 85-86. Veja também
  Treinamento
validade interna e, 49-50
viés/ em projeto de questionários para, 21
Veja também Questionários
Levantamento de campo, 9-11, 130-131
Limites do caso, 243-247
Linha de investigação mental, 95, 243-247
Linha de investigação verbal, 95, 243-247
Literatura
  estudo de caso exemplares e, 206
  pesquisa de estudo de caso e, 213
  projeto de pesquisa e, 41-42
  questões de coleta de dados e, 95
  relatórios de estudo de caso e, 196-199
  revisão, 14-16, 198-199
Literatura da pesquisa
  bibliografias e, 198-199
  descoberta/análise existente, 18e
  relatórios de estudo de caso e, 194-200
Livros-texto
  análise de séries temporais e, 154-155
  avaliação de estudo de caso, 225
  banco de dados de estudo de caso e, 128-129
  ciência social recente, 15-16
  composição do relatório de pesquisa em, 182-183
  evidência de estudo de caso e, 107-108
  exame dos estudos de caso usados com a finalidade de ensino e, 21e
  pesquisa de estudo de caso/psicologia e, 214
  projetos de pesquisa e, 29
  referências para a pesquisa de estudo de caso em, 17
  rivais artesanais e, 145-146
  validade interna e, 49-50
Local de não tratamento, 14-15
Lógica da replicação, 68-69, 80, 150-151*b*, 169-170*b*, 174, 178, 221-222*b*, 243-247
  dois casos e, 67-68
lógica de amostragem e, 62-63
projetos de caso múltiplo e, 60-63, 61-62b, 63-65, 67
táticas de estudo de caso para quatro testes de projeto e, 47-48f
Veja também Replicações literais; Replicações teóricas

M

Management Information System (MIC), 39-42
Mão nervosa, 183, 189
Materiais tabulares, 106, 128-131
Método da congruência, 147-148
Métodos, 64*f*
  comparando, 5-16
  congruentes, 147-148
  em campos específicos, 6-7f
  quantitativos, 157-158b
  situações relevantes para, 9-16, 9-10f
  Veja também Métodos de pesquisa de análises de arquivo; Métodos de pesquisa
Métodos de campo, 211
Métodos de pesquisa, 195-196
  comparando, 5-16
  definições de estudos de caso como, 15-18
  proposições de estudo e, 32
  questões do estudo e, 32
  situações relevantes para diferentes, 9-16, 9-10f
  variações no estudo de caso como, 18-20
  visão hierárquica dos, 6-7
  Veja também Análises de arquivo; Métodos; Questões de estudo
Métodos de pesquisa de análises de arquivo
  pesquisa de estudo de caso/psicologia e, 214
  situações relevantes para, 10-16
Middletown, 84b, 143-144*b*, 193, 201
Mídia de massa, 110, 217*b*
Mídia social
  coleta de dados da, 133-134
  evidência de estudo de caso e, 109

Modelo lógico do nível de programa, 162-165
Modelo lógico do nível organizacional, 162-165
Modelos analíticos lineares, 180
  estruturas de suspense e, 193
  relatório de estudo de caso e, 191f, 192
Modelos de equação estrutural, 160-162
Modelos de regressão estatística, 157-158
Modelos lógicos, 159-168, 164f, 166f, 233-234n2, 243-247
  atendendo às condições contextuais/rivais e, 167-168f
  avaliação de estudo de caso e, 231-232
  condições contextuais e, 165-168
  destacando transições e, 165-167f
  empresa/organização, 162-165
  não linear, 176, 177f
  nível do programa, 162-165
  nível individual, 161-162, 163f, 162-165
Modelos lógicos de nível individual, 161-162, 163f, 162-165
Modelos lógicos não lineares, 176, 177f
Múltiplas fontes de evidência, 18, 49-50, 71, 109, 222-223, 243-247
  avaliação de estudo de caso dependente de, 226-227
  dependência da avaliação do estudo de caso,
  fundamento para o uso de, 123-126
  pré-requisito para o uso de, 126-127
  princípios da coleta de dados e, 122-124

N

Narrativas
  banco de dados de estudo de caso e, 130-131
  construção da explicação e, 22
  estudos de caso sem, 189b
  pesquisa de estudo de caso/psicologia e, 214
  relatórios de estudo de caso e, 127-129
National Health Service Corps, 120-121b
National Research Council, 82, 220-221, 220-221b, 227-228

Negócios
  pesquisa de estudo de caso e, 4
  trabalhos dedicados a métodos do estudo de caso e, 6-7f
Neuroanatomia, 4
Neurofisiologia, 4
Neuropsicologia, 214
New Towns In-Town: Why a Federal Program Failed, 152-153b
Ngram Viewer, xiii-xv, xxi-xxii
Not Well Advised, 61-62b
Notas de campo, 243-247
  banco de dados de estudo de caso e, 128-130
  ferramentas auxiliadas pelo computador e, 139-140
  variedades de, 129-130b
Notas de rodapé, 130-132, 173-174b, 201, 206-209

O

Observações
  avaliações de estudo de caso e, 226-227
  coleta de dados eletrônicos e, 133-134
  fotografias e, 119-120
  notas de campo e, 128-129
  ouvir e, 78
  pesquisa de estudo de caso/psicologia e, 213-214
  procedimentos de coleta de dados e, 92
  questões de coleta de dados e, 94
  relato de campo, 118-119b
  Veja também Observações diretas
Observações diretas, 106, 107, 109, 110f, 117-120, 118-119b
Observações dos participantes, 17, 22, 243-247
  bairros e, 119-121b
  evidência de estudo de caso e, 106, 107, 109, 110f, 119-122
  livros-texto e, 108
Orientação realista, xviii-xix, 18, 24-25n2, 134-135n3
  avaliação de estudo de caso e, 226-227
  estruturas comparativas e, 192
Orientações epidemiológicas, 18

Orientações interpretativistas, 18, 24-25n2, 226-227
Orientações relativistas, xx-xxi, 18, 24-25n2
   avaliação de estudo de caso e, 226-227
   estruturas comparativas e, 192

P

Padrões de casos cruzados, 171-172
Participantes, 243-247
   anonimato e, 200, 201
   avaliação maior e, 226-228
   coleta de dados e, 92, 93
   esboço de relatório revisado por, 202-203
   estruturas comparativas e, 192
   evidência de estudo de caso e, 106, 113
   identificando tipos específicos de evidência e, 122-123e
   integridade e, 206-207
   perspectivas alternativas escritas por, 207-208b
   perspectivas de diferentes, 18
   proteção, 82
   revisões e, 204e
   selecionando casos-piloto e, 100-102, 102-103e
   tratados como unidades integradas de análise, 116-117b
   Veja também Entrevistados
People, Building Neighborhoods, 189b
Periódicos
   estruturas analíticas lineares e, 192
   estudos de casos publicados em, 44-45
   evidência de estudo de caso e, 107
   formatos de relatório de estudo de caso e, 188
   metodologia/pesquisa independente e, 211
   relatório de estudo de caso e, 97-99
Pesquisa
   associações, 83
   nas mudanças organizacionais, 160-161
   prévia, 171-172
   Veja também Pesquisa de estudo de caso; Pesquisa clínica; Pesquisa experimental; Pesquisa histórica; Pesquisa Qualitativa; Pesquisa Quantitativa, Pesquisa de ciência social, Pesquisa de trabalho social
Pesquisa clínica
   estudos de caso únicos e, 55
   livros-textos e, 108
   segurança de pacientes/bem-estar e, 63-65
Pesquisa comportamental, 214
Pesquisa de ciência social
   comparando métodos de pesquisa de estudo de caso em, 5-16
   pesquisa de estudo de caso e, 5-6, 213-214
   testes normalmente utilizados em, 28
Pesquisa de estudo de caso, xiii
   advertências e preocupações em realizar, 221-223
   analisando habilidades para, 81e
   avaliações e, 225-234
   como parte da avaliação maior, 226-229
   como parte das disposições de uma avaliação de dois níveis, 232-234
   como um método de avaliação, 226-227
   como um método de avaliação primário, 228-233
   comparada com outros tipos de métodos de pesquisa em psicologia, 214-215
   comparada com outros tipos de pesquisa comportamental, 215f
   definição exemplar, 210
   discussão de preocupações tradicionais sobre, 20-23
   em campos específicos, xiv-xvi
   enciclopédia de, xiii-xv
   esclarecimento do nicho para, 213-216
   evidência do estudo de caso/entrevistas e, 114
   fácil, 76
   ferramentas auxiliadas pelo computador para, 138-140
   generalização estatística e, 42-43
   identificando habilidades para realizar, 81e
   justificando, 36-37
   o feito mais importante na realização, 42-43

pesquisa experimental e, 46-47
projeto de pesquisa e, 29-30. Veja também Projetos de pesquisa.
propósito exploratório da, 219-220
psicologia e, 213-223
quantitativo/qualitativo, 20
quatro testes ao fazer, 47-49, 47-48f
resistências/limitações de, 4
rigor na realização, 20-21
vantagem comparativa e, 22
Pesquisa de trabalho social
livros-texto e, 108
pesquisa de estudo de caso e, 4
trabalhos dedicados a métodos do estudo de caso e, 6-7f
Pesquisa epidemiológica, 214
Pesquisa experimental
pesquisa de estudo de caso e, 46-47
situações relevantes para, 9-16, 9-10f
validade interna e, 49-51
Pesquisa histórica
comparando métodos de pesquisa e, 6-7
evidência de estudo de caso/documentos e, 111-112
evidência quantitativa e, 20
fontes múltiplas de evidência e, 123-124
pesquisa de estudo de caso/psicologia e, 214
situações relevantes para, 9-16, 9-10f
viés na condução, 21
Pesquisa qualitativa
modelos lógicos e, 160-162
pesquisa de estudo de caso/psicologia e, 214
pesquisa de métodos mistos e, 68-70
Pesquisa quantitativa, 157-158b
modelos lógicos e, 160-162
pesquisa de estudo de caso e, 15-16, 20
pesquisa de métodos mistos e, 68-69
Pesquisadores
anonimato e, 200
carreira do pesquisador e, 198
comentários e, 202b
estudos de casos exemplares e, 204-205
experientes, 137
fontes múltiplas de evidência e, 126

habilidades desejadas/valores de, 76-81
padrões éticos e, 80-81
questões de coleta de dados e, 94
relatórios de estudo de caso e, 181, 198
tópicos e, 194
únicos/múltiplos, 103n2
Planejamento
livros-texto e, 108
relatório de estudo de caso e, 97-99
Pontos de dados, 18, 26, 155-157
condições que levam a ter mais variáveis do que, 216-220
Processos privados, 82, 83
Programa Head Start, 123-124b
Projeto de caso múltiplo de duas extremidades, 65-66
Projeto de estudo de caso integrado, 56, 58-59
estudos de casos únicos e, 188
pesquisa dos métodos mistos e, 69-70
Projeto pós-teste de grupo único, 29-30
Projetos de caso único
potencial vulnerabilidade de, 56
projeto de casos múltiplos e, 59-61
projetos de casos múltiplos preferido aos, 67-68
Veja também Projetos de estudo de caso
Projetos de caso únicos (holísticos), 53, 58-59
Projetos de caso únicos (integrados), 53
Projetos de caso únicos, 18-19, 214, 215, 243-247
análise de alta qualidade e, 172-173
anonimato e, 201
bases para inferências causais e, 158-159
best-selling/explicativo, 7b
caso crítico como, 54b
caso revelador como, 56-56b
construção de explicação e, 152-153b, 153-155
correspondência de padrões e, 149-150
críticas a respeito, 67-68
estudos de caso exemplares e, 206
formatos de relatório de estudo de caso para, 187-188
generalização para, 46-47b

generalizações analíticas e, 44-45
justificativa para seleção, 54-56
padrões de séries temporais e, 157-158
pesquisa de métodos mistos e, 71
projetos de pesquisa e, 28, 53f
projetos holísticos/integrados e, 56, 58-59
questões de coleta de dados e, 94, 95
usando análise de séries temporais em, 155b
Projetos de casos múltiplos (holísticos), 53, 65-67
Projetos de casos múltiplos (integrados), 53
Projetos de casos múltiplos, 59-67
  complicados, 65-66
  descartando o original, 67
  estudos urbanos e, 61-62b
  fundamentais para, 63-66
  preferidos aos projetos de caso único, 67-68
  projeto de pesquisa e, 53f
  projetos de caso único e, 59-61
  replicação literal e, 60-69
  replicações teóricas e, 60-68
  Veja também Projetos de estudo de caso
Projetos de estudo de caso, 5-6, 243-247
  abordagem geral aos, 29-40
  casos múltiplos de duas extremidades, 65-66
  definição em duas partes de estudo de caso e, 18
  holístico, 56, 58-59, 58f
  integrado, 56, 58-59, 69-70, 188
  pesquisa do estudo de caso/psicologia e, 214, 219-220
  relatório de estudo de caso e, 191, 198-199
  Veja também Projetos de casos múltiplos; Projetos de pesquisa quase-experimentais; Projeto de pesquisa; Projetos de caso único
Projetos de estudo de caso holístico, 56, 58-59, 58f
Projetos de pesquisa, 243-247
  abstração e, 36-37
  alterando/modificando, 68-69
  codificado, 30

completo, 40-41
componentes do, 31-40
confiança e, 51-52
conselho na seleção, 67-71
critério para julgamento da qualidade dos, 47-52, 52e
dados e, 28
definição de, 30-31
definindo estudo de caso, 67e
desenvolvimento teórico e, 39-42
estudo de caso único/múltiplo, 54
estudos de caso e, 52-67
estudos de caso-piloto e, 100-102
papel da teoria/proposições teóricas em, 39-47
pesquisa de estudo de caso/psicologia e, 222-223
pesquisa de métodos mistos e, 69-70
pós-teste de grupo único, 29-30
quase-experimentais e, 29-30
rivais e, 38-39
teoria/ proposições teóricas e, 43-44
tipos de, 53f
unidade de análises e, 33-37
validade do constructo e, 48-50
validade externa e, 51
validade interna e, 49-51
vinculação dos dados às proposições e, 37-39
Veja também Projetos de estudo de caso; Projetos de pesquisa quase-experimental
Projetos de pesquisa quase-experimentais, 12-14
  análise de séries temporais e, 154-160
  pesquisa de estudo de caso e, 226-227
  pesquisa de estudo de caso/avaliações maiores e, 226-228
  pesquisa de estudo de caso/psicologia e, 213-214
  pós-teste de grupo único, 29-30
  projeto de pesquisa e, 29-30
  validade interna e, 49-51
  variáveis dependentes e, 147-148
  Veja também Projeto de estudo de caso; Projeto de pesquisa

Índice **285**

Projetos experimentais, xiii, 226-229
   Veja também Projetos de pesquisa quase-
   -experimentais
Proposições
   desenvolvimento da teoria e, 40-41
   estudo de caso único e, 54
   estudos de caso exemplares e, 206-207
   projeto de caso múltiplo e, 60-62
   projeto de pesquisa e, 31-37
   relatório de estudo de caso e, 193
   testando, 40-41, 142-143
   vinculação dos dados às, 37-39
Proposições teóricas
   analisando evidência de estudo de caso e, 140-147
   análise de série temporal e, 158-159
   dados e, 40-41
   desenvolvimento de rival, 150-151
   estudo de caso com muitos casos e, 178
   estudos de caso único e, 54
   generalizações analíticas e, 72
   projeto de pesquisa e, 39-47
   seleção em dados de relatório e, 63-65
   Veja também Proposições
Prosopagnosia, 219-221*b*
Protocolo, 243-247
   estudo de caso, 87-90
   guia para relatório de estudo de caso, 97-99
   preparação para coleta de dados e, 75
   procedimentos de coleta de dados para, 92-93
   questões de coleta de dados para, 93-98
   questões e, 93-98, 94f
   visão geral do estudo de caso para, 88-92
   Veja também Protocolo de estudo de caso
Protocolo do estudo de caso, 87-99, 243-247
   carta de apresentação e, 88-90, 91f
   confiança e, 52
   desenvolvimento, 98-99e
   documentos do estudo de caso e, 129-130
   evidências do estudo de caso/entrevistas e, 114
   narrativas e, 130-131
   notas de campo e, 128-129
   questões e, 132-133
   relatórios de estudo de caso e, 191
   seção A do, 88-90, 92
   seção B do, 92, 93
   seção C do, 93, 97-98
   seção D do, 97-99
   tabela de conteúdo para condução, 87-89f
   unidade de análise e, 96-98, 96-97f
   Veja também Protocolo
Psicologia
   estudo de caso da entidade organizacional em, 217b
   estudos de caso clássicos em, 217b
   motivos para a utilização da pesquisa em estudo de caso em, 219-222
   pesquisa de estudo de caso e, 4, 213-223
   trabalhos dedicados a métodos do estudo de caso e, 6-7f
Psicologia educacional, 220-221
Public Administration Review, 103n3
Público-alvo
   definição, 185e
   necessidades do, 185-186
   protocolo do estudo de caso, 90
   relatórios de estudo de caso, 180, 183-187
   tese/comitê de dissertação e, 180, 184

Q

Quadro descritivo, 143-145, 173-174
Questionários
   entrevistas de estudo de caso e, 116-117
   estudos de caso com muitos casos e, 178
   parcialidade em projetos, 21
   protocolo de estudo de caso e, 87-88
   Veja também Levantamentos
Questionários de levantamento, *Veja* Questionários
Questões
   classificando o tipo de, 11-12
   coleta de dados, xviii-xix, 93-98, 94f
   como/por que, 32, 51, 138
   comparando métodos de pesquisa e, 11-12
   CRI e, 104

dados, projeto de pesquisa e, 30
definição de pesquisa, 83
definindo avaliação, 20
definindo pesquisa inicial, 33-35
definir, 11-12
desenvolvimento de teoria e, 40-42
em que método de estudo de caso usar, 4b
escolha de caso(s) e, 30b
esquema para tipos de, 9-11
estudos de caso-piloto e, 100-103
evidência quantitativa e, 20
forma das, 32
formular boas, 74, 77-78
identificando, 12-13e
instrumentos de levantamento e, 93-98
literatura de pesquisa e, 196, 198-200
métodos de pesquisa e, 195-196
pesquisa de métodos mistos e, 68-70
projeto de pesquisa e, 31
projetos integrados e, 65-66
proposições de estudo e, 33-34
protocolo de estudo de caso e, 132-133
protocolo ilustrativo, 94f
realizando pesquisa de estudo de caso e, 3
relatório de estudo de caso e, 97-98, 189
respostas abertas e fechadas para, 130-131
revisão da literatura e, 14-16
sem resposta, 15-16
tipos/níveis de, 94-95
unidades de análise e, 33-35
validade externa e, 51
Veja também Questões de pesquisa; questões de estudo
Questões de estudo, xviii-xix, 31-32
 caso principal, 142-143
 projetos holísticos e, 58
 questões de coleta de dados e, 121-122
 questões de protocolo e, 132-133
 treinamento e, 85-86
Questões de pesquisa, 243-247
 apropriadas, xvi-xvii
 chave, 172-173
 ciclos e, 140-141

como/por que, 32, 51, 138
cuidadosa/proposição atenta às, 3
definição, 11-12, 33-35, 75, 83
definição do projeto de pesquisa e, 30, 31
definição dos limites e, 36-37e
descrição de métodos e, 195-196
exploração e, 219-220
literatura de pesquisa e, 196, 197
manter a cadeia de evidência e, 131-132
pesquisa de métodos mistos e, 68-71, 197
projeto holístico e, 58
projeto holístico/integrado e, 65-66
relatórios de experimentos e, 97-98
sofisticadas/inovadoras, 174
tipos de, 9-12
Questões de tempo
 banco de dados de estudo de caso e, 130-132
 bibliografias e, 198-199
 definindo questões de pesquisa(s) e, 11-12
 desenvolvimento de teoria e, 40-41
 estudo de caso exemplares e, 206-207
 evidência de estudo de caso e, 193, 198
 evidência e, 208-209
 notas de campo e, 128-130
 pesquisa de estudo de caso/psicologia e, 218-219
 projetos de casos múltiplos e, 67
 relatório de estudo de caso e, 22
 treinamento e, 87

R

Rastreamento de processo, 151-152
Realidade individual, 18, 125-126
Realidades múltiplas, xviii-xix, 18, 126, 130-131, 192
Reflexividade, 110f, 115-117
Registros de caso, 5-6, 128-129, 213-243-247
Registros em arquivo
 análise quantitativa, 197
 análises de, 10
 avaliações de estudo de caso e, 226
 evidência do estudo de caso, 107-109, 110 f, 112b, 113-114

ferramentas auxiliadas pelo computador e, 138
questões da coleta de dados e, 93
Relatórios do estudo de caso
aplicações aos diferentes propósitos do, 191f
banco de dados do estudo de caso e, 127-131
bibliografias e, 198-199
cadeia de evidência e, 131-133
composição, 181-183, 183e
esboço para uma seção de metodologia em, 195-196f
escrevendo relatórios de múltiplos casos e, 190b
escrevendo/reescrevendo/edição de, 198-210
estruturação, 191
estruturas analíticas lineares e, 191f, 192
estruturas comparativas e, 191f, 192
estruturas cronológicas e, 191f, 192-193
estruturas de construção da teoria, 191f, 193
estruturas de suspense e, 191f, 193
estruturas não sequenciais e, 191f, 193
estudo de casos-piloto e, 102-103
formas composicionais dos, 187-198
formatos para escrever, 88-90, 187-191, 200
guia para, 97-99
identidades e, 200-202
literatura e, 196-197
métodos e, 198-200, 211
notas de campo e, 128-130
objetivo da composição, 209-210
partes de métodos e literatura da pesquisa em, 194-197
procedimentos na composição, 198-204
processo de revisão para, 204e
público e, 180, 183-187
qualidade e, 202, 203, 204b, 211
rascunho dos, 180, 193, 198-200, 202-204
revendo rascunho do estudo de caso e, 202-204
Veja também Conclusões
Relatórios verbais, 117-118, 126, 139-140

Replicações literais, 99-100, 149-151, 243-247
justificativa para projeto de múltiplo caso e, 63-66
projetos de múltiplos casos e, 60-69
Veja também Lógica da replicação
Replicações teóricas, 99-100, 149-151, 243-247
justificativa para projeto de estudo de caso múltiplo e, 63-66
projeto de caso múltiplo e, 60-68
Veja também Lógica da replicação
Resultados
avaliações de estudo de caso e, 229-232
finais, 160-161
imediatos, 160-161
intermediários, 160-161
Rivais artesanais, 145-147, 145-146f

S

Sessões do congresso norte-americano, 111
Significado
entrevistas e, 117-118
escrita de notas, xix-xx, 130-131
evidência de estudo de caso/entrevistas e, 115-116
ouvir, 78
relatório de estudo de caso e, 198-199
Silicon Valley Fever, 118-119b
Síntese de casos cruzados, 168-173, 170-171f, 243-247
estudos de caso múltiplos e, 171-172b
tabelas de palavras e, 169-171
Sites de controle, 14-15
Skype, 133-134
Social Origins of Dictatorship and Democracy, 153-154b
Sociologia
comparando métodos de pesquisa e, 7
estudos de caso e, 33-34
pesquisa de estudo de caso e, 4
trabalhos dedicados a métodos do estudo de caso e, 6-7f
Software, 138-140
CAQDAS, 127-129, 138, 175

Software de análise de dados qualitativos (CAQDAS), 127-129, 138, 175, 243-247
Software de análise de dados qualitativos auxiliado por computador (CAQDAS), 127-129, 138, 175, 243-247
Street Corner Society, 8b, 34-35, 55, 115-116, 120-121b, 201, 203
Sujeitos humanos
  anonimato e, 201
  confidencialidade e, 82, 83
  CRI e, 104
  procedimentos de coleta de dados e, 93
  procedimentos para proteção, 88-89
  proteção, 81-87
SurveyMonkey, 133-134

T

Tabela de palavras (Word table), 97-98
  agrupamentos predefinidos e, 170-171
  padrões de casos cruzados e, 171-172
Tabelas, 85b, 144-145, 182, 187
  trabalho, 169-172, 173-174b
Tally's Corner, 34-35, 55-56b
Técnicas de agrupamento, 14-15, 56
Teoria
  analisando estudos de casos e, 141-142b
  avaliação de estudo de caso e, 226-227
  construção, 180, 191f, 193
  da mudança, 159-160
  descentralização, 147-148
  descritiva, 40-41
  desenvolvimento, 39-42, 206
  elaboração, 154-155
  estratificação social, 41-42, 46-47b
  estudos de caso único e, 54, 54b
  expandir/generalizar, 22
  generalizações analíticas e, 72
  grande, 40-41
  individual, 41-42
  modelos lógicos e, 167-168
  organizacional, 41-42
  papel da, 42-43
  pesquisa de estudo de caso/psicologia e, 222-223
  projeto de pesquisa e, 39-47
  resumo, 43-44
  rival, 39-41
  sociológica, 41-42, 46-47b
  tipos de, 41-42
  tomada de decisão, 41-42
  tópicos ilustrativos para, 41-43
  triangulação, 124
  Veja também Grande teoria
Teoria abstrata, 44
Teoria fundamentada, 39-40, 130-131, 139-140
  análise de dados em pesquisa qualitativa e, 142-143
  pesquisa de estudo de caso/psicologia e, 214
Terapia psicoanalítica, 214
The Administrative Behavior of Federal Bureau Chiefs, 190b
The Anatomy of a Revolution, 187b, 190b
The Dance of Legislation, 120-121b
The Death and Life of Great American Cities, 46-47b
The Dynamics of Bureaucracy, 79b
The Epidemic That Never Was, 8b
The Silent War, 35-36b, 173-174b
The Soul of a New Machine, 34-36b
The Swine Flu Affair: Decision-Making on a Slippery Disease, 8b
The Urban Villagers, 119-121b
Tipo ideal, 201
Tópicos
  análise de alta qualidade e, 172-173
  CRI e, 104
  desenvolvimento de teoria e, 40-42
  desviando lentamente do original, 154-155
  escolha, 41-43
  estudo de casos comuns, 48-49
  estudos de caso e, 33-34
  evidência de estudo de caso e, 108b, 109
  evidência de estudo de caso/documentos e, 111-112
  evidência de estudo de caso/observações diretas e, 118-119
  exemplos de concreto/menos concreto, 36-37, 37-38f
  notas de campo e, 128-129

pesquisadores e, 194
preparação para coleta de dados e, 75
procedimentos de coleta de dados e, 93
protocolo de estudo de caso e, 88-90
Trabalho de campo
  definição de pesquisa de estudos de caso e, 15-16
  escrita de notas e, 139-140
  evidência do estudo de caso/documentos e, 111-112
  formular boas questões e, 77-78
  livros-textos e, 108
  precipitando-se no, 39-40
  recursos enquanto se faz o, 93
Treinamento
  agenda multissessão para estudo de caso, 84-85f
  fontes múltiplas de evidência e, 126
  para pesquisa de estudo de caso, 74, 83-87
  preparação para coleta de dados e, 75
  problemas a serem abordados durante, 85-87
  questões de coleta de dados e, 95
Triangulação
  dados, 2, 124-125
  investigador, 124
  metodológico, 124
  relatórios de estudo de caso e,
Triangulação dos dados, 2, 124-125
Triangulação metodológica, 124
Tutoriais, xvii-xix
Twitter, 133-134

U

U.S Government Accountability Office, 6-7, 20, 47-48, 124b, 228-229
U.S National Commission on Neighborhoods, 87, 189, 189b
U.S Office of Technology Assessment, 204, 204b
Unidade de análise, 243-247
  análise de séries temporais e, 157-158b
  definição, 34-36b, 35-37, 37-38e
  definindo questões de pesquisa e, 33-35
  desenvolvimento de teoria e, 40-41
  em estudos comunitários, 13-14
  estratégia indutiva e, 142-143
  integrados, 136
  literatura prévia e, 36-37
  projeto de pesquisa e, 28, 33-37
  projetos de casos múltiplos e, 65-67
  projetos de casos únicos e, 56, 67
  projetos de estudo de caso, 53f
  projetos de estudo de caso integrados e, 58
  únicas, 53f
  unidade de coleta de dados e, 96-98, 96-97f
Unidade de designação, 14-15
Unidade única de análise, 53f
Unidades integradas de análises, 35-36b, 53f, 116-117b, 136, 243-247
  analisando evidência de estudo de caso e, 136, 142-143, 156-157, 157-158b
  relatório de estudo de caso e, 188
Uniform Crime Reports, 49-50, 113
United Nations Development Program (UNDP), 171-172b

V

Validade
  ameaças à, 158-159, 150-152
  proteção contra explicações rivais, 3-4
Validade do constructo, 243-247
  aumento, 49-50
  cadeia de evidência, 131-132
  encontrando o teste de, 48-50
  entrevistados e, 71n3
  evidência do estudo de caso e, 108-109
  princípios da coleta de dados e, 122-123
  projeto de pesquisa e, 28, 47-49
  relatórios de estudo de caso e, 198, 203
  testes de projeto para, 47-49, 47-48f
  triangulação dos dados e,125
Validade externa, 243-247
  evidência de estudo de caso e, 108-109
  generalizações analíticas e, 44-45
  problemas de desenvolvimento, 145-147
  projeto de pesquisa e, 28, 47-49, 51
  testes de projeto para, 47-49, 47-48f

Validade interna, 243-247
　correspondência de padrões e, 147-148
　evidência de estudo de caso e, 108-109
　problemas de desenvolvimento, 145-147
　projeto de pesquisa e, 28, 47-51
　testes de projeto para, 47-49, 47-48f
Valores
　evitando o viés e, 80
　pesquisadores de estudo de caso e, 76-81
　preparação para coleta de dados e, 75
Variáveis
　dependente não equivalente, 148-149
　pesquisa de estudo de caso/psicologia e, 222-223n
Variáveis dependentes, 147-150
　análises de séries temporais e, 155
　modelos lógicos e, 159-160
　padrões de não equivalência, 151-152
　sequências cronologias e, 158-159
Variáveis dependentes não equivalentes, 147-149, 151-152
Variáveis independentes
　análises de séries temporais e, 155
　correspondência de padrões e, 147-148, 150-151
　modelos lógicos e, 159-160
　padrões baseados em rivais, 151-152
　sequências cronológicas e, 158-159

Viés
　alegações rivais/perspectivas alternativas e, 207
　análise de séries temporais e, 158-160
　coleta de dados eletrônicos, 133
　condução dos experimentos, 21
　confiabilidade, 52
　construção de explicação e, 154
　educando e, 87
　entrevistas e, 117
　estudos de caso exemplares, 208
　evidência do estudo de caso, 112b
　evidência do estudo de caso/documentos e, 111
　evitar, 74, 77, 80-81
　experimentos para, 11
　ouvir, 78
　pesquisa de estudo de caso/psicologia e, 222
　relatórios de estudo de caso e, 98
　validade interna e, 50

W
William E. Mosher Award, 103n3

Y
YouTube, 133-134